Teoria e Prática do Novo Júri

CÓPIA NÃO AUTORIZADA É CRIME
ABDR
ASSOCIAÇÃO BRASILEIRA DE DIREITOS REPROGRÁFICOS
RESPEITE O DIREITO AUTORAL

Preencha a **ficha de cadastro** no final deste livro
e receba gratuitamente informações
sobre os lançamentos e as promoções da
Editora Campus/Elsevier.

Consulte também nosso catálogo
completo e últimos lançamentos em
www.campus.com.br

Francisco Dirceu Barros

Teoria e Prática do
Novo Júri

Fechamento desta edição: 10 de dezembro de 2008

ELSEVIER

CAMPUS
JURÍDICO

© 2009, Elsevier Editora Ltda.

Todos os direitos reservados e protegidos pela Lei nº 9.610, de 19/02/1998.
Nenhuma parte deste livro, sem autorização prévia por escrito da editora,
poderá ser reproduzida ou transmitida, sejam quais forem os meios empregados:
eletrônicos, mecânicos, fotográficos, gravação ou quaisquer outros.

Editoração Eletrônica
SBNIGRI Artes e Textos Ltda.

Copidesque
Marcelo Dias Almada

Revisão Gráfica
Emidia Maria Brito

Projeto Gráfico
Elsevier Editora Ltda.
A Qualidade da Informação
Rua Sete de Setembro, 111 – 16º andar
20050-006 – Rio de Janeiro – RJ – Brasil
Telefone: (21) 3970-9300 Fax (21) 2507-1991
E-mail: info@elsevier.com.br
Escritório São Paulo
Rua Quintana, 753 – 8º andar
04569-011 – Brooklin – São Paulo – SP
Telefone: (11) 5105-8555

ISBN: 978-85-352-2606-5

Muito zelo e técnica foram empregados na edição desta obra. No entanto, podem ocorrer erros de digitação, impressão ou dúvida conceitual. Em qualquer das hipóteses, solicitamos a comunicação à nossa Central de Atendimento para que possamos esclarecer ou encaminhar a questão.
Nem a editora nem o autor assumem qualquer responsabilidade por eventuais danos ou perdas, a pessoas ou bens, originados do uso desta publicação.

Central de Atendimento
Tel: 0800-265340
Rua Sete de Setembro, 111, 16º andar – Centro – Rio de Janeiro
E-mail: info@elsevier.com.br
Site: www.campus.com.br

CIP-Brasil. Catalogação-na-fonte.
Sindicato Nacional dos Editores de Livros, RJ

B277t	Barros, Francisco Dirceu 　　Teoria e prática do novo júri / Francisco Dirceu Barros. – Rio de Janeiro: Elsevier, 2009. 　　Inclui bibliografia 　　ISBN 978-85-352-2606-5 　　1. Brasil. [Lei nº 11.689, de 09 de junho de 2008]. 2. Júri. I. Título.
08-5202.	CDU: 343.195

Dedicatória

Dedico este livro ao mestres:
Fernando da Costa Tourinho Filho e José Henrigue Pierangeli.

Grato, amigos.

Pelo cultivo da amizade sincera e pela contribuição na elucidação de minhas eternas dúvidas, pois quanto mais estudo, mais tenho certeza de que sempre é tempo de aprender mais um pouco, afinal, em relação à vida e ao direito, *"só sei que nada sei"* (Sócrates).

O Autor

FRANCISCO DIRCEU BARROS

Promotor de Justiça Criminal, Promotor de Justiça Eleitoral, ex-professor universitário, professor de vários cursos de pós-graduação, Mestre em Direito, especialista em Direito Penal, com vasta experiência em cursos preparatórios aos concursos do Ministério Público e Magistratura, lecionando as disciplinas de Direito Penal, Processo Penal, Legislação Especial e Direito Constitucional.

Escritor com mais de vinte livros lançados, entre os quais:
- *Direito Penal* – Parte Geral, 3ª edição, Série Provas e Concursos, Editora Campus/Elsevier. Prefácio Fernando da Costa Tourinho Filho
- *Direito Penal* – Parte Especial, 2ª edição, Vol. I, Série Provas e Concursos, Editora Editora Campus/Elsevier
- *Direito Penal* – Parte Especial, 2ª edição, Vol. II, Série Provas e Concursos, Editora Campus/Elsevier, prefácio José Henrique Pierangeli
- *Direito Penal* – Parte Especial, Vol. III, Série Provas e Concursos, Editora Campus/Elsevier (*no prelo*)
- *Direito Penal* – Parte Especial, Vol. IV, Série Provas e Concursos, Editora Campus/Elsevier (*no prelo*)
- *Direito Processual Penal*, 2ª edição, Vol. I, Série Provas e Concursos, Editora Campus/Elsevier
- *Direito Processual Penal*, 2ª edição, Vol. II, Série Provas e Concursos, Editora Campus/Elsevier
- *Direito Processual Penal*, Vol. III, Série Provas e Concursos, Editora Campus/Elsevier (*no prelo*)
- *Direito Processual Penal*, Vol. IV, Série Provas e Concursos, Editora Campus/Elsevier (*no prelo*)
- *Direito Eleitoral*, 6ª edição, Série Provas e Concursos, Editora Campus/Elsevier. Prefácio: Palhares Moreira Reis
- *Resumo de Direito Eleitoral*, 2ª edição, Série Provas e Concursos, Editora Campus/Elsevier

- Co-autor do livro: *Direito Penal para Concursos*, em três volumes (prefaciado por Fernando da Costa Tourinho Filho e Júlio Fabbrini Mirabete, *obras esgotadas e não mais publicadas*)
- *Direito Penal*, comentado e exemplificado com sua interpretação doutrinária e jurisprudencial, Parte Geral, Editora Impetus, 2006 (*Obra esgotada*)
- *Resumo de Direito Eleitoral*, Editora Impetus (*obra esgotada*)
- *Carta aos concursandos*, em co-autoria com William Douglas, Editora Campus/Elsevier
- *Os Segredos dos Concurseiros Vencedores*, Editora Consulex, 2008
- *Direito Eleitoral para Concursos (obra esgotada)*
- *Código Eleitoral e Legislação Complementar (obra esgotada)*
- *Concursos Públicos: teste seu conhecimento (obra esgotada)*
- *Defensoria Pública: Legislação Institucional (obra esgotada)*
- *Ministério Público: Legislação Institucional (obra esgotada)*
- *Questões objetivas de direito previdenciário (obra esgotada)*
- *Registros Públicos: Anotações (obra esgotada)*
- *Prática das Ações Eleitorais*, Editora Campus/Elsevier, 1ª ed., 2008

Apresentação

"S E N T I D O S E N H O R E S!!!! Quando o tribunal popular cair é a parede mestra da justiça que ruirá! Pela brecha hiante vassará o tropel desatinado e os mais altos tribunais no alto de sua superioridade!" (*Roberto Lyra*).

Primordialmente salutar para o aperfeiçoamento do regime democrático, o júri, dizia Bandeira Stampa, *é sócio desinteressado da democracia, por isso que sua história precisa ser respeitada.*

Odiado por uns e aplaudido por outros, o júri sobreviveu, concretizando-se a profecia de Noé de Azevedo:

> Enquanto a justiça tiver a função compressora da liberdade individual que lhe é atribuída pelo direito penal aos povos civilizados, o júri certamente representará uma das mais sólidas garantias para o cidadão.

Há dez anos desempenho a função de Promotor de Justiça criminal e vejo a constante preocupação de colegas promotores, advogados e juízes com a prática do júri: Evidencia-se que a teoria do júri é romântica, verdadeiramente apaixonante; já a prática é dolorosa, é vivenciar diariamente as grandes indagações que, no contexto dos casos concretos, causam a nossa perplexidade.

Elaborar uma obra que tenha o precípuo intuito de facilitar a vida dos profissionais que trabalham com o júri foi a meta que idealizei há dez anos. Estudei profundamente os maiores clássicos do júri, e o trabalho estava praticamente pronto quando foi determinada a reforma do júri.

A lei nº 11.689, de 09 junho de 2008, com *vacatio legis* de 60 (sessenta) dias após a data de sua publicação, alterou totalmente todo o procedimento do júri.

Infelizmente, grandes clássicos referentes ao tribunal do júri, como: *O Júri*, de Hermínio Alberto Marques, *O Júri Sob Todos Os Aspectos*, de Ruy Barbosa, *A Instituição do Júri*, de José Frederico Marques, *Jury*, de Firmino Whitaker, ficaram com a reforma parcialmente desatualizados.

Mesmo tendo a reforma elido controvérsias e lições seculares, tentei a todo custo preservar as lições de históricos doutrinadores, entre os quais podemos citar: Pimenta Bueno, Bento de Faria, Borges da Rosa, Espínola Filho, José Frederico Marques, Edgar de Moura Bittencourt, Hermínio Alberto Marques Porto, Rui Barbosa, Pontes de Miranda, João Mendes Júnior, Júlio Fabbrini Mirabete, Rogério Lauria Tucci, Tómaz Carvalhal, Magarino Torres, Roberto Lyra, James Tubenchiak, Hélio Tornaghi, entre outros, que aliados aos abalizados ensinamentos do grande Tourinho Filho formam a base e o contexto ideológico de todo sistema processual penal moderno.

Tentei, *in casu*, manter históricas lições do melhor da doutrina aliado a uma linguagem extremamente objetiva e didática que expõe em um só local:

Parte doutrinária:
- Formulação do embasamento doutrinário majoritário de cada tema.

Parte jurisprudencial:
- Coletânia de julgados dominantes do STF e STJ.

Parte prática:
- Apresentação de modelos de peças para advogados, promotores e juízes.

O objetivo é desenvolver um trabalho que facilite as atividades dos diversos segmentos que trabalham com o júri, quais sejam, promotores, advogados e juízes. Tal pretensão não é uma tarefa fácil e, para tornar possível a árdua missão, contei com a imprescindível ajuda dos excelentes profissionais:

- Dr. Andre Rafael de Paula Batista Elihimas (Juiz de Direto)
- Dr. Francisco Milton Araujo Junior (Juiz de Direto)
- Dr. José Carlos Vasconcelos Filho (Juiz de Direto)
- Dr. Waldemiro de Araújo Lima Neto (Juiz de Direto)

São todos juízes que há muito tempo trabalham com o tribunal do júri e que gentilmente forneceram modelos de peças processuais inerentes ao procedimento do Egrégio Tribunal. Para vocês, amigos, eu não tenho palavras que possam externar o meu eterno agradecimento; por isso registro as sábias palavras do grande Hélio Tornaghi,

> *Na verdade, os homens dependem mais de justiça que da lei; muito mais do juiz do que do legislador. É utilíssimo para um povo ter boas leis, mas é melhor ainda ter bons juízes. O bom juiz resiste às leis manifestamente iníquas, corrige as imperfeitas, dá polimento e vida às excelentes e põe em prática a norma que se aproxima do ideal. E, sem arranhar as garantias do jurisdicionado, encontra meios de fazer justiça.*

Contei ainda com a impreterível contribuição dos excelentes advogados criminalistas Dr. Antônio Fernando Cardoso Cintra e Dr. Dimas Souto Pedrosa Filho, que cederam peças e sugestões para o aperfeiçoamento desta obra.

A todos você, amigos, grato pela amizade sincera.

O livro se encontra rigorosamente atualizado com as leis nº 11.689, de 09 junho de 2008, lei nº 11.690, de 9 de junho de 2008 e a lei nº 11.719, de 20 junho de 2008.

Um grande e fraternal abraço do autor.

Francisco Dirceu Barros
(Promotor de Justiça Criminal)

Sumário

Capítulo 1 – Noções Introdutórias sobre o Procedimento dos Crimes da Competência do Júri 1
1.1. Noções didáticas 1
1.2. A controvérsia sobre a origem do júri 1
1.3. A origem do júri no Brasil 2
1.4. Princípios constitucionais do júri 2
    1.4.1. Plenitude de defesa 3
        1.4.1.1. Conseqüências Diretas do Princípio da Plenitude da Defesa 4
        1.4.1.2. Súmulas Originadas do Princípio em Estudo do Princípio da Plenitude da Defesa 5
    1.4.2. O sigilo das votações 5
    1.4.3. Soberania dos veredictos 6
        1.4.3.1. Soberania dos veredictos e a reforma *in pejus* 7
        1.4.3.2. Soberania dos veredictos e a reforma *in mellius* 7
    1.4.4. Competência para o julgamento dos crimes dolosos contra a vida 8
        1.4.4.1. Quando o crime doloso não é de competência do júri 8
        1.4.4.1.1. Análise da possibilidade de mudança na competência do Tribunal do Júri 9
        1.4.4.2. O princípio da competência mínima e o fenômeno da *vis atractiva* 9
        1.4.4.3. O júri e o Estatuto da Criança e Adoslescente 9
        1.4.4.4. O princípio da competência mínima e o fenômeno da *ratione connexitatis* 10
        1.4.4.5. O princípio da competência mínima e os delitos de menor potencial ofensivo 11
        1.4.4.6. O júri, a suspensão do processo e a recusa do Ministério Público em formular a proposta 11
        1.4.4.7. O júri, a suspensão condicional do processo e o concurso de crimes 12
        1.4.4.8. Competência do júri versus a competência especial 12
        1.4.4.9. O júri, a competência especial fixada na Constituição Federal e o concurso de pessoas 13

1.4.4.10. O júri, a competência especial fixada na Constituição Estadual e o concurso de pessoas   13
1.4.4.11. Os crimes dolosos contra a vida cometidos por policial militar contra civil   13
1.4.4.12. Competência: o local do crime *versus* o local onde ocorreu a insatisfação social   14
1.5. As principais características do júri   14
1.6. Os tipos de júri   15
1.7. O procedimento escalonado   16
1.8. O principio da identidade física e o júri   17

Capítulo 2 – A Primeira Fase (*Judicium Accusationis*)   19
2.1. A primeira atividade do juiz   19
   2.1.1. O início do procedimento   20
      2.1.1.1. O início do prazo para a defesa   20
      2.1.1.2. O momento em que se inicia o processo   21
   2.1.2. A impossibilidade do julgamento antecipado da lide no rito do júri   21
   2.1.3. As formas de citação   22
   2.1.4. A citação por hora certa e a violação ao princípio "*Nemo Inauditus Damnari Potest*"   23
   2.1.5. O número de testemunhas   24
2.2. A defesa inicial do réu   25
   2.2.1. Argüição de exceções   25
   2.2.2. Principais regras práticas sobre as exceções   25
   2.2.3. Impossibilidade de retratação da decisão que recebe a denúncia   27
   2.2.4. O recurso cabível da decisão que rejeita a denúncia   28
2.3. A consequência da falta da defesa inicial do réu   28
2.4. A réplica   29
2.5. Do saneamento do processo   29
2.6. A audiência de instrução   29
2.7. A *mutatio libelli* no júri   31
2.8. Conseqüência da *mutatio libelli* no júri   32
2.9. A vedação à aplicação da *mutatio libelli* em segundo grau   33
2.10. As alegações finais   34
   2.10.1. Como corre o prazo das alegações finais se for necessário fazer de forma escrita   36
   2.10.2. A ausência das alegações finais   37
2.11. O momento para apresentação das nulidades   37
2.12. O impedimento da defesa requer a pronúncia do acusado   37
2.13. A atividade do juiz após a apresentação das alegações finais   38
2.14. O tempo final para conclusão da primeira fase (*judicium accusationis*)   38

        2.14.1. Excesso de prazo justificado no entendimento jurisprudencial   38
        2.14.2. Conseqüência do excesso de prazo injustificado   41
        2.14.3. O excesso de prazo e a sua extensão aos co-autores   41
        2.14.4. O excesso de prazo e o abuso do direito de defesa   42
2.15. Da pronúncia   43
        2.15.1. A natureza jurídica da sentença de pronúncia na doutrina   44
        2.15.2. Natureza jurídica da pronúncia na visão do STF   45
        2.15.3. A pronúncia e a exigência de especificação   45
        2.15.4. Os requisitos da pronúncia   46
        2.15.5. O que não deve conter a pronúncia   47
        2.15.6. Pronúncia e crime continuado   47
        2.15.7. Pronúncia e o concurso formal   48
        2.15.8. Pronúncia e o concurso material   48
        2.15.9. O descobrimento de outros crimes   48
        2.15.10. O princípio norteador da pronúncia   49
        2.15.11. Quando o princípio *in dubio pro societate* não pode ser usado   50
        2.15.12. Atividade do juiz ao proferir a pronúncia   50
        2.15.13. A prisão e a decisão de pronúncia   50
        2.15.14. A necessidade de fundamentação da pronúncia   51
        2.15.15. A pronúncia e a interrupção da prescrição da pretensão punitiva   52
        2.15.16. A pronúncia, a interrupção da prescrição e a posterior decisão do Tribunal do Júri desclassificatória   52
        2.15.17. O pronunciado de bons antecedentes   52
        2.15.18. Análise da possibilidade de o juiz excluir as qualificadoras ou causas de aumento de pena, constantes na decisão de pronúncia   53
        2.15.19. A teoria do juiz sóbrio   53
        2.15.20. A teoria do juiz sóbrio e o conteúdo do acórdão   56
        2.15.21. O que acarreta a inobservância da teoria do juiz sóbrio   56
        2.15.22. Outros efeitos da pronúncia   56
        2.15.23. Análise da possibilidade da pronúncia produzir efeitos de natureza civil   57
        2.15.24. A decisão de pronúncia e a manifestação do juiz sobre os crimes conexos   57
        2.15.25. O prazo para o juiz proferir a sentença de pronúncia   59
        2.15.26. O momento para argüição de nulidades ocorridas após a pronúncia   60
2.16. Da impronúncia   60
        2.16.1. A sentença de impronúncia e a possibilidade de nova denúncia   60
        2.16.2. O tipo de nova prova que enseja uma nova denúncia após a impronúncia   61
        2.16.3. A despronúncia   61

2.16.4. A impronúncia e os crimes conexos   62
2.16.5. Impronúncia e a possibilidade de responsabilidade civil do impronunciado   63
2.17. Da desclassificação   63
    2.17.1. A desclassificação e a nova tipificação   64
    2.17.2. Análise da possibilidade do juiz que recebe os autos após a desclassificação pode suscitar o conflito de competência   65
    2.17.3. A desclassificação e a preclusão da capitulação da denúncia   66
    2.17.4. A desclassificação, a conexão e a *vis atractiva*   67
    2.17.5. A desclassificação e o novo procedimento a ser adotado   67
2.18. Da absolvição sumária   71
    2.18.1. Observações didáticas jurisprudenciais   71
    2.18.2. Análise da possibilidade do juiz recorrer, de ofício, da sua decisão   71
    2.18.3. Quando não será possível a absolvição sumária por isenção de pena   72
    2.18.4. Análise da possibilidade de haver absolvição sumária por inimputabilidade após a pronúncia   73
    2.18.5. Análise da possibilidade de haver absolvição sumária por não existir prova suficiente para a condenação   73
    2.18.6. A absolvição sumária e os crimes conexos   74
2.19. Os recursos da sentença da primeira fase   75
2.20. A solução prática para o caso de o juiz ao pronunciar ou impronunciar detectar indícios de autoria ou de participação de outras pessoas não incluídas na acusação   75
2.21. Da *emendatio libelli*   75
    2.21.1. Conseqüência da *emendatio libelli*   76
2.22. A ausência da crise de instância   77
2.23. A intimação da pronúncia   77
2.24. Alteração na pronúncia   78

Capítulo 3 – A Segunda Fase (*Judicium Causae*)   81
3.1. O desaparecimento do libelo   81
3.2. Da preparação do processo para julgamento em plenário   81
    3.2.1. A irrecorribilidade do despacho que julga preparado o processo   83
3.3. Do alistamento dos jurados   84
3.4. Alteração da lista   84
3.5. A publicação da lista   84
    3.5.1. A exclusão do jurado profissional   85
    3.5.2. Os deveres dos jurados   85
3.6. Do Desaforamento   85
    3.6.1. Hipóteses de desaforamento   86
    3.6.2. Procedimento do desaforamento   87

   3.6.2.1. O desaforamento e o efeito suspensivo 88
   3.6.2.2. Importância das informações do juiz no pedido de desaforamento 89
   3.6.2.3. O desaforamento e a necessidade de ouvir a defesa 89
   3.6.2.4. O desaforamento e a necessidade de Procurador Geral 89
   3.6.2.5. A nova comarca do julgamento 90
   3.6.2.6. Análise da possibilidade de o desaforamento ser deferido para comarca distante 90
  3.6.3. Quando o desaforamento não pode ser realizado 90
  3.6.4. Análise da possibilidade de haver o desaforamento dos atos da instrução criminal 91
  3.6.5. Análise da possibilidade de haver desaforamento em virtude de influência política do réu 91
  3.6.6. Análise da possibilidade de o pedido de desaforamento ser renovado 92
  3.6.7. O desaforamento subseqüente 92
  3.6.8. O reaforamento 92
  3.6.9. Possibilidade de desaforamento do segundo julgamento 93
  3.6.10. Medida cabível para combater o pedido de desaforamento 94
3.7. A preferência dos julgamentos 94
3.8. O limite legal para o assistente requerer a habilitação para atuar no plenário do júri 95
3.9. O preparo inicial do júri 95
3.10. A convocação e o sorteio dos jurados 95
  3.10.1. A forma e tempo do sorteio 96
  3.10.2. O período do sorteio 97
  3.10.3. A forma de convocação dos jurados 97
  3.10.4. O jurado e a obrigação de servir ao júri 97
  3.10.5. Os novos requisitos para ser jurado 98
  3.10.6. A proteção contra discriminações 98
  3.10.7. A penalidade da recusa injustificada ao serviço do júri 98
  3.10.8. A penalidade da recusa ao serviço do júri fundada em convicção religiosa, filosófica ou política 99
  3.10.9. A penalidade por não comparecimento no dia marcado para a sessão 100
3.11. Os isentos do júri 100
3.12. Os privilégios dos jurados 101
3.13. A responsabilidade criminal dos jurados 103
3.14. Da composição do Tribunal do Júri e da formação do Conselho de Sentença 104
  3.14.1. A composição do júri 104
  3.14.2. Os impedidos de servir no mesmo Conselho de Sentença 105

   3.14.2.1. Não pode(m) participar do Conselho de Sentença, ensejando a nulidade do julgamento 106
   3.14.2.2. Pode(m) participar do Conselho de Sentença, não ensejando a nulidade do julgamento 107
3.15. Da reunião e das sessões do Tribunal do Júri 108
 3.15.1. A abertura dos trabalhos 108
 3.15.2. A ausência do Ministério Público 108
 3.15.3. As regras sobre as faltas do defensor, do réu, do acusador particular e das testemunhas 109
3.16. A separação das testemunhas 112
3.17. A abertura da sessão 113
3.18. O sorteio dos suplentes 114
3.19. O que o juiz deve fazer antes de sortear os jurados 115
3.20. A certidão de incomunicabilidade dos jurados 115
 3.20.1. A incomunicabilidade relativa 116
3.21. O sorteio dos jurados 117
3.22. As escusas peremptórias 117
 3.22.1. A impossibilidade do separamento do julgamento motivado pelas escusas peremptórias e o critério da recusa 118
 3.22.2. O critério de preferência no caso de haver separação dos julgamentos 120
3.23. A solução para o estouro da urna 121
3.24. A solução para argüição de impedimento, de suspeição ou de incompatibilidade contra o juiz presidente do Tribunal do Júri, órgão do Ministério Público, jurado ou qualquer funcionário 121
3.25. O juramento solene dos jurados 121
 3.25.1. Obrigatoriedade da entrega de cópia da pronúncia aos jurados 122
3.26. Da instrução em plenário 122
 3.26.1. O início da instrução plenária 122
  3.26.1.1. A relatividade do direito de dispensa das testetemunhas 123
 3.26.2. Das acareações em plenário 124
 3.26.3. O interrogatório do réu 124
 3.26.4. O uso de algemas no plenário 126
 3.26.5. O momento para a argüição da nulidade 126
3.27. Dos debates em plenário 127
 3.27.1. O início dos debates 127
 3.27.2. A quesitação das agravantes 127
  3.27.2.1. A quesitação do crime continuado 129
 3.27.3. A forma de exposição no debate 129
 3.27.4. A defesa, a réplica e a tréplica 130
 3.27.5. A inovação da tese defensiva na tréplica 131

3.27.6. O Promotor de Justiça e a desistência da acusação em plenário   132
3.27.7. A tréplica: faculdade ou obrigação?   133
3.27.8. O tempo dos debates   133
3.27.9. Vedações às partes durante os debates em plenário   134
3.27.10. A vedação a produção ou leitura de documento   134
3.27.11. A inexistência de proibição da leitura de livros   136
3.27.12. Observações didáticas jurisprudenciais   136
3.27.13. O pedido de indicação da folha dos autos onde se encontra a peça por ele lida ou citada por uma das partes   137
3.28. A conclusão dos debates e a leitura dos quesitos   137
3.28.1. A juntada da relação dos quesitos aos autos   138
3.29. Do questionário e sua votação   138
3.29.1. A vinculação da pronúncia aos quesitos   138
3.29.2. A forma de redigir os quesitos   139
3.29.3. A ordem na formulação dos quesitos   139
3.29.4. Como deve ser formulado o quesito sobre a materialidade   139
3.29.5. Como deve ser formulado o quesito da autoria   140
3.29.6. A teoria do voto definidor   140
3.29.7. O fenômeno da absolvição fictícia   141
3.29.8. A seqüência da votação em caso de condenação   141
3.29.9. A desnecessidade de quesitação sobre atenuantes como quesito obrigatório   142
3.29.10. A oportunidade de impugnação dos quesitos   144
3.29.11. O que o juiz deve fazer antes de colocar os quesitos para votação   145
3.29.12. A quesitação pelo falso testemunho ocorrido em plenário   146
3.29.13. O julgamento na sala especial   146
3.29.14. O que o juiz deve fazer antes de proceder à votação   147
3.29.15. O *quorum* da votação   147
3.29.16. A contradição na votação   147
3.29.17. Os quesitos prejudicados   149
3.29.18. A assinatura do termo   149
3.29.19. A falta de assinatura na visão da jurisprudência   149
3.30. A sentença final do júri   150
3.30.1. A sentença condenatória   150
3.30.2. A sentença absolutória   150
3.30.3. A sentença desclassificatória   150
3.30.4. Desclassificação e competência do júri para os crimes remanescentes na visão do STF   150
3.30.5. A desclassificação própria *versus* imprópria   151
3.31. A leitura da sentença em plenário   151
3.32. Da ata dos trabalhos   151

  3.32.1. O conteúdo da ata 151
  3.32.2. A falta da ata 152
  3.32.3. O valor da ata do julgamento 152
3.33. Das atribuições do presidente do Tribunal do Júri 152
  3.33.1. Nulidade por ausência prolongada do juiz 154
  3.33.2. Os apartes no júri 154
    3.33.2.1. A quem deve ser dirigido o pedido de aparte 154
  3.33.3. A sentença do júri e o início do prazo recursal 158
  3.33.4. O acatamento da tese defensiva pelos jurados e o julgamento contrário as provas dos autos 158
  3.33.5. Inadmissibilidade de segunda apelação pelo mérito 158
  3.33.6. A escolha de uma das teses pelos jurados e o julgamento conforme as provas dos autos 158
3.34. Análise da retroatividade *versus* a irretroatividade da norma que revogou o protesto por novo júri 159

Capítulo 4 – Casos Superinteressantes sobre o Júri 167
4.1. O advogado que não acreditou em seu cliente 167
4.2. O inimputável por doença mental 168
4.3. Gravações 168
4.4. O co-réu 169
4.5. A ausência de alegações 169
4.6. Direito *versus* Garantia 170
4.7. Absolvição pedida pelo promotor e condenação, pelo defensor 171
4.8. A limitação dos debates e o princípio constitucional da amplitude da defesa do réu 173
4.9. O crime que apareceu nos debates 174
4.10. O interrogatório durante os debates 175
4.11. O júri privado 176
4.12. O dever de defender 177
4.13. O promotor e o homicídio 178
4.14. O juiz e os co-autores 178
4.15. Impossibilidade de requerimento de desaforamento pelo juiz 179
4.16. A suspeição argüida em plenário 180
4.17. O homicídio e a arma 180
4.18. A legítima defesa e o porte de arma 182
4.19. O homicídio e o crime eleitoral 183
4.20. O falso testemunho 183
4.21. A dissolução do conselho 184
4.22. A exclusão das qualificadoras 185
4.23. O almoço que causou nulidade 186

Capítulo 5 – A Prática do Novo Júri 187

5.1. Modelo de diligências especificadas formulado pelo Promotor de Justiça 187
5.2. Modelo de diligências requeridas pelo Ministério Público para sanar ausência de condição de procedibilidade 188
5.3. Modelo de parecer sobre o incidente de insanidade mental formulado pelo delegado 189
5.4. Modelo de pedido de arquivamento de inquérito formulado pelo Promotor de Justiça 193
5.5. Modelo de parecer requerendo a separação da ação pública da ação privada 195
5.6. Modelo de parecer requerendo a extinção de punibilidade 196
5.7. Modelo de denúncia com pedido de preventiva com a finalidade de garantir a ordem pública e pela conveniência da instrução criminal 198
5.8. Modelo de denúncia com pedido de preventiva para preservação da ordem pública 204
5.9. Modelo de parecer de preventiva com a finalidade de assegurar a aplicação da lei penal e a conveniência da instrução criminal 207
5.10. Modelo de decisão do juiz recebendo a denúncia sem pedido de preventiva 209
5.11. Modelo de decisão do juiz recebendo a denúncia com apreciação de pedido de preventiva 209
5.12. Despacho do juiz nomeando defensor 211
5.13. Modelo de despacho do juiz sem alegação de preliminar 212
5.14. Modelo de despacho do juiz intimando o Ministério Público para se manifestar sobre as preliminares argüidas 213
5.15. Decisão do juiz apreciando preliminares alegadas 213
5.16. Modelo formulado pelas partes dispensando testemunha não encontrada 215
5.17. Modelo de defesa preliminar formulado pela defesa 216
5.18. Modelo de pedido de substituição de testemunha formulado pela defesa ou acusação 217
5.19. Modelo de parecer do Promotor de Justiça opinando pelo indeferimento da revogação da prisão preventiva 218
5.20. Modelo de parecer do Promotor de Justiça opinando pelo deferimento da revogação da prisão preventiva 220
5.21. Modelo de pedido de instauração de incidente de insanidade mental que pode ser formulado pelo Promotor de Justiça ou Advogado 223
5.22. Modelo de alegações finais formulado pelo Promotor de Justiça requerendo a pronúncia do acusado 224
5.23. Modelo de alegações finais requerendo a absolvição sumária imprópria (pode ser usado para defesa ou acusação) 227
5.24. Modelo de alegações finais requerendo a absolvição sumária própria (pode ser usado para defesa ou acusação) 230

5.25. Modelo de alegações finais requerendo a desclassificação do delito (pode ser usado para defesa ou acusação)   232
5.26. Modelo de alegações com pedido de desclassificação elaborado pela defesa   234
5.27. Modelo de alegações com pedido de impronúncia elaborado pela defesa   240
5.28. Modelo de sentença de pronúncia com *emendatio libelli* e preventiva   245
5.29. Modelo de sentença com absolvição sumária imprópria   252
5.30. Modelo de sentença com absolvição sumária própria   256
      5.30.1. Modelo de sentença desclassificando o delito   257
5.31. Modelo de sentença de impronúncia   258
5.32. Modelo de sentença final condenatória   261
5.33. Modelo de sentença final absolutória   282
5.34. Modelo de sentença final desclassificatória   283
5.35. Modelo de pedido de habilitação de assistente   285
5.36. Modelo de procuração   286
5.37. Modelo do termo de verificação de cédulas   287
5.38. Modelo de certidão de incomunicabilidade dos jurados elaborado pelo oficial de justiça   287
5.39. Modelo do termo de compromisso de jurados   288
5.40. Modelo do termo de votação   288
5.41. Modelo de relatório confeccionado pelo juiz presidente do júri   289
5.42. Modelo de certidão do pregão   290
5.43. Modelo de termo de julgamento   291
5.44. Modelo de despacho de preparo do júri   292
5.45. Roteiro prático completo para o juiz seguir no dia do julgamento   293
5.46. Formulação dos quesitos   315
      5.46.1. Explicação geral sobre a formulação prática dos quesitos   315
5.47. Quesitação prática específica   320
Bibliografia   361

Capítulo 1

Noções Introdutórias sobre o Procedimento dos Crimes da Competência do Júri

1.1. Noções didáticas

O júri é a participação popular nos julgamentos criminais. Por isso, de um modo geral, é aceitável o entendimento de Toqueville de que o júri consiste em "um certo número de cidadãos escolhidos pela sorte e revestidos momentaneamente do poder de julgar"[1].

O vocábulo júri, embora derivado do inglês *jury*, grafia esta antigamente adotada, é de formação latina. A origem da instituição é inglesa, mas o vocábulo vem de *jurare* (fazer juramento), devido ao juramento prestado pelas pessoas que o iriam formar.[2]

Em 1932, o grande Ruy Barbosa na célebre obra *O júri sob todos os aspectos* enaltecia a importância do júri: "O júri, juiz de consciência, que está no meio do povo, conhece melhor que ninguém as circunstâncias do fato e as condições dos protagonistas"[3].

1.2. A controvérsia sobre a origem do júri

Há grande dissenso doutrinário no que concerne a origem do Egrégio Tribunal Popular. Entre as teses mais aceitas podemos citar:

José Frederico Marques[4] defende que o júri nasceu na Inglaterra, depois de o Concílio de Latrão ter abolido as ordálias e os juízos de Deus. O júri guarda até hoje a sua origem mística, muito embora, ao ser criado, retratasse o espírito prático e clarividente dos anglo-saxões[5]. Na terra da *common law,* onde o mecanismo das instituições jurídicas, com seu funcionamento todo peculiar, que tanto difere dos sistemas dos demais países onde impera a tradição romanística, é o júri um instituto secular e florescente, cuja prática tem produzido os melhores resultados.

Nucci informa que as primeiras notícias do júri podem ser apontadas na Palestina, onde havia, segundo o autor, o Tribunal dos Vinte e Três nas vilas em que a população ultrapassasse as cento e vinte famílias. Esses tribunais conheciam processos criminais

---

1   Marques, José Frederico. *A Instituição do Júri*. Millennium, 1997, p. 20.
2   Mossim, Heráclito Antônio. *Júri:* crimes e processo. 1 ed. São Paulo: Atlas, 1999, p. 211.
3   Barbosa, Ruy. *O júri sob todos os aspectos,* Rio de Janeiro, Ed. Nacional, 1950, p. 15.
4   Marques, José Frederico. *A Instituição do Júri*. Millennium, 1997, p. 20.
5   Tarde. *La philosophie pénale*. 1891, p. 441; Tolemon, André. *Le Progrès des institutions penales*, 1928, p. 154.

relativos a crimes puníveis com a pena de morte. Seus membros eram tirados dentre os padres, os levitas e os principais chefes de famílias de Israel[6].

Rogério Lauria Tucci, prelecionando sobre o júri, diz que há quem afirme, com respeitáveis argumentos, que os mais remotos antecedentes do Tribunal do Júri se encontram na lei mosaica, nos *dikastas*, na Hiliéia (tribunal dito popular) ou no *Areópago* grego; nos *centeni*, comitês dos primitivos germanos; ou, ainda, em solo britânico, de onde passou para os Estados Unidos e, depois, para os continentes europeu e americano[7].

Walter P. Acosta[8] destaca que o júri, como sistema de cometer a representantes do povo atribuição de proferir o veredicto numa contenda, existe desde as primeiras épocas da humanidade. Porém, como instituição com características definidas, nasceu na Inglaterra, feito à semelhança do primitivo júri greco-romano. E como não tardou que fosse adotado pela França, dois sistemas perfeitamente definidos passaram a coexistir no mundo: o **sistema britânico**, no qual os jurados decidem **de fato e de direito**, respondendo a um único quesito (*guilty or not guilty?*) para declarar o réu culpado ou inocente; e o **sistema francês**, em que os jurados só decidem **de fato**, cabendo ao juiz togado, que preside o júri, dar a decisão **de direito**, segundo as respostas daqueles.

Em realidade, o júri e a maçonaria são instituições que quanto mais estudadas suas origens, mais se abre um leque de infinitas possibilidades. Talvez por isso Whitaker tenha razão quando afirmou que

> O júri em sua simplicidade primitiva, remonta às primeiras épocas da humanidade. Qualquer que fosse a dúvida levantada nas tribos errantes, sem leis positivas e autoridades permanentes, a decisão era proferida pelos pares dos contendores[9].

1.3. A origem do júri no Brasil

No Brasil, o júri foi criado pela Lei de 28 de junho de 1922, para os delitos de imprensa, constituído de vinte e quatro "juízes de fato". Mais tarde, também desdobrou-se em júri de acusação, constituído de vinte e quatro juízes, e júri de julgamento, com doze juízes. No correr da história brasileira, o júri teve sua competência ora ampliada ora restringida, fixando a Constituição de 1946 a competência mínima para os crimes dolosos contra a vida, convivendo com ele o júri de imprensa e o escabinado de economia popular[10].

1.4. Princípios constitucionais do júri

Hoje, em nosso país, à semelhança do que ocorreu na Primeira República, há no Tribunal do Júri Estadual e no Federal quatro princípios constitucionais:

---

6   *Júri. Princípios Constitucionais*. São Paulo: Juarez de Oliveira, 1999, p. 31.
7   "Tribunal do Júri: origem, evolução, características e perspectivas", in *Tribunal do Júri – Estudo sobre a mais democrática instituição jurídica brasileira*. São Paulo: RT, 1999, p. 12.
8   No mesmo sentido: Acosta, Walter P. *O Processo Penal*. Coleção Jurídica da Editora do Autor.
9   Whitaker, Firmino. Jury (Estado de S.Paulo). 6 ed. São Paulo: Saraiva, 1930. p. 8.
10 No mesmo sentido: Greco, Vicente Filho. *Manual de processo penal*. São Paulo: Saraiva, 1991.

1.4.1. Plenitude de defesa

Fundamentação legal: Art. 5º, XXXVIII, alínea "a" da Constituição Federal.

Há controvérsia doutrinária no que concerne se há diferença entre as terminologias "ampla defesa" e "plenitude de defesa". Entendo que podemos fazer a distinção infracitada:

a) A ampla defesa está umbilicalmente ligada à defesa técnica, que é de caráter obrigatório e deve ser patrocinada por advogado devidamente inscrito na Ordem dos Advogados do Brasil.

b) A plenitude de defesa é mais abrangente e engloba:
- a defesa técnica (*ampla defesa*);
- autodefesa, que é exercida facultativamente pelo próprio acusado;
- a defesa vulgar, que é o uso de argumentos não jurídicos como os de caráter psicológicos, sentimentais, antropológicos, políticos, sociais, históricos etc.

Já defendíamos a obrigatoriedade de o juiz formular a tese defendida pelo advogado como também a tese do réu. Mesmo que tais teses fossem totalmente antagônicas, hoje, com a reforma do procedimento do júri, a questão foi pacificada, pois o juiz, ao perguntar *se o acusado deve ser absolvido*, está impreterivelmente englobando as teses da defesa técnica e da autodefesa; portanto, ficou sem sentido a posição do STF que defendia ser apenas necessária a quesitação das teses sustentadas pela defesa técnica[11].

A jurisprudência também já começa a entender que os princípios da "ampla defesa" e "plenitude de defesa" não são sinônimos, no mesmo sentido:

> Primeiramente, é de extrema importância, nesta questão, estabelecermos a diferença entre plenitude de defesa e ampla defesa, ambas previstas constitucionalmente, pois, apesar de parecer mera repetição ou reforço hermenêutico por parte do constituinte, estes termos não são sinônimos (...) Fica clara a intenção do constituinte ao conceder ao réu, no júri, além da ampla defesa outorgada a todo e qualquer réu, em qualquer processo, cível, administrativo ou criminal, a plenitude de defesa, privilegiando em relação à acusação, pois ele é a parte mais fraca da relação". (Ap. 1.0155.03.004411-1,3ª C, rel. Jane Silva, v. u.)

Insta acentuar que alguns doutrinadores definem o princípio da plenitude de defesa como corolário do contraditório. Entendo ser um grande equívoco, pois o princípio do contraditório é a conseqüência lógica da igualdade. De forma analógica, podemos dizer que, **em uma guerra, ou seja, em um processo, devem-se propiciar as mesmas armas aos contendores, e, em nenhuma hipótese, será possível conceder um melhor armamento a uma das partes**. Veja que o princípio supõe completa igualdade entre acusação e defesa; portanto, qualquer restrição ilegal poderá acarretar:

a) cerceamento de defesa;
b) cerceamento de acusação.

---

11 (No mesmo sentido: STF – 2ª T. – HC 72.450/SP – DJ 24/5/1996. p. 17413).

Badaró, em sua obra, citando Ortel Ramo (relação entre acusação e sentença) é muito feliz quando destaca:

> Não se pode esquecer de que o princípio do contraditório não diz respeito à defesa ou ao direito do réu. O princípio deve aplicar-se em relação a ambas as partes, além de também ser observado pelo próprio júri[12].

Portanto, qualquer restrição indevida ao direito de defesa ou acusação acarretará impreterivelmente a nulidade absoluta do processo, por infringência ao princípio do contraditório.

Repetimos por ser importante: o Ministério Público e o acusado são partes no Processo Penal, pelo que, se ao acusado estão assegurados constitucionalmente o contraditório e a ampla defesa (art. 5º, LV). Também ao Ministério Público devem ser conferidos os mesmos direitos, porquanto essa norma constitucional não é dirigida somente ao acusado, mas também, ao Ministério Público, pois refere "*aos litigantes, em processo judicial ou administrativo, e aos acusados em geral são assegurados o contraditório e a ampla defesa, com os meios e recursos a ela inerentes*".

1.4.1.1. Conseqüências Diretas do Princípio da Plenitude da Defesa

a) Ter conhecimento claro da imputação.
b) Poder acompanhar a prova produzida e fazer contraprova.
c) Ter defesa técnica por advogado, cuja função, aliás, agora, é essencial à Administração da Justiça (art. 133 da CF).
d) Poder recorrer da decisão desfavorável.
e) Poder ser julgado por um juiz imparcial.
f) O advogado, em plenário, pode apresentar mais de uma tese.
g) O advogado não pode requerer a pronúncia do réu.
h) Impossibilidade de o defensor em plenário requerer diretamente a condenação do réu.
i) Possibilidade de o acusado ficar calado.
j) Impossibilidade de o acusado ser obrigado a se auto-acusar.
l) Necessidade de, antes do interrogatório, ser entrevistado por um advogado.
m) Em atendimento ao princípio em estudo, se no plenário do júri o réu apresentar uma versão e o advogado outra, o juiz é obrigado a confeccionar quesitos para as duas teses.

Posição dominante do STF:

> STF: "Em sede de julgamento pelo Tribunal do Júri, se o acusado, durante seu depoimento, articula a tese da legítima defesa, ainda que a defesa técnica silencie a respeito, é necessária a formulação de quesito correspondente para que o Corpo de Jurados se manifeste sobre a alegação, sob pena de afrontarem-se os princípios da ampla defesa e do devido processo legal". (RT 754/557)

---

12 No mesmo sentido: Badaró, Gustavo Henrique Righi Ivahi. *Correlação entre acusação e sentença*, p. 39.

1.4.1.2. Súmulas Originadas do Princípio em Estudo do Princípio da Plenitude da Defesa

1. Súmula nº 701 do STF

No mandado de segurança impetrado pelo Ministério Público contra decisão proferida em processo penal, é obrigatória a citação do réu como litisconsorte passivo.

2. Súmula nº 704 do STF

Não viola as garantias do juiz natural, da ampla defesa e do devido processo legal a atração por continência ou conexão do processo do co-réu ao foro por prerrogativa de função de um dos denunciados.

3. Súmula nº 705 do STF

A renúncia do réu ao direito de apelação, manifestada sem a assistência do defensor, não impede o conhecimento da apelação por este interposta.

4. Súmula nº 707 do STF

Constitui nulidade a falta de intimação do denunciado para oferecer contra-razões ao recurso interposto da rejeição da denúncia, não a suprindo a nomeação de defensor dativo.

5. Súmula nº 708 do STF

É nulo o julgamento da apelação se, após a manifestação nos autos da renúncia do único defensor, o réu não foi previamente intimado para constituir outro.

6. Súmula nº 523 do STF

No processo penal, a falta de defesa constitui nulidade absoluta, mas a sua deficiência só o anulará se houver prova de prejuízo para o réu.

1.4.2. O sigilo das votações

Hermínio Alberto Marques Porto lecionava que o sigilo das votações

> visa a assegurar aos jurados a livre formação de sua convicção e a livre manifestação de suas conclusões, afastando-se quaisquer circunstâncias que possam ser entendidas, pelos julgadores leigos, como fontes de constrangimento. Relevante é o interesse em resguardar a formação e a exteriorização da decisão[13].

Fundamentação legal: Art. 5º, XXXVIII, alínea "b" da Constituição Federal

> 'O código de processo penal estipula várias formas de proteger o sigilo das votações, entre elas podemos citar:
> a) Votação em sala especial a fim de ser procedida a votação.
> b) Na falta de sala especial, o juiz presidente determinará que o público se retire, permanecendo somente os jurados, o Ministério Público, o assistente, o querelante, o defensor do acusado, o escrivão e o oficial de justiça.
> c) Incomunicabilidade dos jurados.

---

13 *Op. cit.*, p. 315.

d) *Votação com a abertura da maioria dos votos na forma do art. 483 § 1º do Código de Processo Penal (A resposta negativa, de mais de 3 (três) jurados, a qualquer dos quesitos referidos nos incisos I e II do caput deste artigo encerra a votação e implica a absolvição do acusado).*

1.4.3. Soberania dos veredictos

Fundamentação legal: Art. 5º, XXXVIII, alínea "c" da Constituição Federal

> *Em virtude da soberania dos veredictos, a decisão não pode ser reformada no mérito pelo tribunal ad quem.*

Em uma análise apertada, é possível afirmar que a soberania dos veredictos impede que, em grau de recurso, o Tribunal se substitua aos jurados, condenando ou absolvendo o acusado.[14]

Na realidade, podemos dividir a soberania em dois tipos:

a) Soberania relativa:

A soberania é relativa quando, no primeiro julgamento, há recurso e, sendo detectado que a decisão foi realizada contra as provas dos autos, o Tribunal *Ad Quem* anula e remete o réu a novo julgamento.

No mesmo sentido STF:

> Habeas corpus. Soberania do júri. Art. 5º, XXXVIII, da Constituição. A soberania do veredicto dos jurados não exclui a recorribilidade de suas decisões, sendo assegurada com a devolução dos autos ao Tribunal do Júri, para que profira novo julgamento, uma vez cassada a decisão recorrida. Habeas corpus denegado. (AC. HC 67.271-0-SP, p. 9.601)

No mesmo sentido STJ:

> A decisão que anula o julgamento do Júri, quando a decisão dos jurados é manifestamente contrária à prova dos autos, não viola o princípio da soberania do Júri". (HC 10.378-CE, p. 165 e também HC 37.687-SP, 6ª T, p. 629)

A soberania também é relativa quando em, sede de revisão criminal, o Tribunal *Ad Quem* anula o julgamento e decreta a absolvição do réu, neste caso, o entendimento amplamente dominante na doutrina e jurisprudência é no sentido de que haverá a prevalência do direito à liberdade, em confronto com a soberania dos veredictos. Portanto, prevalece, na revisão criminal, o juízo rescidente e rescisório.

b) Soberania absoluta

A soberania é absoluta quando no primeiro julgamento há recurso e, sendo detectado que a decisão foi realizada contra as provas dos autos, o Tribunal *Ad Quem* anula e remete o réu a novo julgamento; havendo nova absolvição contra as provas dos autos, não poderá, por este motivo, haver novo recurso.

---

14 Demercian, Pedro Henrique e Maluly, Jorge Assaf. *Curso de Processo Penal*, 3 ed., Rio de Janeiro: Forense, 2005, p. 444.

A soberania também é absoluta quando os jurados decidem por uma das versões em que há provas nos autos.

No mesmo sentido STF:

> Se o Tribunal popular, juiz natural da causa, **com base no depoimento de testemunhas ouvidas em juízo**, entendeu que o réu cometeu homicídio em sua forma privilegiada (após injusta provocação), **não cabe ao TJ-SP substituir esse entendimento, por julgar que há outras provas mais robustas no sentido contrário da tese acolhida**". (HC 85.904-SP, 2ª T., rel. Joaquim Barbosa, 13/02/2007, v. u.)

> Não se caracteriza como manifestamente contrária à prova dos autos a decisão que, optando por uma das versões trazidas aos autos, não se encontra inteiramente divorciada da prova existente no processo. Precedentes. (REsp 779.518-MT, 5ª T., v. u.)

1.4.3.1. Soberania dos veredictos e a reforma in pejus

Para o leitor entender a importância do tema, vamos expor o tema de forma prática.

- **Caso forense prático:**

Tício foi denunciado pelo Ministério Público por ter cometido o delito de homicídio. Realizada a instrução, o acusado foi pronunciado por homicídio qualificado. Posteriormente, Tício foi absolvido. O promotor recorreu e a decisão transitou em julgado para a defesa. Aponte a solução jurídica, considerando que:

a) o Tribunal mandou Tício para novo julgamento, pois o júri julgou contra as provas dos autos;
b) em novo julgamento, Tício foi condenado;
c) o advogado recorreu, alegando que o caso era de *reformatio in pejus* indireta, pois se trata de uma reforma em prejuízo do réu.

Resposta. O advogado não tem razão. Em acórdão publicado na RTJ nº 127/361, rel. o Min. Moreira Alves, o STF decidiu que a *reformatio in pejus* indireta não tem aplicação para limitar a soberania do Tribunal do Júri decorrente de preceito constitucional. Não pode, pois, a lei ordinária impor-lhe limitações que lhe retirem a liberdade de julgar a procedência ou improcedência da acusação, bem como a ocorrência, ou não, de circunstâncias que aumentem ou diminuam a responsabilidade do réu, em virtude de anulação de **veredicto** anterior por decisão togada. Isto implica dizer que tem o novo júri, nos limites da pronúncia, a liberdade de responder diferentemente do anterior aos quesitos que lhes são apresentados.

1.4.3.2. Soberania dos veredictos e a reforma in mellius

Para o leitor entender a importância do tema, vamos expor o tema de forma prática.

- **Caso forense prático:**
Tício foi denunciado pelo Ministério Público por ter cometido o delito de homicídio. Realizada a instrução, o acusado foi pronunciado e, posteriormente, condenado a dez anos de prisão. O promotor recorreu, e a decisão transitou em julgado para a defesa. Aponte a solução jurídica, considerando que:
   a) o Promotor recorreu, pleiteando o aumento da pena;
   b) mesmo a defesa não tendo recorrido, o Tribunal de Justiça diminuiu a pena de Tício.

Resposta. O princípio do *favor rei* veda a chamada *reformatio in pejus*. Assim, por força do disposto no art. 617 do CPP, sendo o recurso exclusivo do réu, o Tribunal não pode agravar-lhe a situação processual, pois estaria exercendo jurisdição sem ação. Já em relação ao recurso do MP, a situação é completamente diversa, pois nada impede a *reformatio in mellius*, mesmo que não tenha havido a interposição de recurso por parte da defesa.

1.4.4. Competência para o julgamento dos crimes dolosos contra a vida

Fundamentação legal: Art. 5º, XXXVIII, alínea *d* da Constituição Federal

Segundo o art. 74, § 1º, do CPP, compete ao Tribunal do Júri o julgamento dos crimes previstos nos arts. 121, § 1º, § 2º, 122, parágrafo único, 123, 124, 125, 126 e 127 do Código Penal, consumados ou tentados.

Os crimes dolosos contra vida são:
a) o homicídio;
b) o induzimento ao suicídio;
c) o infanticídio;
d) e o aborto.

Aspecto prático importante: os crimes supracitados só são da competência do júri quando cometidos na forma **dolosa.**

1.4.4.1. Quando o crime doloso não é de competência do júri

Quando a morte ocorre de forma dolosa, nem sempre a competência será do Tribunal do Júri; é o caso, por exemplo:
a) do latrocínio em que o legislador, por pura demagogia, entende que o objeto jurídico tutelado é o patrimônio, e não a vida.
   Posição dominante do STF:
   > Súmula nº 603: A competência para o processo e julgamento de latrocínio é do Juiz singular e não do Tribunal do Júri.
b) do genocídio que é crime contra a humanidade.
   Da leitura do julgado RE 351.487-RR, constante no informativo 434 do STF, conclui-se que os crimes de genocídio são de competência da Justiça Federal singular,

podendo tais crimes serem atraídos para o Tribunal do Júri quando houver conexão com delitos dolosos contra a vida.
c) Militar das forças armadas que mata militar no exercício da função (Vide Código de Processo Penal Militar, art. 82).
d) Nos casos em que autor do homicídio tem foro previsto na Constituição Federal.

1.4.4.1.1. Análise da possibilidade de mudança na competência do Tribunal do Júri

A competência do Tribunal do Júri, hoje, é cláusula pétrea; portanto, não pode ser modificada com escopo de suprimir ou diminuir, mas a Carta Magna de 1988 define apenas a competência **mínima** do júri. Nada impede que a lei processual inclua outras infrações penais na competência do Tribunal Popular.

1.4.4.2. O princípio da competência mínima e o fenômeno da vis atractiva

Na realidade, há plena possibilidade de outros delitos serem julgados pelo Tribunal do Júri, é o fenômeno da *vis atractiva*, ou seja, os delitos cometidos em conexão ou continência com os delitos de competência do júri serão atraídos para o Tribunal do Júri.

A regra é prevista no artigo 78 do Código de Processo Penal, *in verbis*:

> Na determinação da competência por conexão ou continência, serão observadas as seguintes regras:
> I – no concurso entre a competência do júri e a de outro órgão da jurisdição comum, prevalecerá a competência do júri

1.4.4.3. O júri e o Estatuto da Criança e Adoslescente
Contextualização prática:

Tício e Mévio mataram Petrus. Aponte a solução jurídica considerando que ao tempo do crime Mévio tinha 17 anos.

Neste caso tem que haver cissão. Tício será processado em consonância com o rito do júri, e Mévio segue o rito estabelecido na lei nº 8.069/1990 (Estatuto da Criança e Adoslescente), é a exata previsão do artigo 79, inciso II, *in verbis:*

> A conexão e a continência importarão unidade de processo e julgamento, salvo:
> II – no concurso entre a jurisdição comum e a do juízo de menores.

Um aspecto prático importante I:

Neste caso, o Promotor de Justiça deve fazer duas peças processuais distintas:
a) denuncia contra Tício;
b) ação penal sócio-educativa para Mévio.

1.4.4.4. O princípio da competência mínima e o fenômeno da ratione connexitatis

Contextualização prática I:

Mévio foi pronunciado por ter cometido três delitos: tentativa de homicídio, desacato e resistência. Em pleno julgamento, Mévio foi absolvido pelo delito de tentativa de homicídio. Aponte a solução jurídica, indicando qual será a atitude do juiz:

a) O juiz deverá remeter os demais delitos para Justiça Comum, convertendo o rito em ordinário?
b) O juiz deverá submeter à quesitação os delitos de desacato e resistência?

Resposta. O problema é resolvido com a magnífica lição do mestre Tourinho Filho:
E se o problema surgir durante um julgamento pelo Tribunal do Júri? Não haverá nenhuma diferença. Suponha-se Mévio pronunciado por tentativa de homicídio, desacato e resistência. Todas estas infrações interligadas *ratione connexitatis*. Levado a julgamento perante o Tribunal popular, o juiz-presidente, por primeiro, submeterá à votação os quesitos pertinentes ao crime que atraiu os demais para aquele julgamento: a tentativa de homicídio. Indagado o Conselho de Sentença se o réu praticou os ferimentos ocasionados na vítima, respondeu afirmativamente, vale dizer, o Conselho já reconheceu um crime de lesão corporal: foi o réu quem feriu a vítima. Em seguida vem o quesito atinente à tentativa: "O réu, assim agindo, deu início à execução de um crime de homicídio que não se consumou por circunstâncias alheias a sua vontade"? Se a resposta for afirmativa, estará o júri reconhecendo a tentativa, e o julgamento prossegue normalmente. Se, quando da votação dos quesitos defensivos, o Conselho reconhecer que o réu agiu em legítima defesa, será ele absolvido. Contudo, o juiz-presidente, em seguida, submeterá à votação os quesitos relativos ao desacato e, depois os atinentes à resistência. A rigor, deveria cessar a competência do júri no instante em que absolveu o réu quanto ao crime da sua competência própria. Mas, em virtude da regra da *perpertuatio jurisdictionis*, continuará competente em relação aos demais processos, isto é, em relação às demais infrações[15].

No mesmo sentido STF: O STF também já decidiu que, absolvido o crime doloso contra a vida, devem os jurados julgar o crime conexo. (HC 92.096 PA)

Contextualização prática II:

Tício foi denunciado por tentativa de homicídio e roubo. Pergunta-se:

Tendo os jurados desclassificado o crime de tentativa para lesão corporal, o que o juiz presidente deverá fazer quanto ao delito de roubo?

Agora a regra é diferente, pois tanto o delito desclassificado, quanto o conexo deverão ser julgados pelo juiz presidente, é a regra prevista no novo art. 492, § 2º, *in verbis*:

---

15   No mesmo sentido: Tourinho Filho, Fernando da Costa. *Código de Processo Penal Comentado*, p. 182.

Em caso de desclassificação, o crime conexo que não seja doloso contra a vida será julgado pelo juiz presidente do Tribunal do Júri, aplicando-se, no que couber, o disposto no § 1º deste artigo.

1.4.4.5. O princípio da competência mínima e os delitos de menor potencial ofensivo

A Lei nº 11.313/2006 tornou possível a aplicação dos institutos do juizado especial criminal no rito do júri, dispondo no parágrafo único do art. 69 da lei nº 9.099/1995 que:

> Na reunião de processos, perante o juízo comum ou o tribunal do júri, decorrentes da aplicação das regras de conexão e continência, observar-se-ão os institutos da transação penal e da composição dos danos civis.

De salientar, porém, como defende o mestre Tourinho Filho[16] que não obstante a competência para julgar os crimes dolosos contra a vida, consumados ou tentados, seja do Tribunal popular, nos termos do art. 5º, XXXVIII, da Magna Carta, nada impede, antes aconselha, a suspensão condicional do processo desses crimes, desde que a pena mínima não seja superior a 1 ano. Aparentemente a lei infraconstitucional estaria se sobrepondo à Lei Maior. Note-se, entretanto, pela sua posição topográfica, que a instituição do Júri está no capítulo destinado aos direitos e garantias fundamentais, para tutelar, mais ainda, o direito de liberdade. Ora, se a suspensão condicional do processo tutela, mais ainda, esse direito de liberdade, não há razão que justifique a não-inclusão dessas figuras deliduais penais no rol daquelas a que se refere o art. 89 da Lei do Juizado. Esse mesmo raciocínio serve de fundamento à revisão criminal das decisões do Júri.

O novo art. 492, § 1º também autoriza o uso dos institutos do juizado especial criminal na segunda fase do júri, *in verbis*:

> Se houver desclassificação da infração para outra, de competência do juiz singular, ao presidente do Tribunal do Júri caberá proferir sentença em seguida, aplicando-se, quando o delito resultante da nova tipificação for considerado pela lei como infração penal de menor potencial ofensivo, o disposto nos arts. 69 e seguintes da Lei nº 9.099, de 26 de setembro de 1995.

1.4.4.6. O júri, a suspensão do processo e a recusa do Ministério Público em formular a proposta

Sendo um direito subjetivo de liberdade, presente os requisitos, o Ministério Público é obrigado formular a proposta de suspensão; caso haja recusa, há duas posições:

> 1ª posição: STJ: A suspensão condicional do processo é um direito subjetivo do acusado; o Juiz não deve estar vinculado à recusa do Ministério Público, devendo manifestar-se a respeito. Não se pode negar ao réu o direito ao sursis processual tão-somente porque as penas mínimas abstratas, apesar de iguais a um ano, foram somadas ou majoradas em razão do concurso ou continuidade delitiva. (STJ, RHC 7.583)

---

16 Tourinho Filho, Fernando da Costa. *Processo Penal*, 30 ed. comemorativa, São Paulo: Saraiva, 2008, p. 56.

2ª posição: entendo que a formulação da proposta de suspensão condicional da pena e função privativa do Ministério Público, in casu, a solução será usar a regra exposta no art. 28 do Código de Processo Penal.

Posição dominante do STF: Súmula 696:

> Reunidos os pressupostos legais permissivos da suspensão condicional do processo, mas se recusando o Promotor de Justiça a propô-la, o Juiz, dissentindo, remeterá a questão ao Procurador-Geral, aplicando-se por analogia o art. 28 do Código de Processo Penal.

1.4.4.7. O júri, a suspensão condicional do processo e o concurso de crimes

Quando um crime de médio potencial ofensivo vai para o rito do júri atraído pela conexão ou continência, há um problema a ser resolvido que é o impreterível aumento da pena mínima; ora, sabemos que o requisito da suspensão condicional do processo é a pena mínima ser inferior ou igual a um ano, portanto, pergunta-se: Havendo concurso de crimes, como será calculada a pena mínima para os efeitos da suspensão condicional do processo?.

Essa situação não escapou à sagacidade da observação do amigo Tourinho Filho[17] que leciona:

> Pode-se sustentar, também, que, mesmo no concurso material, se a pena mínima de cada infração for igual ou inferior a 1 ano e a soma de todas as infrações ultrapassar o mínimo legal, será possível a suspensão, aplicando-se, por analogia, o art. 119 do CP. Nesse sentido, STJ, 5ª Turma, RHC 6.066/SP, DJU, 6-10-1997, p. 50016. Agora, em razão daquele preceito sumular, talvez outra seja a orientação a ser seguida. Contudo, no julgamento do RSE 1.331.987/5, o extinto TACrimSP, em decisão de 16/12/2002 (Bol. IBCCrim n. 126), adotou aquele mesmo posicionamento do STJ, aduzindo que "da mesma forma que o acréscimo decorrente do concurso formal, do concurso material e da continuidade delitiva, por força do art. 119 do CP, não incide no cálculo da rescrição, a presença do concurso de crimes não pode impedir o sobrestamento condicional do processo. Tem aplicação analógica referido dispositivo às hipóteses em exame". É possível, entretanto, se for o caso, seja o benefício negado, não pela quantidade da pena, mas com fulcro noutro requisito exigido pelo art. 89: o do art. 77, II, do CP (culpabilidade, antecedentes, personalidade do agente).

1.4.4.8. Competência do júri versus a competência especial

Quando há conflito entre a competência do júri e uma competência especial, temos que considerar duas hipóteses:

1ª hipótese: se a competência especial for fixada na Constituição estadual, prevalecerá a do tribunal do júri que é fixada na Constituição Federal.

---

17 Ibidem, p. 63.

Posição dominante do STF:
> Súmula nº 721: A competência constitucional do Tribunal do Júri prevalece sobre o foro por prerrogativa de função estabelecida exclusivamente pela Constituição estadual.

2ª hipótese: se a competência especial for fixada na Constituição Federal "não" prevalecerá a do tribunal do júri.

Da súmula supracitada é possível concluir que a competência do Júri não prevalecerá sobre a competência por prerrogativa de função prevista na Constituição Federal; é o caso, por exemplo, do juiz estadual que comete um crime de homicídio: ele será julgado pelo Tribunal de Justiça e não pelo júri.

1.4.4.9. O júri, a competência especial fixada na Constituição Federal e o concurso de pessoas

Contextualização prática:
Leia no capítulo 4 o caso processual penal superinteressante "*o juiz e os co-autores*".

1.4.4.10. O júri, a competência especial fixada na Constituição Estadual e o concurso de pessoas

Contextualização prática:
Tício e Mévio cometeram um crime de homicídio. Aponte a solução jurídica considerando que:
a) Tício é comerciante.
b) Mévio é vereador.
c) Mévio tem foro especial fixado na Constituição Estadual.

Um foro especial fixado na Constituição Estadual não pode prevalecer sobre um competência fixada na Constituição Federal, portanto, ambos serão julgados pelo Tribunal do Júri.

O leitor deve estar estranhando falarmos de foro especial para vereador fixado na Constituição Estadual, mas o STF recentemente decidiu que:
> Não afronta a Constituição da República a norma de Constituição Estadual que, disciplinando competência originária do tribunal de Justiça, lhe atribui para processar e julgar vereador (RE nº 464.935-7/RJ – 27/06/2008).

1.4.4.11. Os crimes dolosos contra a vida cometidos por policial militar contra civil

Cumpre destacar que os crimes dolosos contra a vida cometidos por policial militar contra civil são da competência do Tribunal do Júri, por força da redação do art. 9º, parágrafo único, do Código Penal Militar, *in verbis*:
> Os crimes de que trata este artigo, quando dolosos contra a vida e cometidos contra civil, serão da competência da justiça comum.

Posição dominante do STJ:
> A competência para o julgamento dos crimes dolosos contra vida cometidos por militar contra civil, ainda que no exercício da profissão, é da Justiça Comum, pelo Tribunal do Júri (inteligência dos arts. 9º, parágrafo único do CP militar, 82, *caput* e § 2º do CPP Militar e 5º, inciso XXXVIII da CR). (Habeas Corpus nº 84123/RJ (2007/0126836-9), 6ª Turma do STJ).

1.4.4.12. Competência: o local do crime versus o local onde ocorreu a insatisfação social

Quando o crime doloso contra a vida ocorre em uma cidade e o resultado em outro, entendo que, ao contrário do que dispõe o art. 70 do Código de Processo Penal, deve prevalecer como foro competente para julgar a ação penal, o local onde ouve a insatisfação social (*local da ação ou omissão*) e não o do resultado.

Fundamentos:
a) É o local onde haverá maior facilidade de colher as provas;
b) É o local onde ocorreu a lesão social imediata e proporciona um julgamento mais justo (*Julgamento feito pelos pares*).

Posição dominante do STJ:
> "Conflito de Competência – homicídio – vítima alvejada a tiros numa comarca, vindo a falecer em outra – competência do Juízo onde ocorreu a agressão. Se o interesse do processo é a busca da verdade real, tem-se que a ação penal deve desenvolver-se no local que facilite a melhor instrução". (STJ, 3ª Seção, CComp 17.112-PR, p. 16. STJ, 3ª Seção, p. 6079)

1.5. As principais características do júri

Tem o júri as características infracitadas:
a) Composição heterogênea:
Veja o item composição do júri.

b) Horizontalidade:
Não há hierarquia entre os componentes do júri, ou seja, não há hierarquia entre os jurados e o juiz.

c) Temporariedade
O júri, na maioria absoluta das comarcas brasileiras, só funciona em alguns períodos do ano fixados pela organização judiciária do Estado.

d) Decisão por maioria
É a mais nova característica implementada pela reforma; agora haverá decisão com mais de três votos a favor, da defesa ou acusação.

e) Procedimento bifásico
Veremos no item 1.6.

f) Órgão julgador colegiado
Diferentemente do órgão monocrático, as decisões não são tomadas por uma só pessoa e sim por sete jurados.

g) Legitimação democrática do exercício da jurisdição
É a única hipótese em que o poder emanado do povo é exercido diretamente e como forma de jurisdição, ou seja, julgando e dizendo qual é o direito no caso concreto.

Como se sabe, essa direta participação popular na administração da justiça criminal por meio de órgãos julgadores colegiados mistos, no autorizado magistério de Ada Pellegrini Grinover, responde às exigências de *legitimação democrática do exercício da própria jurisdição* (1996, cap. 01, p. 12)[18].

1.6. Os tipos de júri

O amigo e mestre de todos nós, Fernando da Costa Tourinho Filho[19] nos ensina:
> [Q]uando o crime doloso contra a vida for praticado a bordo de navio, aeronave (ressalvada a competência militar) ou, mesmo, contra pessoas que estejam a serviço da União, de suas entidades autárquicas ou empresas públicas, o julgamento fica afeto ao Júri Federal, que se distingue do Estadual. Enfim: os crimes dolosos contra a vida que se incluam na competência da Justiça Comum Federal, nos termos do art. 4º do Dec. lei nº 253/1967, são julgados pelo Júri Federal. Fora dessas hipóteses, tais crimes são julgados pelo Tribunal do Júri dos Estados. Mas, se a pessoa tiver foro especial fixado na Constituição da República (juízes, membros do MP, as pessoas referidas nos arts. 102, I b e c, e 105, I, a, todos da CF), será julgada pelo Tribunal a cuja jurisdição estiver ligada. (Tribunal de Justiça, TRF, STF e STJ)

O entendimento dominante do STJ e do STF é no sentido de que, caso o ofendido seja funcionário público federal e for lesado no exercício ou em razão da sua função, a competência será do júri federal. (STJ, Terceira Seção, Conflito de Competência nº 5.350/AC e STF, *HC* 65.329-4/RS)

Explica Marrey[20] que o caso típico é o do homicídio de que foi vítima em Recife o Procurador da República que na época investigava o chamado "escândalo da mandioca". Seu autor foi julgado pelo Júri Federal de Pernambuco, resultando em condenação. Impetrou-se, então, *habeas corpus* perante o STF, que o denegou, em acórdão cuja ementa diz o seguinte:

---

18 *Apud*, Demercian, Pedro Henrique e Maluly, Jorge Assaf. *Curso de Processo Penal*, 3 ed., Rio de Janeiro: Forense, 2005, p. 450.
19 No mesmo sentido: Tourinho Filho, Fernando da Costa. *Prática de Processo Penal*. 21 ed., São Paulo: Saraiva, 1999, p. 216.
20 No mesmo sentido, Adriano Marrey, in *Teoria e prática do júri*, p. 74.

Ementa oficial: Tribunal do Júri Federal. Dec. lei 253/67. Arts. 125, IV e 153, § 18, da CF/67. O Júri Federal atende precisamente à conciliação dos dois textos constitucionais: o julgamento dos crimes dolosos contra a vida pelo Tribunal do Júri (art. 153, § 18, da CF) e a competência da Justiça Federal para processar e julgar os crimes praticados em detrimento de bens, serviços e interesses da União ou de suas entidades autárquicas ou empresas públicas (art. 125, IV, da CF). Habeas corpus indeferido.

A competência da Justiça Estadual é residual, por isso podemos afirmar que se o caso não for da esfera do Tribunal do Júri Federal, segundo as regras *ut supra* exposta por Tourinho, caberá ao Tribunal do Júri estadual julgar.

Insta acentuar que, diferentemente, da justiça eleitoral em que há o princípio da delegação, o responsável pela acusação no Júri Federal, em caso de Ação Penal Pública, será o membro do Ministério Público Federal de primeira instância, que é o Procurador da República.

Informam Demercian e Maluly[21]:

> Contudo, não é um interesse afeto, primordialmente, à União que determina a competência do Tribunal do Júri Federal. O Superior Tribunal de Justiça, decidindo sobre a competência deste órgão, assentou que a proteção que a Constituição Federal confere à defesa dos interesses do indígena não concede o privilégio do foro federal, para processo e julgamento de crime de homicídio praticado contra silvícola. (Conflito de Competência nº 19.687/DF, Terceira Seção, rel. Min. William Patterson, publicado no DJ de 08/09/97. Com a mesma orientação: STJ, Recurso de *Habeas Corpus* 7.284/MA, Sexta Turma, relator Min. Anselmo Santiago, publicado no DJ de 01/06/98)

1.7. O procedimento escalonado

Os processos da competência do Tribunal do Júri desdobram-se em duas fases:
a) A primeira fase, denominada *judicium acusationis*, inicia-se com o oferecimento da denúncia e é finalizada com quatro hipótese, a saber:
  - com a preclusão da sentença de pronúncia;
  - com o trânsito em julgado da sentença que impronunciou o reú;
  - com o trânsito em julgado da sentença que absolveu sumariamente o réu;
  - com o trânsito em julgado da sentença que desclassificou o delito exposto na denúncia.
b) a segunda fase, denominada *judicium causae*, tem início com a preclusão da sentença de pronúncia em conformidade com a nova redação do art. 421 do Código de Processo Penal e termina com o julgamento pelo Tribunal do Júri.

---

21 Demercian, Pedro Henrique e Maluly, Jorge Assaf. *Curso de Processo Penal*, 3 ed., Rio de Janeiro: Forense, 2005, p. 449.

Portanto, diferentemente de todos os outros procedimentos, o júri tem um *iter* procedimental dos juízos escalonados, com uma fase preparatória em que é estabelecido um juízo de formação da culpa e que é sucedido de outra fase para o *judicium causae* em que há o veredicto final.

1.8. O princípio da identidade física e o júri

Andrey Borges de Mendonça[22] defende que cumpre destacar que, embora não tenha ficado expresso no art. 411, também à primeira fase do procedimento do júri se aplica o princípio da identidade física, ou seja, o magistrado que tomou conhecimento da prova continuará vinculado ao feito, devendo proferir a decisão final da primeira fase do procedimento do júri. Assim, em caso de eventual desmembramento da audiência uma, o magistrado que iniciou a colheita da prova deverá proferir a decisão ou sentença. A razão para isto é que o art. 399, § 2º, que introduziu o princípio da identidade física no processo penal, está incluído no Título I, que é aplicável também ao procedimento do júri.

---

22 Mendonça, Andrey Borges de. *Nova reforma do Código de Processo Penal*, 1 ed., São Paulo: Método, 2008, p. 13.

Capítulo 2

A Primeira Fase (*Judicium Accusationis*)

Em 1959 afirmava o grande Pimenta Bueno:

> [A] informação, instrução ou formação da culpa é a parte preliminar do processo criminal ordinário, a série de atos autorizados pela lei por meio dos quais o juiz competente investiga, colige todos os esclarecimentos, examina e conclui que o crime existe ou não, e no caso afirmativo quem é o indiciado como autor dele ou cúmplice[1].

A primeira fase é uma verdadeira fase de filtro em que é examinada a viabilidade da tese exposta na exordial acusatória e serve para filtrar as impurezas, ou seja, impedir que alguém seja levado à presença do Conselho de Sentença de maneira temerária, sem que haja um lastro probatório mínimo que viabilize um julgamento.

Sua finalidade é, portanto, exclusivamente processual, pois dela emerge apenas a possibilidade de ser instaurada a fase procedimental do *judicium causae*, em que, então, se decidirá sobre o conteúdo da acusação, ou pretensão punitiva, isto é, o próprio *meritum causae*[2].

2.1. A primeira atividade do juiz

O juiz tem duas opções no primeiro contato com a denúncia ou a queixa:

a) Rejeita a denúncia ou a queixa:

A lei nº 11.719, de 20 junho de 2008, alterou o art. 395 do Código de Processo Penal que agora dispõe:

> *A denúncia ou queixa será rejeitada quando:*
> *I – for manifestamente inepta;*
> *II – faltar pressuposto processual ou condição para o exercício da ação penal; ou*
> *III – faltar justa causa para o exercício da ação penal.*

Um aspecto prático importante:

Rejeitada a denúncia, o Promotor de Justiça deve interpor recurso em sentido estrito. Nucci[3] explica que:

---

1 Bueno, José Antônio Pimenta. *Apontamentos sobre o processo criminal brasileiro*. Edição anotada, atualizada e complementada por José Frederico Marques. São Paulo: RT, 1959.
2 Demercian. Pedro Henrique e Maluly, Jorge Assaf. *Curso de Processo Penal*, 3 ed., Rio de Janeiro: Forense, 2005, p. 451.
3 Nucci, Guilherme de Souza. *Tribunal do Júri*, 1 ed. São Paulo: RT, p. 373.

Caso o órgão acusatório, depois de recebida a denúncia ou queixa, pretenda aditá-la para incluir outro co-autor ou mesmo para ampliar a imputação, se o juiz indeferir o pedido, equivale ao não recebimento da peça acusatória, comportando, pois, recurso em sentido estrito. É a interpretação extensiva em relação ao rol do art. 581 do CPP, o que é perfeitamente admissível. Exemplo: durante a instrução, colhendo-se a prova, observa o promotor que o homicídio é qualificado – e não simples, como constou da denúncia. Promove o aditamento, por petição, para que seja incluída a qualificadora cabível. Se o juiz a rejeitar, há a possibilidade de ingresso do recurso em sentido estrito.

b) Recebe a denúncia ou a queixa

Estipula a nova redação do art. 406 do Código de Processo Penal que *O juiz, ao receber a denúncia ou a queixa, ordenará a citação do acusado para responder a acusação, por escrito, no prazo de 10 (dez) dias.*

Veremos posteriormente que há duas hipóteses de ação privada no rito do júri.

Um aspecto prático importante I:

O art. 55 da lei nº 11.343/2006 (lei de tóxico) afirma:

> *Oferecida a denúncia, o juiz ordenará a notificação do acusado para oferecer defesa prévia, por escrito, no prazo de 10 (dez) dias.*
> *§ 1º Na resposta, consistente em defesa preliminar e exceções, o acusado poderá argüir preliminares e invocar todas as razões de defesa, oferecer documentos e justificações, especificar as provas que pretende produzir e, até o número de 5 (cinco), arrolar testemunhas.*

Já a nova redação do art. 406 do Código de Processo Penal diz "O juiz, **ao receber a denúncia ou a queixa**". **Ficou claro**, portanto, que o legislador não quis seguir a forma estipulada na nova lei de tóxico em que a defesa preliminar é exercida antes do recebimento da denúncia.

Usamos, *in casu*, o nome "defesa inicial", *feita após o recebimento da denúncia*, para distinguir da defesa "preliminar" que ocorre *antes do recebimento da denúncia* no rito da lei de tóxico (lei nº 11.343/2006).

2.1.1. O início do procedimento
2.1.1.1. O início do prazo para a defesa

O prazo para o acusado responder a acusação será contado:
a) a partir do efetivo cumprimento do mandado;
b) ou do comparecimento, em juízo, do acusado ou de defensor constituído, em duas hipóteses:
c) no caso de citação inválida;
d) no caso de citação por edital.

2.1.1.2. O momento em que se inicia o processo

Havia séria controvérsia sobre o momento em que o processo era iniciado. Duas posições tinham destaque:

a) O procedimento começa com o oferecimento da denúncia; Tornaghi afirmava que: *Se o Ministério Público iniciou a ação com o oferecimento da denúncia...*[4]

b) Entendo que o procedimento começa com o recebimento da denúncia.

Insta acentuar que a nova redação do art. 363 do Código de Processo Penal (*O processo terá completada a sua formação quando realizada a citação do acusado*) apenas consolidou o entendimento de que a citação completa a relação jurídico-processual, surgindo assim a figura do réu.

Posição dominante do STF:

"Ação penal tem início com o recebimento da denúncia, não com o seu oferecimento".[5]

2.1.2. A impossibilidade do julgamento antecipado da lide no rito do júri

Andrey Borges de Mendonça[6] explica que o art. 397, com a nova redação dada pela reforma, trouxe uma hipótese de julgamento antecipado da lide no procedimento comum, permitindo que o juiz absolva sumariamente o acusado, caso reconheça presente uma das situações previstas nos incisos do referido artigo (*quando o juiz verificar a existência manifesta de causa excludente da ilicitude do fato ou de causa excludente da culpabilidade do agente, salvo inimputabilidade; que o fato narrado evidentemente não constitui crime; ou estiver extinta a punibilidade do agente*). Questiona-se se, após o recebimento da denúncia e o oferecimento da defesa inicial, seria possível, na primeira fase do Júri, referido julgamento antecipado da lide. A reforma silenciou quanto a tal possibilidade na primeira fase do júri. Entendemos que o silêncio do legislador foi eloquente, ou seja, indica a não-possibilidade de adoção do julgamento antecipado, ao menos neste momento procedimental. Segundo cremos, isto se deu em razão da existência do princípio da soberania dos veredictos, assegurado constitucionalmente (art. 5º, XXXVIII, *c*), que determina a impossibilidade de o juiz togado se substituir aos jurados no julgamento da causa. Depois de recebida a denúncia ou a queixa, deve aguardar o final da primeira fase do júri, proferindo, neste momento, a sentença de absolvição sumária, caso entenda que é o caso. Esta sistemática impede julgamentos precipitados, que acabem por julgar antecipadamente o mérito da pretensão, sem que ainda tenham sido produzidas todas as provas. Valoriza-se, assim, o princípio da soberania dos veredictos, impedindo que as causas sejam retiradas do julgamento dos jurados, quando ainda não devidamente produzida a prova.

---

4   Tornaghi, Hélio. *Curso de Processo Penal*, p. 48.
5   RTJ nº 59/373 e RT nº 536/411.
6   Mendonça, Andrey Borges de. *Nova reforma do Código de Processo Penal*, 1 ed., São Paulo: Método, 2008, p. 07.

2.1.3. As formas de citação
Agora há três formas de citação:
Primeira forma:
A primeira forma é a forma mais clássica, ou seja, a citação direta feita pelo oficial de justiça através do mandado judicial.

Segunda forma:
A lei nº 11.719, de 20 junho de 2008, inovou ao criar a citação por hora certa, portanto, verificando que o réu se oculta para não ser citado, o oficial de justiça certificará a ocorrência e procederá à citação com hora certa.

Um aspecto prático importante I:
A citação por hora certa será feita da seguinte forma:
a) Quando, por três vezes, o oficial de justiça houver procurado o réu em seu domicílio ou residência, sem o encontrar, deverá, havendo suspeita de ocultação, intimar a qualquer pessoa da família, ou em sua falta a qualquer vizinho, que no dia imediato voltará a fim de efetuar a citação na hora que designar.
b) No dia e hora designados, o oficial de justiça, independentemente de novo despacho, comparecerá ao domicílio ou residência do citando, a fim de realizar a diligência.
c) Se o citando não estiver presente, o oficial de justiça procurará informar-se das razões da ausência, dando por feita a citação, ainda que o citando se tenha ocultado em outra comarca.
d) Da certidão da ocorrência, o oficial de justiça deixará contrafé com pessoa da família ou com qualquer vizinho, conforme o caso, declarando-lhe o nome.
e) Feita a citação com hora certa, o escrivão enviará ao réu carta, telegrama ou radiograma, dando-lhe de tudo ciência.

Um aspecto prático importante II:
Completada a citação com hora certa, se o acusado não comparecer, ser-lhe-á nomeado defensor dativo.

Terceira forma:
Não sendo encontrado o acusado e não sendo o caso de citação por hora certa, será procedida a citação por edital.

Um aspecto prático importante III:
Se o acusado, citado por edital, não comparecer, nem constituir advogado, o juiz deve aplicar o art. 366 do Código de Processo Penal, *in verbis:*

> *Se o acusado, citado por edital, não comparecer, nem constituir advogado, ficarão suspensos o processo e o curso do prazo prescricional, podendo o Juiz determinar a produção antecipada das provas consideradas urgentes e, se for o caso, decretar prisão preventiva, nos termos do disposto no art. 312.*

Mesmo com a reforma entendo que a redação atual do artigo supracitado foi mantida.

Em realidade, houve veto foi na nova formulação que seria *Art. 366. A citação ainda será feita por edital quando inacessível, por motivo de força maior, o lugar em que estiver o réu.*

A *ratio legis* pode ser retirada das razões do veto que entendeu ser interessante manter a antiga redação do 366 *caput* do Código de Processo Penal, por ser o mesmo mais completa do que o novo § 2º do art. 363.

Leia abaixo as razões dos vetos

> A despeito de todo o caráter benéfico das inovações promovidas pelo Projeto de Lei, se revela imperiosa a indicação do veto do § 2º do art. 363, eis que em seu inciso I há a previsão de suspensão do prazo prescricional quando o acusado citado não comparecer, nem constituir defensor. Entretanto, não há, concomitantemente, a previsão de suspensão do curso do processo, que existe na atual redação do art. 366 do Código de Processo Penal. Permitir a situação na qual ocorra a suspensão do prazo prescricional, mas não a suspensão do andamento do processo, levaria à tramitação do processo à revelia do acusado, contrariando os ensinamentos da melhor doutrina e jurisprudência processual penal brasileira e atacando frontalmente os princípios constitucionais da proporcionalidade, da ampla defesa e do contraditório.
>
> Em virtude da redação do § 3º do referido dispositivo remeter ao texto do § 2º há também que se indicar o veto daquele.
>
> Cumpre observar, outrossim, que se impõe ainda, por interesse público, o veto à redação pretendida para o art. 366, a fim de se assegurar vigência ao comando legal atual, qual seja, a suspensão do processo e do prazo prescricional na hipótese do réu citado por edital que não comparecer e tampouco indicar defensor. Ademais, a nova redação do art. 366 não inovaria substancialmente no ordenamento jurídico pátrio, pois a proposta de citação por edital, quando inacessível, por motivo de força maior, o lugar em que estiver o réu, reproduz o procedimento já previsto no Código de Processo Civil e já extensamente aplicado, por analogia, no Processo Penal pelas cortes nacionais.

Ademais, o próprio art. 3º da lei nº 11.719, de 20 junho de 2008, bem claro ficam revogados os §§ 1º e 2º do art. 366, ou seja, o *caput* sobreviveu.

2.1.4. A citação por hora certa e a violação ao princípio "Nemo Inauditus Damnari Potest"

O princípio *Nemo Inauditus Damnari Potest* preconiza que "ninguém pode ser condenado sem ser ouvido".

Vale dizer, impede-se a tutela jurisdicional sem que tenham sido obedecidos os princípios da ampla defesa e do contraditório, assegurando-se o regular e devido processo legal. Portanto, ninguém, em regra, pode ser condenado sem que seja ouvido, possibilitando-lhe a defesa de seus interesses. Aliás,

> a audiência do réu não é algo que se lhe tenha deferido por generosidade ou liberalidade. Ela se inclui como exigência do interesse público da efetiva aplicação do direito legislado, conseqüentemente, a audiência do réu é interesse do próprio Estado legislador, como do Estado-juiz, na sua tarefa de tornar efetivo o direito legislado, quando desatendido ou violado pelo destinatário da norma[7].

O princípio consagra o direito da livre informação vedando o inquisitivo, os procedimentos secretos. Foi o princípio *nemo inauditus damnari potest* que estabeleceu a nova redação ao art. 366 do Código de Processo Penal.

Infelizmente, a reforma ao criar no Processo Penal a citação por hora certa violou frontalmente princípio *Nemo Inauditus Damnari Potest*, destarte, o próprio princípio do contraditório e ampla defesa, possibilitando o réu ser julgado e condenado sem ser ouvido.

Tal questão será, impreterivelmente, analisada pelo STF, portanto, entendo que a melhor solução será os juízes em caso de não localização do réu, determinar a citação por edital seguindo o procedimento exposto no art. 366 do Código de Processo Penal.

2.1.5. O número de testemunhas

O novo art. 406, § 2º, repetiu a mesma regra anterior, portanto, a acusação deverá arrolar testemunhas, até o máximo de 8 (oito), na denúncia ou na queixa.

Entendo que como regra geral o número de testemunhas é de oito para a acusação e oito para a defesa (por cada réu), não se computando neste número as referidas, as informantes, as judiciais e as que nada souberem que interesse à decisão da causa (cf. arts. 398, parágrafo único e 209, *caput* e seu § 2º do Código de Processo Penal).

Mas, o número legal de testemunhas é direcionado aos fatos imputados aos acusados, ou seja, **oito testemunhas para cada fato.**

No mesmo sentido o entendimento do STJ:

> O limite máximo de 8 (oito) testemunhas descrito no art. 398, do Código de Processo Penal, deve ser interpretado em consonância com a norma constitucional que garante a ampla defesa no processo penal (art. 5º, LV, da CF/88). **Para cada fato delituoso imputado ao acusado, não só a defesa, mas também a acusação, poderá arrolar até 8 (oito) testemunhas, levando em conta o princípio da razoabilidade e proporcionalidade.** Ordem concedida para garantir a oitiva das testemunhas arroladas pelo paciente. (fls. 106/107). (STJ – HC 200300162000 – (26834 CE) – 6ª T. – Rel. Min. Paulo Medina – p. 363)

---

7 Calmon de Passos, José Joaquim. *Enciclopédia Saraiva do Direito*. Verbete "Direito de Defesa". São Paulo: Saraiva, 1977, v. 26, p. 138.

- Contextualização prática:

Mévia foi denunciada pelo Ministério Público por ter cometido o delito de aborto. O juiz recebeu a denúncia. A defesa, inconformada, interpôs recurso em sentido estrito. Aponte a solução jurídica, considerando que, no recurso, a defesa demonstrou que o juiz não poderia ter recebido a denúncia porque existiam apenas indícios de participação da acusada no delito; portanto, deve prevalecer o princípio *in dubio pro reo*.

Resposta. A defesa errou duas vezes.

a) Da decisão, por não receber a denúncia ou a queixa, cabe recurso em sentido estrito; do recebimento, cabe *habeas corpus*.

b) No recebimento da denúncia, ao invés de *princípio in dubio pro reo*, incide o *in dubio pro societate*, em que se tem como suficientes a prova da materialidade delitiva e os indícios da autoria para determinar o recebimento da *delatio criminis*.

Um aspecto prático importante I:

É plenamente possível que a testemunha não encontrada seja posteriormente substituída.

Deve-se, *in casu*, levar em consideração o entendimento do STJ:

> STJ: A substituição de testemunhas indicadas na Denúncia por outras apresentadas pelo Assistente da Acusação, sem prévio conhecimento da defesa do acusado e sem a supressão das substituídas, ofende a garantia constitucional à ampla defesa". *(RT* 702/415)

2.2. A defesa inicial do réu

Na resposta, o acusado poderá:

a) argüir preliminares;
b) alegar tudo que interesse a sua defesa;
c) oferecer documentos e justificações;
d) especificar as provas pretendidas;
e) e sob pena de preclusão, arrolar testemunhas, até o máximo de 8 (oito), qualificando-as e requerendo sua intimação, quando necessário.

2.2.1. Argüição de exceções

Na defesa preliminar o réu pode alegar as exceções de:
- suspeição;
- incompetência de juízo;
- litispendência;
- ilegitimidade de parte;
- coisa julgada.

2.2.2. Principais regras práticas sobre as exceções

- As exceções serão processadas em apartado, nos termos dos arts. 95 a 112 do Código de Processo Penal e não suspenderão, em regra, o andamento da ação penal.

- A argüição de suspeição precederá a qualquer outra, salvo quando fundada em motivo superveniente.
- O juiz que espontaneamente afirmar suspeição deverá fazê-lo por escrito, declarando o motivo legal e remeterá imediatamente o processo ao seu substituto, intimadas as partes.
- Quando qualquer das partes pretender recusar o juiz, deverá fazê-lo em petição assinada por ela própria ou por procurador com poderes especiais, aduzindo as suas razões acompanhadas de prova documental ou do rol de testemunhas.
- Se reconhecer a suspeição, o juiz sustará a marcha do processo, mandará juntar aos autos a petição do recusante com os documentos que a instrua, e por despacho se declarará suspeito, ordenando a remessa dos autos ao substituto.
- Não aceitando a suspeição, o juiz mandará autuar em apartado a petição, dará sua resposta dentro em 3 (três) dias, podendo instruí-la e oferecer testemunhas, e, em seguida, determinará sejam os autos da exceção remetidos, dentro em 24 (vinte e quatro) horas, ao juiz ou tribunal a quem competir o julgamento.
- Reconhecida, preliminarmente, a relevância da argüição, o juiz ou tribunal, com citação das partes, marcará dia e hora para a inquirição das testemunhas, seguindo-se o julgamento, independentemente de mais alegações.
- Se a suspeição for de manifesta improcedência, o juiz ou relator a rejeitará liminarmente.
- Julgada procedente a suspeição, ficarão nulos os atos do processo principal, pagando o juiz as custas, no caso de erro inescusável; rejeitada, evidenciando-se a malícia do excipiente, a este será imposta multa.
- Quando a parte contrária reconhecer a procedência da argüição, poderá ser sustado, a seu requerimento, o processo principal, até que se julgue o incidente da suspeição.
- No Supremo Tribunal Federal e nos demais Tribunais de Superiores, quem se julgar suspeito deverá declará-lo nos autos e, se for revisor, passar o feito ao seu substituto na ordem da precedência, ou, se for relator, apresentar os autos em mesa para nova distribuição.
- Se não for relator nem revisor, o juiz que houver de dar-se por suspeito deverá fazê-lo verbalmente, na sessão de julgamento, registrando-se na ata a declaração.
- Se o presidente do tribunal se der por suspeito, competirá ao seu substituto designar dia para o julgamento e presidi-lo.
- Observar-se-á, quanto à argüição de suspeição pela parte, o disposto nos arts. 98 a 101, no que lhe for aplicável, atendido, se o juiz a reconhecer, o que estabelece este artigo.
- A suspeição, não sendo reconhecida, será julgada pelo tribunal pleno, funcionando como relator o presidente.

- Se o recusado for o presidente do tribunal, o relator será o vice-presidente.
- Se for argüida a suspeição do órgão do Ministério Público, o juiz, depois de ouví-lo, decidirá, sem recurso, podendo antes admitir a produção de provas no prazo de 3 (três) dias.
- As partes poderão também argüir de suspeitos os peritos, os intérpretes e os serventuários ou funcionários de justiça, decidindo o juiz de plano e sem recurso, à vista da matéria alegada e prova imediata.
- A suspeição dos jurados deverá ser argüida oralmente, decidindo de plano o presidente do Tribunal do Júri, que a rejeitará se, negada pelo recusado, não for imediatamente comprovada, o que tudo constará da ata.
- A exceção de incompetência do juízo poderá ser oposta, verbalmente ou por escrito, no prazo de defesa.
- Se, ouvido o Ministério Público, for aceita a declinatória, o feito será remetido ao juízo competente, onde, ratificados os atos anteriores, o processo prosseguirá.
- Recusada a incompetência, o juiz continuará no feito, fazendo tomar por termo a declinatória, se formulada verbalmente.
- Nas exceções de litispendência, ilegitimidade de parte e coisa julgada, será observado, no que lhes for aplicável, o disposto sobre a exceção de incompetência do juízo.
- Se a parte houver de opor mais de uma dessas exceções, deverá fazê-lo numa só petição ou articulado.

Um aspecto prático importante:

O entendimento amplamente dominante é no sentido de que não cabe apelo de decisão que conclui pela competência do juízo, a teor da leitura conjunta dos arts. 108, inc. II, e 581, incisos I e II, ambos do Código de Processo Penal. A decisão que rejeita a exceção de incompetência no processo penal sujeita-se apenas à interposição de *habeas corpus* quando flagrante a ilegalidade cometida. Recurso em sentido estrito a que se nega provimento[8].

2.2.3. Impossibilidade de retratação da decisão que recebe a denúncia

A idéia inicial da comissão era fazer um contraditório prévio e assim como na atual lei nº 11.343/2006 (lei antidrogas), a defesa seria apresentada antes do recebimento da denúncia, assim, o juiz, uma vez alegada uma das causas prevista no novo art. 393 do Código de Processo Penal, poderia rejeitar a denúncia, mas tal idéia não prevaleceu, pois o novo art. 406 é bem claro ao estabelecer que *O juiz, ao receber a denúncia ou a queixa, ordenará a citação do acusado para responder a acusação, por escrito, no prazo de 10 (dez) dias.*

Portanto, uma vez recebida a denúncia ou queixa o juiz não pode, em seguida rejeitá-la.

---

8 (No mesmo sentido: TRF 4ª R. – RSE 2006.70.00.008485-6 – 7ª T. – Relª Desª Fed. Maria de Fátima Freitas Labarrère – DJU 10/01/2007).

No mesmo sentido é o entendimento jurisprudencial dominante:

TRF 1ª Região: Não pode o juiz revogar o despacho que recebe a denúncia, em razão de já ter admitido a acusação. (JSTJ nº 34/380)

O juiz não pode rejeitar uma denúncia que já foi recebida, pois tal procedimento acarreta instabilidade incompatível com o objeto do processo, que é a prestação jurisdicional, a ser alcançada através de uma seqüência ordenada de atos, ademais, o despacho de recebimento não admite nova apreciação, porque o juízo exaure seu conhecimento sobre as condições da ação penal, esgotando o tema, que só pode ser revisto em segundo grau. (RJTACRIM nº 41/407)

TJSP: Não se considera legítimo que o juiz (a quem, na ocasião de receber ou rejeitar a denúncia, se abre a oportunidade de apreciar se é admissível a acusação ou o pedido de decisão final sobre a notitia criminis) reformar, ulteriormente, o despacho que recebeu a denúncia e contra o qual se proporciona recurso. O impedimento à reforma, pelo seu prolator, do despacho de recebimento decorre da exaustão de seu poder decisório, e não se faz mister texto de lei que expressamente o afirme. (RT 639/281)

A decisão de recebimento da denúncia é irrecorrível *(à exceção do crime de imprensa)* e irretratável. *Se ao 2º Grau de jurisdição é vedado reexaminar a decisão de recebimento da denúncia, salvo por via de habeas corpus, com mais razão descabe o próprio juiz, ou o seu eventual substituto ou sucessor,* retratar-se para rejeitar a denúncia já recebida. *(RJTJERGS nº 200/124)*

2.2.4. O recurso cabível da decisão que rejeita a denúncia

O art. 581 inciso I do Código de Processo Penal estipula que é cabível o recurso em sentido estrito para combater a rejeição da denúncia ou queixa.

Quanto ao recebimento da denúncia ou queixa não existe recurso, entretanto, pode ser utilizado o *habeas corpus* para fazer cessar eventual constrangimento ilegal.

Aspecto prático importante:

O juiz tem que intimar o denunciado para contra-arrazoar o recurso interposto da decisão que rejeitou a denúncia ou queixa.

Posição dominante do STF: Súmula nº 707

"Constitui nulidade a falta de intimação do denunciado para oferecer contra-razões ao recurso interposto da rejeição da denúncia, não a suprindo a nomeação de defensor dativo".

2.3. A consequência da falta da defesa inicial do réu

A falta da defesa inicial do réu acarretará nulidade absoluta com infringência aos princípios do contraditório e ampla defesa.

Contexto prático:

Para evitar nulidade, se a defesa não for apresentada no prazo legal, o juiz deve nomear um defensor para oferecê-la em até 10 (dez) dias, concedendo-lhe vista dos autos.

Conforme ensina meu grande amigo Fernando da Costa Tourinho Filho[9]:

> Sem embargo, parece que o entendimento dominante é no sentido de que, não ofertada a prévia, deve o Juiz notificar o réu para substituir seu defensor para apresentar as "alegações preliminares" ou, se se tratar de defensor dativo, substituí-lo para esse fim e até mesmo para ficar à frente da defesa até final julgamento, sob pena de ofensa à ampla defesa.

Posição dominante do STF: hoje, a posição majoritária do STF é no sentido de que a ausência de defesa preliminar (ou inicial) causa nulidade. (Vide STF: HC 88836, HC 86680, HC 94276 e HC 94027)

2.4. A réplica

Segundo o novo art. 409 do Código de Processo Penal: *Apresentada a defesa, o juiz ouvirá o Ministério Público ou o querelante sobre preliminares e documentos, em 5 (cinco) dias.*

A réplica não é obrigatória e só há necessidade de manifestação da acusação (*Ministério Público ou querelante*) em duas hipóteses:

a) Alegação de preliminares;
b) Juntada de documentos.

Indagação prática relevante: "Querelante? Quer dizer que existe crime doloso contra a vida de ação privada?"

Resposta. Não. Ao referir-se ao "querelante", a lei tem em vista não só a ação privada subsidiária, com relação aos crimes dolosos contra a vida, mas também a queixa-crime exclusiva, referente aos crimes de ação privada conexos com aqueles, que implica litisconsórcio ativo no processo penal.

2.5. Do saneamento do processo

Após a manifestação do Ministério Público, o juiz:

a) decidirá sobre as diligências requeridas pelas partes;
b) em seguida determinará a inquirição das testemunhas e a realização das diligências requeridas pelas partes, no prazo máximo de 10 (dez) dias.

Contexto prático:
As diligências devem ser requeridas em duas fases:

a) Pelo Ministério Público, no oferecimento da denúnuncia.
b) Pelo defensor na defesa inicial.

2.6. A audiência de instrução

Na audiência de instrução, seguir-se-á a ordem infracitada:

a) proceder-se-á à tomada de declarações do ofendido, se possível, como no caso do crime tentado;
b) proceder-se-á à inquirição das testemunhas arroladas pela acusação;

---

9 Tourinho Filho, Fernando da Costa. *Prática de Processo Penal*, São Paulo: Saraiva, 2006, p.125.

c) proceder-se-á à inquirição das testemunhas arroladas;
d) aos esclarecimentos dos peritos;
e) às acareações;
f) ao reconhecimento de pessoas e coisas;
g) interrogando-se, em seguida, o acusado;
h) procede aos debates orais.

Um aspecto prático importante:

Neste momento, o juiz tem que analisar se a presença do réu pode causar humilhação, temor ou sério constrangimento à testemunha ou ao ofendido, de modo que prejudique a verdade do depoimento e, se não houver possibilidade de fazer a inquirição por *videoconferência*, deve determinar que o réu seja retirado da sala.

No contexto prático, os juízes geralmente cometem um grave erro: só determinam a retirada do réu quando há requerimento da acusação; tal atividade pode ser tomada *ex oficio*, leia-se o art. 217 do Código de Processo Penal, *in verbis*:

> Se o juiz verificar que a presença do réu poderá causar humilhação, temor, ou sério constrangimento à testemunha ou ao ofendido, de modo que prejudique a verdade do depoimento, fará a inquirição por videoconferência e, somente na impossibilidade dessa forma, determinará a retirada do réu, prosseguindo na inquirição, com a presença do seu defensor. Parágrafo único. A adoção de qualquer das medidas previstas no caput deste artigo deverá constar do termo, assim como os motivos que a determinaram.

Posição dominante do STF:

> Alegações que não foram objeto de protesto incluídas na ata do julgamento. Preclusão. Ausência do réu justificada pelo temor das testemunhas e com respaldo na Lei (CPP, arts. 217 e 497, VI). 2. Habeas corpus indeferido. (STF – HC 87588 – SP – 2ª T. – Relª Minª Ellen Gracie – p. 35)

Posição dominante do STJ:

> Não há ofensa ao direito de ampla defesa a retirada do réu da sessão plenária ante o receio da vítima em prestar depoimento, pois o direito de presença do acusado não é absoluto. Inteligência dos arts. 217 e 497, inciso VI, do CPP. 2. Ordem denegada. (STJ – HC 200501346318 – (46891 RJ) – 5ª T. – Rel. Min. Arnaldo Esteves Lima – p. 415)

Contexto prático I:

Os esclarecimentos dos peritos dependerão de prévio requerimento e de deferimento pelo juiz.

Contexto prático II:

As provas serão produzidas em uma só audiência, podendo o juiz indeferir:
a) as consideradas irrelevantes;
b) as consideradas impertinentes;
c) as consideradas protelatórias.

2.7. A *mutatio libelli* no júri

Segundo o novo art. 411 § 3º, do Código de Processo Penal, *Encerrada a instrução probatória, observar-se-á, se for o caso, o disposto no art. 384 deste Código.*

A Lei nº 11.719, de 20 junho de 2008, alterou o art. 384 acima referido que agora tem a redação infracitada:

> *Encerrada a instrução probatória, se entender cabível nova definição jurídica do fato, em conseqüência de prova existente nos autos de elemento ou circunstância da infração penal não contida na acusação, o Ministério Público deverá aditar a denúncia ou queixa, no prazo de 5 (cinco) dias, se em virtude desta houver sido instaurado o processo em crime de ação pública, reduzindo-se a termo o aditamento, quando feito oralmente.*

Minha posição: o artigo em comento viola o princípio acusatório, pois permite que o juiz se torne o "acusador" e determine que o dono da ação penal, no caso, o Ministério Público, faça uma acusação conforme a ótica do magistrado, fragilizando assim a própria defesa.

Leciona Sergio Demoro Hamilton[10], que:

> A conseqüência será a de que o réu poderá ser condenado por uma acusação partida do juiz, uma vez que a denúncia (ou queixa) não foi aditada no momento oportuno. E, mais grave que tudo, a uma pena mais severa. Trata-se de nova distorção da lei processual, violando o sistema e o princípio acusatório.

Extraímos da lição do Prof. Mirabete [11] que:

> Pode ocorrer que o juiz verifique dos autos a existência de elementos probatórios que indiquem a participação de pessoa ou pessoas que não foram incluídas na denúncia ou queixa, devendo ordenar que o Ministério Público ofereça o aditamento da inicial. Assim, após o aditamento, os novos co-réus terão que ser citados; interrogados, poderão apresentar sua defesa, produzir provas etc., ouvir testemunhas, inclusive reinquirindo as já ouvidas[12]. Evidentemente, o dispositivo refere-se à participação dessas pessoas na prática de crime de competência do júri. Caso contrário, o juiz deve proceder na forma do art. 40, remetendo as peças ao Ministério Público para que se instaure nova ação penal[13].

Lavrada a sentença de pronúncia, é inviável a pretendida inclusão, na ação penal, de partícipe do crime, mesmo em via de recurso em sentido estrito[14]. O caso, evidentemente, é também de instauração de nova ação penal, com oferecimento de denúncia contra os partícipes que não foram incluídos no processo original.

---

10   Em artigo publicado na *Revista Síntese de Direito Penal e Processual Penal* nº 08 – jun./julh. 2001, p. 49, "A ortodoxia do sistema acusatório no processo penal brasileiro: uma falácia" – Sergio.
11   No mesmo sentido: Mirabete, Júlio Fabbrini. *Processo Penal*. 12 ed, São Paulo: Atlas, 2001, p. 489.
12   RTJ nº 51/412.
13   Nesse sentido: Noronha, E. Magalhães. *Curso de Direito Processual Penal*, p. 251.
14   Nesse sentido: RT nº 479/295, nº 561/407.

Após a prolação da sentença de pronúncia, não pode o juiz alterá-la, mesmo a pretexto de ter havido irregularidade ou nulidade. Tal despacho é de ser considerado inexistente e, como tal, fora do mundo do Direito, não produzindo nenhum efeito.

Contexto prático I:

A nova lei apenas amenizou a violação ao princípio acusatório, quando determina no art. 384, § 1º, que: *Não procedendo o órgão do Ministério Público ao aditamento, aplica-se o art. 28 deste Código*, ou seja, se o órgão do Ministério Público não fizer o aditamento "determinado", o juiz, no caso de considerar improcedentes as razões invocadas, fará remessa dos autos ao procurador-geral.

O procurador-geral terá três opções:
a) oferecerá o aditamento;
b) designará outro órgão do Ministério Público para oferecê-lo;
c) insistirá que não é caso de aditamento, ao qual só então estará o juiz obrigado a atender.

O STF e o STJ tinha a posição infracitada:

> STF: É possível o reconhecimento, na pronúncia, de qualificadora do homicídio não-capitulada na denúncia. Aplicação dos arts. 408, § 4º, e 416 do CPP, e não incidência do art. 384 (referência aos artigos feita antes da reforma) artigos d, parágrafo único, do mesmo Código[15].
>
> STJ: Processual penal. Homicídio. Qualificadora não articulada na denúncia. Possibilidade de seu reconhecimento na pronúncia, que é uma decisão provisória, de conteúdo declaratório, propiciando às partes o exercício do contraditório até o julgamento pelo Conselho de Sentença. Recurso provido[16].

Contexto prático II:

Entendo que, com a reforma, os entendimentos supracitados ficaram superados, pois no caso do Promotor de Justiça denunciar o réu por homicídio simples, por exemplo, a aparecer durante a instrução uma qualificadora, deverá ser realizada a *mutatio libelli*.

A solução será diferente no caso de o Promotor de Justiça narrar os fatos como homicídio qualificado e capitular como homicídio simples, nesta hipótese teremos a *ementatio libelli*.

2.8. Conseqüência da *mutatio libelli* no júri

Ofertada a mudança da denúncia, o juiz deve ouvir o defensor do acusado no prazo de 5 (cinco) dias.

Admitido o aditamento, o juiz, a requerimento de qualquer das partes, designará dia e hora para continuação da audiência, com inquirição de testemunhas, novo interrogatório do acusado, realização de debates e julgamento.

---

15 RT nº 575/ 447.
16 RSTJ nº 30/456.

Contexto prático I:
Havendo aditamento, cada parte poderá arrolar até 3 (três) testemunhas, no prazo de 5 (cinco) dias, ficando o juiz, na sentença, adstrito aos termos do aditamento.

Contexto prático II:
Se, em conseqüência de definição jurídica diversa, houver possibilidade de proposta de suspensão condicional do processo, o juiz procederá de acordo com o disposto no art. 89 da lei nº 9.099/1995.

Contexto prático III:
Tratando-se de infração da competência de outro juízo, a este serão encaminhados os autos.

Contexto prático IV:
Não recebido o aditamento, o processo prosseguirá.
Indagação prática relevante: *O que acarreta a inobservância da mutatio libelli, prevista no art. 411, § 3º, do Código de Processo Penal?*
Resposta. Consoante lição do Prof. Damásio[17],
> o princípio da correlação entre imputação e sentença representa uma das mais relevantes garantias do direito de defesa, que se acha tutelado por via constitucional. Qualquer distorção, sem a observância do disposto no art. 384 da Lei Processual Penal, significa ofensa àquele princípio e acarreta a nulidade da sentença. (TACrimSP, RT nº 526/396)

2.9. A vedação à aplicação da *mutatio libelli* em segundo grau

Preconiza a Súmula nº 453 do Supremo Tribunal Federal que
> não se aplicam à segunda instância o art. 384 e parágrafo único do Código de Processo Penal, que possibilitam dar nova definição jurídica ao fato delituoso, em virtude de circunstância elementar não contida explícita ou implicitamente na denúncia ou queixa.

Observação: A súmula se refere ao antigo parágrafo único do art. 384 do Código de Processo Penal, mas entendemos que tal súmula continua válida, pois a intenção é não conturbar o feito, já encerrado com decisão de mérito, tendo em vista que as partes não requereram, nem o juiz manifestou-se no sentido de haver qualquer tipo de mudança na definição jurídica do fato, alterando-a por conta de prova surgida no decorrer da instrução. Logo, descabe ao tribunal tomar essa iniciativa, salvo se houver recurso da acusação, reclamando contra a decisão do juiz, que deixou de levar em conta a hipótese da *mutatio libelli*. Do contrário, sem recurso do órgão acusatório ou havendo somente recurso da defesa, resta à instância superior decidir o caso de acordo com as provas existentes em consonância com a imputação feita. Se preciso for, melhor é o caminho da absolvição, do que seria a alteração, em segundo grau, da acusação[18].

---

17   Jesus, Damásio E. de. *Código de Processo Penal Anotado*. São Paulo: Saraiva, 2000.
18   No mesmo sentido: Nucci, Guilherme de Souza. *Código de Processo Penal Comentado*. RT, 2002, p. 606 *usque* 607.

2.10. As alegações finais

O novo procedimento inovou determinando no art. 411, § 4º, que: *As alegações serão orais, concedendo-se a palavra, respectivamente, à acusação e à defesa, pelo prazo de 20 (vinte) minutos, prorrogáveis por mais 10 (dez).*

Contexto prático I:

A reforma não repetiu a antiga vedação prevista no antigo § 2º do art. 406, qual seja, *nenhum documento se juntará aos autos nesta fase do processo.*

Contexto prático II:

Havendo mais de 1 (um) acusado, o tempo previsto para a acusação e a defesa de cada um deles será individual.

Exemplo didático;

Se houver dois acusados com dois advogados:

a) O Ministério Público terá 40 (quarenta) minutos, prorrogáveis por mais 20 (vinte), o tempo não é duplicado, e sim distribuído para individualizar a conduta dos dois acusados.

b) O primeiro advogado terá o prazo de 20 (vinte) minutos, prorrogáveis por mais 10 (dez).

c) Em seguida, o segundo advogado também terá o prazo de 20 (vinte) minutos, prorrogáveis por mais 10 (dez).

Ao assistente do Ministério Público, após a manifestação deste, serão concedidos 10 (dez) minutos, prorrogando-se por igual período o tempo de manifestação da defesa.

Nenhum ato será adiado, salvo quando imprescindível à prova faltante, determinando o juiz a condução coercitiva de quem deva comparecer.

A testemunha que comparecer será inquirida, independentemente da suspensão da audiência, observada em qualquer caso a ordem supracitada.

Indagação prática relevante: *Qual o momento processual adequado para argüir as nulidades eventualmente ocorridas durante a instrução criminal, nos processos de competência do Tribunal do Júri?.*

Resposta. O entendimento jurisprudencial dominante é no sentido de que as nulidades eventualmente ocorridas durante a instrução criminal, nos processos de competência do Tribunal do Júri, devem ser argüidas nos prazos previstos no art. 406 *(atual art. 411)* do Código de Processo Penal, sob pena de preclusão. Desse modo, a alegação da falta de intimação do defensor deveria ter sido argüida no momento oportuno e não em sede de apelação. Ademais, o termo de audiência comprova a presença do advogado, inexistindo qualquer prejuízo a ser reparado. Se os senhores jurados apreciaram os elementos probantes e firmaram o seu convencimento, adotando a versão que lhes pareceu mais convincente, não se pode falar em decisão contrária à prova dos autos. O julgamento pelo Conselho de Sentença não pode ser repetido quando a decisão dos jurados é coerente com a reconstrução do fato veiculada nos autos, mesmo que não a única, devendo ser mantido por respeito ao princípio da soberania do júri[19].

Posição dominante do STJ: *A argüição de nulidade durante a instrução criminal deverá ser feita dentro dos prazos previstos no art. 406 (atual art. 411) do CPP, sob pena de restarem sanadas, a teor dos arts. 571, I, e 572, I, do mesmo diploma legal.* (STJ HC 930-RO)

Contexto prático III:
Não há mais a antiga vedação que era expressa no art. 406, § 2º, do Código de Processo Penal, portanto, hoje, é possível a juntada de documentos na fase de alegações finais

Contexto prático IV:
Ao estabelecer o debate oral, a intenção do legislador foi dar celeridade ao feito e atender ao disposto no art. 5º, inciso LXXVIII, *in verbis:*

> A todos, no âmbito judicial e administrativo, são assegurados a razoável duração do processo e os meios que garantam a celeridade de sua tramitação.

Um aspecto prático importante:
No contexto prático, considerando-se a complexidade do feito, a parte pode requerer a abertura de prazo para ofertar as alegações de forma escrita.

A não concessão do prazo pelo magistrado pode acarretar prejuízo para "acusação" e também para defesa que diante de fatos complexos não têm em um prazo tão exíguo condições de fazer a análise do mérito em sua plenitude.

Ademais, há várias hipóteses, no contexto prático que impossibitam a chamada audiência una, tais como:

a) A falta de uma ou mais testemunhas arrolada pela promotoria.
Neste caso, a oitiva das testemunhas arrolada pela defesa causará nulidade por inversão tumultuária do procedimento, o que enseja correição parcial ou reclamação (depende da organização judiciária de cada Estado).

b) A falta de uma ou mais testemunhas arrolada pela defesa.
O juiz, sob pena de grave atentado ao princípio da ampla defesa, não pode fazer os debates orais.

c) Testemunhas arroladas por precatória.
Será impossível o exercício da "acusação" ou defesa quando testemunhas importantes para elucidação dos fatos, ainda vão prestar depoimento.

Um aspecto prático importante I:

---

19 TJPR – ApCr nº 0111304-2 – (14.072) – Palmas – 1ª C.Crim. – Rel. Des. Oto Sponholz – DJPR 08/04/2002. JCPP.406.

O juiz ao expedir a carta precatória deve fixar um com prazo razoável para o cumprimento da mesma e também deve intimar as partes da expedição da precatória.

Súmula 273 do STJ: Intimada a defesa da expedição da carta precatória, torna-se desnecessária intimação da data da audiência no juízo deprecado.

Um aspecto prático importante II:

A expedição da precatória não suspenderá a instrução criminal.

Um aspecto prático importante III:

Segundo o art. 222, § 2º, do Código de Processo Penal:

> Findo o prazo marcado, poderá realizar-se o julgamento, mas, a todo tempo, a precatória, uma vez devolvida, será junta aos autos.

d) Várias outras implicações de ordem prática podem não permitir que a instrução seja una, como, por exemplo: novos esclarecimentos dos peritos, novas acareações, incidente de insanidade mental etc.

Caso não seja possível a apresentação da alegação de forma oral, o juiz deve abrir prazo para acusação e depois para defesa, já que não existe um prazo legal, o prazo deve ser judicial, é dizer, deve ser concedido pelo juiz e geralmente será de 05 (*cinco*) dias.

Contexto prático V:

Nas alegações finais orais ou escritas, o Ministério Público e a defesa não podem requerer a oitiva de mais testemunhas.

Posição dominante do STJ:

> A garantia da ampla defesa, de cunho constitucional, está intimamente conexionada com a cláusula do due process. São verso e reverso da mesma moeda. Assim, se a lei prescreve um determinado procedimento razoável, como é o caso de apresentação de rol e oitiva de testemunhas, não pode vir a defesa, nas alegações finais, apresentar novo rol de testemunhas. Isso se traduziria em tumulto processual. Recurso ordinário conhecido e provido[20].

2.10.1. Como corre o prazo das alegações finais se for necessário fazer de forma escrita

Damásio[21] informa que *o prazo do art. 406 do Código de Processo Penal para oferecimento das alegações finais corre em cartório, de acordo com orientação do STF (no mesmo sentido: RTJ nº 73/72).*

Mirabete[22] defendia que:

---

20 RT nº 724/595-6.
21 Jesus, Damásio E. de. *Código de Processo Penal Anotado*. São Paulo: Saraiva, 2000.
22 No mesmo sentido: Mirabete, Júlio Fabbrini. *Processo Penal*. 12 ed., São Paulo: Atlas, 2001, p. 484.

[C]om exceção do Ministério Público, o prazo para o oferecimento das alegações finais, segundo o art. 406, corre em cartório, ou seja, independentemente de intimação das demais partes[23]. O prazo de cinco dias é único para os réus que têm defensores diversos, já que corre em cartório e não se pode privilegiar um acusado em detrimento de outro. Trata-se, aliás, de situação análoga à das alegações finais no processo de rito ordinário de competência do juiz (art. 500, § 1º).

Obs.: Os autores se referem aos artigos feitos antes da reforma.

Uma reflexão constitucional:

Minha posição: Entendo que a posição dos doutrinadores supracitados deve ser atualizada em consonância com os princípios constitucionais do contraditório e ampla defesa. Portanto, a defesa, assim como se faz com o Ministério Público, deve ser intimada para apresentar as alegações. No mesmo sentido, colaciono o julgado: RTJ nº 106/132. Informo também que esta é a postura adotada, na prática, pela maioria absoluta dos juízes brasileiros.

2.10.2. A ausência das alegações finais

Quanto à ausência das alegações finais, existe divergência.

1ª posição: Não anula o processo[24].

Posição divergente:

2ª posição. Anula o processo[25].

Veja minha posição no caso processual superinteressante "a ausência das alegações".

2.11. O momento para apresentação das nulidades

Lembre-se que nos processos da competência do júri, as nulidades ocorridas até a pronúncia devem ser argüidas no prazo das alegações finais, conforme preceitua o art. 571 do mesmo diploma, sob a pena de preclusão.

2.12. O impedimento da defesa requer a pronúncia do acusado

O defensor não pode nas alegações finais requerer a pronúncia do acusado.

Posição dominante do STF: Conforme o STF: *A manifestação do defensor, na fase do art. 406 do CPP, (Antigo artigo que previa as alegações finais) pela pronúncia do acusado, acarreta a nulidade do processo. HC deferido para anular o processo a partir das alegações finais da defesa, inclusive*[26].

---

23   Nesse sentido: RTJ nº 73/72. Contra: exigindo a intimação do defensor para apresentar as alegações, diante do princípio da ampla defesa: RTJ nº 106/132.
24   No mesmo sentido: STF, RTJ nº 113/81, HC nº 63.894, 2ª Turma, em 10/06/1986, DJU 01/08/1986, p. 12.889; STJ, RHC nº 395, 6ª Turma, DJU 23/04/1990, p. 3.224.
25   No mesmo sentido: STF, RT nº 608/406; TJSP, JTJ nº 149/258.
26   STF – HC nº 71.633 – RS – 2ª T. – Rel. Min. Carlos Velloso – DJU 27/04/2001 – p. 00058.

Já o Ministério Público, pode e deve, como fiscal da lei, requerer a absolvição sumária do réu.

2.13. A atividade do juiz após a apresentação das alegações finais

Encerrados os debates, ou o prazo estabelecido para partes ofertarem as alegações, o juiz:
a) proferirá a sua decisão de imediato;
b) proferirá a sua decisão em 10 (dez) dias, ordenando que os autos para isso lhe sejam conclusos.

2.14. O tempo final para conclusão da primeira fase (judicium accusationis)

Segundo o novo art. 412 do Código de Processo Penal, *O procedimento será concluído no prazo máximo de 90 (noventa) dias.*

Indagação prática relevante: Cabe a alegação de excesso de o prazo, no caso de o processo se encontrar com a instrução criminal encerrada?

Resposta. O entendimento jurisprudencial é no sentido de que não cabe a alegação de excesso de prazo, se o processo já se encontra com a instrução criminal encerrada. *Habeas corpus* denegado[27].

Ademais, o prazo de 90 dias para a conclusão da instrução não é absoluto. O constrangimento ilegal por excesso de prazo só pode ser reconhecido quando a demora for injustificada.

Por aplicação do Princípio da Razoabilidade, tem-se como justificada eventual dilação de prazo para a conclusão da instrução processual, em hipótese de feito complexo.

Também não podemos falar em constrangimento ilegal quando o trâmite é regular e a demora não é provocada pelo Juízo ou pelo Ministério Público.

2.14.1. Excesso de prazo justificado no entendimento jurisprudencial[28]

- O excesso de prazo e os incidentes processuais não imputáveis ao Juiz do processo ou ao Ministério Público
    STJ: Não se configura coação ilegal quando o excesso de prazo na formação da culpa decorre de incidentes processuais não imputáveis ao Juiz do processo ou ao Ministério Público". (JSTJ 8/236)
- O excesso de prazo e a demora que resulta das peculiaridades do feito
    TJSP: O excesso de prazo no encerramento da instrução criminal só constitui constrangimento ilegal quando injustificado, não assim se a demora resulta das peculiaridades do feito". (RT 687/277)
- O excesso de prazo e a causa complexa *versus* o princípio da razoabilidade

---

27 TJPR – HC nº Crime 0119381-1 – (14.093) – Francisco Beltrão – 1ª C.Crim. – Rel. Des. Darcy Nasser de Melo – DJPR 08/04/2002.
28 Mirabete. Júlio Fabbrini. *Código de Processo Penal Interpretado*, 10 ed. São Paulo: Atlas.

Não caracteriza constrangimento ilegal o excesso de prazo que decorra só de culpa da defesa e da complexidade do processo. (STF – HC 88740 – PR – 2ª T. – Rel. Min. Cezar Peluso – p. 100)

> STJ: Constatada complexidade na causa, que envolve concurso de agentes, alguns presos fora do distrito da culpa, há incidência do princípio da razoabilidade, apto a afastar a alegação de constrangimento ilegal, por eventual excesso de prazo na instrução". (HC 16.322-SP, p 197)

- O excesso de prazo e o número elevado dos réus

> STF: O entendimento firmado pelo Supremo Tribunal Federal é de que o excesso de prazo na instrução criminal afigura-se razoável quando o processo é complexo e envolve vários réus. Ordem denegada. (STF – HC 89863 – CE – 2ª T. – Rel. Min. Eros Grau – DJU 16/02/2007 – p. 87)

- O excesso de prazo e a expedição de precatórias

> STF: Excesso de prazo decorrente da expedição de cartas precatórias probatórias para São Paulo, Paraná e Mato Grosso, inclusive para ouvir testemunhas de defesa. A demora justificada por motivo relevante não se computa no prazo do art. 401 (atual art. 412) do CPP. Precedentes do STF". (**RT** 568/383)

- O excesso de prazo e o exame de sanidade mental

> TJBA: Constrangimento ilegal – Excesso de prazo – Inocorrência – Internação do réu em hospital de tratamento e custódia Delonga no término do incidente de insanidade mental que credita-se a elementos não irrogáveis ao aparelhamento judiciário, mas a diligências solicitadas pela própria defesa em seu interesse, consistente na falha do laudo resultante que, por não responder a questões específicas, foi reenviado aos peritos. (...)

- O excesso de prazo e os pedidos de diligências pela defesa

> STJ: Embora se reconheça que a instrução teve duração acima do razoável, é de se afastar o alegado constrangimento ilegal, se essa fase já acha concluída, aguardando-se apenas o término de uma diligência de interesse da defesa, para as alegações finais e sentença. Aplicação, à hipótese, da Súmula nº 52/STJ. (RSTJ 105/434)

> STF: O excesso de prazo no encerramento da instrução criminal que se deva à realização de diligências requeridas pela defesa não será tido como constrangimento ilegal, pois em benefício do acusado. (RT 587/420)

SÚMULA 64, STJ:
> Não constitui constrangimento ilegal o excesso de prazo na instrução, provocado pela defesa.

- O excesso de prazo e os requerimentos de perícia

> TJSP: Habeas corpus – Feito no aguardo de laudo criminalístico – Perícia extensa, já levada a efeito, e também requerida pela defesa, do Código de Processo Penal – Excesso justificado. Ordem denegada nessa parte". (JTJ 229/361)

- O excesso de prazo provocado pela defesa

    Dos documentos acostados aos autos, verifica-se também haver contribuição da defesa para a demora processual, não se configurando a ilegalidade alegada por excesso de prazo, por não haver mora injustificada. Precedentes: HC nº 86.947/SP, Rel. Min. Marco Aurélio, decisão monocrática, DJ de 26/10/2005; HC nº 86.618/MT, 2ª Turma, unânime, Rel. Min. Ellen Gracie, DJ de 28/10/2005; HC nº 85.298/SP, 1ª Turma, maioria, Rel. Min. Marco Aurélio, Rel. P/acórdão Min. Carlos Britto, DJ de 04/11/2005; HC nº 86.789/SP, de minha relatoria, 2ª Turma, unânime, DJ de 24/03/2006; HC nº 88.229/SE, Rel. Min. Ricardo Lewandowski, 1ª Turma, maioria, julgado em 10/10/2006; e HC nº 88.905/GO, de minha relatoria, 2ª Turma, unânime, DJ de 13/10/2006. 5. Decreto de prisão preventiva devidamente fundamentado, nos termos do art. 312 do CPP e art. 93, IX, da CF. Existência de razões suficientes para a manutenção da prisão preventiva. 6. Ordem indeferida. (STF – HC 89525 – GO – 2ª T. – Rel. Min. Gilmar Mendes – DJU 09/03/2007 – p. 52) JCPP.312 JCF.93 JCF.93.IX

    STF: Constrangimento inexistente, já que o retardamento da instrução foi causado exclusivamente pela produção de prova da defesa, encontrando-se o feito, ademais, em fase conclusiva, com julgamento designado para data próxima. Pedido indeferido. (HC 69.206 – RJ – 1ª T. – Rel. Min. Ilmar Galvão)

    STJ: (...) Penal Processual – Excesso de prazo para formação da culpa – Incidência da Súmula nº 64 - STJ – Habeas corpus – Recurso. 1. 'Não constitui constrangimento ilegal o excesso de prazo na instrução provocado pela defesa. Súmula nº 64-STJ. 2. Recurso a que se nega provimento". (RSTJ 126/383)

- O excesso de prazo e a instrução criminal encerrada

    STF: Não procede a alegação de excesso de prazo quando a demanda já se encontra com a instrução criminal concluída. Precedentes. Habeas corpus denegado. (STF – HC 87633 – PE – 2ª T. – Rel. Min. Joaquim Barbosa – p. 100)

    STJ: Encerrada a instrução criminal, fica superada a alegação de constrangimento por excesso de prazo (Súmula nº 52-STJ)" (RSTJ 129/404).

    A jurisprudência deste Supremo Tribunal firmou o entendimento segundo o qual o encerramento da instrução criminal afasta a alegação de excesso de prazo. Todavia, aquela inteligência haverá de ser tomada com o temperamento jurídico necessário para atender aos princípios constitucionais e infraconstitucionais, especialmente quando o caso evidencia flagrante ilegalidade decorrente do excesso de prazo não imputável ao acusado. Precedentes das Turmas. (STF – HC 87913 – PI – 1ª T. – Rel. Min. Cármen Lúcia – DJU 07/12/2006 – p. 52)

- O excesso de prazo e fase de alegações finais

    STF: Em alegações finais, encerrada a instrução do processo, superado está o excesso de prazo eventualmente verificado". (RT 562/426)

    STJ: Encerrada a fase de colheita de elementos probantes, estando os autos em fase de alegações finais, fica superada a alegação de excesso de prazo na conclusão da instrução criminal. (Súmula 52/STJ)" (RSTJ 90/310)

- O excesso de prazo e o aditamento da denúncia com instrução encerrada

    Instrução criminal – Excesso de prazo na formação da culpa em razão de aditamento à denúncia apresentado juntamente com as alegações finais – Constrangimento ilegal – Inocorrência – É impossível falar-se em excesso de prazo na formação da culpa, em razão de aditamento à denúncia oferecido juntamente com as alegações finais e posterior apresentação de memoriais da Defesa sem requerimento de produção de prova adicional, pois, em tal hipótese, a instrução criminal encontra-se devidamente encerrada, sendo certo que, inexistindo dilação processual que prejudique a defesa do réu, deve ser indeferida a liberdade provisória postulada por esse motivo. (RJTACRIM 47/398)

- O excesso de prazo em processo de réu solto

    TJSP: O instituto do habeas corpus não se destina à correção de eventual morosidade no andamento de processo contra réu solto ou que se encontre preso por motivo diverso. (TJSP 55/407)

- O excesso de prazo por força maior:

    STJ: O atraso, relativamente curto no cumprimento do prazo, para a ouvida das testemunhas de acusação, quando o réu está preso, não justifica a concessão de habeas corpus para a sua soltura, se o motivo da demora tem apoio na força maior a que se reporta o art. 403, da mesma lei processual. (JSTJ 27/228-9)

2.14.2. Conseqüência do excesso de prazo injustificado

Não há distinção de prazo para réu preso e réu solto, mas as conseqüências são diferentes:

a) Excesso de prazo injustificado para réu preso: há dano iminente que deve ser restaurado com a interposição de *habeas corpus* ou pedido de revogação da prisão que se tornou ilegal.

    No mesmo sentido, STF:

    Cabe ao Estado aparelhar-se objetivando a tramitação e a conclusão do processo criminal com atendimento dos prazos processuais e, portanto, em tempo razoável. Configurado o excesso, impõe-se, como conseqüência da ordem jurídica em vigor, a liberdade do acusado, até então simples acusado. Excesso De Prazo – Prisão Preventiva – A excepcionalidade maior da prisão preventiva direciona à observação rígida dos prazos processuais. Extravasados, cumpre reconhecer a ilicitude da custódia, afastando-a. (STF – HC 86104 – SE – 1ª T. – Rel. Min. Marco Aurélio – p. 106)

b) Excesso de prazo injustificado para réu solto: não há um dano iminente, portanto, não cabe interposição de *habeas corpus*.

2.14.3. O excesso de prazo e a sua extensão aos co-autores

Em um mesmo procedimento, o excesso de prazo concedido para um dos co-autores ou partícipes, deverá ser estendido para os demais.

No mesmo sentido, STF:

> A excepcionalidade maior da prisão preventiva direciona à observação rígida dos prazos processuais. Extravasados, cumpre reconhecer a ilicitude da custódia, afastando-a. Prisão Preventiva – Excesso De Prazo – Ordem Deferida a Co-Réu – Extensão – Uma vez configurado o excesso de prazo, impõe-se a soltura do acusado, até então simples acusado. Esse enfoque é robustecido com a existência de pronunciamento judicial beneficiando, pela mesma razão, co-réu. (STF – HC 86659 – SP – 1ª T. – Rel. Min. Marco Aurélio – DJU 23/03/2007 – p. 106)

2.14.4. O excesso de prazo e o abuso do direito de defesa

Há na prática caso em que evidenciamos a não observância do sagrado direito de defesa e sim um verdadeiro abuso ao direito de defesa.

Tais casos, evidenciam-se quando visivelmente constamos que os requerimentos são meramente protelatórios e têm como escopo prolongar o procedimento.

O prolongamento procedimental provocado pela defesa visa dois benefícios escusos:

a) Alegar, futuramente, o excesso de prazo.
b) Deixar o acusado o maior tempo possível em prisão especial para depois requerer a detração penal.

Um aspecto prático importante:

O juiz deve indeferir os requerimentos que, antecipadamente, vislumbra-se o abuso de direito e não o exercício de defesa.

Como exemplo de abuso do direito de defesa, citamos um julgado do STF:

> É falsa a afirmação de que a defesa do paciente e o próprio réu não contribuíram para o excesso de prazo. A delonga é perfeitamente justificável pelas circunstâncias do caso concreto: Fuga do réu para outro Estado da federação; necessidade de expedição de diversas cartas precatórias por ter sido a prisão ali efetivada; recusa do réu em aceitar defensor público; demora na constituição de advogado; atraso do advogado constituído para devolver autos e para apresentar a respectiva defesa. Não há se falar em excesso de prazo quando já concluída a instrução criminal, inclusive com a sentença de pronúncia já proferida. Precedente. Ordem denegada. (STF – HC 87318 – PE – 2ª T. – Rel. Min. Joaquim Barbosa – DJU 19/12/2006 – p. 60)
>
> Nos termos da jurisprudência deste Supremo Tribunal Federal, a aferição de eventual excesso de prazo é de se dar em cada caso concreto, atento o julgador às peculiaridades do feito em que estiver oficiando (como, verbi gratia, o número de réus e de testemunhas arroladas, a complexidade da causa e, principalmente, o comportamento dos patronos dos acusados, que não podem ser os causadores do retardamento do processo). Não é de se acolher a alegação de excesso de prazo na prisão do acusado se a lentidão

no processamento do feito for **debitada exclusivamente à atuação dos sucessivos patronos do réu**. Ordem denegada. (STF – HC 88975 – RS – 1ª T. – Rel. Min. Carlos Britto – DJU 23/03/2007 – p. 107).

Caso forense prático:
Tício foi denunciado por ter cometido o delito de induzimento ao suicídio. Aponte a solução jurídica, considerando que:
a) Tício foi pronunciado;
b) o advogado de Tício alegou excesso de prazo para a realização da instrução criminal.

Resposta. O advogado não tem razão. Veja a posição STF e do STJ: "Pronunciado o réu, não cabe mais a alegação de excesso de prazo para a realização da instrução criminal (STF, HC nº 58.610, p. 9.476; STJ, HC nº 226, 5ª Turma, p. 2.879). Pronunciado o réu, diz a jurisprudência, não existe prazo fixado em lei para ele ser submetido a julgamento pelo júri. (STJ, RHC nº 7.306, 6ª Turma, Rel. Min. Fernando Gonçalves, p. 208)"

2.15. Da pronúncia

O juiz, fundamentadamente, pronunciará o acusado, quando:
a) estiver convencido da materialidade do fato;
b) estiver convencido da existência de indícios suficientes de autoria ou de participação.

Dizia Tornaghi[29] que a decisão de pronúncia é imutável *rebus sic stantibus*, isto é, "somente poderá ser alterada pela verificação superveniente de circunstância que modifique a classificação do delito" (p. ex., a morte do réu, que faz passar da tentativa para o crime consumado).

A pronúncia só existe no processo do júri, sendo definida por Magarinos Torres[30] como *a decisão em que se apuram a existência do crime, certeza provisória da autoria e indícios da responsabilidade do réu*.

Em atendimento ao princípio da ampla defesa, entendo que não é juridicamente possível o advogado, na fase das alegações finais, pleitear a pronúncia do acusado.

Posição dominante do STF: "Defensor. Fase das alegações finais. Manifestação pela pronúncia do acusado. Inadmissibilidade. A manifestação do defensor, na fase do art. 406 (atual art. 411 do CPP), pela pronúncia do acusado, acarreta a nulidade do processo." (STF – HC 71.633-4 – 2ª, p. 58)

Aspecto prático importante:
Exigindo o novo art. 413 que o juiz fundamente *a existência de indícios suficientes de autoria ou de participação*, deve ao prolatar a decisão estabelecendo precisamente que é o autor, o co-autor e o partícipe, delineando a exata contribuição de cada um na construção delitiva.

---
29 No mesmo sentido: Tornaghi, Hélio. *Curso de Processo Penal*. 9 ed., vol. II, São Paulo: Saraiva, 1995.
30 *Processo Penal do Júri*, 1939, p. 185.

2.15.1. A natureza jurídica da sentença de pronúncia na doutrina

Explicava Tucci: "assim, considerada *stricto sensu*, a pronúncia é a decisão interlocutória mediante a qual o magistrado declara a viabilidade da acusação por se convencer da existência do crime e de indícios de que o réu seja o seu autor"[31].

Como bem observa José Frederico Marques, "a pronúncia é sentença processual de conteúdo declaratório em que o juiz proclama admissível a acusação, para que seja decidida no plenário do júri"[32].

Mas, como informam Tourinho Filho e Tubenchlak, porque encerra mero juízo de admissibilidade, cujo objetivo é submeter o acusado a julgamento popular, tem natureza processual, não produzindo *res judicata*, e sim preclusão *pro judicato*, podendo o tribunal do júri decidir contra aquilo que ficou assentado na pronúncia[33].

Nucci [34] defende que a natureza jurídica da sentença de pronúncia é de decisão interlocutória mista, que julga apenas a admissibilidade da acusação, sem qualquer avaliação de mérito.

Minha posição: entendo que a chamada **sentença de pronúncia** não seria na verdade sentença, pois mero juízo de admissibilidade da acusação perante o júri, de caráter provisório e preordenada a ser substituída pela sentença definitiva, após julgamento do réu por seus pares, portanto, entendo que a melhor terminologia é "decisão de pronúncia" e não "sentença de pronúncia". Como diz Vicente Greco Filho[35], em termos técnicos processuais, a decisão de pronúncia não é sentença nem transita em julgado. Não é sentença porque nem é terminativa nem resolve o mérito. Conseqüentemente, não passa em julgado porque o âmbito de sua decisão não condiciona a decisão do júri, observando-se, porém, que este não poderá decidir além do que lhe foi submetido.

Posição dominante do STJ: "Segundo a moldura legal do art. 408, (atual art. 411 § 4º do CPP) a sentença de pronúncia consubstancia mero juízo de admissibilidade da acusação, em que se exige apenas o convencimento da prova material do crime e da presença de indícios de autoria." (STJ – HC 10.123 – 6ª T)

Posição dominante do STF: "Se a sentença de pronúncia revela, em seu conteúdo intrínseco, os elementos essenciais à configuração do juízo de admissibilidade da acusação (CPP, art. 408, *atual art. 411 § 4º do CPP*), torna-se legítima a submissão do réu a julgamento por seu juiz natural: o Tribunal do Júri." (STF – HC 67.707-RS – Rel. Min. Celso De Mello – 1ª T)

---

31 Tucci, Rogério Lauria. *Persecução penal, prisão e liberdade*. São Paulo: Saraiva, 1980, p. 144.
32 Marques, José Frederico. *Elementos de Direito Processual Penal*. Rio de Janeiro: Forense, 1962. v. 3, p. 198.
33 Nesse sentido: Tourinho Filho, Fernando da Costa. *Processo penal*. 11 ed. São Paulo: Saraiva, 1989. p. 47; RT nº 544/423; Tubenchlak, James. *Tribunal do Júri, contradições e soluções*. 2 ed. Rio de Janeiro: Forense, 1990. p. 57.
34 No mesmo sentido: Nucci, Guilherme de Souza. *Código de Processo Penal Comentado*. RT, 2002, p. 641.
35 Nesse sentido: Greco, Vicente Filho. *Manual de processo penal*. São Paulo: Saraiva, 1991.

RESUMO DIDÁTICO

Pronúncia é uma decisão interlocutória (*não julga o mérito*) mista (*porque põe fim a uma fase procedimental*) não terminativa (*não encerra o processo*).

2.15.2. Natureza jurídica da pronúncia na visão do STF

O STF defende que a pronúncia se constitui ato decisório de natureza meramente interlocutória:

> STF: "A sentença de pronúncia constitui ato decisório de natureza meramente interlocutória. O pronunciamento jurisdicional que nela se consubstancia deixa de operar os efeitos peculiares à coisa julgada em sentido material. A sentença de pronúncia – Ao veicular um juízo positivo de admissibilidade de imputação penal deduzida pelo Ministério Público – Gera efeitos de índole meramente processual, vinculando o magistrado prolator ao conteúdo que dela emerge, em ordem a caracterizar, e sempre no que concerne à autoridade judiciária pronunciante, uma hipótese de preclusão pro judicata. O acórdão emanado do tribunal de justiça, que reconhece a existência de latrocínio, e não de homicídio, sobrepõe-se à sentença de pronúncia anteriormente proferida, ainda que desta não tenha recorrido o Ministério Público"[36].

2.15.3. A pronúncia e a exigência de especificação

Por plena determinação legal, a reforma determina que o juiz ao pronunciar o réu deve:

a) dizer especificamente quem é o autor e quem é o partícipe, delimitando o exato campo de atuação da acusação;

Em pleno atendimento aos princípios do contraditório e da ampla defesa e, destarte, sob pena de nulidade, a imputação não pode ser genérica, portanto, frases como "*o réu Tício de qualquer modo contribuiu para consumação do crime*", afronta tais princípios.

b) especificar as circunstâncias qualificadoras e as causas de aumento de pena.

Como a reforma elidiu o libelo, a pronúncia se tornou a principal fonte dos quesitos, portanto, com exceção das agravantes e das causas genéricas de aumento de pena, é a pronúncia que vai balizar o debate acusatório no plenário.

Justifica-se, portanto, que a pronúncia seja especificada nos termos supracitados, assim, não basta o juiz dizer que pronuncia o réu no art. 121, § 2º, IV, porque tal tipificação, por ser muito genérica, dificultará o exercício de defesa.

O inciso IV pode ser:

a) Qualificadora à traição;
b) Qualificadora de emboscada;
c) Qualificadora mediante dissimulação;
d) Qualificadora com uso de recurso que dificultou ou torne impossível a defesa do ofendido.

---

36 JSTF nº 181/296.

Contextualização prática:
Portanto, para especificar, o juiz deve dizer:
> Pronuncio o réu (....) como autor (ou co-autor, ou partícipe), no art. 121 § 2º inciso IV (homicídio é cometido à traição).

2.15.4. Os requisitos da pronúncia

A fundamentação da pronúncia limitar-se-á apenas:
a) à indicação da materialidade do fato;
b) à indicação da existência de indícios suficientes de autoria ou de participação;
c) à declaração do dispositivo legal em que julgar incurso o acusado;
d) à especificação das circunstâncias qualificadoras;
e) à especificação das causas de aumento de pena.

Na fase do procedimento, denominada pela doutrina de *judicium acusationis*, ao juiz cabe o exame dos requisitos de admissibilidade da acusação (novo art. 413 do CPP), descabendo fazer incursões aprofundadas sobre as provas, sob pena de invadir competência afeta ao sinédrio popular e influenciar a opinião dos jurados.

No mesmo sentido: A pronúncia não deve invadir o mérito, "expressando juízo de condenação e não de acusação", sob pena de nulidade. (TJSP, HC nº 138.130, 5ª Câm., Rel. Des. Dante Busana, RJTJSP nº 141/437). No mesmo sentido: RTJ nº 136/1215; RT nº 523/486 e nº 713/344. Mas pode analisar as provas. (TJSP, RCrim nº 146.359, JTJ nº 149/261; RT nº 713/344)

A pronúncia só pode ter por objeto o fato delituoso contido e narrado na queixa ou denúncia, e não outro fato estranho à dita queixa ou denúncia. Daí a razão de se dizer, na definição, que a pronúncia julga procedente a queixa ou denúncia.

Para que o réu seja pronunciado, não é necessário prova incontroversa do crime, no mesmo sentido:
> STF: Por ser a pronúncia mero juízo de admissibilidade da acusação, não é necessária prova incontroversa do crime, para que o réu seja pronunciado. As dúvidas quanto à certeza do crime e da autoria deverão ser dirimidas durante o julgamento pelo Tribunal do Júri. Precedentes do STF (RT 730/463). STF: Sentença de pronúncia. Parâmetros.

Compete ao juiz, e não à acusação, declarar o dispositivo legal em cuja sanção julgar incurso o réu, incluídas as circunstâncias qualificadoras, quando não manifestamente improcedentes. A desclassificação, na pronúncia, não suprime a competência do Tribunal do Júri para o julgamento dos crimes dolosos contra a vida. A soberania de seus veredictos reside na impossibilidade de sua reforma pelo mérito. Antes do julgamento, cabe ao juiz decidir se os fatos imputados ao réu tipificam crime incluído nesse rol e estabelecer os limites da acusação. Cumpre ao juiz, na pronúncia, coibir eventual excesso de acusação, dela excluindo, fundamentalmente, as qualificadoras sem nenhum amparo na prova. Sérias desavenças, motivadas por conflitos entre parentes, seguidas de ameaças de morte e agressões físicas ao réu, pela vítima, afastam a incidência do motivo torpe[37].

---
37   TJDF – RSE nº 20000310025059 – DF – 2ª T.Crim. – Rel. Des. Getulio Pinheiro – DJU 11/02/2004 – p. 70.

Indagação prática relevante: O semi-responsável, nos termos do art. 26, parágrafo único, do Código Penal, pode ser pronunciado?

Resposta: Sim, o entendimento jurisprudencial é no sentido de que o semi-responsável pode ser pronunciado[38].

2.15.5. O que não deve conter a pronúncia

a) Homicídio privilegiado

O entendimento jurisprudencial é no sentido de que o reconhecimento do homicídio privilegiado não pode ser feito pelo juiz na fase da pronúncia.[39]

b) Circunstâncias agravantes, atenuantes e causas de diminuição de pena

O entendimento jurisprudencial é no sentido de que a pronúncia não deve conter referência a circunstâncias agravantes (CP, arts. 61 e 62)[40] nem atenuantes (CP, arts. 65 e 66) ou causas de diminuição de pena, como a do homicídio privilegiado[41].

O art. 7º da Lei de Introdução ao Código de Processo Penal veda, expressamente, na pronúncia o reconhecimento de causas de aumento e de diminuição de pena, *in verbis*:

> *O juiz da pronúncia, ao classificar o crime, consumado ou tentado, não poderá reconhecer a existência de causa especial de diminuição da pena.*

Veja-se este julgado:

> Homicídio – pretendida inclusão da figura do privilégio, prevista no art. 121, § 1º, do CP, na sentença de pronúncia – inadmissibilidade, pois trata-se de causa especial de diminuição da pena – inteligência do art. 7º do dec. lei nº 3.931/41. (...) sendo a circunstância privilegiadora, prevista no art. 121, § 1º, do CP, causa especial de diminuição da pena do crime de homicídio, inadmite-se a sua inclusão na sentença de pronúncia, em face do disposto no art. 7º do dec. lei nº 3.931/41[42].

2.15.6. Pronúncia e crime continuado

Marrey[43] ensina:

> Se configurada na denúncia a prática de crime continuado, nem por isso a sentença de pronúncia deve a seu respeito manifestar-se. Tal circunstância constitui apenas critério para a aplicação da pena, sujeita à revisão, nos termos do art. 593, III *c* do CPP. Seria até inoportuna qualquer qualificação

---

38 TJSP, RCrim nº 78.344, RT nº 647/280.
39 TJSP, RCrim nº 245.732, 3ª Câm., RT nº 753/608.
40 TJSP, RCrim nº 47.512, RJTJSP 104/413; TJSP, RCrim nº 233.185, 3ª Câm. Crim., Rel. Des. Marcos Zanuzzi, RT nº 765/575.
41 RT nº 672/313.
42 RT nº 777/663.
43 No mesmo sentido, Adriano Marrey, *in Teoria e prática do júri*, p. 164.

a esse propósito, na pronúncia, pois, restringir-se-ia a atuação do juiz, de fixar na sentença final a pena em consonância com as respostas dos jurados às questões de fato a eles submetidas. Nesse sentido, Espínola Filho e a jurisprudência do TJSP, como se vê no ac. da 1ª Câm. Crim., Rec. Crim. 83.532 – Ituverava, j. 7/06/65, rel. Des. Thomaz Carvalhal, RT 363/88; e ac. da Seção Criminal, Rev. Crim. 92.295 – Marília, j. 22/12/67, rel. Des. Gonçalves Santana.

2.15.7. Pronúncia e o concurso formal

O entendimento jurisprudencial é no sentido de que a pronúncia não deve referir-se a ele, matéria de fixação da pena[44].

2.15.8. Pronúncia e o concurso material

O entendimento jurisprudencial é no sentido de que a pronúncia não deve manifestar-se a respeito, uma vez que se trata de matéria de aplicação da pena[45].

Nucci[46] explica a razão de tais exclusões:

> Não se incluem as circunstâncias genéricas de aumento ou diminuição de pena, isto é, as previstas na Parte Geral, que servem para auxiliar o juiz a fixar a pena e não a definir o tipo penal no qual está incurso o réu (ex.: matéria relacionada ao concurso de crimes), bem como as circunstâncias genéricas de agravação da pena (art. 61 e 62, CP). Nessa linha: TJSP: "A pronúncia não pode fazer referência ao art. 69 do Código Penal, que implica critério de fixação de penas, matéria desbordante dos limites deliberativos do Conselho de Sentença". (RSE 285.914-3, Ribeirão Preto, 3ª C., rel. Luiz Pantaleão, 03/10/2000, v. u., JUBI 55/01). Usa-se, no entanto, a tentativa, a omissão penalmente relevante ou o concurso de pessoas, quando for o caso, porque se trata de tipicidade por extensão, integrante do tipo fundamental.

2.15.9. O descobrimento de outros crimes

Se, ao lavrar a pronúncia, o juiz descobre, em face dos dados colhidos no processo, outro crime não-contido ou narrado na queixa ou denúncia, não pode incluí-lo na pronúncia, porque isto daria em resultado ser o réu pronunciado por crime de que não foi acusado e de que, portanto, não se pôde defender. O que cabe ao juiz, nesse caso, tratando-se de crime de ação pública, é mandar extrair traslado das peças que instruam o novo fato criminoso e remetê-las ao Ministério Público, para que oficie, como de direito lhe compete.

---

44 RJTJSP nº 112/469.
45 RJTJSP nº 125/467.
46 Nucci. Guilherme de Souza, *Tribunal do Júri*, 1 ed., RT, p. 75.

Caso forense prático:

Mévio matou Tício, foi denunciado e pronunciado. Considere que:

a) após a pronúncia de Mévio, descobriu-se que o pronunciado também tinha matado Petrus e escondido o corpo no jardim da casa de Tício;

b) decobriu-se também que Mévio foi ajudado por Semprônio.

Diante do surgimento, após a pronúncia, de um novo crime conexo e de outro autor, como promotor de Justiça, aponte a solução jurídica.

Resposta: Diz bem Borges da Rosa[47]:

> Quando a notícia sobre o novo acusado ou sobre o novo crime surge depois da pronúncia, o caminho a seguir não é o aditamento e sim o oferecimento de nova denúncia, podendo o novo processo, por conveniência do julgamento, ser posteriormente apenso ao primeiro; então, o julgamento poderá ser feito contemporaneamente, em conseqüência da conexão. Isto, já se vê, explica Espínola: Se o retardamento da submissão, do ou dos réus primeiramente denunciados, ao veredictum do júri, comportar a espera, sem prejuízos ou inconvenientes, considerados os interesses da Justiça Pública e da liberdade individual.[48]

2.15.10. O princípio norteador da pronúncia

- Contextualização prática:

Tícia foi denunciada pelo Ministério Público por ter cometido o delito de infanticídio. Realizada a instrução, a acusada foi pronunciada. A defesa, inconformada com a decisão, apresentou recurso. Aponte a solução jurídica, considerando que, no recurso, a defesa demonstrou que o juiz não poderia ter pronunciado a acusada porque existiam apenas indícios de participação; portanto, deve prevalecer o princípio *in dubio pro reo*.

A defesa errou. Na fase da pronúncia, prevalece o princípio *in dubio pro societate*.

O que prevalece no despacho de pronúncia é o princípio *in dubio pro societate*.

Posição dominante do STJ: "Para pronúncia basta o mero juízo de suspeita, vigorando, nessa fase, o provérbio *dubio pro societate* e não *in dúbio pro reo*." (STJ REsp. 110.697-GO, 6ª T)

Portanto, nesta fase não se faz necessário um juízo de certeza, devendo apenas estar:

a) caracterizada a materialidade;

b) existir "indícios" suficientes de autoria, co-autoria ou participação.

No mesmo sentido STJ:

> Na dúvida sobre a existência de qualificadora, esta deve ser incluída na pronúncia, para posterior apreciação pelo Tribunal do Júri. Nessa fase, a questão se decide pro societate e não pro reo. (STJ -REsp. 54.763-6-DF – Rel. Min. Anselmo Santiago – 6ª T)

---

47 Vol. cit., p. 492.
48 Espínola Filho, Eduardo. *Código de Processo Penal Brasileiro Anotado*. v. I, Bookseller, 2000.

2.15.11. Quando o princípio *in dubio pro societate* não pode ser usado

O princípio *in dubio pro societate* não pode ser usado quando:

a) Quando não houver provas da materialidade do fato, tal hipótese com a reforma se tornou caso de impronúncia; anote que o novo art. 414 do Código de Processo Penal preconiza *Não se convencendo da materialidade do fato...*, ou seja, quanto a materialidade não basta ter indícios, deve estar plenamente provada.

b) Quando o fato não constituir infração penal, neste caso, a reforma autoriza a absolvição sumária (vide o novo art. 415 do Código de Processo Penal).

No mesmo sentido STF:

> O aforismo in dubio pro societate que – malgrado as críticas procedentes à sua consistência lógica, tem sido reputada adequada a exprimir a inexigibilidade de certeza da autoria do crime, para fundar a pronúncia –, jamais vigorou no tocante à existência do próprio crime, em relação a qual se reclama esteja o juiz convencido. (HC 81.646-PE, rel. Sepúlveda Pertence, Informativo 271)

Resumo didático

a) Quanto à autoria, co-autoria e participação, usa-se o princípio *in dubio pro societate*.

b) Quanto a materialidade, usa-se princípio *in dubio pro reo*.

- Obs. Leia o caso processual superinteressante "o caso em que não foi possível encontrar o cadáver".

2.15.12. Atividade do juiz ao proferir a pronúncia

Um aspecto prático importante I:

Ensina Rogério Lauria Tucci que o raciocínio do juiz da pronúncia então deve ser o seguinte: *Segundo minha convicção, se este réu for condenado haverá uma injustiça? Se sim, a decisão deverá ser de impronúncia ou de absolvição sumária*[49].

Contexto prático I:

Se o crime for afiançável, o juiz arbitrará o valor da fiança para a concessão ou manutenção da liberdade provisória.

2.15.13. A prisão e a decisão de pronúncia

Segundo o novo art. 413, § 3º:

> O juiz decidirá, motivadamente, no caso de manutenção, revogação ou substituição da prisão ou medida restritiva de liberdade anteriormente decretada e, tratando-se de acusado solto, sobre a necessidade da decretação da prisão ou imposição de quaisquer das medidas previstas no Título IX do Livro I deste Código.

---

49 (Questões polêmicas sobre a pronúncia, in *Tribunal do Júri*, coord. Rogério Lauria Tucci, São Paulo, RT, 1999, p. 118/119).

Antes da reforma o STJ tinha defendia que "Nos processos da competência do Tribunal do Júri, a prisão do réu é efeito legal da pronúncia, não havendo falar em constrangimento, se o *decisum* se ajusta à letra do art. 408 do Código de Processo Penal. Recurso improvido"[50]. Hoje, no sistema processual penal vigente, não vigora mais o princípio da prisão obrigatória em decorrência da sentença de pronúncia. Entretanto, a revogação da prisão preventiva, na fase de pronúncia, não é direito subjetivo do acusado. O Código de Processo Penal preconiza que o juiz, ao decretar a pronúncia, pode revogar ou não a prisão, ou mesmo decretá-la, se o réu respondeu ao processo em liberdade.

Advirta-se que a revogação ou a decretação da prisão deverá ser sempre fundamentada.

Posição dominante do STJ:

> "Preservada na sentença de pronúncia, motivadamente, a prisão provisória do réu, não há conceder habeas corpus para afastá-la." (STJ – RHC 8.967-SP. 6ª T, p. 176)

2.15.14. A necessidade de fundamentação da pronúncia

Já defendia que a pronúncia deve ser motivada, porque se trata de decisão que respeita diretamente a honra e a liberdade dos cidadãos e, assim, se faz mister que direitos tão relevantes não sejam objeto de decisões superficiais, proferidas sem motivos certos, claros, positivos e ponderosos.

Hoje, deve o juiz, por força das normas insertas no § 3º do art. 413 do Código de Processo Penal e no inciso IX do art. 93 da Constituição da República, decidir fundamentadamente a prisão ou a liberdade do imputado, sob pena de nulidade.

Posição dominante do STF:

> "Pela nova ordem constitucional, estão sujeitas a fundamentação todas as decisões judiciais, notadamente aquelas que importem restrição ao status libertatis dos cidadãos." (STF HC 68.862-4-PA – Rel. Min. Ilmar Galvão.1ª T)

Posição dominante do STJ 1:

> "As decisões judiciais devem ser fundamentadas sob pena de nulidade (Const., art. 93, IX). A sentença de pronúncia precisa ater-se a evidenciar indícios de autoria e materialidade." (STJ – REsp. 85.387-PR – Rel. Min. Luiz Vicente Cernicchiaro. 6ª T)

Posição dominante do STJ 2:

> A toda evidência, a fundamentação das decisões do Poder Judiciário, tal como resulta da letra do inciso IX do art. 93 da Constituição da República, é condição absoluta de sua validade e, portanto, pressuposto da sua eficácia, substanciando-se na definição suficiente dos fatos e do direito que a sustentam, de modo a certificar a realização da hipótese de incidência da norma e os efeitos dela resultantes. Tal fundamentação, para mais, deve ser deduzida

---

50   STJ – RHC nº 13.217 – AC – 6ª T. – Rel. Min. Hamilton Carvalhido – DJU 10/05/2004 – p. 00345.

em relação necessária com as questões de direito e de fato postas na pretensão e na sua resistência, dentro dos limites do pedido, não se confundindo, de modo algum, com a simples reprodução de expressões ou termos legais, postos em relação não raramente com fatos e juízos abstratos, inidôneos à incidência da norma invocada[51].

2.15.15. A pronúncia e a interrupção da prescrição da pretensão punitiva

Indagação prática relevante: A pronúncia interrompe a prescrição da pretensão punitiva, mesmo que o réu venha a ser absolvido pelo júri?

Resposta: Sim. O entendimento jurisprudencial é no sentido de que a pronúncia interrompe a prescrição da ação (da pretensão punitiva, CP, art. 117, II), ainda que o réu venha a ser absolvido pelo júri[52].

2.15.16. A pronúncia, a interrupção da prescrição e a posterior decisão do Tribunal do Júri desclassificatória

O STJ em entendimento sumulado no sentido de que "A pronúncia é causa interruptiva da prescrição, ainda que o Tribunal do Júri venha a desclassificar o crime" (Súmula 191).

2.15.17. O pronunciado de bons antecedentes

A jurisprudência do Supremo Tribunal é no sentido de que a circunstância de o réu ser primário e com bons antecedentes não afasta a possibilidade de decretação de sua prisão[53]. Portanto, mesmo sendo o réu primário e de bons antecedentes, se na ocasião da sentença de pronúncia estiverem presentes os requisitos do art. 312 do Código de Processo Penal, deve ser decretada a prisão preventiva.

Posição do STJ:

> "A primariedade e os bons antecedentes do réu, por si sós, não constituem elementos que impõem a liberdade provisória. Outras circunstâncias podem ser consideradas para justificar a sentença de pronúncia." (STJ – RHC 905-PR -6ª T)

Posição do STF:

> "Assim, a denegação da liberdade provisória, apesar da primariedade e dos bons antecedentes do acusado, não acarreta constrangimento ilegal, eis que, em face da presença dos motivos que autorizam a custódia preventiva, se recomenda a preservação da prisão em flagrante". (RTJ 112/1122)

---

51 Recurso parcialmente provido. STJ – RHC nº 13.605 – PR – 6ª T. – Rel. Min. Hamilton Carvalhido – DJU 30/06/2003 – p. 00313. JCF.93 JCF.93.IX JCPP.312 JCPP.408 JCPP.408.2.
52 No mesmo sentido: TACrimSP, RT nº 513/427.
53 TJMA – HC nº 22.922/2003 – (47.497/2003) – 2ª C.Crim. – Relª Desª Nelma Celeste Souza Silva Sarney Costa – J. 04/11/2003. JCPP.408 JCPP.408.2.

2.15.18. Análise da possibilidade de o juiz excluir as qualificadoras ou causas de aumento de pena, constantes na decisão de pronúncia

Somente em situações excepcionais, segundo doutrina e jurisprudência amplamente majoritárias no País, pode o juiz afastar qualificadora ou causa de aumento específica, constante da denúncia.

Uma qualificadora ou uma causa de aumento de pena são componentes do tipo penal incriminador e, uma vez afastadas, podem causar sério dano à acusação, portanto, as mesmas só devem ser excluídas da pronúncia quando manifestamente improcedentes e de todo descabidas.

No mesmo sentido STJ:

> As qualificadoras só podem ser excluídas em casos excepcionalíssimos, quando, de forma incontroversa, mostrarem-se absolutamente improcedentes, sem qualquer apoio nos autos. (REsp 612.402-AL, 5ªT, rel. Gilson Dipp, v. u., DJ, p. 546)

Havendo dúvidas sobre a exata configuração de uma qualificadora, o juiz deve usar o princípio *in dubio pro societate* e remeter o caso à apreciação do Conselho de Sentença.

Posição dominante do STJ:

> STJ: Não há falar em exclusão das qualificadoras pela sentença de pronúncia, exceto quando manifestamente improcedentes, que não se confunde com a de mérito, pois examina os indícios da autoria, a existência do fato e a materialidade do delito, caracterizando o juízo de probabilidade, observado o princípio in dubio pro societae, enquanto aquela aplica o juízo de certeza, exigido à condenação. (RT 762/ 571)

2.15.19. A teoria do juiz sóbrio

Entendo que ao prolatar a sentença de pronúncia o magistrado, deve exarar a sua decisão em termos sóbrios e comedidos, a fim de não exercer qualquer influência no ânimo dos jurados.

A sentença de pronúncia, que atende às exigências mínimas do artigo do novo art. 413 deve conter apenas sucinto juízo de probabilidade, pois, se for além, incidirá em excesso de fundamentação, o que pode prejudicar a defesa do réu.

Posição dominante do STF:

> É nula, conforme a jurisprudência consolidada do STF, a pronúncia cuja fundamentação extrapola a demonstração da concorrência dos seus pressupostos legais (CPP, art. 408, atual art. 413) e assume, com afirmações apodíticas e minudência no cotejo analítico da prova, a versão acusatória ou rejeita peremptoriamente a da defesa. (v. g. RTJ 136/1215, 140/917, HC 73.126, DJ 17-5-96, RHC 77.044, 26-5-98)

> Sentença de pronúncia – Fundamentação – Teor. A sentença de pronúncia deve consubstanciar a certeza quanto à materialidade do delito e a revelação

de indícios sobre a autoria. Não lhe é própria a utilização de tintas fortes quer relativamente à autoria, ou à personalidade do acusado, simples acusado, quer às circunstâncias em que ocorrido o crime, sob pena de vício grave, capaz de maculá-la, isto tendo em conta a competência dos jurados para o julgamento e a necessidade de manutenção, pelo Juiz Presidente do Tribunal do Júri, da eqüidistância desejável. A sentença de pronúncia não pode servir de argumento à acusação, influenciando o ânimo dos jurados. O comedimento e a sobriedade do emprego dos vocábulos hão de ser constantes. Descabe, a título de fundamentação, tomar de empréstimo peça apresentada pela acusação. Precedente: habeas corpus nº 69.133, relatado pelo Ministro Celso de Mello perante a Primeira Turma. (HC 72.049-8-MG – p. 64)

Portanto, o juiz ao prolatar a pronúncia não pode:

a) Afastar totalmente a tese da defesa, afirmando, por exemplo, que o réu deve ser condenado.
b) Afastar totalmente a tese da acusatória, afirmando, por exemplo, que há indícios que podem fatalmente levar à absolvição do réu.

Devem ser abolidas expressões como: "O réu é culpado", "O réu não agiu em legítima defesa", "O réu confessou plenamente o delito, tanto na polícia como em juízo", e outras que conduzam a prejulgamento em prejuízo da defesa no Plenário.[54]

Advirta-se que o comedimento desejado pela teoria do juiz sóbrio "não pode ser tamanho a ponto de impedir que o juiz não possa explicar seu convencimento quanto à existência de prova da materialidade e indícios suficientes de autoria, sob pena inclusive de nulidade da pronúncia por ausência de fundamentação". (HC 50.270-RS, 5ª T., rel. Napoleão Nunes Maia Filho, 14/06/2007, v. u.)

Veja a bela lição de Nucci[55]: "Assim, é indispensável que seja prolatada em termos sóbrios, sem colocações incisivas, evitando-se considerações pessoais no tocante ao réu e constituindo a síntese da racionalidade e do equilíbrio prudente do juiz". Caso contenha termos injuriosos ao acusado (ex.: marginal perigoso, facínora cruel, despudorado mentiroso, entre outros), frases de efeito contra a defesa ou acusação (ex.: "é evidente" que o réu matou; "parece-nos que é inocente", mas cabe ao júri decidir), ingressos inoportunos no contexto probatório (ex.: a prova indica "com clareza" ter havido um crime bárbaro) ou qualquer outro ponto que seja contundente na inserção do mérito, deve provocar, como conseqüência, a sua anulação. Não se pode conceber que a decisão, nesses termos proferida, seja lida e relida em plenário para fazer com que os jurados decidam no mesmo sentido do juiz togado. É preciso destacar que os membros do Conselho de Sentença levam em grande conta as palavras proferidas pelo juiz-presidente, a pessoa que lhes parece mais imparcial no Tribunal do Júri, razão pela qual a moderação na pronúncia é inafastável, sob pena de se colocar em risco a própria

---

54 No mesmo sentido: Porto, Hermínio Alberto Marques. *Júri*. Procedimento e aspectos do julgamento. Questionários. 7 ed. São Paulo: Malheiros, 1994, p. 84.
55 No mesmo sentido: Nucci, Guilherme de Souza. *Código de Processo Penal Comentado*. RT, 2002, p. 641.

soberania dos veredictos. Soberano não poder ser o jurado nitidamente influenciado pelo juiz togado. Apesar de defender que a sentença de pronúncia, de fato, precisa ser proferida em termos adequados, discorda António Magalhães Gomes Filho que seja ela desentranhada dos autos ou anulada: "Sob esse enfoque, haverá também nulidade, mas não da decisão de pronúncia, e sim do julgamento em plenário, se aos jurados forem lidas ou referidas as expressões que revelam uma opinião judicial peremptória sobre as questões relacionadas ao próprio mérito da causa" (*A motivação das decisões penais*, p. 234). Preferimos, no entanto, manter nossa posição de que há nulidade da decisão de pronúncia, devendo outra ser prolatada, quando houver exagero do juiz, pois não se justifica estar, nos autos, uma peça considerada válida e, ao mesmo tempo, impedir-se qualquer das partes de a utilizar na sua exposição em plenário.

Caso forense prático:

Tício foi julgado pelo Egrégio Tribunal do Júri Popular e foi condenado. Aponte a solução jurídica, considerando que:
a) o advogado de Tício apelou da sentença, alegando que:
- o julgamento é nulo, pois o juiz manifestou opinião acerca de eventual incompatibilidade de teses defensivas;
- atitude do juiz causou prejuízo ao réu e atentou contra o princípio da ampla defesa.

Resposta: O advogado tem razão. Veja este julgado: "Em sede de Tribunal do Júri, em que tem relevo o primado da ampla defesa (CF, art. 50, XXXVIII, *a*) ao defensor é assegurada a faculdade de apresentar as teses que entenda mais favoráveis ao réu mesmo que incompatíveis entre si. – Embora expressivo o rol de atribuições conferidas ao presidente do Tribunal do Júri, não lhe cabe manifestar opinião acerca de eventual incompatibilidade de teses defensivas, sob pena de ocorrer indevida influência na decisão a ser tomado pelos jurados"[56].

Posição dominante do STJ:

> Ultrapassando o magistrado os limites da pronúncia, enquanto juízo de admissibilidade da acusação do réu perante o Tribunal do Júri, afirmando o animus necandi e afastando não só a legítima defesa, mas também a sua moderação, de modo peremptório e com análise intensiva e extensiva do conjunto da prova, próprios do judicium causae, ofende a competência funcional constitucional dos jurados, pelo prejuízo que se deve presumir à soberania dos veredictos, por função imprópria do julgado, no ânimo dos membros do conselho de sentença. (STJ – HC 44.792-SP Rel. Min. Hamilton Carvalhido – 6ª T)

---

56 STJ – HC nº 20.801 – SC – 6ª T. – Rel. Min. Vicente Leal – DJU 02/12/2002. JCPP.479 JCPP.497 JCF.50 JCF.50.XXXVIII.A.

2.15.20. A teoria do juiz sóbrio e o conteúdo do acórdão

Conforme ensina Nucci[57], o mesmo que se disse a respeito da sentença de pronúncia deve valer para o acórdão que, dando provimento a recurso da Justiça Pública, contra decisão de impronúncia, resolver pronunciar o acusado. Não é pelo fato da decisão ser prolatada em 2º grau de jurisdição que está autorizada a extravasar os limites da fundamentação, pois, igualmente, poderá exercer influência no Conselho de Sentença. Qualquer exagero pode ser questionado através de *habeas corpus*, ajuizado em Tribunal Superior. Por outro lado, é preciso que, igualmente à decisão de pronúncia, fundamente o Tribunal a decisão proferida, sem receio de invadir seara alheia – a dos jurados –, pois toda decisão do Poder Judiciário deve ser fundamentada.

2.15.21. O que acarreta a inobservância da teoria do juiz sóbrio

Se o juiz proferir despacho de pronúncia que influencie a decisão dos jurados, há duas soluções na doutrina:
a) A decisão de pronúncia é nula. É a minha posição.
b) Haverá nulidade, mas não da decisão de pronúncia e sim do julgamento em plenário.

Demercian e Maluly[58] defendem, com razão, quanto à sentença de pronúncia:

> Trata-se, de resto, de uma decisão na qual o juiz não poderá tecer uma análise crítica e valorativa da prova de maneira aprofundada, sob pena de influir na íntima convicção dos jurados, tornando nulo o feito. Apreciando esse tema, o Supremo Tribunal Federal deu provimento a recurso ordinário em habeas corpus para anular acórdão do Tribunal de Justiça do Estado do Rio de Janeiro que, julgando recurso interposto contra a sentença de pronúncia, adentrara no mérito da causa e externara um juízo de certeza quanto à autoria do crime. Considerou-se que o excesso de fundamentação no acórdão antecipara, indevidamente, juízo de condenação incompatível com a natureza da pronúncia, ultrapassando os limites do comedimento que deve ser adotado nas decisões referentes a esta fase processual. HC deferido para que outra decisão seja prolatada, nos estritos limites do art. 408 (atual 413) do CPP. Precedentes: HC 82294/MT, DJU de 08/11/2002; HC 73126/MG, DJU de 17.05.96 e RHC nº 83986/RJ, rel. Min. Joaquim Barbosa, 09/03/2004 (RHC-83986).

2.15.22. Outros efeitos da pronúncia

A sentença de pronúncia, transitada em julgado, apresenta efeitos preclusivos de natureza processual ante a imutabilidade de sua afirmação sobre a admissibilidade da acusação que encaminha para a decisão final do Tribunal do Júri[59]. Tem também efeitos

---

57 Nucci. Guilherme de Souza, *Código de Processo Penal Comentado*, 5 ed., RT, p. 712.
58 Demercian. Pedro Henrique e Maluly, Jorge Assaf. *Curso de Processo Penal*, 3 ed., Rio de Janeiro: Forense, 2005, p. 459.
59 Porto, Hermínio Alberto Marques. *Júri*. 5 ed. São Paulo: RT, 1987. p. 79.

de despacho saneador, caracterizado pela previsão sobre apelação das decisões do júri e no tocante à argüição de nulidade ("nulidade posterior à pronúncia – letra *a* do inc. III do art. 593). Por fim, a sentença de pronúncia é, também, causa de interrupção da prescrição da pretensão punitiva (art. 117, II, do CP), isso ocorrendo ainda que o réu venha a ser absolvido no julgamento perante o Tribunal do Júri. O mesmo ocorre com a decisão confirmatória da pronúncia, quer tenha havido recurso da acusação, quer tenha sido o acusado a recorrer (art. 117, III, do CP)[60].

2.15.23. Análise da possibilidade da pronúncia produzir efeitos de natureza civil

O Professor Eugênio Pacelli de Oliveira[61] ensina:

> [I]mpõe-se, pois a pronúncia, como vimos, é decisão de cunho meramente processual, não fazendo coisa julgada. Assim, pronunciado o réu, poderá ele ser absolvido por negativa de autoria pelo júri popular. Neste caso, se não é o autor no crime, como será o autor no cível? Haverá contradição na prestação jurisdicional. Portanto, a pronúncia apenas julga admissível a acusação, porém a culpabilidade será discutida pelo Conselho de Sentença. Se condenado for, a sentença penal condenatória transitada em julgado é título executivo judicial (cf. art. 584, II, do CPC); neste caso, o an debeatur já está delimitado, e, no cível, vamos delimitar o quantum debeatur. Entretanto, se for absolvido, mister se faz observarmos o fundamento da decisão absolutória para verificarmos se haverá ou não possibilidade de responsabilidade civil.

Contexto prático:

Caso o réu seja pronunciado haverá três situações distintas:

Primeira: em caso de condenação o juiz deve fixar na sentença o valor mínimo a ser indenizado (Fundamento: *art. 63, parágrafo único c/c 387, IV, ambos do CPP, com redação da Lei nº 11.719/2008*);

Segunda: com o trânsito em julgado e em caso de inadimplência, a sentença poderá ser executada (Fundamento: art. 475-N, CPC).

Terceira: em caso de absolvição, devemos saber qual foi o fundamento da mesma pois, em alguns casos, a absolvição não impede a responsabilidade civil.

2.15.24. A decisão de pronúncia e a manifestação do juiz sobre os crimes conexos

Caso seja imputado ao réu um crime doloso contra vida em conexão com outro do rito ordinário ou sumário, o juiz ao pronunciar o réu não pode, em regra, analisar os delitos conexos, deve, *in casu*, remeter todos para o Tribunal do Júri.

---

60 *Vide* sobre o assunto: Mirabete, Júlio Fabbrini. *Manual de Direito Penal*. 8 ed. São Paulo: Atlas, v. i, item 12.4.7.
61 Oliveira, Eugênio Pacelli de. *Curso de Processo Penal*. Belo Horizonte: Del Rey, 2002.

Marrey e Nucci ensinam que não cabe ao magistrado, ao elaborar o juízo de admissibilidade da acusação, referentemente aos crimes dolosos contra a vida, analisar se é procedente ou não a imputação feita pelo órgão acusatório no tocante aos delitos conexos. Havendo infração penal conexa, incluída na denúncia, devidamente recebida, pronunciando o réu pelo delito doloso contra a vida, deve o juiz remeter a julgamento pelo Tribunal Popular os conexos, sem proceder a qualquer análise de mérito ou de admissibilidade quanto a eles. Aliás, se eram grotescos, atípicos ou inadmissíveis os delitos conexos, tão logo foi oferecida a denúncia, cabia ao magistrado rejeitá-la. Se acolheu a acusação, deve repassar ao juiz natural da causa o seu julgamento. Caberá, assim, aos jurados checar a materialidade e a prova da autoria para haver condenação. Não tem cabimento o magistrado pronunciar pelo crime de sua competência e impronunciar pela infração penal conexa, cuja avaliação não lhe pertence. Imagine se o réu que responda por homicídio seguido de furto. Havendo pronúncia pelo crime contra a vida, remete-se, automaticamente, o furto para análise dos jurados, exista ou não prova suficiente da materialidade, haja ou não provas suficientes acerca da autoria. É competente, na integralidade, o Conselho de Sentença para apreciar o crime patrimonial. O mesmo se diga quanto à vedação de absolver sumariamente o réu pelo crime conexo. (No mesmo sentido, Adriano Marrey, in *Teoria e prática do júri*, p. 249)[62].

No mesmo sentido, STJ:

> Verificada a presença de crimes conexos em relação ao delito doloso contra a vida, o juiz natural da causa – incluindo aí os crimes conexos – será o Tribunal do Júri. (...) É que firmou-se a orientação no sentido de que, desde que não se revele totalmente desproposita a acusação referente aos crimes conexos, estes deverão ser julgados pelo Tribunal do Júri". (HC 88.192-RS, 5ª T, v. u.)

Entendo que só há duas hipóteses em que se permite o juiz ao pronunciar o crime doloso contra a vida e afastar o crime conexo:

1ª hipótese: A atipicidade (No mesmo sentido, STF: HC 88.733-SP, 2ª T) que surgiu após o recebimento da denúncia.

Exemplo didático:

Tício foi denunciado por homicídio e porte de arma, não tendo sido provada a materialidade do porte de arma, neste caso, o juiz deve pronunciar Tício pelo homícidio e impronunciar com relação ao porte, e o fundamento é a parte inicial do novo artigo: *Não se convencendo da materialidade do fato...... o juiz, fundamentadamente, impronunciará o acusado.*

No mesmo sentido, TJMG:

> Não estando plenamente convencido da existência do crime de porte ilegal de arma de fogo ante a ausência de comprovação certa e precisa da sua ma-

---

[62] No mesmo sentido: Nucci, Guilherme de Souza. *Código de Processo Penal Comentado*. Editora Revista dos Tribunais, 2002, p. 643.

terialidade, entendo que a despronúncia do recorrente quanto a tal delito é medida de rigor, a teor do disposto no art. 409 do Código de Processo Penal [atual art. 414, *caput*, do CPP, com a redação dada pela Lei 11.689/2008][63].

a) Ausência de justa causa superveniente.

Hoje, a lei nº 11.719, de 20/06/2008, em seu art. 395, inciso III, tornou a justa causa condição da ação penal, portanto, o juiz deve analisá-la com o recebimento da denúncia, mas é possível o aparecimento superveniente da ausência da justa causa.

Exemplo didático

Tício foi denunciado por homicídio em concurso material com o delito de furto. Na instrução, há provas do homídio, mas as testemunhas confirmaram que o furto foi cometido por Mévio; *in casu*, não havendo um lastro probatório mínimo para servir de base para uma futura sustentação em plenário, faltará justa causa, portanto, deve o réu ser pronunciado pelo homícidio e absolvido sumariamente pelo furto, pois o art. 415, inciso II, é bem claro: *O juiz, fundamentadamente, absolverá desde logo o acusado, quando: II – provado não ser ele autor ou partícipe do fato"*.

No mesmo sentido:

> Diante da decisão de pronúncia, cabe ao Conselho de Sentença a análise dos crimes conexos, que somente seriam afastados de sua apreciação se emergisse patente a ausência de justa causa para a ação penal com relação a eles. (RSE 01129168.3/0, 2ª C, rel. Francisco Orlando, v. u.)

2.15.25. O prazo para o juiz proferir a sentença de pronúncia

A reforma não tratou do prazo para o juiz proferir a decisão de pronúncia, entendo, *in casu*, que o juiz tem cinco dias para proferir a decisão, e o fundamento é o art. 800, II, do Código de Processo Penal.

Caso forense prático I:

Tício foi pronunciado por ter cometido o delito de homicídio doloso. Aponte a solução jurídica, considerando que o advogado de Tício recorreu do despacho de pronúncia, alegando que existia nulidade insanável, pois a decisão de pronúncia não apreciou todas as teses apresentadas pela defesa nas alegações finais.

Resposta: O advogado tem razão. Infringe o disposto no art. 93, IX, da Constituição Federal, e deve ser anulada por ausência de fundamentação a decisão de pronúncia que não aprecia, posto concisamente, todas as teses apresentadas pela defesa nas alegações finais[64].

---

63   RSE 1.0145.05.273535-7/001, 1ª C, rel. Sérgio Braga, 29/06/2006, v. u., *apud*, Nucci. Guilherme de Souza, Tribunal do Júri, 1 ed., RT, p. 70.

64   TJPR – RecSenEst nº 0106627-7 – (13.983) – Curitiba – 2ª C.Crim. – Rel. Des. Gil Trotta Telles – DJPR 08/04/2002. JCF.93 JCF.93.IX JCPP.406.

Caso forense prático II:

Tício foi denunciado por homicídio doloso e desacato. Pergunta-se: o juiz pode pronunciar Tício pelo crime doloso contra a vida e, no mesmo contexto processual, absolvê-lo da imputação de desacato?

Resposta: Não. Veja este julgado: "O juiz competente para processar os crimes da competência do júri, na fase do *judicium accusationis*, não pode pronunciar o réu pelo crime doloso contra a vida e, no mesmo contexto processual, condená-lo ou absolvê-lo da imputação de crime que seria da competência do juízo singular, reunidos, entretanto, na mesma denúncia em virtude de conexão (CPP, art. 78, I). É que, assim procedendo, estaria a subtrair do júri o julgamento desse outro delito, tornado igualmente de sua competência pela razão indicada. Qualificadora – Surpresa – Reconhecimento – Impossibilidade – Existência de desentendimento anterior. Se a vítima tinha razões, próximas ou remotas, para esperar atitude agressiva por parte do réu, não se pode falar em surpresa – Provimento parcial aos recursos da acusação e da defesa, rejeitadas as preliminares. (TJMG nº 000.299.007-5/00 – 3ª C.Crim. – Rel. Des. Kelsen Carneiro)"

2.15.26. O momento para argüição de nulidades ocorridas após a pronúncia

No processo de competência do júri, tratando-se de nulidade verificada após a pronúncia, deverá ser oposta tão logo seja anunciado o julgamento e apregoadas às partes, sob pena de preclusão.

Posição dominante do STF:

> STF: No procedimento penal do Júri, as nulidades processuais ocorridas posteriormente à sentença de pronúncia deverão ser argüidas, sob pena de preclusão, logo depois de anunciado o julgamento e apregoadas às partes. (CPP, art. 571, V c/c art. 447) (JSTF 170/368)

2.16. Da impronúncia

Impronúncia é a decisão pela qual o juiz julga, no júri, improcedente a denúncia ou a queixa, em duas hipóteses:

a) O juiz não se convenceu da materialidade do fato.
b) O juiz não se convenceu da existência de indícios suficientes de autoria ou de participação.

É uma decisão que esgota a instância, fiel ao objetivo de economia nos trâmites do processo, destinada a poupar o tempo e a atividade do júri. Antigamente caberia recurso em sentido estrito, agora cabe apelação.

2.16.1. A sentença de impronúncia e a possibilidade de nova denúncia

Contexto prático:

Enquanto não ocorrer a extinção da punibilidade, poderá ser formulada nova denúncia ou queixa; se houver prova nova, a decisão não faz coisa julgada material.

Explica Noronha[65] que a sentença de impronúncia não decide em definitivo a favor do acusado. O que ela faz, realmente, é absolvê-lo da instância, já que outro processo poderá ser instaurado contra ele, uma vez que se apóie em novas provas, isto é, em provas que não foram produzidas e apreciadas no processo, findo com a impronúncia. Como, entretanto, este não pode ficar eternamente suspenso sobre a cabeça do réu, sua renovação depende de que não esteja extinta a punibilidade. São as causas extintivas da punição perfilhadas no art. 108 do Código Penal, conquanto nem todas aí se encontrem[66].

Demercian e Maluly[67] defendem que, apesar do que se falou, é possível que as razões do juiz de direito para impronunciar o réu impossibilitem a instauração de um novo processo. Para E. Magalhães Noronha (1987, p. 253), referindo-se ao ensinamento do Min. Costa Manso, há casos *em que a sentença de impronúncia impede se renove a acusação. Assim, se ela esposou, como fundamento, a* inexistência *do fato imputado, ou a falta de* tipicidade, *isto é, não estar ele definido como crime, ela tem força de coisa julgada.*

Atualizando a posição dos renomados autores, informo que a *inexistência do fato* imputado e a ausência de *tipicidade*, hoje, com a reforma, é caso de absolvição sumária.

2.16.2. O tipo de nova prova que enseja uma nova denúncia após a impronúncia

Colhemos do escólio de Nucci[68] que há duas espécies de provas novas: a) *substancialmente novas:* as que são inéditas, ou seja, desconhecidas até então, porque ocultas ou ainda inexistentes. Ex.: surge a arma do crime, até então desaparecida, contendo a impressão digital do acusado; b) *formalmente novas*: as que já são conhecidas e até mesmo foram utilizadas pelo Estado, mas que ganham nova versão. Ex.: uma testemunha, já inquirida, altera a versão e incrimina o réu, sem dar fundamento razoável para a modificação de comportamento. Somente se admite a propositura de novo processo contra o réu no caso de surgirem provas *substancialmente* novas. Do contrário, a segurança exigida pelo encerramento do processo ficaria, sobremaneira, prejudicada.

2.16.3. A despronúncia

Ocorre a chamada despronúncia quando a impronúncia ocorre depois de ter sido o réu pronunciado e ocorre em duas hipóteses:
   a) O juiz que prolatou a decisão efetivou a retratação em virtude do recurso em sentido estrito interposto, alterando sua decisão de pronúncia para impronúncia.
   b) O Tribunal *Ad Quem* deu provimento e julgou procedente o recurso que combateu a pronúncia, portanto, impronunciou o réu.

---

65   No mesmo sentido: Noronha, E. Magalhães. *Curso de Direito Processual Penal*. 20 ed., São Paulo: Saraiva, 1990.
66   Atualização: o artigo que trata da extinção da punibilidade é o 107, e não o 108, do Código Penal.
67   Demercian, Pedro Henrique e Maluly, Jorge Assaf. *Curso de Processo Penal*, 3 ed., Rio de Janeiro: Forense, 2005, p. 453.
68   Nucci, Guilherme de Souza. *Tribunal do Júri*, 1 ed. RT, p. 88.

2.16.4. A impronúncia e os crimes conexos

O entendimento dominante é no sentido de que o juiz não pode impronunciar e simultaneamente efetuar o julgamento dos crimes conexos.

No mesmo sentido:

> Crimes conexos. Impronúncia e simultâneo julgamento dos crimes conexos atribuídos ao acusado de homicídio e aos co-réus. Incompetência do juiz da pronúncia para emitir manifestação sobre crimes conexos, da competência do juiz singular. Nulidade integral da sentença. (RSE 235.881-3-Atibaia, 3ª C, v. u. JTJ 218/295)

Um aspecto prático importante:

Deve-se, *in casu*, no contexto prático, considerar duas hipóteses:

a) A comarca não é de vara única e o juiz tem competência para julgar apenas os crimes dolosos contra a vida.

Solução jurídica: o juiz deve impronunciar o delito de competência do júri e, após o trânsito em julgado da sentença de impronúncia, remeterá os demais delitos para o juiz singular.

b) A comarca é de vara única e o juiz tem competência para julgar apenas os crimes dolosos contra a vida.

Solução jurídica: o juiz deve impronunciar o delito de competência do júri, esperar o trânsito em julgado da sentença de impronúncia e depois, em regra, julgar os demais delitos.

No mesmo sentido é a lição de Marrey[69]:

> A impronúncia – ato formal do processo da competência do Júri – não se estende aos crimes conexos, objeto da denúncia julgada improcedente. Assim, ao impronunciar o réu da acusação de prática de crime doloso contra a vida, não poderá o juiz, na mesma sentença, decidir acerca do crime conexo, v. g., de lesões corporais, pelo qual também responda o acusado. Enquanto não preclusa a decisão de impronúncia, o juiz não deve decidir a respeito dos crimes em conexão com os da competência do Júri. (Hermínio Alberto Marques Porto, ob. cit. n. 47.) Decorrido o prazo para recurso, o juiz poderá então julgar os crimes antes em conexidade, se for o competente. Do contrário, ordenará a remessa do processo ao que o for.

Aspecto prático importante I:

Leia o procedimento da desclassificação, pois no contexto prático o novo delito pode ser de médio ou menor potencial ofensivo, *in casu*, haverá necessidade do juiz intimar o Ministério Público para apresentar proposta de suspensão do processo ou transação penal.

---

[69] Marrey, Adriano. in *Teoria e prática do júri*, p. 164.

2.16.5. Impronúncia e a possibilidade de responsabilidade civil do impronunciado

A impronúncia é uma decisão meramente processual, portanto, não impede que o interessado interponha uma ação civil com fito de adquirir um título executivo judicial e auferir a responsabilidade civil para o impronunciado.

2.17. Da desclassificação

Conforme o novo art. 419 do Código de Processo Penal: *Quando o juiz se convencer, em discordância com a acusação, da existência de crime diverso dos referidos no § 1º do art. 74 deste Código e não for competente para o julgamento, remeterá os autos ao juiz que o seja"*.

Remetidos os autos do processo a outro juiz, à disposição deste ficará o acusado preso.

Exemplo didático

Apresento um exemplo de desclassificação. Suponha-se que o réu seja denunciado por tentativa de homicídio. Produzidas as provas, na fase da pronúncia o juiz verifica que a hipótese não é de tentativa de homicídio, mas de lesão corporal grave. Neste caso, aplica-se o disposto no art. 419 do Código de Processo Penal, profere-se a decisão desclassificando a infração e remete o juiz o processo para um que seja competente, se ele não o for.

Com o escopo de enriquecer a matéria, veja os sábios ensinamentos de Nucci[70]: desclassificação: é a decisão interlocutória, modificadora da competência do juízo, não adentrando o mérito, nem tampouco fazendo cessar o processo. Ensina Tornaghi que desclassificar é *dar-lhe nova enquadração legal, se ocorrer mudança de fato, novos elementos de convicção ou melhor apreciação dos mesmos fatos e elementos de prova* (*Compêndio de processo penal*, tomo I, p. 323). O juiz somente desclassificará a infração penal, cuja denúncia foi recebida como delito doloso contra a vida, em caso de cristalina certeza quanto à ocorrência de crime diverso daqueles previstos no art. 74, § 1º, do Código de Processo Penal (homicídio doloso, simples ou qualificado; induzimento, instigação ou auxílio a suicídio; infanticídio ou aborto). Outra solução não pode haver, sob pena de se ferirem dois princípios constitucionais: a soberania dos veredictos e a competência do júri para apreciar os delitos dolosos contra a vida. A partir do momento em que o juiz togado invadir seara alheia, ingressando no mérito do elemento subjetivo do agente, para afirmar ter ele agido com *animus necandi* (vontade de matar) ou não, necessitará ter lastro suficiente para não subtrair, indevidamente, do Tribunal Popular competência constitucional que lhe foi assegurada. É soberano, nessa matéria, o povo para julgar seu semelhante, razão pela qual o juízo de desclassificação merece sucumbir a qualquer sinal de dolo, direto ou eventual, voltado à extirpação da vida humana. Outra não é a posição doutrinária e ju-

---

70 No mesmo sentido: Nucci, Guilherme de Souza. *Código de Processo Penal Comentado*. Editora Revista dos Tribunais, 2002, p. 650-651.

risprudencial. A respeito, confira-se acórdão do Superior Tribunal de Justiça: "O suporte fático da desclassificação, ao final da primeira fase procedimental, deve ser detectável de plano e isento de polêmica relevante (cf. Aramis Nassif, *Júri. Instrumento da soberania popular*, p. 110, 1996, Livraria do Advogado; Mirabete, *Código de Processo Penal interpretado*. Atlas, p. 490, 4 ed.; Damásio, *Código de Processo Penal anotado*. 12 ed., 1995, p. 287, Saraiva; Guilherme de Souza Nucci, *Júri. Princípios constitucionais*, 1999, Ed. Juarez de Oliveira, p. 89, e Mossin, *Júri. Crimes e Processo*, 1999, Ed. Atlas, p. 299). Se admissível a acusação, mesmo que haja dúvida ou ambigüidade, o réu deve ser pronunciado (cf. HC nº 75.433-3-CE, 2ª Turma, STF, Rel. Min. Marco Aurélio, DJU de 13/03/1997, p. 272/277 e RT nº 648/275). O juízo de pronúncia é, no fundo, um juízo de fundada suspeita, e não um juízo de certeza. Admissível a acusação, ela, com todos os eventuais questionamentos, deve ser submetida ao juiz natural da causa, em nosso sistema, o Tribunal do Júri. Tem mais. A simples afirmação de ausência de dúvida não desfigura a *quaestio iuris*. Sob pena de ser transmutado, na prática, o princípio do livre convencimento fundamentado (nos limites, aqui, obviamente, do *iudicium accusationis*) em princípio da convicção íntima, a exteriorização da certeza deve ser sempre calcada no material cognitivo. Ela não se confunde com a processualmente irrelevante certeza subjetiva do órgão julgador. Só é válida a certeza alcançada *sub specie universalis* (plenamente amparada e passível de impugnação)". (RE nº 192.049-DF, 5ª T., Rel. Felix Fischer, 09/02/1999, m. v.)

Posição dominante do STJ:

> "A desclassificação, por ocasião de indicium accusationis, só pode ocorrer quando o seu suporte... fático for inquestionável e detectável de plano. (STJ REsp. 192.049-DF – Rel. Min. Felix Fischer e também REsp. 620.316-DF – 5ª T)

2.17.1. A desclassificação e a nova tipificação

Indagação prática relevante: *O juiz, ao desclassificar o delito na fase da pronúncia, deve especificar qual a infração penal que, em tese, considera existir no caso?*.

Entendo que o Juiz, ao desclassificar a infração para outra que não se insira na sua competência, não poderá expressar a sua opinião sobre a nova tipificação do delito, pois, tal atitude, implica na antecipação de julgamento, imagine uma comarca de vara única em que o juiz, ao proferir a sentença desclassificatória, diz que o crime não foi o de tentativa, mas ficou evidente que o réu praticou o crime de lesão corporal grave, concluindo: "aguarde-se o trânsito em julgado para que seja proferido o julgamento".

Na precisa observação de Tourinho Filho[71]

> Quanto ao problema da específica tipificação, repetimos: se o Juiz pronunciante se convencer da existência de crime que não seja da competência do Júri, proferirá decisão nesse sentido e remeterá os autos ao Juiz competente. É claro que, nessa decisão, não lhe dá a qualificação jurídico-penal do fato. A não ser na Capital de São Paulo e, assim mesmo, se a infração ocorrer

---

[71] Tourinho Filho, Fernando da Costa. *Processo Penal*, 30 ed. comemorativa, São Paulo: Saraiva, 2008, p. 76.

nas áreas dos Foros Regionais. Limita-se a dizer que a infração atribuída ao réu não é daquelas que se metem a rol entre as que devam ser julgadas pelo Tribunal popular. Assim, desclassificando uma tentativa para um crime de lesões corporais, não deve o Juiz declarar que as lesões são graves ou leves; haveria um prejulgamento antes da discussão da causa.

Posição divergente

Damásio[72] leciona:

> Entendemos que é conveniente que diga o juiz qual a infração penal que, em tese, considera existir no caso, fundamentando a decisão. (TJSP, RCrim nº 195.674, RT nº 732/613). Isso não implica prejulgamento, não ficando o juízo a quem venha a ser remetido o feito obrigado a aceitar a nova classificação. (TJSP, RCrim nº 195.674, RT nº 732/613). Nas comarcas em que houver um só juiz, ultrapassado o prazo para recurso, ele próprio será competente para o julgamento. Se, entretanto, houver uma vara criminal para julgamento só dos crimes da competência do júri, deverá remeter o processo para o juiz certo.

2.17.2. Análise da possibilidade do juiz que recebe os autos após a desclassificação pode suscitar o conflito de competência

Já aprendemos que quando o juiz na primeira fase do júri profere decisão desclassificando a infração, remete o processo para outro juiz que ele entende como sendo competente.

Esclarecem Demercian e Maluly[73] que:

> Por outro lado, segundo entendemos, pode o juiz que recebeu o processo discordar da desclassificação e reconhecer-se também incompetente, quando haverá um conflito negativo de jurisdição. Ainda que transite em julgado a decisão no juízo de formação de culpa, pela concordância do Ministério Público e do réu, não fica o juízo que recebe os autos obrigado a aceitar a desclassificação **(Eduardo Espínola Filho, 1980, vol. 4, t. 2, p. 273-274).** Explica **Tourinho Filho** (1997, vol. 2, p. 31) que decisão de desclassificação não faz coisa julgada, "posto ser de natureza processual" e que se "limita a dizer que a infração não é da alçada do Júri". Contudo, não tem sido este o entendimento dominante em nossos tribunais, que, nessa hipótese, não admitem, como regra, a suscitação do conflito. A despeito disso, o entendimento que hoje é amplamente dominante nos Tribunais, especialmente no Estado de São Paulo, é no sentido de ser vedado ao juízo comum, mesmo discordando do entendimento emanado do Juiz da Vara Privativa do Júri, suscitar o conflito. O argumento dos defensores dessa posição – que é ma-

---

72 Jesus, Damásio E. de. *Código de Processo Penal Anotado*. São Paulo: Saraiva, 2000.
73 Demercian, Pedro Henrique e Maluly, Jorge Assaf. *Curso de Processo Penal*, 3 ed., Rio de Janeiro: Forense, 2005, p. 454.

joritária – está no fato de caber recurso em sentido estrito contra a decisão desclassificatória (art. 581, II, do CPP) e se esse não foi interposto, a decisão já adquiriu estabilidade, não podendo ser revista ou discutida no mesmo grau de jurisdição.

A tese, malgrado prevalente, não convence, pois em toda e qualquer hipótese em que o juiz se der por incompetente caberá esse mesmo recurso e nem por isso é vedado o conflito. Além disso, essa controvérsia entre magistrados é dirimida pelo Tribunal de Justiça e, portanto, órgão de jurisdição superior.

Minha posição: temos que considerar duas hipóteses:

1ª hipótese: se não houve recurso da decisão desclassificatória, entendo que o novo juiz não é obrigado a aceitar a competência "estipulada", podendo suscitar conflito de competência.

No mesmo sentido STJ:

> Na linha do que dispõem os arts. 114 e 115 do Código de Processo Penal, o conflito pode ser aventado pelas partes e pelos juízos em dissídio, desde que, no caso destes, não concordem, de imediato, com a competência para julgar o caso (conflito negativo). Portanto, não se pode aceitar a coisa julgada da decisão do primeiro juízo, sob pena de considerar a possibilidade de julgamento do caso por juiz absolutamente incompetente, longe da órbita do juiz natural. (STJ, HC 43.583-MS, 5ª T, p. 356)

2ª hipótese: se houve recurso da decisão desclassificatória, e o Tribunal *ad quem* confirmou a sentença desclassificatória, indiretamente, firmou a competência do novo juiz, portanto, este é obrigado a aceitar a competência, não podendo suscitar conflito de competência.

Vicente Greco Filho[74] também defende que:

> Ora, cabendo recurso, de duas uma: se foi utilizado, a desclassificação é examinada pelo tribunal e o segundo juiz não pode decidir em contrário; se não foi utilizado, ocorreu a preclusão, não podendo o segundo juiz impugnar decisão preclusa. Aliás, nessa última hipótese, se se admitir que o segundo juiz suscite o conflito, estará sendo criado recurso de ofício não-previsto em lei, porque o conflito, no caso, não é puramente técnico de competência, mas envolve a própria qualificação jurídica do fato e o âmbito da ação penal.

2.17.3. A desclassificação e a preclusão da capitulação da denúncia

Ensinava o professor Mirabete[75] que:

> Transitada em julgado a sentença de desclassificação, torna-se matéria preclusa a classificação original contida na denúncia ou queixa. Não é mais restaurável aquela classificação (Marques Porto, Hermínio Alberto. Júri. 5 ed. São Paulo:

---

74 Nesse sentido: Greco, Vicente Filho. *Manual de processo penal*. São Paulo: Saraiva, 1991.
75 Mirabete, Júlio Fabbrini. *Código de Processo Penal Interpretado*, p. 1120.

Revista dos Tribunais, p. 69). Entretanto, conforme assinala o STF, se o juiz a quem é remetido os autos discorda da desclassificação, suscitando o conflito de competência, julgado procedente pelo Tribunal, restaura-se a classificação do crime de competência do Tribunal Popular. Isto porque a pronúncia é juízo de mera admissibilidade e não julgamento do mérito da causa (cf. Filho, Espínola. Código de processo penal brasileiro anotado. Rio de Janeiro: Borsói, 1965. v. 4, p. 273 e 274, e Noronha, E. Magalhães. *Op. cit.* p. 253).

2.17.4. A desclassificação, a conexão e a *vis atractiva*
Contextualização prática:

Suponha que Tício foi denunciado por homicídio e tentativa de homicídio em concurso material, ao proferir a decisão de pronúncia o juiz entende que há indícios suficientes de autoria do homicídio, mas não houve o crime de tentativa e sim de lesão corporal. Pergunta-se: O que o juiz deverá fazer?

O juiz não pode pronunciar Tício quanto ao crime de homicídio e desclassificar a tentativa para lesão remetendo o processo para o juiz competente, porque o crime doloso contra a vida atrai os demais para o julgamento no Tribunal Júri.

No mesmo sentido:

> TJPR: Tendo o juiz na sentença de pronúncia, desclassificado o fato criminoso imputado a um dos réus, de homicídio para lesão corporal, e havendo conexão entre os dois fatos, praticados na mesma ocasião, não pode proceder de acordo com o art. 410 [atual art. 419], mas sim de acordo com os arts. 76, I e III, e 78,1I do Código de Processo Penal, pronunciando ambos os réus para julgamento conjunto pelo Tribunal do Júri, cuja competência se estende à apreciação do fato que, ausente a conexão, não seria de sua competência[76].

2.17.5. A desclassificação e o novo procedimento a ser adotado
Contextualização prática:

Tício foi denunciado por tentativa de homicídio. Ao final do procedimento o juiz entendeu que o crime não é um dos estipulados no rol dos crimes dolosos contra a vida. Após o transito em julgado, o juiz remeteu os autos ao juiz competente, pergunta-se: Considerando que o novo juiz aceitou a competência, o que o mesmo deve fazer?

O novo art. 419 do Código de Processo Penal não indica qual é o procedimento que o juiz deve adotar, apenas relata:

> *Quando o juiz se convencer, em discordância com a acusação, da existência de crime diverso dos referidos no § 1º do art. 74 deste Código e não for competente para o julgamento, remeterá os autos ao juiz que o seja. Parágrafo único. Remetidos os autos do processo a outro juiz, à disposição deste ficará o acusado preso.*

---

76 RSE 6.385, Andira, 2ª C, rel. Edson Malachini, v. u, *apud* Nucci, Guilherme de Souza, *Tribunal do Júri*, 1 ed., RT, p. 90.

O antigo art. 410 do Código de Processo Penal tinha a mesma redação do atual 419 e finalizava afirmando qual era o procedimento, *in verbis*:

> Quando o juiz se convencer, em discordância com a denúncia ou queixa, da existência de crime diverso dos referidos no art. 74, § 1º, e não for o competente para julgá-lo, remeterá o processo ao juiz que o acusado prazo para defesa seja. Em qualquer caso, será reaberto ao e indicação de testemunhas, prosseguindo-se, depois de encerrada a inquirição, de acordo com os arts. 499 e segs. Não se admitirá, entretanto, que sejam arroladas testemunhas já anteriormente ouvidas.
> Parágrafo único. Tendo o processo de ser remetido a outro juízo, à disposição deste passará o réu, se estiver preso.

Aparentemente, o novo art. 419 ao não indicar qual seria o novo procedimento estaria autorizando o juiz a proferir a sentença de imediato, fato que no meu entendimento violaria dois princípios constitucionais:

a) Princípio acusatório, pois o novo juiz estaria proferindo uma sentença sem uma peça acusatória específica, e, pior, estaria sentenciando em um procedimento que foi "iniciado" pelo próprio Poder Judiciário.

b) Princípio da ampla defesa, pois o réu pode ser condenado por um crime diante do qual não foi possível apresentar defesa.

Como já relatamos, no sistema acusatório, a *opinio delicti* é do Ministério Público; assim, o juiz ao desclassificar não deve indicar qual é o novo delito praticado pelo réu, deve apenas afirmar que não se trata de crime doloso contra a vida e que, por tal razão:

a) deve esperar o trânsito em julgado e remeter para o juiz competente;

b) caso seja juiz de vara única, deve esperar o trânsito em julgado e efetivar o procedimento infracitado.

Fazendo uma interpretação conforme a Constituição Federal, podemos indicar que o novo juiz deve seguir o procedimento infracitado:

- O juiz deve intimar o Ministério Público para se manifestar sobre a desclassificação e o Promotor de Justiça deverá considerar três hipóteses no contexto prático:

1ª hipótese: o novo crime é maior potencial ofensivo.

Solução jurídica: o Promotor de Justiça deve aditar a denúncia e dizer qual é a nova imputação que deve ser atribuída ao réu.

Tal atitude é necessária pois, no contexto prático, nem sempre é possível dizer qual é a nova tipificação.

Exemplo didático

Tício foi denunciado por efetuar um tiro em Mévio. O juiz entende que o crime não é tentativa, pois Tício desistiu voluntariamente. Considere que a lesão em Mévio foi apenas leve e diga qual o novo delito.

Solução jurídica: alguns promotores afirmarão que o crime é o de lesão leve; particularmente, entendo que o crime é o de porte de arma que, por ter uma pena maior, não pode ser consumido pelo crime mais leve.

Portanto, sendo o novo crime de maior potencial ofensivo, aditada a denúncia deve a defesa ser citada para responder à acusação, por escrito, no prazo de 10 (dez) dias, seguindo-se os demais termos expostos no art. 396 e seguintes com as novas redações dadas pela lei nº 11.719, de 20/06/2008.

Contextualização prática:

Tício foi denunciado por homicídio simples. Ao término do procedimento o juiz entendeu que surgiu uma nova elementar que desconfigurou totalmente o delito incial, qual seja, a vítima foi morta pelo réu, porque seus familiares não pagaram o resgate exigido pelo acusado.

Nucci[77] também ensina que neste caso, em que "de homicídio simples passa-se a extorsão mediante seqüestro com resultado morte, cuja pena mínima é de 24 anos, deve o Ministério Público aditar a denúncia, pois nenhuma das circunstâncias, que envolvem o crime previsto no art. 159, § 3º, do Código Penal, foi descrita convenientemente". Deve-se, após o aditamento, possibilitar o exercício da ampla defesa, citando o réu para apresentar defesa escrita.

2ª hipótese: o novo crime é de médio potencial ofensivo.

Afirmando o Promotor de Justiça que o novo crime é o de lesão corporal grave (art. 129 § 1º do Código Penal), por exemplo, deve ao propor o aditamento da denúncia, ofertar a proposta de suspensão condicional do processo na exata forma do art. 89 da lei nº 9.099/1995, *in verbis:*

> Nos crimes em que a pena mínima cominada for igual ou inferior a um ano, abrangidas ou não por esta Lei, o Ministério Público, ao oferecer a denúncia, poderá propor a suspensão do processo, por dois a quatro anos, desde que o acusado não esteja sendo processado ou não tenha sido condenado por outro crime, presentes os demais requisitos que autorizariam a suspensão condicional da pena (art. 77 do Código Penal).

3ª hipótese: o novo crime é de menor potencial ofensivo.

Solução jurídica: o Promotor de Justiça deve requerer que seja marcada a audiência preliminar a que alude ao art. 72 da Lei federal nº 9.099/1995, *in verbis*:

Havendo representação ou tratando-se de crime de ação penal pública incondicionada, não sendo caso de arquivamento, o Ministério Público poderá propor a aplicação imediata de pena restritiva de direitos ou multas, a ser especificada na proposta.

---

77   Nucci, Guilherme de Souza, *Tribunal do Júri*, 1 ed., RT, p. 93.

Ada Pellegrini Grinover, Antônio Magalhães Gomes Filho, Antônio Scarance Fernandes e Luiz Flávio Gomes ensinam que: "quando a desclassificação for para infração de menor potencial ofensivo (...) a competência passa a ser do Juizado Especial Criminal. Transitada em julgado a decisão desclassificatória, os autos serão remetidos ao Juizado competente, onde será designada a audiência prevista nos arts. 70-76 da lei. Não há outra solução, pois a competência dos juizados para as infrações de menor potencial ofensivo, por ser de ordem material e ter base constitucional, é absoluta (...). Nos locais em que não há Juizado Especial, compete ao próprio juiz do Tribunal do Júri tomar as providências relacionadas com a Lei nº 9.099, designando a audiência dos arts. 70-76, atuando os institutos despenalizadores aplicáveis à situação concreta" (*Juizados Especiais Criminais*, 3 ed. p. 79).

Nucci[78] leciona que:

> Se os jurados, votando os quesitos, desclassificam a infração penal de competência do Júri para outra, da alçada do Juizado Especial Criminal, que dependa de representação do ofendido, como ocorre com a desclassificação de tentativa de homicídio para lesão corporal leve, remetido o feito ao JECRIM deve-se colher a representação da vítima, intimando-a a comparecer para expressar seu intento. Não há prazo decadencial de 6 meses, como sucede com a ocorrência de lesão corporal leve, pois trata-se de uma situação anômala, não prevista pelo legislador nem na Lei nº 9.099/1995, nem tampouco no Código de Processo Penal, quando cuidou das hipóteses de desclassificação – aliás, nem poderia fazê-lo, pois não existia a lei que criou o Juizado Especial. Portanto, o caminho mais adequado não é afastar a possibilidade de a vítima desejar a punição do agente pela lesão corporal leve – ainda que por meio de transação – alegando ter havido decadência, pois o crime teria sido cometido há mais de 6 meses, afinal, à época da infração, o Estado classificou-a como tentativa de homicídio, logo, de ação pública incondicionada e não colheu a manifestação do ofendido, impedindo-o, pois, de exercer seu legítimo direito de representar, caso fosse possível. Ora, se meses depois o Tribunal do Júri conclui que houve lesão e não tentativa de homicídio, trata-se de fato superveniente, que altera, completamente, a classificação do delito, mas também insere uma condição de procedibilidade, antes inexistente. Esse fato superveniente deve ser considerado para efeito de não impedir que a vítima exerça seu direito de representação, mas não há necessidade de se permitir a abertura de um prazo de 6 meses para tanto. Basta que ela seja intimada a comparecer ao Juizado, manifestando, por termo, seu intento. Caso não deseje a punição do agente, *o juiz pode extinguir a sua punibilidade de imediato*. Desejando, pode-se ingressar no contexto da transação ou aplicar-se a pena, conforme o caso.

---

78 No mesmo sentido: Nucci, Guilherme de Souza. *Código de Processo Penal Comentado*. RT, 2002, p. 728.

2.18. Da absolvição sumária

De acordo com o novo art. 415 do Código de Processo Penal:

> O juiz, fundamentadamente, absolverá desde logo o acusado, quando:
> I – provada a inexistência do fato;
> II – provado não ser ele autor ou partícipe do fato;
> III – o fato não constituir infração penal;
> IV – demonstrada causa de isenção de pena ou de exclusão do crime.

O entendimento jurisprudencial é no sentido de que para a ocorrência da absolvição *in limine*, faz-se necessária a presença de uma prova concludente, cabal, ampla, plena, incontroversa, perfeitamente convincente da existência de um dos motivos elencados no novo art. 415 do Código de Processo Penal.

Informa Vicente Greco Filho[79] que a jurisprudência admite a absolvição sumária somente se estiver induvidosamente provada a excludente, sob o argumento de que, sendo o júri o juiz natural dos crimes dolosos contra a vida, não deve o juiz subtrair de seu julgamento o processo se houver qualquer dúvida sobre a excludente.

2.18.1. Observações didáticas jurisprudenciais

A absolvição sumária do art. 411 (atual art. 415) do CPP só tem lugar quando a excludente de culpabilidade desponta, como no presente caso, nítida, clara, de modo irretorquível, da prova dos autos. Cabalmente demonstrado que o recorrido agiu sob o pálio da legítima defesa, utilizando moderadamente os meios de que dispunha para repelir agressão atual e injusta, a única alternativa válida era absolvê-lo sumariamente[80].

Deve ser sumariamente absolvido, nos termos no art. 411(atual art. 415) do Código de Processo Penal, o réu que age acobertado pela excludente de antijuridicidade da legítima defesa. Encontra-se amparado pela legítima defesa própria aquele que repele com golpes de pedaço de madeira o agressor que empunhava uma faca, buscada especialmente para agredi-lo. Remessa oficial desprovida[81].

2.18.2. Análise da possibilidade do juiz recorrer, de ofício, da sua decisão

Acho que o leitor já percebeu minha metodologia. Nos livros de *Direito Penal* (três volumes), *Processo Penal* (dois volumes) e *Eleitoral* que escrevi na série campus/concursos, sempre coloquei as posições divergentes. O escopo é mostrar que não sou dono da verdade, e o leitor tem o livre arbítrio para pensar, repensar e formar sua opinião que espero não seja absoluta, algo incompatível com a evolução do Direito e da própria humanidade.

Na 1ª e 2ª edição do livro *Direito Processual Penal*, Vol. II, Série Provas e Concursos, Editora Campus/Elsevier, defendi a inconstitucionalidade da previsão do antigo

---

79 Nesse sentido: Greco, Vicente Filho. *Manual de processo penal*. São Paulo: Saraiva, 1991.
80 TJMS – RSE nº 2004.000747-7/0000-00 – Três Lagoas – 2ª T.Crim. – Rel. Des. José Augusto de Souza – J. 17/03/2004.
81 TJDF – RMO nº 20000910032608 – DF – 1ª T.Crim. – Rel. Des. Angelo Canducci Passareli – DJU 03/12/2003 – p. 78. JCPP.411.

art. 411 do Código de Processo Penal, que estipulava a necessidade de o juiz, logo após a decisão que absolveu o réu, *recorrer, de ofício, da sua decisão. Este recurso terá efeito suspensivo e será sempre para o Tribunal de Apelação.*

Argumentava o afronto à Constituição Federal, por dois motivos:

a) motivo secundário: o juiz não é parte, destarte, não pode ser sucumbente, assim, o recurso deve ser interposto pelo Ministério Público, assistente ou pela defesa;

b) motivo principal: o artigo foi derrogado pela nova Constituição Federal, que prevê ser função institucional do Ministério Público promover, privativamente, a ação penal pública. Veja o art. 129, *in verbis: São funções institucionais do Ministério Público: I – promover, privativamente, a ação penal pública, na forma da lei; (...).*

Posição divergente

Nucci[82] discorda da nossa posição, argumentando:

> Há quem sustente não ter sido este preceito recepcionado pela Constituição Federal de 1988, significando que o recurso de ofício teria deixado de existir. (...) Essa corrente, entretanto, não logrou êxito e os recursos de ofício continuam vigorando normalmente. O melhor, no entanto, é considerá-lo um duplo grau de jurisdição obrigatório, isto é, não é o juiz que recorre de sua própria decisão, um autêntico contrasenso, tendo em vista que o sentido da palavra recurso relaciona-se a inconformismo.

E Damásio[83] defendia:

> Cremos que o art. 129, I, da CF, que conferiu ao Ministério Público a promoção privativa da ação penal pública, não revogou o art. 411 deste Código. No sentido do texto. TJSP, RO nº 136.946, RJTJSP nº 141/366.

Para nossa satisfação, a lei nº 11.689, 09/06/2008, acabou com a controvérsia e elidiu do nosso ordenamento jurídico essa figura anômala que era o recurso *ex ofício*.

2.18.3. Quando não será possível a absolvição sumária por isenção de pena

Segundo o parágrafo único do novo art. 415 do Código de Processo Penal, *Não se aplica o disposto no inciso IV*[84] *do caput deste artigo ao caso de inimputabilidade prevista no caput do art. 26 do Decreto-Lei nº 2.848, de 7 de dezembro de 1940 – Código Penal, salvo quando esta for a única tese defensiva.*

---

82 No mesmo sentido: Nucci, Guilherme de Souza. *Código de Processo Penal Comentado*, RT, 2002, p. 655.
83 Jesus, Damásio E. de. *Código de Processo Penal Anotado*. São Paulo: Saraiva, 2000.
84 O juiz, fundamentadamente, absolverá desde logo o acusado, quando: IV: demonstrada causa de ou de exclusão do crime.

Trata o art. 26 do Código Penal dos inimputáveis por doença mental ou desenvolvimento mental incompleto ou retardado, quando os mesmos são considerados, ao tempo da ação ou da omissão, inteiramente incapazes de entender o caráter ilícito do fato ou de determinar-se de acordo com esse entendimento.

Com a reforma do júri, a inimputabilidade por doença mental ou desenvolvimento mental incompleto ou retardado só pode ser objeto de absolvição sumária se considerados dois requisitos conjugados:

Primeiro: laudo pericial atestando a inimputabilidade ao tempo da ação ou omissão.

Segundo: a tese da inimputabilidade é a única alegada pela defesa.

Entendo também que não pode haver absolvição sumária por oligofrenia. O portador de oligofrenia não é doente mental, e sim portador de déficit de inteligência, que não constitui processo psicopatológico, pois diante do desenvolvimento mental retardado é capaz de entender o caráter ilícito da ação desvalorada, porém não era capaz de se determinar. Portanto, em razão da norma insculpida no art. 26, parágrafo único, do CP, tem a capacidade penal reduzida, não se lhe aplicando art. 415 do CPP e, por conseqüência, devendo ser submetido ao julgamento pelo júri[85].

Posição dominante do STJ: "A absolvição sumária só tem lugar quando a inimputabilidade se revela estreme de dúvida." (STJ – RHC 1.240-RS – 6ª T)

2.18.4. Análise da possibilidade de haver absolvição sumária por inimputabilidade após a pronúncia

Se, após a sentença de pronúncia, foi instaurado incidente de insanidade mental, cujo resultado conclui que o agente era, ao tempo da ação delituosa, inteiramente incapaz de entender o caráter criminoso do fato, não é lícito ao magistrado revogar aquela decisão e absolver o réu com fundamento no art. 415 do CPP, pois, ocorrida a preclusão *pro judicato*, cabe ao Tribunal do Júri o julgamento.

No mesmo sentido:

> Homicídio. Absolvição sumária. Alteração da pronúncia em razão de posterior reconhecimento de ser o réu inimputável. Inadmissibilidade. Preclusão pro judicato. Interpretação do art. 411 (atual 415) do CPP. Sentença anulada, submetendo-se o réu a julgamento perante o Tribunal do Júri. Recurso provido[86].

2.18.5. Análise da possibilidade haver de absolvição sumária por não existir prova suficiente para a condenação

Cuidando-se de processo especial do júri, o juiz não pode absolver liminarmente sob invocação do art. 386, VI, do CPP, qual seja, *não existir prova suficiente para a conde-*

---

85 RT nº 737/671.
86 JTJ nº 207/270.

nação, pois tal inciso, só é aplicável à sentença absolutória do juiz singular em processo de sua competência, prevalecendo na primeira fase do procedimento do júri o princípio *in dubio pro societate*.

2.18.6. A absolvição sumária e os crimes conexos

A absolvição sumária exclui a competência do júri para os crimes conexos ou continentes que a ela estavam jungidos, somente após o trânsito em julgado da sentença é que poderão ser estes apreciados. O juiz que absolver sumariamente o réu não pode julgá-lo, condenando-o ou absolvendo-o pelos crimes conexos. Deve aguardar o trânsito em julgado da sentença para depois remeter os autos ao juiz competente.

No mesmo sentido:

O juiz só pode absolver sumariamente o réu da imputação do crime doloso contra a vida. Quanto aos outros, só pode julgá-los após o trânsito em julgado daquela decisão absolutória.[87]

Caso forense prático I:

Tício foi denunciado por homicídio e ocultação de cadáver. Pergunta-se: o juiz pode, em face da precariedade da prova, na mesma sentença, absolver Tício sumariamente pelo homicídio e também absolver pela ocultação de cadáver?

Resposta. Não. Conforme relevante lição de Hermínio Alberto Marques Porto:

> [T]ratando-se de conexidade do delito da competência do júri com outros, do juiz singular, a absolvição sumária não pode abranger todos. O juiz só pode absolver sumariamente o réu da imputação do crime doloso contra a vida. Quanto aos outros, só pode julgá-los após o trânsito em julgado daquela decisão. Assim, suponha-se que um réu esteja respondendo por tentativa de homicídio e outro, por roubo. O juiz não pode, na mesma sentença, absolver sumariamente o primeiro e absolver o segundo, p. ex., em face da precariedade da prova[88].

No contexto prático devemos considerar duas hipóteses:

1ª hipótese: caso não seja juiz de vara única:

Nesse caso, deve esperar o trânsito em julgado da sentença de absolvição sumária. Uma vez transitada esta em julgado, deverá remeter os autos ao juízo competente para julgar o crime conexo.

2ª hipótese: caso seja juiz de vara única:

Nesse caso, deve esperar o trânsito em julgado da sentença de absolvição sumária, para depois julgar o delito.

---

87   No sentido do texto: RT 512/361 e 362.
88   No mesmo sentido: Porto, Hermínio Alberto Marques. *Júri*. 2 ed. São Paulo: RT, 1980, p. 61.

2.19. Os recursos da sentença da primeira fase

Havia grande divergência sobre o recurso cabível da sentença que desclassificava o delito no rito do Tribunal do Júri, duas posições se destacavam:

1ª posição: O recurso cabível é aquele em sentido estrito, nos moldes do art. 581, II, deste Código[89].

2ª posição: Contra, no sentido de não caber recurso[90].

Agora não há mais divergência, pois das decisões da sentença da primeira fase temos que estabelecer duas hipóteses:

1ª hipótese: da pronúncia e da desclassificação caberá recurso em sentido estrito.

2ª hipótese: o novo art. 416 do Código de Processo Penal estabelece que: *Contra a sentença de impronúncia ou de absolvição sumária caberá apelação.*

Um aspecto prático importante: o recurso de apelação não tem o chamado efeito regressivo, ou seja, ao contrário do recurso em sentido estrito, o juiz não pode fazer a retratação e modificar da decisão se retratar e modificar a decisão de impronúncia ou de absolvição sumária.

2.20. A solução prática para o caso de o juiz ao pronunciar ou impronunciar detectar indícios de autoria ou de participação de outras pessoas não incluídas na acusação

Se houver indícios de autoria ou de participação de outras pessoas não incluídas na acusação, o juiz, ao pronunciar ou impronunciar o acusado, determinará o retorno dos autos ao Ministério Público, por 15 (quinze) dias, podendo ainda, facultativamente, determinar a separação dos processos quando:

a) as infrações tiverem sido praticadas em circunstâncias de tempo ou de lugar diferentes;
b) quando houver excessivo número de acusados;
c) para não prolongar a prisão provisória;
d) por outro motivo relevante reputar conveniente a separação.

2.21. Da *emendatio libelli*

Por expressa determinação do novo art. 418 do Código de Processo Penal, *O juiz poderá dar ao fato definição jurídica diversa da constante da acusação, embora o acusado fique sujeito a pena mais grave.*

Definição jurídica é a classificação do crime, é a subsunção do fato ao tipo, compreendendo-se que este possa ser alterado, pois, não obstante a presunção legal de que a lei é conhecida de todos, a verdade é que o réu não se defende deste ou daquele delito definido no Código, mas do fato criminoso que lhe é imputado.

---

89 TJSP, RT nº 589/325.
90 TJSP, RCrim nº 81.337, RJTJSP nº 129/435.

Identificamos a *emendatio libelli* quando percebemos que há uma clara divergência entre os fatos narrados e a capitulação exposta pelo Ministério Público na exordial.

Contextualização prática:

O promotor de Justiça descreve um fato que constitui homicídio qualificado pelo motivo torpe e ao final requer:

> Ante o exposto, encontra-se o denunciado (......), já qualificados nos autos, incurso nas penas do art. 121 *caput* do Código Penal, razão pela qual contra si é oferecida a presente denúncia, a fim de que, recebida e autuada esta, sejam o delatado citado para apresentar defesa, bem como intimadas e ouvidas as pessoas abaixo arroladas, seguindo o processo em seus ulteriores termos, até final sentença de pronúncia, o que permitirá o julgamento e a condenação do acusado pelo Sinédrio Popular, de tudo ciência ao MP.

Observe-se que o Promotor de Justiça relatou nos fatos que o homicídio era qualificado, mas requereu a pronúncia por homicídio simples (art. 121 *caput*), nesta hipótese, o juiz, na sentença, pode corrigir o erro, pronunciando o acusado nos termos dos fatos narrados, qual seja, homicídio qualificado pelo motivo torpe.

Na *emendatio libelli*, não existe prejuízo ao contraditório porque o acusado se defende dos fatos que lhe são imputados, e não da capitulação jurídica contida na denúncia[91].

Veja este julgado:

> O réu defende-se dos fatos a ele imputados na inicial, e não da classificação jurídica a eles dada pelo promotor. Tal classificação não vincula o juiz, que tem a faculdade de dar classificação diferente, se entender que os fatos narrados configuram crime diverso do capitulado. A prova indiciária presta-se perfeitamente de base para a condenação, na medida em que seja robusta o suficiente para incutir convicção no julgador[92].

A *emendatio libelli* não atenta contra o princípio do contraditório, porque, como diz Noronha, *há subsunção do fato ao tipo, compreendendo-se que este possa ser alterado, pois, não obstante a presunção legal de que a lei é conhecida de todos, a verdade é que o réu não se defende deste ou daquele* delito definido no Código, *mas do fato criminoso que lhe é imputado*[93].

2.21.1. Conseqüência da *emendatio libelli*

No caso da *emendatio libelli*, podem ocorrer três hipóteses:

1ª hipótese: não há modificação na pena;
2ª hipótese: a pena é atenuada;
3ª hipótese: a pena vem a ser agravada na nova capitulação legal.

---

91 Precedentes do STJ. Recurso conhecido e provido. STJ – RESP nº 551.717 – RS – 5ª T. – Rel. Min. José Arnaldo da Fonseca – DJU 02/02/2004 – p. 00352. JCPP.383.
92 TRF 2ª R. – ACr nº 1995.51.01.031629-2 – 1ª T. – Relª Desª Fed. Maria Helena Cisne – DJU 01/03/2004 – p. 116.
93 Noronha, Edgard Magalhães. *Curso de Direito Processual Penal*, cit, p. 208.

2.22. A ausência da crise de instância

Anteriormente, o processo não podia prosseguir até que o réu fosse intimado da sentença de pronúncia. Lecionava o Prof. Mirabete[94]: A intimação da sentença de pronúncia, se o crime imputado é inafiançável, deve ser sempre feita ao réu, pessoalmente[95]. É o que dispõe o art. 414, que exclui, portanto, a possibilidade da intimação por edital. A inexistência da intimação pessoal é causa de nulidade absoluta do processo[96].

Com a antiga exigência de intimação pessoal, inaugurava-se uma verdadeira crise de instância, pois se o réu não fosse pessoalmente intimado da pronúncia, os autos permaneceriam paralisados até que se efetivasse a intimação.

Com a reforma, não há mais possibilidade de crise de instância, pois segundo a nova redação do parágrafo único do art. 420: *Será intimado por edital o acusado solto que não for encontrado.*

A reforma, *in casu,* corrigiu-se uma grande anomalia jurídica, pois com a crise de instância o processo ficava paralisado, mas a prescrição corria, abria-se um grande espaço para concretização de injustiças. Agora, após o encerramento do prazo do edital, o réu será julgado à revelia.

Contexto prático:

Entendo que, quanto ao início do prazo para interposição de recurso, continua em pleno vigor a posição do STF:

> "Não obstante se encontre em liberdade o acusado de crime doloso contra a vida e tenha sido intimado pessoalmente da pronúncia, o prazo para interposição de recurso em sentido estrito começa a correr a partir da intimação do defensor, seja constituído ou dativo"[97].

Consoante Hermínio Alberto Marques lecionava, não é suficiente a intimação pessoal do acusado da sentença de pronúncia. É necessária, também, a de seu defensor, para que comece a correr o prazo de recurso[98]. Não importa que seja o defensor constituído ou dativo[99]. Não se prescinde da intimação pessoal do réu[100]. Veremos a seguir que a opinião do renomado autor ficou sem sentido, podendo, hoje, o pronunciado ser intimado por edital.

2.23. A intimação da pronúncia

O novo procedimento júri acabou com a burocrática distinção entre intimação para os crimes do júri inafiançáveis e afiançáveis; hoje, a intimação da decisão de pronúncia será feita:

---

94 No mesmo sentido: Mirabete, Júlio Fabbrini. *Processo Penal*. 12. ed., São Paulo: Atlas, 2001, p. 491 *usque* 492.
95 Nesse sentido: RJTJERGS nº 181/87.
96 Nesse sentido: STF, RT nº 599/430.
97 STF, RTJ nº 89/431.
98 No mesmo sentido: Porto, Hermínio Alberto Marques. *Júri*. 2. ed., São Paulo: Revista dos Tribunais, 1980, p. 47, nota 85; STF, RHC nº 58.688, DJU 15/05/1981, p. 4.429.
99 STF, RHC nº 56.024, DJU 16/06/1978, p. 4.394.
100 RT nº 494/324 e nº 644/316.

a) Pessoalmente ao acusado, ao defensor nomeado e ao Ministério Público.
b) Ao defensor constituído, ao querelante e ao assistente do Ministério Público, na forma do disposto no § 1º do art. 370 do Código de Processo Penal, ou seja, a intimação do defensor constituído, do advogado do querelante e do assistente far-se-á por publicação no órgão incumbido da publicidade dos atos judiciais da comarca, incluindo, sob pena de nulidade, o nome do acusado.
c) Será intimado por edital o acusado solto que não for encontrado.

2.24. Alteração na pronúncia

Conforme a nova redação do art. 421 do Código de Processo Penal:

> Preclusa a decisão de pronúncia, os autos serão encaminhados ao juiz presidente do Tribunal do Júri.
> § 1º Ainda que preclusa a decisão de pronúncia, havendo circunstância superveniente que altere a classificação do crime, o juiz ordenará a remessa dos autos ao Ministério Público.
> § 2º Em seguida, os autos serão conclusos ao juiz para decisão.

Colhemos, a incisiva argumentação de Tourinho Filho[101]

> Proferida a decisão de pronúncia e preclusa a via impugnativa, não mais poderá ela ser alterada, a menos que se verifique circunstância superveniente que modifique a classificação do delito. Assim, se o réu foi pronunciado como autor de uma tentativa de homicídio e, após a pronúncia, vier a vítima a falecer em consequência das lesões, é claro que a decisão precisa ser alterada. Nesse caso, cumprirá ao Órgão do Ministério Público ou querelante, se for o caso, em petição circunstanciada e juntando o atestado de óbito ou laudo necroscópico, requerer ao Juiz a alteração da pronúncia. Este, após a manifestação da Defesa e colheita de provas, ouvirá as partes e, em seguida, se for o caso, proferirá nova decisão de pronúncia. O que não se concebe é o Órgão do Ministério Público oferecer libelo em desacordo com a pronúncia.

Contexto prático:

Nucci[102] leciona:

> [P]arece-nos essencial que, havendo a inserção de prova nova nos autos, justificando a alteração da pronúncia, deve o juiz abrir vista ao Ministério Público, para aditar a denúncia e, em seguida, à defesa para manifestar-se. Querendo, pode o réu suscitar a produção de prova, demonstrado o interesse em contrariar o que foi introduzido nos autos. Assim, caso tenha sido juntada a certidão de óbito da vítima, adita o promotor a denúncia para

---

101 Tourinho Filho, Fernando da Costa. *Processo Penal*, 30 ed. comemorativa, São Paulo: Saraiva, 2008, p. 81.
102 No mesmo sentido: Nucci, Guilherme de Souza. *Código de Processo Penal Comentado*. RT, 2002, p. 660 *usque* 663.

fazer constar tratar-se de um homicídio consumado – se assim entender, uma vez que nem sempre a convicção do Ministério Público desenvolver-se-á nesse sentido.

Indagação prática relevante: *Pode o juiz-presidente do Tribunal do Júri, em sessão plenária, retificar a pronúncia, adequá-la em outra conduta diferente da exposta na pronúncia?*.

Resposta: Não. O entendimento jurisprudencial é no sentido de que nos termos do art. 416 (atual art. 421) do Código de Processo Penal, passada em julgado a sentença de pronúncia, esta somente poderá ser alterada pela verificação de circunstância que modifique a classificação do delito. É vedado ao juiz-presidente do Tribunal do Júri, em sessão plenária, retificar a pronúncia, invertendo o nome dos pronunciados para adequá-los em outra conduta, diferente da descrita na denúncia, pronúncia e libelo, em total afronta ao devido processo legal e ao princípio da plenitude de defesa, precisamente porque contra tal acusação não se defenderam os réus, e porque não revela circunstância superveniente que modifique a classificação do delito. *Habeas corpus* concedido[103].

---

103 STJ – HC nº 21.450 – RJ – Rel. Min. Vicente Leal – DJU 04/08/2003 – p. 00432. JCPP.416.

Capítulo 3

A Segunda Fase (*Judicium Causae*)

Relatam Demercian e Maluly[1] que, proferida a sentença de pronúncia e contra ela não cabendo mais o recurso em sentido estrito, encerra-se o juízo de admissibilidade da acusação, tendo início a segunda fase desse procedimento escalonado, em que será deduzida a acusação que será sustentada em plenário. No *juízo da causa*, dá-se o julgamento da procedência da acusação, que no dizer de Florian, citado por José Frederico Marques (1997, p. 427), é o *momento procedimental em que se resolvem todas as relações jurídicas que constituem objeto do processo.*

3.1. O desaparecimento do libelo

Antes da lei nº 11.689, de 09/06/2008, o *judicium causae* tinha início com o libelo.

O libelo era a peça escrita e articulada da acusação, que qualificava, narrava o fato criminoso com todas as suas circunstâncias, trazia a indicação das provas e terminava indicando o grau de pena que devia ser aplicada ao réu.

O Promotor de Justiça ou o querelante, teria que ler o libelo antes de começa a "acusação" em plenário. Em determinado congresso do Ministério Público, tive uma tese rejeitada e quase fui ridicularizado porque defendi o fim do libelo que, além de não servir para nada, acarretava vários transtornos procedimentais, por exemplo: já atuei em um processo que o mesmo foi anulado porque não foi entregue ao réu uma cópia do libelo. E pasmem!!! Era o entendimento dominante no Tribunal de Justiça de São Paulo: *Nulo é o processo se não se fez entrega ao réu, mediante recibo, da cópia do libelo. Trata-se de omissão grave, arrolada que está entre as nulidades insanáveis. Aplicação dos arts. 564, III, f, e 562 do CPP*[2].

O tempo passa e com ele várias certezas absolutas são abandonadas; hoje, o novo procedimento baniu de vez o libelo da segunda fase do procedimento.

3.2. Da preparação do processo para julgamento em plenário

Ao receber os autos, o presidente do Tribunal do Júri determinará a intimação do órgão do Ministério Público ou do querelante, no caso de queixa, e do defensor, para no prazo de 5 (cinco) dias apresentarem rol de testemunhas que irão depor em plenário,

---

1 Demercian, Pedro Henrique e Maluly. Jorge Assaf. *Curso de Processo Penal*, ed., Rio de Janeiro: Forense, 2005, p. 461.
2 RT nº 537/301.

até o máximo de 5 (cinco), oportunidade em que poderão juntar documentos e requerer diligência.

Um aspecto prático importante I:

Esta é, sob pena de preclusão, a última oportunidade que as partes têm para arrolar testemunhas e requerer alguma diligência.

Indagação prática relevante: No rito do júri, quais as oportunidades que as partes têm para apresentar o rol de testemunhas?.

Resposta. São dois momentos distintos:

a) O promotor de Justiça ou o querelante podem arrolar as testemunhas quando oferecer a denúncia e também na fase inicial da preparação do processo para Julgamento em plenário.

b) A defesa pode arrolar as testemunhas quando oferecer a defesa preliminar e também na fase inicial da preparação do processo para Julgamento em plenário.

Posição dominante do STJ: "Testemunha não encontrada na fase instrutória normal, poderá ainda ser ouvida na sessão plenária, caso interesse à defesa, que, destarte, não será prejudicada." (STJ – RHC 7.478-MA)

Um aspecto prático importante II:

Estabelece o novo art. 423 do Código de Processo Penal:

> *Deliberando sobre os requerimentos de provas a serem produzidas ou exibidas no plenário do júri, e adotadas as providências devidas, o juiz presidente:*
> *I – ordenará as diligências necessárias para sanar qualquer nulidade ou esclarecer fato que interesse ao julgamento da causa;*
> *II – fará relatório sucinto do processo, determinando sua inclusão em pauta da reunião do Tribunal do Júri.*

O antigo art. 425 do Código de Processo Penal tinha redação quase semelhante a do inciso I supracitado, o que fazia Mirabete[3] defender que:

> *Nada impede que o juiz determine nessa oportunidade a intimação de testemunhas não-arroladas pelas partes para serem ouvidas em plenário, de ofício[4], além daquelas arroladas pela acusação ou defesa, que desistiram da ouvida[5]. O juiz, aliás, pode determinar a qualquer tempo, no exercício de seu amplo poder de dirigir o processo e conduzir a investigação da verdade, as diligências probatórias requeridas pelas partes ou por qualquer jurado.*

---

3 No mesmo sentido: Mirabete, Júlio Fabbrini. *Processo Penal*. 12 ed., São Paulo: Atlas, 2001, p. 506 *usque* 507.
4 RT nº 569/308. Não o poderá fazer, entretanto, durante o julgamento (RT nº 641/325).
5 Nesse sentido: RT nº 416/81, nº 420/88, nº 456/380.

Um aspecto prático importante III:

Caso uma das partes arrolar testemunhas fora da comarca, para que não se alegue possível cerceio de defesa, deve-se proceder a intimação ou requisição das testemunhas residentes fora da comarca, ainda que não estejam obrigadas a comparecer para serem ouvidas. (No mesmo sentido: TJSP: HC 288.449-3, S. José do Rio Preto, 4ª C, v. u.)

Um aspecto prático importante IV:

Andrey Borges de Mendonça[6] destaca que é interessante anotar que o legislador faz menção às provas colhidas por precatória. A doutrina predominante entendia que não era possível a expedição de carta precatória, na segunda fase do procedimento do Tribunal do Júri, para oitiva de testemunha de fora da terra. O STF, porém, já decidira em sentido contrário, em razão do princípio da ampla defesa. O legislador parece ter seguido esta senda, permitindo que seja expedida precatória na segunda fase do procedimento do júri e, neste caso, seja o depoimento lido em plenário, para que dele se inteirem os jurados e dêem o valor devido. Em relação às provas cautelares, antecipadas ou não repetíveis, nos remetemos aos comentários feitos ao art. 155.

Um aspecto prático importante V:

No desenvolvimento do relatório o juiz deve ter o cuidado para não manifestar a sua opinião pessoal sobre o caso, ou seja, não pode exercer influência sobre os jurados afirmando que o réu merece ser condenado ou absolvido.

Quando a lei local de organização judiciária não atribuir ao presidente do Tribunal do Júri o preparo para julgamento, o juiz competente remeter-lhe-á os autos do processo preparado até 5 (cinco) dias antes do sorteio a que se refere o art. 433 do Código de Processo Penal.

3.2.1. A irrecorribilidade do despacho que julga preparado o processo

Não cabe recurso do despacho que julga preparado o processo para julgamento, trata-se de despacho de natureza ordinatória, não constituindo sequer sentença com força de definitiva[7].

Segundo o parágrafo único do novo art. 424 do Código de Processo Penal:

> *Deverão ser remetidos, também, os processos preparados até o encerramento da reunião, para a realização de julgamento.*

Embora por vezes se confundam as palavras "reuniões" e "sessões", deve-se entender que reunião é o complexo de sessões, ou, "noutras palavras, é o ajuntamento, nas épocas legais, das pessoas que compõem o júri ou tribunal coletivos, durante um ou mais dias; sessão é o funcionamento diário desse tribunal"[8].

---

6   Mendonça, Andrey Borges de. *Nova reforma do Código de Processo Penal*, 1 ed., São Paulo: Método, 2008, p. 93.
7   No mesmo sentido: RT nº 434/361.
8   Noronha, E. Magalhães. *Curso de Direito Processual Penal*, p. 258.

3.3. Do alistamento dos jurados

Anualmente, serão alistados pelo presidente do Tribunal do Júri:
a) de 800 (oitocentos) a 1.500 (um mil e quinhentos) jurados nas comarcas de mais de 1.000.000 (um milhão) de habitantes;
b) de 300 (trezentos) a 700 (setecentos) nas comarcas de mais de 100.000 (cem mil) habitantes;
c) e de 80 (oitenta) a 400 (quatrocentos) nas comarcas de menor população.

Nas comarcas onde for necessário, poderá ser aumentado o número de jurados e, ainda, organizada lista de suplentes, depositadas as cédulas em urna especial, com as cautelas mencionadas na parte final do § 3º do art. 426 do Código de Processo Penal.

Um aspecto prático importante:

O juiz presidente requisitará às autoridades locais, associações de classe e de bairro, entidades associativas e culturais, instituições de ensino em geral, universidades, sindicatos, repartições públicas e outros núcleos comunitários a indicação de pessoas que reúnam as condições para exercer a função de jurado.

3.4. Alteração da lista

A lista geral dos jurados, com indicação das respectivas profissões, será publicada pela imprensa até o dia 10 de outubro de cada ano e divulgada em editais afixados à porta do Tribunal do Júri.

Aspecto prático importante I:

A lista poderá ser alterada, de ofício ou mediante reclamação de qualquer do povo ao juiz presidente até o dia 10 de novembro, data de sua publicação definitiva.

Aspecto prático importante II:

Juntamente com a lista, serão transcritos os arts. 436 a 446 do Código de Processo Penal.

3.5. A publicação da lista

Segundo o antigo art. 440 do Código de Processo Penal:

> *A lista geral dos jurados, com indicação das respectivas profissões, será publicada pela imprensa, onde houver, ou em editais afixados à porta do edifício do tribunal, lançando-se os nomes dos alistados, com indicação das residências, em cartões iguais, que, verificados com a presença do órgão do Ministério Público, ficarão guardados em urna fechada à chave, sob a responsabilidade do juiz.*

Minha posição: no livro *Direito Processual Penal*, Vol. I, Série Provas e Concursos, Editora Campus/Elsevier, fiz uma reflexão constitucional, defendendo que o artigo em comento não foi integramente recepcionado pela Constituição Federal e deve ser interpretado em consonância com a norma suprema, ou seja, em atendimento ao princípio do contraditório, temos que fazer a seguinte leitura:

> (...) os nomes dos alistados, com indicação das residências, em cartões iguais, devem ser verificados com a presença do órgão do Ministério Público e da defesa (...)

O novo art. 426, § 3º, do Código de Processo Penal, corrigiu a falha e agora estipula:

> Os nomes e endereços dos alistados, em cartões iguais, após serem verificados na presença do Ministério Público, de advogado indicado pela Seção local da Ordem dos Advogados do Brasil e de defensor indicado pelas Defensorias Públicas competentes, permanecerão guardados em urna fechada a chave, sob a responsabilidade do juiz presidente.

3.5.1. A exclusão do jurado profissional

A reforma inovou estabelecendo no novo art. 426, § 4º, que:

> O jurado que tiver integrado o Conselho de Sentença nos 12 (doze) meses que antecederem à publicação da lista geral fica dela excluído.

A aspecto prático importante II:

Anualmente, a lista geral de jurados será, obrigatoriamente, completada.

3.5.2. Os deveres dos jurados

Whitaker[9] assim consubstanciou os deveres do jurado:

a) obedecer às intimações, só apresentando escusas por justos motivos;
b) comparecer às sessões para as quais for sorteado, não se retirando antes da formação do Conselho;
c) declarar-se impedido, nos casos legais e de consciência;
d) conservar-se incomunicável desde o momento em que se constitui juiz, já com os assistentes, já com os funcionários do tribunal, podendo somente dirigir-se ao presidente;
e) prestar o compromisso legal, com sinceridade e firmeza, mostrando compreender a alta responsabilidade que assume;
f) assistir, atentamente, aos trabalhos do plenário e requerer o que for conveniente para a elucidação do processo;
g) responder, mediante as formalidades legais, aos quesitos propostos;
h) proceder com circunspeção e critério; não deixar transparecer as impressões que sua consciência for adquirindo, nem revelar o sigilo do *veredictum*.

3.6. Do Desaforamento

O desaforamento, enquanto instituto próprio dos processos da competência do tribunal do júri, consiste na modificação da competência, nas situações em que o inte-

---
9 *Jury*, p. 21-22.

resse da ordem pública o reclamar, ou houver dúvida sobre a imparcialidade do júri ou segurança pessoal do acusado.

Afirma Borges da Rosa[10] que o desaforamento é o ato judicial em virtude do qual é o processo submetido ao conhecimento de um foro estranho ao do delito; ou, em outras palavras, "é a remessa do processo ao conhecimento de um foro estranho ao do delito em virtude de decisão judicial. Chama-se, também, "mudar de foro".

Posição dominante do STF:

> STF: Para o desaforamento, não é necessária uma prova cabal, induvidosa, bastando a suspeita ou indícios convincentes da existência dos motivos legais para se deslocar a competência do local. No entanto, também não é suficiente mera conjectura, suposição, para autorizar a medida. (STF, 2ª T., HC 63.13 l/RJ, p. 47)

Indagação prática relevante: Qual o momento processual adequado para ser pedido o desaforamento?

Resposta: Após a preclusão da pronúncia, o desaforamento pode ser requerido a qualquer tempo. Veja o entendimento jurisprudencial:

> STF: Não colhe a tese sustentada pelo impetrante, no sentido de que o desaforamento só pode ser determinado quando já esteja constituído o Conselho de Sentença, com o sorteio dos jurados. Basta que o seja a tempo, ou seja, na fase preparatória, antes, pois, de iniciado o julgamento no foro de origem, pois o Código de Processo Penal não contém norma expressa em contrário[11].
>
> TJRJ: Somente é admissível o desaforamento quando o processo atingir a fase a que se denomina 'juízo da causa', ou seja, aquela que se inicia após a preclusão da pronúncia[12].

3.6.1. Hipóteses de desaforamento

O conceito de desaforamento delineia-se, pois, como derrogação à competência territorial, portanto, torna-se medida de exceção. Constitui ele uma verdadeira mudança nas regras de competência territorial, justificável tão-só pelas peculiaridades do júri. Por isso mesmo, como dizia Rafael Magalhães, é mister que *as circunstâncias especiais do caso manifestem um aspecto de acentuada anormalidade, capazes de escusar as inconveniências do desaforamento*[13].

A lei permite o desaforamento do julgamento para comarca ou termo próximo, quando:

a) o interesse da ordem pública o reclamar;
b) houver dúvida sobre a imparcialidade do júri;
c) houver dúvidas sobre a segurança pessoal do acusado.

---

10   Rosa, Borges da. *Comentários ao Código de Processo Penal*. Editora e Dist. Campus, v. I.
11   JSTF nº 229/325.
12   RT nº 541/410.
13   *Apud* Espínola Filho. *Op. cit.*, v. 4, p. 232.

d) O desaforamento também poderá ser determinado em razão do comprovado excesso de serviço, ouvidos o juiz presidente e a parte contrária, se o julgamento não puder ser realizado no prazo de 6 (seis) meses, contado do trânsito em julgado da decisão de pronúncia.

A respeito, diz Oliveira e Silva[14]:

> decorre o interesse da ordem pública do delito, cuja natureza e circunstância haviam provocado indignação contra o acusado, de modo a prever-se tentativa de desordem, ou tumulto incompatível com a serenidade que deve presidir a todo o julgamento. Quanto à imparcialidade do Tribunal do Júri, a matéria é muito delicada, porque, mesmo que, previamente, se apontem pessoas que figuram na lista dos jurados, como interessadas em inocentar ou culpar o réu, a lei permite que as partes recusem certo número de sorteados, conseguindo-se, assim, sempre uma razoável média de julgadores insuspeitos. Finalmente, o terceiro motivo de desaforamento do processo é relativo à segurança pessoal do réu, o que se verifica em comarcas do interior do país, onde não há força pública suficiente para evitar quaisquer atentados à integridade física do réu, em julgamentos de processos que suscitam, desde o início da prova, cólera popular.

Um aspecto prático importante I:

Para a contagem do prazo referido no item "d", não se computará o tempo de adiamentos, diligências ou incidentes de interesse da defesa.

Um aspecto prático importante II:

Não havendo excesso de serviço ou existência de processos aguardando julgamento em quantidade que ultrapasse a possibilidade de apreciação pelo Tribunal do Júri, nas reuniões periódicas previstas para o exercício, o acusado poderá requerer ao Tribunal que determine a imediata realização do julgamento.

Além dos motivos referidos na lei, outros podem surgir, indicando a necessidade do desaforamento: já se decidiu pela medida por não haver, na comarca, prédio onde se pudesse reunir o júri[15] e por falta de instalações adequadas do Tribunal, na perspectiva de ser o julgamento de longa duração, dada a intensa repercussão do fato[16].

3.6.2. Procedimento do desaforamento

Antes da reforma, a posição dominante do STF e da doutrina era no sentido da:

Inadmissibilidade de pedido do assistente – STF: "O assistente de acusação não tem legitimidade para requerer desaforamento" (**RT 649/357**).

A reforma acabou com a controvérsia ao determinar no novo art. 427 que o requerimento para o desaforamento deve ser feito perante o Tribunal imediato e a legitimidade será:

---

14   *Op. cit.*, p. 196.
15   RT nº 132/47.
16   RT nº 547/321. Contra: RT nº 548/307.

a) do Ministério Público;
b) do assistente;
c) do querelante;
d) ou do acusado;
e) ou mediante representação do juiz competente.

Com a reforma o assistente de acusação passa a ter legitimidade ativa para requerer o desaforamento.

Aspecto prático importante I:
O pedido de desaforamento será distribuído imediatamente e terá preferência de julgamento na Câmara ou Turma competente.

3.6.2.1. O desaforamento e o efeito suspensivo

A jurisprudência dominante defendia a inexistência de efeito suspensivo no pedido de desaforamento, no mesmo sentido:

> STF: O art. 424 (atual art. 427) do CPP não atribui ao pedido de desaforamento efeito suspensivo, razão por que não se pode pretender que se configure como constrangimento ilegal o indeferimento do pedido de adiamento até decisão do desaforamento (RT 592/444).

Sem embargo do entendimento *ut supra* sempre defendi de forma contrária; no contexto prático, há situações em que se não for concedida a suspensão liminar no julgamento no pedido de desaforamento, há plena possibilidade de concretização de uma injustiça. É o caso da imparcialidade dos jurados ou a notícia sobre a insegurança pessoal do acusado só sejam descobertas dias antes do julgamento.

Não é razoável, por exemplo, o indeferimento do pedido liminar de suspensão do julgamento, no caso de ser descoberto, dias antes do júri, que é possível que familiares da vítima pretendam assassinar o réu em plenário.

Também não é razoável, o indeferimento do pedido liminar de suspensão do julgamento, quando uma semana antes do julgamento descobre-se que há plena disposição dos jurados para condenar ou absolver o réu.

Temos, em tais casos, conseguido o deferimento do pedido liminar de suspensão do julgamento, com um argumento básico: a não concessão do pedido de suspensão do julgamento acarreta frontalmente um atentado ao princípio da ampla defesa (*predisposição dos jurados para condenar réu*), contraditório (*predisposição dos jurados para absolver réu*) e pode atentar até contra a ordem pública (*insegurança pessoal do réu*).

Não conceder uma liminar para suspender o julgamento, com o supérfluo argumento de que não há previsão legal era simplesmente desconsiderar os princípios constitucionais supracitados.

Com a reforma não haverá mais discussão, pois o novo art. 427, § 2º, do Código de Processo Penal é bem claro:

> *Sendo relevantes os motivos alegados, o relator poderá determinar, fundamentadamente, a suspensão do julgamento pelo júri.*

3.6.2.2. Importância das informações do juiz no pedido de desaforamento

A reforma determina que *Será ouvido o juiz presidente, quando a medida não tiver sido por ele solicitada.*

A proximidade do juiz com o caso que vai ser julgado, torna a sua informação no pedido de desaforamento de grande valia para que seja deferido o pedido; o magistrado vive o cotidiano da comarca e os dramas de seus habitantes, sabendo, como ninguém, se a segurança do réu, fundada suspeita de parcialidade dos jurados ou interesse de ordem pública reclamam e autorizam a subtração do julgamento dos jurados da comarca em que praticado o crime.

Posição dominante do STF:

> Ninguém melhor do que o Promotor de Justiça e o Magistrado para dizer e decidir sobre disposição do júri para condenar ou absolver, sob influência ou termos, devendo prevalecer esses entendimentos (RT 728/587).
>
> A jurisprudência dos Tribunais – do Supremo Tribunal Federal, inclusive – tem invariavelmente salientado, em tema de desaforamento, a importância das informações prestadas pela autoridade judiciária de primeiro grau no esclarecimento da ocorrência, ou não, das circunstâncias referidas no art. 424 do CPP. O pronunciamento do magistrado constitui, nesse contexto, um elemento essencial e virtualmente condicionante da decisão a ser proferida pelo Tribunal competente na apreciação do pedido de desaforamento. Procedentes. (STF – HC 67.749-5-MG – Rel. Min. Celso De Mello – 1ª T., p. 5.869)

3.6.2.3. O desaforamento e a necessidade de ouvir a defesa

Não há previsão legal para manifestação da defesa quando o pedido de desaforamento for formulado pelo Ministério Público, querelante ou juiz, mas em atendimento ao princípio da ampla defesa, deve ser aplicado a Súmula nº 712 do STF que dispõe: *É nula a decisão que determina o desaforamento de processo da competência do júri sem audiência da Defesa.*

3.6.2.4. O desaforamento e a necessidade de Procurador Geral

Também não há previsão legal para ouvir o procurador-geral antes do julgamento, mas entendo que, em atendimento ao princípio do contraditório, quando o pedido for formulado pela defesa ou juiz, deve o Procurador Geral ser intimado para ofertar manifestação e fortalecer uma das funções do Ministério Público que é fiscalizar a correta aplicação da lei.

3.6.2.5. A nova comarca do julgamento

Julgado procedente o desaforamento, o tribunal poderá determinar o desaforamento do julgamento para outra comarca da mesma região, onde não existam aqueles motivos, preferindo-se as mais próximas.

3.6.2.6. Análise da possibilidade de o desaforamento ser deferido para comarca distante

A reforma não deixou dúvidas: segundo a parte final do novo art. 427, *poderá determinar o desaforamento do julgamento para outra comarca da mesma região, onde não existam aqueles motivos, preferindo-se as mais próximas.*

Entendo que a terminologia *"preferindo-se as mais próximas"* não impede que a comarca escolhida seja uma distante dos fatos. É verdade que todo acusado tem o direito de ser julgado pela autoridade competente no lugar dos fatos que deram causa à acusação, porém, excepcionalmente, se não houver condições para um julgamento sereno e imparcial, permite-se que o julgamento ocorra em outro lugar, admitindo-se inclusive a transferência para a Capital do Estado, no caso da persistência em cidade próxima dos motivos ensejadores do desaforamento[17].

Posição dominante do STF:

> Orienta-se a jurisprudência do STF no sentido de o desaforamento, quando necessário, dar-se para a comarca mais próxima do distrito da culpa, onde não subsistam os motivos que o determinam. Cumpre resguardar a ampla defesa do réu, ao lado de um julgamento isento. Hipótese em que o Tribunal de Justiça do Estado, fundamentadamente, concluiu pela necessidade do desaforamento, afastando, de expresso, comarca mais próxima do distrito da culpa para localizar o julgamento na Comarca da Capital do Estado. Em situação como a dos autos, a decisão da Corte local, mais próxima dos fatos, deve ser confirmada, no que concerne ao desaforamento que determina, não só porque devidamente motivada, mas também diante da realidade dos eventos, os quais vêm impedindo a realização do julgamento, inclusive o desaparecimento dos autos do cartório e a necessária restauração. Aponta-se, também, a influência do réu e família nas regiões mais próximas ao distrito da culpa.[18]

3.6.3. Quando o desaforamento não pode ser realizado

Na pendência de recurso contra a decisão de pronúncia ou quando efetivado o julgamento não se admitirá o pedido de desaforamento, salvo, nesta última hipótese, quanto a fato ocorrido durante ou após a realização de julgamento anulado.

---

17 No mesmo sentido: RT 769/551.
18 STF – HC nº 71.240-1 – CE – 2ª T. – Rel. Min. Néri da Silveira – DJU 16/06/1995.

3.6.4. Análise da possibilidade de haver o desaforamento dos atos da instrução criminal

Entendo que não pode haver o desaforamento dos atos da instrução criminal. Como aprendemos, só é cabível o desaforamento após o trânsito em julgado da "sentença" de pronúncia. José Frederico Marques[19] defendia que é errôneo admitir, como o faz Borges da Rosa, que *o desaforamento pode compreender também os atos do processo anterior ao julgamento, isto é, os atos da instrução criminal*[20].

3.6.5. Análise da possibilidade de haver desaforamento em virtude de influência política do réu

Entendo que é plenamente possível o deferimento do desaforamento em virtude de influência política do réu ou de seus familiares, sob pena de se afastar a necessária imparcialidade que deve nortear a decisão dos senhores jurados.

O Juiz de Direito Décio Luiz José Rodrigues defende que:

> É cediço que, em determinados locais, mormente em cidades pequenas do interior, existem pessoas ligadas à política e, ipso facto, com influência explícita nos destinos do Município e na vida das pessoas que lá vivem.
>
> Em sendo réus, a fortiori sabe-se que usarão seus poderes políticos de influência para se livrarem de uma condenação criminal por parte do Tribunal do Júri local, sendo de rigor, caso provada a influência indigitada, o desaforamento, e baseado na imparcialidade do corpo de jurados local. É o que ficou decidido in RT nº 598/322 e nº 603/422.

A posição *ut supra* é também a de dois grandes magistrados, com quem tive a imensa honra de trabalhar em prol da realização da justiça: Dr. André Eliihmas, Drª Dulceana Maciel de Oliveira.

Na minha atividade como Promotor de Justiça criminal, consegui dois desaforamentos motivados pela influência política do réu. Em cidades de pequeno e médio porte é visível a influência que os políticos, digo, politiqueiros, exercem nas decisões dos jurados. Portanto, familiares do prefeito e vereadores são facilmente absolvidos pela corrupção política das consciências, fato que afeta drasticamente a parcialidade dos julgamentos. Em um determinado caso que envolvia o sobrinho de um poderoso "chefe político", consegui algo inédito: requeri que o julgamento fosse desaforado para a capital do Estado, mesmo sabendo que a previsão legal é de que o novo júri seja realizado na "comarca mais próxima". Justifiquei que o "chefe político" exercia influência nas dez cidades mais próximas do júri natural, ou seja, de nada adiantaria desaforar o julgamento para a "comarca mais próxima", porque a imparcialidade também estaria comprometida. O resultado foi fantástico. Desaforado para a capital do Estado, o poderio político foi

---

19 Marques, José Frederico. *A Instituição do Júri*. Millennium, 1997, p. 259.
20 *Op. cit.*, vol. III, p. 17.

neutralizado e uma família com um grande histórico de assassinatos impunes teve, pela primeira vez, um de seus membros condenado.

3.6.6. Análise da possibilidade de o pedido de desaforamento ser renovado

Havendo pedido de desaforamento, indeferido pelo Tribunal de Justiça, lícito será renovar-se a pretensão, desde que novos fatos ou motivos sejam invocados.

Posição dominante do STF:

> A reiteração e deferimento do pedido de desaforamento, mesmo após ter sido o réu julgado na comarca, nenhuma ofensa acarreta à coisa julgada. (RT 56/450)

O indeferimento de pedido de desaforamento antecedente ao primeiro júri não impede o acolhimento de nova pretensão da medida, pois, se as primeiras informações não autorizavam a pretendida derrogação da competência territorial originária, não é defeso ao Tribunal, diante de novo pedido, fundamentado em novas e atualizadas informações do Magistrado, revelando a revolta e indignação popular, além da dúvida sobre a imparcialidade dos jurados e o comprometimento da segurança do réu, deferir o desaforamento, já que presentes os pressupostos do art. 424 do CPP[21].

3.6.7. O desaforamento subseqüente

Deferindo-se o desaforamento, é possível a concessão de um novo desaforamento, caso na nova localidade permaneçam hígidos os motivos que ensejaram o primeiro desaforamento.

Posição dominante do STF:

> STF: Se no novo foro existem também os motivos que determinaram o desaforamento, outro há de ser eleito, nada impedindo, inclusive, o reaforamento, se não mais subsistirem as razões que determinaram o deslocamento da competência anterior, principalmente quando as razões foram de ordem meramente material, como a falta de instalações adequadas para o julgamento. (RT 581/390)

3.6.8. O reaforamento

Reaforamento é o retorno do processo desaforado à comarca de origem por terem desaparecido os motivos que ensejaram o desaforamento.

Depois de deferido o desaforamento é possível haver reaforamento, caso tenham desaparecido os motivos que ensejaram o pedido de desaforamento.

No mesmo sentido:

> TJSP: Reaforamento – Motivos que determinaram o desaforamento não mais subsistentes – Direito do réu a ser julgado no local da infração – Pedido deferido – Inteligência e aplicação dos arts. 70 e 424 (atual art. 427) do Código de Processo Penal. Concedido o desaforamento por motivos

---

21 No mesmo sentido: *RT* 742/666.

relevantes e não mais subsistindo as razões que justificaram a medida excepcional, não se vê razão para que se negue ao réu o direito de ser julgado pelos seus concidadãos (Reaforamento 56.185-SP – RT 299/64).

Em algumas oportunidades o STF já admitiu o reaforamento (*HC* 60.516/SP, *RT* 581/390).

Posição divergente

José Frederico Marques[22], Massari, Espínola Filho e Borges da Rosa defendem que não.

Concedido o desaforamento, o foro substituído é inderrogável em relação ao originário, mesmo que desapareçam as causas que motivaram a alteração da competência[23]. *Definitivos são os efeitos do desaforamento, pelo que se proscreve o reaforamento, mesmo que, antes do julgamento, tenham desaparecido as causas que o determinaram.* Reaforar, no caso, importaria *num novo desaforamento e, conseqüentemente, mister seria para o conceder a comprovação de qualquer dos casos previstos em lei.*[24]

É que, se o delito foi retirado do seu foro próprio por uma das causas anormais apontadas na lei, fica excepcionalmente firmada a incompetência desse foro e firmada a competência do foro designado para o julgamento do réu.[25]

Posição dominante do STF:

Segundo o STF, o desaforamento após o primeiro julgamento só é admissível se houver, em consonância com o art. 424 (atual art. 427) do CPP, fato novo superveniente que o justifique.[26]

3.6.9. Possibilidade de desaforamento do segundo julgamento
Contextualização prática:

Imagine que Tício tenha sido julgado e absolvido pelo júri da comarca "x", o Promotor de Justiça recorreu e o tribunal anulou o julgamento e remeteu o réu para novo jugamento. Pergunta-se: É possível, depois de ter havido um primeiro julgamento, ser requerido o desaforamento do segundo?.

Sim. É possível que os motivos que ensejam o pedido de desaforamento só apareçam depois de realizado o primeiro julgamento.

Segundo posição dominante do STF:

Não é vedado o desaforamento do segundo julgamento quando o primeiro tenha sido anulado, desde que fatos novos o autorizem, nos termos do art. 424 (atual art. 427) do CPP (RT 612/412).

---

22 Marques. José Frederico. *A Instituição do Júri*. Millennium, 1997, p. 261.
23 Massari. *Il processo penale nella nuova legislazione italiana*, p. 253.
24 Espínola Filho. *Op. cit.*, v. IV, p. 236.
25 Borges da Rosa. *Processo penal brasileiro*, v. 3, p. 18.
26 STF – HC nº 70.801 – SP – 2ª T. – Rel. Min. Francisco Rezek – *DJU* 25/04/1997. JCPP.424.

3.6.10. Medida cabível para combater o pedido de desaforamento

Para combater o deferimento ou indeferimento do pedido de desaforamento é possível a interposição de *habeas corpus*, no mesmo sentido:

> STF: (...) *Habeas corpus*. Cabimento contra decisão relativa a pedido de desaforamento. Opção pelo julgamento na comarca da capital. Informações do Juiz. Pacífico o entendimento desta Corte no sentido da adequação do habeas corpus para rever decisão quanto a pedido de desaforamento. (HC 75.919 e HC 70.799)

3.7. A preferência dos julgamentos

Salvo motivo relevante que autorize alteração na ordem dos julgamentos, terão preferência:

a) os acusados presos;
b) dentre os acusados presos, aqueles que estiverem há mais tempo na prisão;
c) em igualdade de condições, os precedentemente pronunciados.

Assim, os critérios são:

1º) a antigüidade da prisão;
2º) em igualdade de condições, a antigüidade da pronúncia.

Portanto, é a antigüidade que estabelece a ordem de preferência para o julgamento.

Informa Borges da Rosa[27] que, sucedendo que existam réus cujas prisões preventivas datem do mesmo dia, deverá ser submetido a julgamento, em primeiro lugar, aquele cuja pronúncia for de data mais antiga e, a seguir, o de pronúncia mais recente, pelos motivos já expostos.

No caso de prisão, a antigüidade não se conta da data da sua decretação, e, sim, da sua duração.

Sobre a antigüidade das pronúncias, Magarinos Torres escreve o seguinte:

> Quanto ao critério da precedência das pronúncias (subsidiário para os réus presos, e único para os afiançados), cumpre estabelecer que nada importa a data em que se tornasse definitiva a pronúncia, por ter havido recurso dela; mas que só a pronúncia válida (se não se efetivou prisão) é de considerar-se, e não a que haja sido anulada judicialmente[28].

Ainda escreve o renomado autor:

> O perigo de prescrição (da ação penal) é motivo grave para que se altere a ordem legal, já para dar preferência a réu preso recentemente, já para fazer preceder a qualquer o afiançado de prescrição breve; e isto se entende apesar do silêncio da lei, e ainda que o réu antecipado reclame, por ser intuitivo que ninguém possa ter direito à prescrição iminente, nem alegar dano com a presteza maior da Justiça a seu respeito[29].

---

27 Rosa, Borges da. *Comentários ao Código de Processo Penal*. v. I, p. 806.
28 *Processo penal do júri*, nº 68, p. 263.
29 *Idem*, nº 68, p. 262.

Contexto prático I:

Antes do dia designado para o primeiro julgamento da reunião periódica, será afixada na porta do edifício do Tribunal do Júri a lista dos processos a serem julgados, obedecida a ordem supracitada.

Contexto prático II:

Como há sempre possibilidade de um julgamento ser adiado, o novo art. 429, § 2º, do Código de Processo Penal dispõe que:

> O juiz presidente reservará datas na mesma reunião periódica para a inclusão de processo que tiver o julgamento adiado.

No contexto prático, o juiz deve fazer o agendamento das sessões e deixar pelo menos duas datas antecipadamente previstas para eventual adiamento do júri.

3.8. O limite legal para o assistente requerer a habilitação para atuar no plenário do júri

O assistente somente será admitido se tiver requerido sua habilitação até 5 (cinco) dias antes da data da sessão na qual pretenda atuar.

Posição dominante do STJ:

> Júri. Assistência. Assistente da acusação que atuou sem que tenha havido despacho formal de admissão. Irregularidade que não acarreta nulidades já que o assistente participou de atos do processo sem oposição do Juiz ou do Ministério Público. (STJ – HC 3.382-RJ – 5ª T, p. 37.579)

3.9. O preparo inicial do júri

Estando o processo em ordem, o juiz presidente deverá mandar intimar:
a) as partes;
b) o ofendido, se for possível;
c) as testemunhas;
d) os peritos, quando houver requerimento, para a sessão de instrução e julgamento, observando, no que couber, as formas de intimações já indicadas.

Um aspecto prático importante:

Repito por ser importante. Do despacho que declara o processo em termos de julgamento não cabe apelação. É de caráter ordinatório, não constituindo sequer sentença com força de definitiva[30].

3.10. A convocação e o sorteio dos jurados

Conforme Borges da Rosa[31], "convocação" vem do verbo "convocar", que significa "chamar, convidar para reunião, determinar ou ordenar a reunião de certas pessoas". As-

---
30 No mesmo sentido: *RT* 434/361.
31 Rosa, Borges da. *Comentários ao Código de Processo Penal*. v. I, p. 803.

sim, convocação do júri é o convite que o juiz faz às pessoas que constituem o Tribunal do Júri, para se reunirem em função do mesmo Tribunal.

Silenciava o Código de Processo Penal sobre quais são as pessoas que devem estar presentes no momento do sorteio da lista geral. José Frederico Marques e Edgard de Moura Bittencourt e a maioria da doutrina defende que devem estar presentes o juiz, o escrivão e o promotor de Justiça.

No livro *Direito Processual Penal*, Vol. I, Série Provas e Concursos, Editora Campus/Elsevier, já fazíamos uma reflexão constitucional afirmando que em consonância com a norma suprema, ou seja, em atendimento do princípio do contraditório, que a Defesa também deve estar presente no momento do sorteio da lista geral.

Para nossa satisfação, a reforma inovou e o novo art. 432 estabeleceu que:

> *Em seguida à organização da pauta, o juiz presidente determinará a intimação do Ministério Público, da Ordem dos Advogados do Brasil e da Defensoria Pública para acompanharem, em dia e hora designados, o sorteio dos jurados que atuarão na reunião periódica.*

Em algumas comarcas do Brasil será praticamente impossível o comparecimento de representantes *da Ordem dos Advogados do Brasil e da Defensoria Pública*, mas defendo que bastará a intimação, pois conforme o novo art. 433, § 2º. *A audiência de sorteio não será adiada pelo não comparecimento das partes.*

3.10.1. A forma e tempo do sorteio

No livro *Direito Processual Penal*, Vol. I, Série Provas e Concursos, Editora Campus/Elsevier, apresentamos severa crítica à redação do art. 428 do Código de Processo Penal que estipulava que *O sorteio far-se-á a portas abertas, e um menor de 18 (dezoito) anos tirará da urna geral as cédulas com os nomes dos jurados.*, Achávamos ridícula a exigência de serem as cédulas tiradas da urna por um menor, pois como dizia José Frederico Marques[32],*se um juiz, a portas abertas, não sabe portar-se com isenção bastante para não usar de malícia no tirar as cédulas da urna, claro está que incompatibilizado se acha para o exercício da magistratura.* A reforma corrigiu essa anomalia e novo art. 433 do Código de Processo Penal, dispõe:

> *O sorteio, presidido pelo juiz, far-se-á a portas abertas, cabendo-lhe retirar as cédulas até completar o número de 25 (vinte e cinco) jurados, para a reunião periódica ou extraordinária.*

Observe que o número de jurados passou de 21 (vinte e um) para 25 (vinte e cinco).

---

32 Marques, José Frederico. *A Instituição do Júri*. Millennium, 1997, p. 169; Magarinos Torres. *Op. cit.*, p. 264 e 265.

Contexto prático:
O jurado não sorteado poderá ter o seu nome novamente incluído para as reuniões futuras, portanto, entendemos que se o jurado foi sorteado, não poderá ter o seu nome incluído no sorteio de futuras reuniões.

Assim, para evitar o chamado jurado profissional, aquele que participar de uma sessão ficará automaticamente excluído da listagem do ano seguine.

3.10.2. O período do sorteio

O sorteio será realizado entre o 15º (décimo quinto) e o 10º (décimo) dia útil antecedente à instalação da reunião.

Aspecto prático importante:
O entendimento do STF é no sentido de que qualquer irregularidade no sorteio deve ser alvo de protesto imediato, sob pena de preclusão[33].

3.10.3. A forma de convocação dos jurados

Os jurados sorteados serão convocados pelo correio ou por qualquer outro meio hábil para comparecer no dia e hora designados para a reunião, sob as penas da lei.

Contexto prático I:
No mesmo expediente de convocação o juiz deve determinar a transcrição dos arts. 436 a 446 do Código de Processo Penal.

Contexto prático II:
A reforma também estabeleceu que o juiz deve determinar a fixação na porta do edifício do Tribunal do Júri a relação dos jurados convocados, os nomes do acusado e dos procuradores das partes, além do dia, hora e local das sessões de instrução e julgamento.

Um aspecto prático importante:
Argüição de nulidade na publicação da lista de jurados – STF: "Júri. Nulidade. Publicação da lista de jurados. Possível irregularidade na publicação da lista de jurados deve ser apontada tão logo enunciado o julgamento e apregoadas as partes – arts. 564, inciso IV, 571, inciso V e 572, inciso I, do Código de Processo Penal". (HC 70.938-9-DF, p. 14.766)

3.10.4. O jurado e a obrigação de servir ao júri

A palavra jurado, escreve Magarinos Torres, provém do juramento que faziam outrora e ainda hoje são obrigados a fazer os cidadãos ao serem investidos da função julgadora em Conselho de Sentença[34].

---

33 No mesmo sentido: STF, HC nº 70.418, 2ª Turma, DJU 17/06/1994, p. 15.722.
34 Torres, Magarino. *Processo Penal do Júri no Brasil*. 1939, p. 78.

Whitaker define-o como sendo o *cidadão incumbido pela sociedade de declarar se os acusados submetidos a julgamento do júri são culpados ou inocentes*[35].

No livro *Direito Processual Penal*, Vol. I, Série Provas e Concursos, Editora Campus/Elsevier, já fazíamos severas críticas ao art. 434 do Código de Processo Penal, que estabelecia que *O serviço do júri será obrigatório. O alistamento compreenderá os cidadãos maiores de 21 (vinte e um) anos, isentos os maiores de 60 (sessenta).* Não havia justificativa, diante da nova maioridade civil, excluir os maiores de 18 e também era discriminatório isentar os maiores de 60 (sessenta), hoje, a reforma prevê que:

> *O serviço do júri é obrigatório. O alistamento compreenderá os cidadãos maiores de 18 (dezoito) anos de notória idoneidade. (Novo art. 436).*

Observe-se ainda que houve uma grave falha quando o artigo se refere a "cidadãos **maiores** de 18 (dezoito)", excluindo os de 18 anos.

3.10.5. Os novos requisitos para ser jurado

a) Ter mais de 18 (dezoito) anos.
b) Ser de notória idoneidade.
c) Ser cidadão, isto é, ser brasileiro, nato ou naturalizado e estar no gozo de direitos políticos.

Quanto a essa última exigência, Tornaghi[36] explicava que ela decorre do fato de ser o júri órgão judiciário (embora não incluído pela Constituição entre os órgãos desse Poder) e de, portanto, dele não poder participar o estrangeiro. Na vigência da lei anterior, houve quem entendesse que todo cidadão tem o direito subjetivo de participar do júri, mas esse entendimento é tecnicamente incorreto.

3.10.6. A proteção contra discriminações

A reforma foi peremptória ao afirmar que:

> *Nenhum cidadão poderá ser excluído dos trabalhos do júri ou deixar de ser alistado em razão de cor ou etnia, raça, credo, sexo, profissão, classe social ou econômica, origem ou grau de instrução. (Novo art. 436, § 1º).*

Infelizmente, por puro preconceito, os juízes formam a lista geral com pessoas mais intectualizadas, funcionários públicos, professores etc, esquecendo-se que até o analfabeto pode ser jurado, pois a lei não permite nenhum tipo de discriminação; portanto, não pode ser considerado o *grau de instrução* do jurado.

3.10.7. A penalidade da recusa injustificada ao serviço do júri

A recusa injustificada ao serviço do júri acarretará multa no valor de 1 (um) a 10 (dez) salários mínimos, a critério do juiz, de acordo com a condição econômica do jurado.

---

35 Whitaker, F. *Jury*, p. 15.
36 No mesmo sentido: Tornaghi, Hélio. *Curso de Processo Penal*, 9 ed., v. II, São Paulo: Saraiva, 1995.

3.10.8. A penalidade da recusa ao serviço do júri fundada em convicção religiosa, filosófica ou política

Preconizava o art. 435 do Código de Processo Penal: *A recusa ao serviço do júri, motivada por convicção religiosa, filosófica ou política, importará a perda dos direitos políticos* (Constituição, art. 119, *b*)".[37]

No livro *Direito Processual Penal*, Vol. I, Série Provas e Concursos, Editora Campus/Elsevier, fazíamos um combate ao artigo supracitado argumentando que o mesmo não tinha sido integralmente recepcionado pela Constituição Federal. Veja os artigos infracitados:

> Art. 5º. (...)
> VIII – ninguém será privado de direitos por motivo de crença religiosa ou de convicção filosófica ou política, salvo se as invocar para eximir-se de obrigação legal a todos imposta e **recusar-se a cumprir prestação alternativa, fixada em lei**;
> (...)
> Art. 15. É vedada a cassação de direitos políticos, cuja perda ou suspensão só se dará nos casos de:
> (...)
> IV – recusa de cumprir obrigação a todos imposta **ou prestação alternativa**, nos termos do art. 5º, VIII;
> (...) (grifos nossos).

Veja que, nos dois artigos *ut supra*, a norma suprema estabelece uma opção à pessoa que se "recusa a cumprir obrigação a todos imposta", qual seja, cumprir uma "prestação alternativa", portanto, o Código de Processo Penal também deveria, antes de impor a perda dos direitos políticos, estabelecer uma prestação alternativa.

Foi justamente o que o novo art. 438 do Código de Processo Penal fez ao estabelecer que:

> A recusa ao serviço do júri fundada em convicção religiosa, filosófica ou política importará no dever de prestar serviço alternativo, sob pena de suspensão dos direitos políticos, enquanto não prestar o serviço imposto.

Observe também que diferentemente do artigo anterior a pena será a *suspensão dos direitos políticos e não* a perda dos direitos políticos. Veja a diferença entre *suspensão dos direitos políticos e perda dos direitos políticos* no livro *Direito Eleitoral*, Série Provas e Concursos, Editora Campus/Elsevier.

Contexto prático I:
Entende-se por serviço alternativo o exercício de atividades de caráter administrativo, assistencial, filantrópico ou mesmo produtivo, no Poder Judiciário, na Defensoria Pública, no Ministério Público ou em entidade conveniada para esses fins.

---

37   A referência é a antiga Constituição Federal.

Contexto prático II:
O juiz fixará o serviço alternativo atendendo aos princípios da proporcionalidade e da razoabilidade.

3.10.9. A penalidade por não comparecimento no dia marcado para a sessão

Segundo o novo art. 442 do Código de Processo Penal:

> *Ao jurado que, sem causa legítima, deixar de comparecer no dia marcado para a sessão ou retirar-se antes de ser dispensado pelo presidente será aplicada multa de 1 (um) a 10 (dez) salários mínimos, a critério do juiz, de acordo com a sua condição econômica.*

Observe que a reforma corrigiu uma antiga falha da legislação anterior, pois não havia penalidade para o jurado que comparecia e depois se retirava antes de ser dispensado pelo presidente do tribunal do júri.

Por ser evidente, a penalidade só será imposta se não houver escusa legítima e conforme o novo art. 443, *somente será aceita escusa fundada em motivo relevante devidamente comprovado.*

Contexto prático I:
A escusa deve ser apresentada, ressalvadas as hipóteses de força maior, até o momento da chamada dos jurados.

Contexto prático II:
Se o pedido de dispensa for indeferido, o jurado pode interpor recurso para o Presidente do Tribunal de Justiça, nos termos do art. 581, XIV, combinado com o art. 586, parágrafo único, todos do Código de Processo Penal. Se desprovido o recurso, seu nome continuará na lista.

Contexto prático III:
O jurado somente será dispensado por decisão motivada do juiz presidente, consignada na ata dos trabalhos.

3.11. Os isentos do júri

Estão isentos do serviço do júri:

I – o Presidente da República e os Ministros de Estado;

II – os Governadores e seus respectivos Secretários;

III – os membros do Congresso Nacional, das Assembléias Legislativas e das Câmaras Distritais e Municipais;

IV – os Prefeitos Municipais;

V – os Magistrados e membros do Ministério Público e da Defensoria Pública;

VI – os servidores do Poder Judiciário, do Ministério Público e da Defensoria Pública;

VII – as autoridades e os servidores da polícia e da segurança pública;

VIII – os militares em serviço ativo;

IX – os cidadãos maiores de 70 (setenta) anos que requeiram sua dispensa;

X – aqueles que o requererem, demonstrando justo impedimento.

Em relação à lei anterior as novidades são:
a) Houve o acréscimo dos membros da Defensoria Pública e dos servidores do Ministério Público e da Defensoria Pública;
b) Não há mais referência a interventores de Estados ou Territórios;
c) Também não há referência ao "prefeito do Distrito Federal e seus respectivos secretários", porém entendo que devemos usar a analogia e isentar o prefeito do Distrito Federal na forma do item IV (os Prefeitos Municipais).
d) Houve exclusão dos itens X (*aqueles que por 1 (um) ano, mediante requerimento, os que tiverem efetivamente exercido a função de jurado, salvo nos lugares onde tal isenção possa redundar em prejuízo do serviço normal do júri*) e XI (*quando requererem e o juiz reconhecer a necessidade da dispensa: a) os médicos e os ministros de confissão religiosa; b) os farmacêuticos e as parteiras*) e a substituição pelo item X "[d]*aqueles que o requererem, demonstrando justo impedimento*".

Mas, a mais significativa mudança foi a revogação do antigo item IX que isentava *as mulheres que não exerçam função pública e provem que, em virtude de ocupações domésticas, o serviço do júri lhes é particularmente difícil.*

No livro *Direito Processual Penal*, Vol. I, Série Provas e Concursos, Editora Campus/Elsevier, já dizíamos que tal inciso não tinha sido recepcionado pela Constituição Federal, pois era discriminatório e releva a mulher em segundo plano, viola o princípio da igualdade, havendo, *in casu*, total afronta ao art. 5º, inciso I e XLI da Constituição Federal.

3.12. Os privilégios dos jurados

Segundo o novo art. 439 do Código de Processo Penal:

> O exercício efetivo da função de jurado constituirá serviço público relevante, estabelecerá presunção de idoneidade moral e assegurará prisão especial, em caso de crime comum, até o julgamento definitivo.

Constitui também direito do jurado, na condição do art. 439 supracitado, a preferência, em igualdade de condições, nas licitações públicas e no provimento, mediante concurso, de cargo ou função pública, bem como nos casos de promoção funcional ou remoção voluntária.

Ao contrário da lei anterior, a reforma é explícita ao dar preferência, no concurso público para provimento de cargo ou função pública, bem como nos casos de promoção funcional e remoção voluntária.

Divergência doutrinária e jurisprudencial

Há controvérsia sobre se o fato de constar o nome de uma pessoa na lista geral dos jurados assegura os privilégios previstos no art. 439 do Código de Processo Penal.

1ª posição. entendo que só o exercício efetivo da função assegura vantagens previstas na disposição, não bastando o atendimento à convocação ou constar o nome na lista geral[38]. Veja que o novo art. 439 do Código de Processo Penal é bem claro: *O exercício efetivo da função de jurado* (...).

2ª posição. É suficiente apenas o comparecimento do jurado à abertura dos trabalhos[39].

Lecionava Borges da Rosa[40] que

> essas garantias e vantagens são concedidas somente ao cidadão que exerceu efetivamente a função de jurado, e não ao que, incluído na lista geral, entretanto nunca fez parte de Conselho de Sentença, nunca votou em sessão de julgamento de algum réu. O efetivo exercício da função terá que ser provado mediante certidão, passada pelo escrivão do júri, de ter o jurado funcionado no conselho de sentença que julgou o réu R... no dia tal, em tal cidade (ou vila).

Destacava o professor José Frederico Marques[41]:

> claro está, em face dos próprios dizeres do texto legal, que tais vantagens e regalias somente se conferem àquele que tenha servido efetivamente em julgamento do júri. À pessoa que esteja alistada como jurado, mas que, em nenhuma ocasião, participou do Conselho de Sentença, não se aplica o que preceitua o citado art. 437 (atual 439) do Código de Processo Penal. Também não usufrui dos benefícios aludidos quem não se mostrou assíduo ao serviço do júri. Efetivo exercício da função é expressão que compreende a participação em Conselho de Sentença e o comparecimento às sessões do júri, sempre que convocado.

Aspecto prático importante:

Nenhum desconto será feito nos vencimentos ou salário do jurado sorteado que comparecer à sessão do júri.

Posição dominante do STJ:

> Há expressa disposição normativa no sentido de que 'nenhum desconto será feito nos vencimentos do jurado sorteado que comparecer às sessões do júri' (art. 430, do CPP, atual art. 441). Essa prerrogativa se estende, igualmente, aos servidores públicos alistados, inclusive por força do disposto no art. 102, VI, da Lei nº 8.112/1990, que considera dias de efetivo serviço o afastamento em virtude da prestação de serviço no Tribunal do Júri. Não se justifica, no particular, o desconto na remuneração dos auditores fiscais em razão da Or-

---

38 No mesmo sentido: STJ, RHC nº 2.674, 5ª Turma, DJU 24/05/1993, p. 10.011.
39 No mesmo sentido: RT nº 322/97.
40 Rosa, Borges da. *Comentários ao Código de Processo Penal*. v. I, p. 814.
41 Marques, José Frederico. *A Instituição do Júri*. Millennium, 1997, p. 158.

dem de Serviço n. 2/99, da Superintendência da Receita Federal (3ª Região Fiscal)". (STJ, REsp 355.630-CE, 2ªT., rel. Franciulli Netto, p. 182)

3.13. A responsabilidade criminal dos jurados

Estabeleceu a reforma do júri que:

> Art. 445. O jurado, no exercício da função ou a pretexto de exercê-la, será responsável criminalmente nos mesmos termos em que o são os juízes togados.
> Art. 446. Aos suplentes, quando convocados, serão aplicáveis os dispositivos referentes às dispensas, faltas e escusas e à equiparação de responsabilidade penal prevista no art. 445 deste Código.

Na realidade, tanto os jurados como os suplentes são considerados funcionários públicos para os efeitos penais, na exata forma do art. 327 do Código de Processo Penal, *in verbis*:

> Considera-se funcionário público, para os efeitos penais, quem, embora transitoriamente ou sem remuneração, exerce cargo, emprego ou função pública.

Advertiu, porém, perfeitamente, Whitaker:

> desde que o jurado se mantenha na linha do dever e da honra, nenhuma responsabilidade legal resulta de seu voto; seja, embora, brando no julgar, cometa erros ou injustiças; somente sofrerá a crítica do público que o fiscaliza e as censuras da própria consciência. Se, porém, prevarica, outras são as conseqüências[42].

Os jurados serão responsáveis criminalmente, nos mesmos termos em que o são os juízes de ofício, por:

a) concussão: art. 316 do CP, *in verbis*:

> Exigir, para si ou para outrem, direta ou indiretamente, ainda que fora da função ou antes de assumi-la, mas em razão dela, vantagem indevida:
> Pena – reclusão, de 2 (dois) a 8 (oito) anos, e multa.

b) corrupção passiva: art. 317 do CP, *in verbis*:

> Solicitar ou receber, para si ou para outrem, direta ou indiretamente, ainda que fora da função ou antes de assumi-la, mas em razão dela, vantagem indevida, ou aceitar promessa de tal vantagem:
> Pena – reclusão, de 2 (dois) a 12 (doze) anos, e multa.[43]
> § 1º. A pena é aumentada de um terço, se, em conseqüência da vantagem ou promessa, o funcionário retarda ou deixa de praticar qualquer ato de ofício ou o pratica infringindo dever funcional.

---

42 *Júri*. 6 ed., 1930, p. 22.
43 Redação dada à pena pela Lei nº 10.763, de 12/11/2003, *DOU* 13/11/2003.

> § 2º. Se o funcionário pratica, deixa de praticar ou retarda ato de ofício, com infração de dever funcional, cedendo a pedido ou influência de outrem:
> Pena – detenção, de 3 (três) meses a 1 (um) ano, ou multa.

c) prevaricação: art. 319 do CP, *in verbis*:

> Retardar ou deixar de praticar, indevidamente, ato de ofício, ou praticá-lo contra disposição expressa de lei, para satisfazer interesse ou sentimento pessoal: Pena – detenção, de 3 (três) meses a 1 (um) ano, e multa.

Como bem esclarece Magalhães Drumont,
> a sanções penais sujeitar-se-á só o que deixar de ser juiz de consciência para se transformar em juiz prevaricador, tendencioso, venal, desidioso. Aliás, a punição pelo voto dado em sã consciência far-se-ia impossível na nova organização do júri, na qual o voto do jurado continua secreto. Só nas decisões unânimes far-se-á conhecido o voto de cada um. Mas, nessa unanimidade mesma não estaria de logo uma presunção de acerto na decisão? Em todo o caso, houvesse o propósito de responsabilizar o jurado pelo acerto – ou desacerto – do voto, necessariamente não se conservaria na lei o processo de votação secreta[44].

Ensina Espínola Filho[45] que, além de responsabilidade criminal, têm os jurados responsabilidade moral e disciplinar. Em análise a diversos dispositivos do Código, veremos que ao presidente do júri incumbe aplicar a multa aos jurados, por faltas, que se podem dizer disciplinares, a começar pelo não-comparecimento às sessões.

Há ainda o dever de acatamento das decisões do presidente do tribunal do júri, podendo tal transgressão importar desobediência ou desacato.

3.14. Da composição do Tribunal do Júri e da formação do Conselho de Sentença

3.14.1. A composição do júri

O novo Tribunal do Júri é composto por 1 (um) juiz togado, seu presidente e 25 (vinte e cinco) jurados que serão sorteados dentre os alistados, 7 (sete) dos quais constituirão o Conselho de Sentença em cada sessão de julgamento.

Conforme o amigo Tourinho Filho[46]:
> [O] júri, entre nós, é um órgão especial de primeiro grau da Justiça Comum Estadual e Federal, colegiado, heterogêneo e temporário. Heterogêneo, porque constituído de pessoas das diversas camadas da sociedade, sendo presidido por um juiz togado; temporário, porque pode não se reunir todos os dias ou todos os meses.

---

44 *Apud* Bittencourt, Edgard de Moura. *A instituição do Júri*. 1939.
45 Espínola Filho, Eduardo, *Código de Processo Penal Brasileiro Anotado*. v I, Bookseller, 2000.
46 No mesmo sentido: Tourinho Filho, Fernando da Costa. *Prática de Processo Penal*. 21 ed., São Paulo: Saraiva, 1999, p. 215.

Aspecto prático importante:
Não confunda a composição do júri com a composição do Conselho de Sentença.
a) **Composição do Tribunal do Júri:** vinte e seis pessoas (um juiz de direito, que é o seu presidente, e vinte e cinco jurados).
b) **Composição do Conselho de Sentença:** sete pessoas (que foram sorteadas entre os vinte e cinco jurados).

3.14.2. Os impedidos de servir no mesmo Conselho de Sentença

São impedidos de servir no mesmo Conselho:
a) marido e mulher;
b) ascendente e descendente;
c) sogro e genro ou nora;
d) irmãos e cunhados, durante o cunhadio;
e) tio e sobrinho;
f) padrasto, madrasta ou enteado.

O mesmo impedimento ocorrerá em relação às pessoas que mantenham união estável reconhecida como entidade familiar.

Aplicar-se-á aos jurados o disposto sobre os impedimentos, a suspeição e as incompatibilidades dos juízes togados.

Segundo o novo art. 448 do Código de Processo Penal:

> *Não poderá servir o jurado que:*
> *I – tiver funcionado em julgamento anterior do mesmo processo, independentemente da causa determinante do julgamento posterior;*
> *II – no caso do concurso de pessoas, houver integrado o Conselho de Sentença que julgou o outro acusado;*
> *III – tiver manifestado prévia disposição para condenar ou absolver o acusado.*

Aspecto prático importante I:
Dos impedidos entre si por parentesco ou relação de convivência, servirá o que houver sido sorteado em primeiro lugar.

Aspecto prático importante II:
Os jurados excluídos por impedimento, suspeição ou incompatibilidade serão considerados para a constituição do número legal exigível para a realização da sessão.

Aspecto prático importante III:
O mesmo Conselho de Sentença poderá conhecer de mais de um processo, no mesmo dia, se as partes o aceitarem, hipótese em que seus integrantes deverão prestar novo compromisso.

3.14.2.1. Não pode(m) participar do Conselho de Sentença, ensejando a nulidade do julgamento[47]

Atualizando a pesquisa realizada pelo professor Damásio, podemos afirmar que há varios casos em que, no contexto prático, foi vedada a participação do Conselho de Sentença; portanto, sob pena de nulidade, não pode(m) participar do Conselho de Sentença:

Escrivão que funcionou no inquérito policial (TJSC, RT nº 422/357; TJSP, RT nº 445/364, nº 376/205 e nº 432/318; RF nº 145/444; no sentido do texto, na doutrina: José Frederico Marques, *O júri no Direito Brasileiro*, São Paulo, Saraiva, 1955, p. 239); tio e sobrinho (TJMG, RT nº 467/415; no mesmo sentido: RT nº 426/347 e nº 580/344; RF nº 223/334); sogro e genro (TJMT, RT nº 480/358); filho do Juiz de Paz que atuou no processo (TJMG, RT nº 407/363); tio do advogado do réu (TJSP, RT nº 437/327 e nº 494/302); cunhados, durante o cunhadio (RT nº 403/111, nº 477/392, nº 514/436 e nº 393/244); jurado que funcionou como defensor do co-réu no mesmo processo (RT nº 545/346); irmão do jurado que participou do julgamento anterior do mesmo réu (TJSP, RT nº 490/308); cunhado do escrivão do processo (RT nº 297/153); cunhada do escrivão (TJSP, ACrim nº 106.835, RJTJSP nº 135/446 e nº 447); cunhado do escrevente do processo (TJSP, RT nº 369/70); cunhada do escrevente (TJSP, Acrim nº 106.835, RJTJSP nº 135/447); irmão do perito que funcionou no processo (RT nº 292/133); jurado no gozo de *sursis* (TJSP, RT nº 370/88); marido e mulher, ascendentes e descendentes, irmãos, padrasto ou madrasta e enteado (CPP, art. 462, atual art. 448); quem foi testemunha no processo (CPP, art. 252, II, *in fine*); quem for, por si ou por seu cônjuge ou parente, parte no processo ou diretamente interessado nele (CPP, art. 252, IV); amigo íntimo ou inimigo capital do réu ou da vítima (CPP, art. 254, I); quem, por si ou por seu cônjuge, ascendente ou descendente, estiver respondendo a processo por fato semelhante (CPP, art. 254, II); quem, por si ou seu cônjuge ou parente, sustentar demanda com o réu ou com a vítima, ou responder a processo que será julgado por qualquer das partes (CPP, art. 254, III); quem tiver aconselhado qualquer das partes (CPP, art. 254, IV); credor ou devedor, tutor ou curador do réu ou da vítima (CPP, art. 254, V); sócio, acionista ou administrador de sociedade interessada no processo (CPP, art. 254, VI); o ascendente, o descendente, o sogro, o genro, a nora, o irmão, o cunhado (durante o cunhadio), o sobrinho, o primo-irmão do juiz, do promotor de Justiça, do advogado de defesa, do assistente da acusação, do réu ou da vítima (CPP, arts. 252 e 458, *atual art. 448*; primo-irmão do advogado de defesa pode: TJSP, RT nº 554/327, RF nº 115/602; Adriano Marrey, *Júri, roteiros práticos*, São Paulo, Corregedoria-Geral de Justiça de São Paulo, 1981, p. 36); jurado que funciona como advogado em ação civil contra o réu (RT nº 553/324); filho do jurado que funcionou no julgamento do co-réu (RT nº 569/308); irmão do oficial de justiça que funcionou no processo (RT nº 573/365).

---

47 Jesus, Damásio E. de. *Código de Processo Penal Anotado*. São Paulo: Saraiva, 2000.

Posição dominante do STF:
> Súmula 206. Nulo o julgamento ulterior pelo júri com a participação de jurado que funcionou em julgamento anterior do mesmo processo.

Suspeição por motivo de foro íntimo: "Jurado que declarou suspeição não pode integrar o Conselho de Sentença" (RT 644/304).

3.14.2.2. Pode(m) participar do Conselho de Sentença, não ensejando a nulidade do julgamento[48]

A pesquisa infracitada foi realizada pelo professor Damásio, apenas acrescentei minha posição, pois há vários casos que entendo que há vedação, portanto, segundo o renomado professor, pode(m) participar do Conselho de Sentença:

a) O mesmo jurado, na mesma sessão periódica, mais de uma vez (TJSP, RT nº 444/315 e nº 462/349), ainda que em julgamentos do mesmo réu (RJTJSP nº 99/443);

Minha posição: entendo, em conformidade com o novo art. 449, inciso I, que há vedação.

b) irmão do escrivão do processo (TJMG, RT nº 415/350; STJ, REsp nº 89.904, 5ª Turma, Rel. Min. Flaquer Scartezzini, DJU 13/04/1998, p. 135).

Minha posição: há posição contrária, vide: TJSP, RT nº 371/139;

c) irmão do meirinho que funcionou no julgamento (TJSP, RT nº 407/100).

Minha posição: há posição contrária, vide: RT nº 321/105;

d) jurado que serviu como testemunha do depoimento do réu na Polícia (TJSP, RT nº 379/114);

Minha posição: entendo, em conformidade com o novo art. 449, inciso III, que há vedação.

e) concunhados (RT nº 396/95);

f) Comissário de Menores da Comarca (TJSP, RT nº 534/345);

g) inimigo do advogado do réu (RT 188/76 e 179/596; José Frederico Marques, *op. cit.*, p. 239);

Minha posição: entendo, em conformidade com o novo art. 449, inciso III, que há vedação.

h) quem foi arrolado como testemunha, mas não ouvido (RF nº 142/414);

Minha posição: entendo, em conformidade com o novo art. 449, inciso III, que há vedação.

i) quem assinou a rogo o interrogatório do réu no processo (RT nº 214/95);

Minha posição: entendo, em conformidade com o novo art. 449, inciso III, que há vedação.

j) cindido o julgamento a pedido da defesa, o mesmo jurado pode participar dos julgamentos dos réus (TJSP, RT nº 392/109 e nº 462/351);

---

48   Ibidem.

Minha posição: entendo, em conformidade com o novo art. 449, inciso II, que há vedação.

l) primos entre si (STF, RT nº 548/427);
m) jurado cujo pai serviu no processo como testemunha (STF, RT nº 548/427);
n) irmã de caridade (TJSP, ACrim nº 77.467, RJTJSP nº 129/513).

Minha posição: entendo, em conformidade com o novo art. 449, inciso III, que há vedação.

3.15. Da reunião e das sessões do Tribunal do Júri
3.15.1. A abertura dos trabalhos

O Tribunal do Júri reunir-se-á para as sessões de instrução e julgamento nos períodos e na forma estabelecida pela lei local de organização judiciária.

Aspecto prático importante I:

Até o momento de abertura dos trabalhos da sessão, o juiz presidente decidirá os casos de isenção e dispensa de jurados e o pedido de adiamento de julgamento, mandando consignar em ata as deliberações.

3.15.2. A ausência do Ministério Público

Previa o antigo art. 448 do Código de Processo Penal

> *Se, por motivo de força maior, não comparecer o órgão do Ministério Público, o presidente adiará o julgamento para o primeiro dia desimpedido, da mesma sessão periódica. Continuando o órgão do Ministério Público impossibilitado de comparecer, funcionará o substituto legal, se houver, ou promotor ad hoc.*

Fazíamos no livro *Direito Processual Penal*, Vol. I, Série Provas e Concursos, Editora Campus/Elsevier, uma ferrenha oposição à anômala figura promotor *ad hoc*, mas tal personagem tornou-se inexistente na legislação pátria diante do disposto no art. 129, I, da CF, e art. 25, parágrafo único, da Lei nº 8.625, de 12/02/1993 (LONMP).

Hoje, a reforma do júri resolveu o problema ao dispor no novo art. 455 do Código de Processo Penal que:

> *Se o Ministério Público não comparecer, o juiz presidente adiará o julgamento para o primeiro dia desimpedido da mesma reunião, cientificadas as partes e as testemunhas. Parágrafo único. Se a ausência não for justificada, o fato será imediatamente comunicado ao Procurador-Geral de Justiça com a data designada para a nova sessão.*

Havendo ausência injustificada, a medida será a imediata a comunicação do fato ao procurador-geral para que tome as providências de designação de outro membro do Ministério Público e providencie as medidas administrativas cabíveis. Já ensinava o saudoso Prof. Mirabete[49] que: "O adiamento do julgamento pela ausência do membro do Ministério Público não é causa de constrangimento ilegal por excesso de prazo."

---

49 No mesmo sentido: Mirabete, Júlio Fabbrini. *Código de Processo Penal Interpretado*. São Paulo: Atlas, 2003, p. 1.180.

3.15.3. As regras sobre as faltas do defensor, do réu, do acusador particular e das testemunhas

a) A falta do defensor do réu sem escusa legítima

Afirma o novo art. 456 do Código de Processo Penal que:

> Se a falta, sem escusa legítima, for do advogado do acusado, e se outro não for por este constituído, o fato será imediatamente comunicado ao presidente da seccional da Ordem dos Advogados do Brasil, com a data designada para a nova sessão.
> § 1º Não havendo escusa legítima, o julgamento será adiado somente uma vez, devendo o acusado ser julgado quando chamado novamente.

Aspecto prático importante I:

Para assegurar a ampla defesa e também para que o julgamento não seja adiado mais de uma vez, o juiz além de tomar as providências estipuladas no *caput* do artigo supracitado, deve notificar o acusado da constituição de um novo causídico e intimar a Defensoria Pública para o novo julgamento, que será adiado para o primeiro dia desimpedido, observado o prazo mínimo de 10 (dez) dias. Não havendo defensoria pública, deve o juiz nomear um defensor dativo.

O defensor público ou o defensor dativo serão dispensados no caso do advogado indicado pelo réu comparecer no dia do julgamento.

Posição dominante do STF:

> Júri. Ausência do advogado constituído. Conseqüências. Ausente o advogado por motivo socialmente aceitável, incumbe ao Presidente do Tribunal do Júri adiar o julgamento. Injustificada a falta, compete-lhe, em primeiro lugar, ensejar ao acusado a constituição de um novo causídico, o que lhe é garantido por princípio constitucional implícito. Somente na hipótese de silêncio do interessado que, para tanto, há de ser pessoalmente intimado, cabe a designação de defensor dativo. Inteligência da Carta da República, no que homenageante do direito de defesa, da paridade de armas, do devido processo legal. Júri realizado com o atropelo de garantias asseguradas à defesa e, por isso mesmo, merecedor da pecha de nulo. (STF HC 71.408-1-RJ Rel. Min. Marco Aurélio 2ª T, p. 2)

Aspecto prático importante II:

Entendo que mesmo comparecendo o Advogado, mas no caso de o juiz considerar que o réu ficou indefeso, deve este suspender o julgamento, adiar a sessão e estabelecer um prazo para o réu indicar outro advogado; caso contrário, o magistrado deve nomear um defensor para defender o acusado em plenário, neste caso, o réu não poderá constituir o mesmo profissional que o juiz considerou inapto para a causa.

Indagação prática relevante: Qual o recurso cabível da decisão que adia o julgamento?

Nenhum. Veja-se este julgado:
> Irrecorribilidade da decisão de adiamento. É irrecorrível a decisão que adia julgamento pelo Tribunal do Júri.[50]

Aspecto prático importante III:
Os pedidos de adiamento e as justificações de não comparecimento deverão ser, salvo comprovado motivo de força maior, previamente submetidos à apreciação do juiz presidente do Tribunal do Júri.

Posição dominante do STF:
> Ausente o advogado por motivo socialmente aceitável, incumbe ao presidente do Tribunal do Júri adiar o julgamento. (STF – HC nº 71.408 – 2ª T. – Rel. Min. Marco Aurélio)

b) A possibilidade de o julgamento ser realizado na ausência do réu.

Antes da reforma só poderia o julgamento ser realizado na ausência do réu se se tratasse de crime afiançável, e o não-comparecimento do réu ocorresse sem motivo legítimo, Hermínio Alberto Marques Porto[51], reproduzindo o pensamento da doutrina dominante, afirmava: *O julgamento à revelia do réu só é possível quando afiançável o crime e injustificada a ausência*.

O próprio STF também defendia que *nos crimes inafiançáveis, a presença do réu é indispensável, CPP, art. 451 e seu § 1º, II. HC indeferido*[52].

Defendíamos que no livro *Direito Processual Penal*, Vol. I, Série Provas e Concursos, Editora Campus/Elsevier, que era plenamente possível a dispensa do réu no plenário do júri mesmo nos crimes inafiançáveis, pois se o mesmo tem o direito de permanecer calado, como decorrência desse direito, ele pode também querer não estar presente ao julgamento para se preservar apreciações de ordem pessoais.

Agora dispõe o novo art. 457 do Código de Processo Penal:
> *O julgamento não será adiado pelo não comparecimento do acusado solto, do assistente ou do advogado do querelante, que tiver sido regularmente intimado.*
> *§ 2º Se o acusado preso não for conduzido, o julgamento será adiado para o primeiro dia desimpedido da mesma reunião, salvo se houver pedido de dispensa de comparecimento subscrito por ele e seu defensor.*

Resumo didático
A reforma possibilitou duas hipóteses em que o julgamento pode ser realizado na ausência do réu, quais sejam:
1ª hipótese: o não comparecimento do acusado solto;

---
50 RT nº 706/348.
51 *Júri*. 2 ed., São Paulo: RT, 1980, p. 118, nota 208.
52 STF – HC nº 71.923-5 – PE – 2ª T. – Rel. Min. Carlos Velloso – DJU 24/02/1995.

2ª hipótese: se houver pedido de dispensa de comparecimento subscrito por ele e seu defensor.

Aspecto prático importante I:
Deverá ser totalmente reformulada a posição do STF que defendia não ser motivo de *constrangimento ilegal a prisão preventiva decretada contra réu que se achava em liberdade provisória, mesmo pronunciado, na forma do art. 408, § 2º, do CPP, mas que, embora regularmente intimado, não comparece ao seu julgamento pelo Tribunal do Júri*[53].

Indagação prática relevante: O que ocorre se o acusador particular não comparecer ao julgamento do júri?

Resposta: Leciona Noronha[54] que, quando se tratar de acusador particular – o que é raríssimo, mas pode suceder, quando o promotor não ofereceu denúncia – far-se-á também o adiamento para a próxima reunião periódica, se a ausência se der por justa causa e o julgamento não se puder realizar na reunião em curso. Se não houver justa causa, dar-se-á a perempção do *jus querelandi*, isto é, o acusador particular será lançado e a acusação será desenvolvida pelo Ministério Público, já que a ação é pública, não havendo em tal caso adiamento. Se a ausência for do assistente, haja ou não justa causa, não se dará adiamento. A acusação se fará pelo Ministério Publico, inexistindo razão para qualquer adiamento, pois a assistência é apenas auxílio ou adminículo à acusação que, sem ele, se fará.

c) A falta da testemunha
Quanto à falta das testemunhas, observaremos as seguintes regras:
a) Se a testemunha, sem justa causa, deixar de comparecer, o juiz presidente, sem prejuízo da ação penal pela desobediência, aplicar-lhe-á a multa prevista no § 2º do art. 436 do Código de Processo Penal, *in verbis:*

> *A recusa injustificada ao serviço do júri acarretará multa no valor de 1 (um) a 10 (dez) salários mínimos, a critério do juiz, de acordo com a condição econômica do jurado*

b) Aplicar-se-á às testemunhas a serviço do Tribunal do Júri o disposto no art. 441 do Código de Processo Penal, *in verbis:*

Nenhum desconto será feito nos vencimentos ou salário do jurado sorteado que comparecer à sessão do júri.

Aspecto prático importante I:
Segundo o novo art. 461 do Código de Processo Penal:

> *O julgamento não será adiado se a testemunha deixar de comparecer, salvo se uma das partes tiver requerido a sua intimação por mandado, na oportunidade de que trata o art. 422 deste Código, declarando não prescindir do depoimento e indicando a sua localização.*

---

53 RT nº 542/443 e RTJ nº 102/979.
54 No mesmo sentido: Noronha, E. Magalhães. *Curso de Direito Processual Penal.* 20 ed., São Paulo: Saraiva, 1990.

> *§ 1º Se, intimada, a testemunha não comparecer, o juiz presidente suspenderá os trabalhos e mandará conduzi-la ou adiará o julgamento para o primeiro dia desimpedido, ordenando a sua condução.*
> *§ 2º O julgamento será realizado mesmo na hipótese de a testemunha não ser encontrada no local indicado, se assim for certificado por oficial de justiça.*

Indagação prática relevante: Qual a conseqüência jurídica da ausência de testemunha arrolada para depor no plenário do júri.

Devemos considerar duas hipóteses no contexto prático:

1ª hipótese: inexistência de cláusula da imprescindibilidade:

Não tendo sido a testemunha arrolada com a declaração de imprescindibilidade de seu depoimento, sua dispensa, por não ter sido localizada pelo oficial de justiça não acarreta a nulidade do julgamento do júri, notadamente se nenhum protesto foi consignado em ata (No mesmo sentido: RT 583/342).

2ª hipótese: existência de cláusula de imprescindibilidade:

Se a testemunha for arrolada como imprescindível e não comparecer, ou será conduzida coercitivamente ou adiado o julgamento. O que o juiz não pode fazer é dispensá-la contra a vontade da parte.

Posição dominante do STF:

> Se a testemunha arrolada como imprescindível, intimada, não comparece ao plenário, ou será mandada buscar para o ato, ou será adiado o julgamento. Não pode o juiz, a despeito da oposição do arrolante, dispensar em tal caso o depoimento, sob a consideração de que seria renovação inútil do anteriormente prestado no juízo de admissibilidade da acusação. (No mesmo sentido: RT 549/429-30 e RTJ 92/371)

d) O não-comparecimento do advogado do assistente

O julgamento não será adiado pelo não-comparecimento do advogado do assistente que tiver sido regularmente intimado.

e) A falta do acusador particular, sem escusa legítima

Se o acusador particular, que tiver sido regularmente intimado, deixar de comparecer, sem escusa legítima, a acusação, tratando-se de ação penal subsidiária da pública, será devolvida ao Ministério Público, não se adiando por aquele motivo o julgamento.

3.16. A separação das testemunhas
Aspecto prático importante I:

Antes de constituído o Conselho de Sentença, o juiz deve determinar que as testemunhas sejam recolhidas a lugar onde umas não possam ouvir os depoimentos das outras.

Afirmava o Prof. Mirabete[55]:
> [A]s testemunhas de acusação e as de defesa devem ficar separadas e recolhidas a lugar onde não possam ouvir os debates ou as respostas umas das outras. A incomunicabilidade é substancial e sua falta acarreta nulidade. Nada impede, porém, que a testemunha se apresente com atraso, depois de iniciado o julgamento, podendo depor se não assistiu aos atos do julgamento até sua apresentação. A incomunicabilidade prevista em lei é apenas a referida no dispositivo, nada impedindo que tenham contato com terceiros e desde que nada seja dito a respeito do julgamento por ela ou por seu interlocutor.

Entendo, e este é o entendimento jurisprudencial dominante, que a quebra da incomunicabilidade das testemunhas, constitui nulidade relativa, que somente se reconhece se provado o prejuízo para alguma das partes[56].

3.17. A abertura da sessão

Preconiza o novo art. 462 do Código de Processo Penal:

> *Realizadas as diligências referidas nos arts. 454 a 461 deste Código, o juiz presidente verificará se a urna contém as cédulas dos 25 (vinte e cinco) jurados sorteados, mandando que o escrivão proceda à chamada deles.*

- Veja no capítulo "parte prática" o modelo do termo de verificação da urna.

Contextualização prática:

Após a verificação da urna e das assinaturas do respectivo termo o Juiz geralmente diz:

> "Determino ao senhor escrivão que proceda a chamada nominal dos jurados, aos quais solicito que, à maneira em que seus nomes forem sendo chamados, cada um responda, em alto e bom som: *'PRESENTE'*.

Comparecendo, pelo menos, 15 (quinze) jurados, o juiz presidente declarará instalados os trabalhos, anunciando o processo que será submetido a julgamento.

Contextualização prática:

Neste momento o juiz afirma:

> Havendo número legal de jurados presentes, declaro instalada a sessão do Egrégio Tribunal Popular do Júri.
> Determino ao oficial de justiça que fala o pregão de estilo.

O oficial de justiça fará o pregão, certificando a diligência nos autos.

---

55 No mesmo sentido: Mirabete, Júlio Fabbrini. *Código de Processo Penal Interpretado*. São Paulo: Atlas, 2003, p. 1.186.
56 No mesmo sentido: TJSP, HC 331.378-3.

Aspecto prático importante I:
Geralmente, o oficial de justiça, na ante-sala, informa ao público, se presente, que terá início o julgamento de fulano de tal, acusado pela Justiça Pública[57].

Aspecto prático importante II:
Cuidado: muito cuidado. Se houver alguma nulidade posterior à pronúncia, é exatamente neste momento que devem ser argüidas, ou seja, logo que seja anunciado o julgamento e apregoadas as partes.

Posição dominante do STF: É orientação do STF que,
> no processo da competência do Tribunal do Júri, as nulidades que se verificarem depois da pronúncia devem ser argüidas logo que seja anunciado o julgamento e apregoadas as partes. Se não forem argüidas nessa oportunidade, são havidas por sanadas (CPP, art. 571, V, combinado com o art. 572, I)[58].

Aspecto prático importante III:
Os jurados excluídos por impedimento ou suspeição **serão** computados para a constituição do número legal.

Posição dominante do STJ:
> Os jurados excluídos por impedimento ou suspeição serão computados para a constituição do número legal para a formação do conselho de sentença. (STJ – REsp. 55.530-2-PE – Rel. Min. Luiz Vicente Cernicchiaro – 6ª, p. 18.756)

3.18. O sorteio dos suplentes

Não havendo pelo menos 15 (quinze) jurados, proceder-se-á ao sorteio de tantos suplentes quantos necessários e designar-se-á nova data para a sessão do júri.

Aspecto prático importante I:
Os nomes dos suplentes serão consignados em ata, remetendo-se o expediente de convocação.

Aspecto prático importante II:
Os suplentes serão convocados pelo correio ou por qualquer outro meio hábil para comparecer no dia e hora designados para a reunião, sob as penas da lei. No mesmo expediente de convocação serão transcritos os arts. 436 a 446 do Código de Processo Penal.

Aspecto prático importante III:
Serão afixados na porta do edifício do Tribunal do Júri a relação dos novos jurados convocados, os nomes do acusado e dos procuradores das partes, além do dia, hora e local das sessões de instrução e julgamento.

---

57 Jesus, Damásio E. de. *Código de Processo Penal Anotado*. São Paulo: Saraiva, 2000.
58 HC nº 51.845, DJU 22/03/1974, p. 1.633. No mesmo sentido: TJSP, *RT* nº 407/116 e nº 380/72.

3.19. O que o juiz deve fazer antes de sortear os jurados

Conforme o novo art. 466 do Código de Processo Penal:

> Antes do sorteio dos membros do Conselho de Sentença, o juiz presidente esclarecerá sobre os impedimentos, a suspeição e as incompatibilidades constantes dos arts. 448 e 449 deste Código.

Dizia Mirabete:[59]:

> [A]ntes do sorteio, o juiz deve advertir os jurados dos impedimentos e incompatibilidades legais. Os impedimentos são os previstos no art. 462 (Atuais arts. 448 e 449). Existente o impedimento por parentesco entre os jurados, deve servir o primeiro que for sorteado. Também são aplicáveis aos jurados as incompatibilidades previstas para os juízes, conforme o art. 252. Não podem, pois, servir como jurados, nos termos do inciso I, conforme exemplos retirados da jurisprudência, o filho do juiz de paz, o cunhado do escrivão ou do escrevente; o irmão do perito; o irmão do oficial de justiça; o tio do advogado do réu; o irmão do escrivão e outros.

Contextualização prática:

Neste momento, o juiz presidente também diz aos jurados:

> Advirto aos senhores jurados que, uma vez sorteados, não poderão comunicar-se entre si e com outrem, nem manifestar sua opinião sobre o processo, sob pena de exclusão do Conselho e multa, na forma do § 2º do art. 436 do Código de Processo Pena.

3.20. A certidão de incomunicabilidade dos jurados

A reforma inovou ao determinar no § 2º do art. 466 que: *A incomunicabilidade será certificada nos autos pelo oficial de justiça.*

- Veja no capítulo "parte prática" o modelo de certidão de incomunicabilidade dos jurados elaborado pelo oficial de justiça.

Ensinava Whitaker que "a lei, exigindo a incomunicabilidade, pretendeu garantir a independência dos jurados e a verdade das decisões. Só a própria convicção os deve guiar no julgamento"[60].

Câmara Leal, por seu turno, ensina o que segue: "o jurado que violar a incomunicabilidade que lhe é imposta por lei será excluído do conselho, que ficará dissolvido, sendo o julgamento designado para outro dia, não mais podendo o jurado excluído tomar parte no julgamento"[61].

---

59 No mesmo sentido: Mirabete, Júlio Fabbrini. *Código de Processo Penal Interpretado*. São Paulo: Atlas, 2003, p. 1.188.
60 Whitaker, Firmino. *Júri*. 1930, p. 83.
61 Câmara Leal. *Comentários ao Código de Processo Penal brasileiro*. 1942, v. III, p. 182.

3.20.1. A incomunicabilidade relativa

A incomunicabilidade relativa dos jurados não deve ser considerada em termos absolutos, porque a *ratio legis*, é assegurar o sigilo quanto ao mérito do julgamento e tem como objetivo impedir que o jurado exteriorize sua forma de decidir e venha a influir, quer favorecendo, quer prejudicando, qualquer das partes, portanto, alguma conversa na hora do intervalo, por exemplo, não tem o condão de anular o julgamento.

Posição dominante do STF:

> STF: Esta Corte, ao julgar o RE 97.513 (RTJ 104/1.207 e s), sendo relator o eminente Min. Alfredo Buzaid, decidiu que "não se pode exigir que essa incomunicabilidade absoluta se estenda até o momento em que os jurados não estão em sessão, mas sim em recesso ou mesmo para uma outra postura urgente, desde que a comunicação não se refira ao fato em julgamento. Ademais, no caso, houve omissão por parte da defesa, que, assim, concorreu para a nulidade alegada, sendo aplicável, pois, o art. 565 do CPP". (RT 730/441-2)
> O fato de uma das juradas haver aberto uma agenda durante os debates, sendo, por isso, advertida pelo juiz, não constitui irregularidade que possa ensejar a anulação do julgamento. (STF HC 77.666-3-SP, 2ª T, p. 9)

Aspecto prático importante:

Em 1918, Godofredo Viana já apresentava um macete prático para evitar nulidades no júri: "a constatação da incomunicabilidade seja declarada no final da ata, de modo a abranger todo o curso da sessão"[62].

Posição dominante do STF:

> O sigilo do voto é característico do julgamento criminal pelo júri. Sendo a ata omissa em relação à incomunicabilidade dos jurados, deixa presumir o descumprimento da solenidade imposta à fiel garantia inerente tanto à acusação como à defesa. (STF – HC 32.242)

Indagação prática relevante I: Advogado alega que houve quebra da incomunicabilidade dos jurados. O juiz fez constar na ata que não houve comunicação dos jurados. Aponte a solução jurídica.

Resposta: O entendimento jurisprudencial é no sentido de que o registro realizado na ata realizado pelo juiz prevalece sobre a alegação do defensor[63].

Indagação prática relevante II: A incomunicabilidade dos jurados no Tribunal do Júri é absoluta?

Resposta: Não. O entendimento jurisprudencial é no sentido de que a lei não veda a comunicação entre eles, desde que sob a fiscalização do juiz e sobre assuntos alheios ao julgamento[64].

---

62 Viana, Godofredo. *Prática do processo criminal*. 1918, p. 179, nota 142.
63 No mesmo sentido: TJSP, RT nº 468/314.
64 No mesmo sentido: TJSP, RT nº 427/35 e nº 581/300.

3.21. O sorteio dos jurados

Verificando que se encontram na urna as cédulas relativas aos jurados presentes, o juiz presidente sorteará 7 (sete) dentre eles para a formação do Conselho de Sentença.

Indagação prática relevante: Qual o momento processual adequado para argüir a suspeição do jurado?

Resposta: O STF (STF, HC nº 71.722, 1ª Turma, *DJU* 25/11/1994, p. 32.301) entende que a argüição de suspeição deve ser realizada antes do sorteio. Se depois, há preclusão, ainda que o motivo seja descoberto após o julgamento.

3.22. As escusas peremptórias

À medida que as cédulas forem sendo retiradas da urna, o juiz presidente as lerá, e a defesa e, depois dela, o Ministério Público poderão recusar os jurados sorteados, até 3 (três) cada parte, sem motivar a recusa.

Contextualização prática:

Neste momento o juiz lê o nome do jurado e diz:
> Diga a defesa.

A defesa reponde:
> Sem oposição.

O juiz se dirige ao Promotor de Justiça e diz:
> Diga o Promotor de Justiça.
> Aceito excelência.

Um aspecto prático importante:

Entendo que causa uma certa antipatia o promotor de justiça ou defesa afirmarem: RECUSO.

Tal palavra causa um certo constrangimento no cidadão leigo, deve o promotor de justiça ou a defesa afirmar: **DISPENSO EXCELÊNCIA**.

Vê-se, pois, que o jurado sorteado passará a integrar o Conselho de Sentença se não for recusado pelas partes. É a chamada recusa peremptória, que independe de justificação ou motivação. Dizem Borsani e Casorati que

> a recusa peremptória é o ato com que o Ministério Público, ou o acusado, declara não aceitar um jurado sem aduzir o motivo. Essa espécie de recusa é fundamental e essencial no instituto do júri e constitui, especialmente para o réu, direito substancial à sua defesa[65].

Leciona Noronha[66] que, sorteado o jurado, pode ser recusado pelas partes. Tem cada uma delas direito de recusar até três, sem dar as razões da recusa. São as chamadas recusas peremptórias. Contra elas se têm arguido vozes autorizadas. Assim, Bento de Faria, invocando escrito de Olavo Bilac, contra a falta de motivação de recusa, escreve que "infelizmente o Código manteve o velho sistema que não evita sejam afastados sem

---

65   Borsani, Giuseppe e Casorati, Luigi. *Códice di Procedura Penale italiano commentato*. 1883, v. V, p. 182.
66   No mesmo sentido: Noronha, E. Magalhães. *Curso de Direito Processual Penal*. 20 ed., São Paulo: Saraiva, 1990.

razão os melhores elementos do júri e as recusações de favor."[67] Não são poucos, entretanto, os que defendem o sistema: Pimenta Bueno, Magarinos Torres, Espínola Filho, Rui Barbosa e outros. O primeiro, além de lembrar que a generalidade das legislações estrangeiras assim também dispõe, escreve com muito realismo:

> com razão estabeleceu a lei a valiosa garantia das recusações peremptórias. Pode haver ódios, antipatias, ou fundadas ou nascidas somente de prevenções, preconceitos que não se podem explicar ou menos provar, e que, entretanto, exerçam influência e impressões incômodas e aflitivas sobre o espírito do acusado ou acusador. Pode haver motivos ocultos que não se possam nem ao menos expressar, porque ofendam conveniências públicas ou graves interesses (...).[68]

Somos a favor da recusa peremptória. Cremos mesmo que, além de tradicional entre nós, ela é essencial à instituição. Condiz mesmo com a plenitude da defesa do réu, inseparável do júri conforme o art. 5º, XXXVIII, *a*, da Constituição Federal.

Quando houver assistente de "acusação", parece-nos acertada a solução apresentada por Magarinos Torres:

> quanto ao modo de exercer as recusações peremptórias, importa esclarecer o texto legal que, da parte da acusação, compete exclusivamente ao Ministério Público, embora este atenda, se quiser, às sugestões de auxiliares de acusação[69].

Aspecto prático importante I:
O jurado recusado imotivadamente por qualquer das partes será excluído daquela sessão de instrução e julgamento, prosseguindo-se o sorteio para a composição do Conselho de Sentença com os jurados remanescentes.

Aspecto prático importante II:

3.22.1. A impossibilidade do separamento do julgamento motivado pelas escusas peremptórias e o critério da recusa

Se forem 2 (dois) ou mais os acusados, as recusas poderão ser feitas por um só defensor.

Posição dominante do STJ:

> STJ: Tratando-se de dois ou mais réus, se as Defesas concordaram que apenas um Defensor faria as recusas, inexiste nulidade, se assim se procedeu. (JSTJ 40/254)

Segundo o novo art. 469, § 1º: *A separação dos julgamentos somente ocorrerá se, em razão das recusas, não for obtido o número mínimo de 7 (sete) jurados para compor o Conselho de Sentença.*

Neste aspecto, a reforma foi muito infeliz, porque na prática pode acontecer a situação infracitada:

---

67 Idem, ibidem, p. 176.
68 Pimenta Bueno. *Op. cit.*, p. 163.
69 Magarinos Torres. *Processo penal do Júri*. 1939, p. 329.

Há 2 (dois) acusados e os dois defensores não chegaram a um acordo sobre quem deveria promover as recusas. Um jurado foi aceito por um réu e recusado por outro, na sequência o jurado foi aceito pelo promotor. Qual a solução jurídica?

Da atenta leitura da exposição de motivos da lei nº 11.689/2008, conclui-se que o legislador quis preservar a unicidade do julgamento, *in verbis:*

> "O anteprojeto adota o princípio da unicidade dos julgamentos, dificultando a possibilidade de separação quando haja mais de um acusado. A só recusa de jurado, quando não haja coincidência nas recusas entre acusação e defesa, não será mais causa de desmembramento. Este se dará apenas se por duas sessões consecutivas, em razão dessa recusas não for possível compor a Comissão, ainda, em que, determinada a separação dos julgamentos, seja julgado em primeiro lugar o acusado a quem foi atribuída a autoria do fato, por razões óbvias, evitando, assim, decisões conflitantes.

Entendo que para evitar a separação de julgamentos como ocorria no código anterior, deve prevalecer o critério da recusa, ou seja, como o réu não pode ser julgado por um jurado que recusou, havendo recusa por um dos réus, o juiz deve excluir o jurado. Esta é a única solução para tentar preservar a unicidade do julgamento sem atentar contra o princípio da plenitude da defesa.

Na sistemática anterior, havendo divergência entre a defesa, o juiz consultava o promotor, e haveria duas hipóteses:

a) Um advogado aceitava o jurado, o outro advogado rejeitava e a acusação não aceitava.

Solução jurídica: o jurado era excluído.

b) Um advogado aceitava o jurado, o outro advogado rejeitava e a acusação aceitava.

Solução jurídica: o jurado não era excluído e teria que separar o julgamento, pois em atendimento ao princípio da ampla defesa não era possível um jurado ser julgado por um jurado que recusou.

Repito, a adoção do critério da recusa é o único método viável para preservar, em regra, a unicidade do julgamento, portanto, teremos no contexto prático:

Um advogado aceitava o jurado, o outro advogado rejeitava.

Solução jurídica: o jurado deve ser excluído.

Indagação prática relevante I: E se houver mais de um réu com um só defensor?

Resposta: Adriano Marrey[70] explica que

> não se podem prejudicar os co-réus somente porque constituíram, para patrocinar seus interesses, um só defensor. É direito de cada acusado aceitar ou recusar, por si só, o jurado sorteado, ou, se preferir, incumbir que as recusas sejam feitas em conjunto com outro. Assim, caso a defesa deseje manter o julgamento unido, sendo um só advogado, dirá ao juiz que fará as aceitações e recusas dos jurados por todos os réus de uma só vez.

---

70 *Teoria e Prática do júri*, p. 286.

Indagação prática relevante II: No caso de ação privada subsidiária, a quem cabe o direito de recusar o jurado sorteado?

Resposta: Sigo a doutrina de Espínola Filho: Se o processo foi instaurado por queixa, sem que o Ministério Público haja tomado a parte principal, é o querelante que, apenas, pode fazer as recusações, guiando-se, se quiser, pelas recomendações que lhe faça o promotor[71]. É também a lição de José Frederico Marques[72]; nessa hipótese, invertem-se os papéis, pois que só o representante da vítima, isto é, o querelante, tem o direito de recusa.

Indagação prática relevante III: E se houver dois crimes a serem julgados pelo Tribunal do Júri, em virtude de conexão e um deles for de ação privada e o outro de ação pública, quem apresentará as recusas, o Ministério Público ou o querelante?

Resposta. José Frederico Marques[73] defende com razão que é forçoso lembrar, porém, que, se houver dois crimes a serem julgados pelo Tribunal do Júri, em virtude de conexão, e um deles for de ação privada e o outro de ação pública, querelante e Ministério Público têm o direito de recusa.

Minha posição: Entendo que o Promotor de Justiça e o querelante devem unificar as recusas; não havendo acordo, deve o juiz decidir quem deverá fazer as recusas, o que não pode, sob pena de haver decisões contraditórias, é fazer um cissão dos julgamentos.

Indagação prática relevante IV: Qual a ordem de preferência das recusas no caso de mais de um defensor e os réus não acordarem que um só se incumba das dispensas?

Resposta. José Parada Neto defende que, "em caso de mais de um réu, com mais de um defensor, falará por último o de inscrição mais antiga na OAB, embora a lei permita que um só se incumba das recusas"[74].

Minha posição: entendo que o critério não é razoável e também é discriminatório, portanto, deve-se usar, como recurso analógico, a mesma sequência prevista no novo art. 429 do Código de Processo Penal; persistindo o empate, o juiz deverá providenciar o sorteio para saber quem será o primeiro a apresentar a recusa e também a defesa em plenário.

3.22.2. O critério de preferência no caso de haver separação dos julgamentos

Segundo o § 2º do novo art. 469:

> *Determinada a separação dos julgamentos, será julgado em primeiro lugar o acusado a quem foi atribuída a autoria do fato ou, em caso de co-autoria, aplicar-se-á o critério de preferência disposto no art. 429 deste Código.*

---

71 *Código de Processo Penal brasileiro anotado*. 1942, v. IV, p. 308.
72 Marques, José Frederico. *A Instituição do Júri*, Millennium, 1997, p. 306.
73 Idem, 1997, p. 307.
74 Parada Neto, José. *A defesa no plenário do júri*, p. 169.

Ou seja, a preferência será:

1º – Do acusado a quem foi atribuída a autoria do fato;
2º – Em caso de co-autoria a preferência será:
I – os acusados presos;
II – dentre os acusados presos, aqueles que estiverem há mais tempo na prisão;
III – em igualdade de condições, os precedentemente pronunciados.

3.23. A solução para o estouro da urna

Além das escusas peremptórias, as partes também podem recusar motivadamente os jurados, ou seja, poderá ser alegado o impedimento, a suspeição e a incompatibilidade do jurado.

Se, em conseqüência do impedimento, suspeição, incompatibilidade, dispensa ou recusa, não houver número para a formação do Conselho, o julgamento será adiado para o primeiro dia desimpedido, após sorteados os suplentes, com observância do disposto no art. 464 do Código de Processo Penal.

3.24. A solução para argüição de impedimento, de suspeição ou de incompatibilidade contra o juiz presidente do Tribunal do Júri, órgão do Ministério Público, jurado ou qualquer funcionário

No caso de uma das partes argüir impedimento, suspeição ou incompatibilidade contra o juiz presidente do Tribunal do Júri, órgão do Ministério Público, jurado ou qualquer funcionário, o juiz deve decidir e em caso de improcedência, o julgamento não será suspenso, devendo, entretanto, constar da ata o seu fundamento e a decisão.

Conforme ensina Damásio:[75]

> não reconhecida a suspeição argüida contra o juiz, promotor de Justiça, jurado ou qualquer funcionário, por falta de prova imediata, não será adiado o julgamento, cumprindo ao Tribunal, em caso de apelação, julgar a impugnação consignada na ata. Neste caso, poderá o julgamento ser anulado por ter dele participado pessoa suspeita ou impedida (art. 564, I, deste Código).

Um aspecto prático importante:

Consoante o entendimento do **STF**, as reclamações das partes devem constar da ata de julgamento, cujo conteúdo é a expressão fiel de todas as ocorrências verificadas em plenário do júri. Essa ata vale pelo que nela se contém. Se dela não constam protestos ou reclamações deduzidas pelas partes a respeito de pontos impugnados, torna-se inviável invalidar o julgamento. (HC 68.727 – Rel. Min. Celso de Mello)

3.25. O juramento solene dos jurados

Formado o Conselho de Sentença, o presidente, levantando-se, e, com ele, todos os presentes, fará aos jurados a seguinte exortação:

---

75 Jesus, Damásio E. de. *Código de Processo Penal Anotado*. São Paulo: Saraiva, 2000.

Em nome da lei, concito-vos a examinar esta causa com imparcialidade e a proferir a vossa decisão de acordo com a vossa consciência e os ditames da justiça.

Os jurados, nominalmente chamados pelo presidente, responderão: *Assim o prometo*

- Veja no capítulo "parte prática" o modelo do termo de compromisso de jurados.

3.25.1. Obrigatoriedade da entrega de cópia da pronúncia aos jurados

A sistemática anterior não impunha uma obrigatoriedade da entrega de cópia da decisão de pronúncia.

Aspecto prático importante I:

Uma inovação importante é a prevista no parágrafo único do novo art. 472 do Código de Processo Penal:

O jurado, em seguida, receberá cópias da pronúncia ou, se for o caso, das decisões posteriores que julgaram admissível a acusação e do relatório do processo.

Não é mais previsto, no rito da 2ª fase, a realização de relatório pelo juiz presidente em plenário, o que ocorria nos termos da antiga redação do art. 466, *caput*, do Código de Processo Penal.

Aspecto prático importante II:

Formado o Conselho de Sentença, os jurados não-sorteados devem ser dispensados pelo juiz, com convite para comparecimento no dia seguinte, se houver novo julgamento.

Há algo claro mas já foi objeto até de dissenso jurisprudencial:

Os jurados dispensados de servirem no primeiro julgamento, a que respondeu o acriminado perante o Júri, serão havidos como automaticamente sorteados para a sessão periódica seguinte e, não, para o novo julgamento do acusado determinado em decorrência do provimento da apelação interposta do primeiro veredicto e realizado vários meses depois. (RT 478/353)

3.26. Da instrução em plenário
3.26.1. O início da instrução plenária

Antes da reforma o início da instrução plenária ocorria com o interrogatório do réu, hoje, houve sensível mudança. Dispõe o novo art. 473 do Código de Processo Penal que:

Prestado o compromisso pelos jurados, será iniciada a instrução plenária quando o juiz presidente, o Ministério Público, o assistente, o querelante e o defensor do acusado tomarão, sucessiva e diretamente, as declarações do ofendido, se possível, e inquirirão as testemunhas arroladas pela acusação.

Aspecto prático importante I:
Para a inquirição das testemunhas arroladas pela defesa, o defensor do acusado formulará as perguntas antes do Ministério Público e do assistente, mantidos no mais a ordem e os critérios estabelecidos neste artigo.

A reforma não deixou nenhuma dúvida, o Ministério Público, o assistente, o querelante e o defensor do acusado tomarão, sucessiva e "diretamente" as declarações do ofendido, se possível, ou seja, se o caso for de tentativa e também inquirirão as testemunhas arroladas pela acusação e defesa. Há muito tempo o grande Espínola Filho já defendia que a "finalidade direta e imediata da inquirição das testemunhas, é formar o livre convencimento dos jurados. A consignação da prova por escrito tem a finalidade de levá-la ao Tribunal, em caso de recurso"[76].

Havia certa resistência por parte de alguns juízes em permitir que a pergunta fosse feita "diretamente" sem a sua interferência, hoje, a exigência é legal.

Nucci[77] defendia que "deve ser garantida às partes e aos jurados a oportunidade de realizarem as reperguntas desejadas diretamente à testemunha, seguindo-se o modelo inglês, e não o sistema presidencialista, regente da instrução monocrática".

Atualizando a posição do renomado autor, afirmo que a reforma não permite que **os jurados** façam perguntas diretamente à testemunha; o novo § 2º do art. 472 do Código de Processo Penal é bem claro: *Os jurados poderão formular perguntas ao ofendido e às testemunhas, por intermédio do juiz presidente.*

Indagação prática relevante: O juiz, no plenário do júri, deve consultar as partes e os jurados sobre a desistência do depoimento das testemunhas?

Resposta. Sim. A testemunha não é da parte que arrolou e sim do processo, portanto, caso a defesa ou o promotor queira desistir da inquirição de uma determinada testemunha, antes de iniciar o depoimento, o juiz deve consultar a outra parte (promotor ou defesa) e também os juízes de fato (jurados).

3.26.1.1. A relatividade do direito de dispensa das testetemunhas

Hildebrando Dantas de Freitas e José Rangel de Almeida também defendem:
> por outro lado, também já se decidiu que, se o direito de dispensar testemunhas cabe às partes, essa dispensa; no entanto, só poderá se efetivar se não se opuser qualquer das partes ou algum jurado.[78]

Posição dominante do STF:
> A desistência de testemunhas em plenário, arroladas por qualquer das partes, só pode ser validamente deferida e homologada pelo juiz Presidente do Tribunal do Júri, quando concordantes os jurados e aquiescente, ainda que tacitamente, a parte contrária. Precedentes. (STF HC 67.737-RJ – Rel. Min. Celso de Mello. 1ª T)

---

76 *Código de Processo Penal brasileiro anotado.*
77 No mesmo sentido: Nucci, Guilherme de Souza. *Código de Processo Penal Comentado.* RT, 2002, p. 712.
78 Freitas, Hildebrando Dantas de; Almeida, José Rangel de. *Repertório de jurisprudência do Código de Processo Penal.* 1960, v. u, p. 904, nº 965.

Dispensa de testemunha é direito relativo – STF: A desistência de testemunhas em plenário depende, para sua validade, de consulta aos jurados". (RT 470/450)

Aspecto prático importante II:

Caso o juiz não consulte a outra parte e os jurados, a nulidade é relativa, portanto, a suposta parte prejudicada, deve imediatamente fazer constar o protesto na ata como forma de subsidiar futuro recurso.

3.26.2. Das acareações em plenário

As partes e os jurados poderão requerer acareações, reconhecimento de pessoas e coisas e esclarecimento dos peritos, bem como a leitura de peças que se refiram, exclusivamente, às provas colhidas por carta precatória e às provas cautelares, antecipadas ou não repetíveis.

Trata-se a acareação, relata Cabral Netto[79], de procedimento que, no plenário do Tribunal do Júri, muitas vezes surte algum efeito, pois os jurados podem observar as expressões e as reações das duas pessoas colocadas em confronto, porque seus depoimentos são divergentes. Como eles não decidem fundamentadamente, podem levar em conta o depoimento de uma, em detrimento do de outra testemunha, justamente porque notaram que uma mentia. Sustentamos que, em homenagem à busca da verdade real, possa haver acareação entre quaisquer pessoas envolvidas no julgamento, tal como disposto no art. 229, *caput*: entre acusados, entre acusado e testemunha, entre testemunhas, entre acusado ou testemunha e vítima e entre vítimas. Mas há quem defenda a possibilidade de se fazer acareação exclusivamente entre testemunhas.

Indagação prática relevante: A testemunha que reside fora da comarca é obrigada a comparecer ao plenário do júri para prestar depoimento?

Resposta: Entendemos que não. Conforme ensina Hermínio Alberto Marques Porto[80],

> é impossível pretender-se que a testemunha, que mora em outra localidade, seja intimada por precatória para comparecer e depor no julgamento do júri. (TJRS, RT nº 519/434). No mesmo sentido: TJSP, RT nº 464/349, nº 403/107, nº 611/318; JTJ nº 143/292; TJMG, ACrim nº 19.146, RT nº 620/341. Caso contrário, estaria a testemunha obrigada a se deslocar aos lugares mais distantes de sua residência. (RT nº 403/107, nº 464/349 e nº 561/427). A não ser que ela se disponha a comparecer. (STF, RT nº 574/462). É também a posição de Damásio.

3.26.3. O interrogatório do réu

A reforma agora determina que, após as declarações do ofendido, evidentemente, no caso de tentativa, e depois de inquiridas as testemunhas arroladas pela acusação e defesa,

---

79 Nesse sentido: Cabral Netto. *Instituições de processo penal*, p. 154.
80 *Júri*. 2 ed., p. 132.

seja realizado o interrogatório do réu na mesma forma forma estabelecida no Capítulo III do Título VII do Livro I do Código de Processo Penal, com as seguintes alterações:
a) O Ministério Público, o assistente, o querelante e o defensor, nessa ordem, poderão formular, diretamente, perguntas ao acusado.
b) Já defendíamos, em conjunto com Antônio Magalhães Gomes Filho[81], Marcelo Fortes Barbosa[82], José Parada Neto[83], Cabral Netto[84], a possibilidade de os jurados formularem perguntas ao réu; agora não há mais divergência, pois o § 2º do novo art. 474 é bem claro: *Os jurados formularão perguntas por intermédio do juiz presidente.*

Indagação prática relevante I: A realização do interrogatório, no plenário do júri, de um réu na presença do outro causa nulidade?

Não. O entendimento jurisprudencial é no sentido de que "o interrogatório de cada um não deve ser feito na presença do outro. O descumprimento a isso, entretanto, constitui simples irregularidade, não anulando o julgamento[85].

Magarinos Torres apresentava a seguinte lição:

> [P]arece escusado observar que o réu deve responder ao interrogatório de pé, pois que fala ao juiz. Antes, pois, que este lhe dirija a palavra, o oficial de justiça deve incumbir-se de acenar ao réu para que se levante. Nada obsta, entretanto, a que, por doente, lhe consinta aquele responder sentado. Também, se fala baixo, nenhum inconveniente haverá em que o juiz o faça aproximar-se de si ou do conselho de jurados, a quem interessam as respostas: e podem estes, em face de alegações do interrogado, pedir ao presidente que esclareça circunstâncias, ou mesmo, que seja o réu examinado de público, por algum ou vários membros do conselho. Tivemos ensejo de convir nisto, muitas vezes, ante alegações de cicatrizes, deformidades, ou subsistência de bala, atribuídas à ação da vítima e não examinadas antes, pericialmente.

Indagação prática relevante II: O que acarreta a ausência de interrogatório do réu em plenário?

Resposta: O entendimento jurisprudencial é no sentido de que acarretará nulidade do julgamento. (No mesmo sentido: RT nº 413/107.)
c) A reforma estabeleceu algo difícil de ser colocado em prática na maioria absoluta das comarcas brasileira; leia-se o novo art. 475, *in verbis*:

> *O registro dos depoimentos e do interrogatório será feito pelos meios ou recursos de gravação magnética, eletrônica, estenotipia ou técnica similar, destinada a obter maior fidelidade e celeridade na colheita da prova.*
> *Parágrafo único. A transcrição do registro, após feita a degravação, constará dos autos.*

---

81 *Direito à Prova no Processo Penal*, p. 153-154.
82 *A acusação no plenário do júri*, p. 150.
83 *A defesa no plenário do júri*, p. 176.
84 *Instituições de processo penal*, p. 148.
85 No mesmo sentido: TJSP, RT nº 446/366.

Um aspecto prático importante:
O juiz deve justificar na ata que não foi possível fazer a gravação magnética, eletrônica, estenotipia ou técnica similar.

3.26.4. O uso de algemas no plenário

Conforme o novo § 3º do art. 474 do Código de Processo Penal:

> *Não se permitirá o uso de algemas no acusado durante o período em que permanecer no plenário do júri, salvo se absolutamente necessário à ordem dos trabalhos, à segurança das testemunhas ou à garantia da integridade física dos presentes.*

Após a excepcional prisão com algemas de alguns bilionários em julho de 2008, o Supremo Tribunal Federal, resolveu editar Súmula Vinculante sobre o uso de algemas.

Coincidentemente, logo após a "comoção gerada" pela prisão com algemas dos bilionários, o STF colocou em pauta o HC nº 91.952 e anulou a sessão de julgamento do Tribunal do Júri de Laranjal Paulista (SP), que condenou um réu por homicídio qualificado (art. 121, § 2º, incisos II, III e IV).

Os ministros aceitaram os argumentos da defesa de que:

a) o réu sofreu constrangimento ilegal por parte da juíza-presidente do Tribunal do Júri, que decidiu manter o réu algemado durante a sessão, sem a devida justificativa.

b) o réu permanecer algemado perante os jurados influiu na decisão.

Houve, *in casu*, aprovação de Súmula Vinculante que "regulamenta" o uso de algemas.

> Só é lícito o uso de algemas em caso de resistência e de fundado receio de fuga ou de perigo à integridade física própria ou alheia, por parte do preso ou de terceiros, justificada a excepcionalidade por escrito, sob pena de responsabilidade disciplinar civil e penal do agente ou da autoridade e de nulidade da prisão ou do ato processual a que se refere, sem prejuízo da responsabilidade civil do Estado.

A decisão na ordem teoria foi no sentido de que *o uso de algemas só deve ser adotado em casos excepcionalíssimos, pois viola o princípio da dignidade humana estabelecido no rol dos direitos e garantias dos cidadãos (art. 5º), previsto na Constituição Federal (CF).*

A decisão no contexto prático foi no sentido de que:

a) Prisão de ricos com algemas gera grande "comoção jurídica" e grande celeridade nas nossas cortes.

b) O réu pode matar e até esquartejar a vítima, mas o que viola a dignidade da pessoa humana é o uso de algemas.

3.26.5. O momento para a argüição da nulidade

A argüição sobre nulidades ocorridas em plenário deve ser feita logo após a sua ocorrência, com registro na ata, sob pena de preclusão. Por ausência de reclamação em tempo próprio.

No mesmo sentido STJ:
> Em se tratando de suposta nulidade ocorrida em Plenário do Júri, a argüição deveria ter se realizado na própria Sessão, sob pena de ser considerada sanada, e não tendo havido a oportuna irresignação do patrono do recorrente, incabível qualquer questionamento posterior de vício na quesitação, diante de sua preclusão". (HC 71.820-MG, 5ª T, v. u.)

3.27. Dos debates em plenário
3.27.1 O início dos debates

Antes da reforma, terminada a inquirição das testemunhas, o promotor teria que ler o libelo e os dispositivos da lei penal em que o réu se achava incurso, com o escopo de começar a produzir a acusação.

A reforma inovou, acabou com o libelo e agora dispõe:
> Encerrada a instrução, será concedida a palavra ao Ministério Público, que fará a acusação, nos limites da pronúncia ou das decisões posteriores que julgaram admissível a acusação, sustentando, se for o caso, a existência de circunstância agravante. (Novo art. 476 do Código de Processo Penal).

3.27.2. A quesitação das agravantes

Como na pronúncia não pode conter circunstâncias agravantes e não há mais libelo, a acusação deve expor as agravantes em plenário e requerer que o juiz presidente formule quesito próprio, desde que não guardem correspondência com as qualificadoras, pois, neste caso, haveria *bis idem*.

Posição dominante do STJ:
> É pacífico o entendimento pretoriano ao vedar a formulação de quesitos de agravantes com correspondência às qualificadoras. (STJ, HC 23.414-DF, 6ª T, p. 325)

Aspecto prático importante I:

Como na pronúncia não contém circunstâncias agravantes, no plenário, o Ministério Público ou querelante pode acrescentar; portanto, podemos dizer que a pronúncia original ou com alguma alteração realizada a nível recursal, se tornou o limite da acusação, exceto, quanto as circunstâncias agravantes.

Indagação prática relevante: *Existe possibilidade de o juiz incluir agravantes no despacho de pronúncia?*

Resposta: Não. Veja estes julgados:
> TJSP: Homicídio – Crime cometido com abuso de autoridade ou prevalência das relações de coabitação – Referência da agravante genérica na pronúncia – Inadmissibilidade, pois trata-se de matéria relativa à aplicação da pena, circunstância que deve ser apontada no libelo acusatório e no

questionário a ser apresentado ao júri – Por tratar-se de matéria relativa à aplicação da pena, a referência à agravante genérica de homicídio cometido com abuso de autoridade ou prevalência das relações de coabitação deve ser afastada da pronúncia, que é mera decisão de admissibilidade da imputação. TJES: "É inadmissível a inclusão de circunstância agravante na sentença de pronúncia, eis que tal atribuição é privativa dos jurado.[86]

Aspecto prático importante II:
O assistente falará depois do Ministério Público. Tratando-se de ação penal de iniciativa privada, falará em primeiro lugar o querelante e, em seguida, o Ministério Público, salvo se este houver retomado a titularidade da ação, na forma do art. 29 do Código de Processo Penal.

Indagação prática relevante: Podem funcionar na acusação dois Promotores de Justiça?.

Resposta: O entendimento jurisprudencial é no sentido de que nada impede que funcionem na acusação dois membros do Ministério Público. No sentido do texto: TJSP, RT nº 468/305.

Caso forense prático:
Tício foi pronunciado por ter matado Mévio. Considere as seguintes hipóteses:
a) Tício foi pronunciado;
b) a família de Mévio se habilitou como assistente da acusação;
c) durante a réplica, o promotor de Justiça requereu a absolvição de Tício;
d) o assistente da acusação requereu tempo ao juiz para manter a acusação;
e) o juiz indeferiu.
Pergunta-se: o juiz agiu de forma correta?

Resposta: Há entendimento jurisprudencial no sentido de que, "*se o promotor de Justiça se manifesta de acordo com a absolvição do réu, o assistente da acusação pode replicar, sob pena de nulidade do julgamento* (TJSP, RT nº 468/304)".

Minha posição: entendo de forma diversa, pois o assistente não é o titular da ação penal pública, é apenas auxiliar do órgão Ministerial, portanto, o Juiz agiu de forma correta.

Paulo Rangel[87] também defende que:

> A atividade do assistente está intimamente ligada à do promotor de justiça, ou seja, se o Ministério Público, titular da ação penal pública, não sustentar a **acusação contida na decisão de pronúncia**, não poderá o assistente fazê-lo em seu lugar, pois a previsão do art. 5ª, LIX, da CR c/c os arts. 584, 596 e 598, todos do CPP, é para quando houver **inércia** do Ministério Público.

---
86 RT nº 752/643.
87 Rangel, Paulo. *Direito Processual Penal*, 15 ed., 2008, editora Lumen/Juris, p. 565.

Quer-se dizer: em decorrência de uma **não atuação** do promotor de justiça, seja não promovendo a ação penal pública no prazo legal (arts. 46 c/c 29, ambos do CPP), seja não recorrendo da decisão judicial que impede a "chegada" de um título executivo judicial, ou não o estabelece (arts. 386 c/c 414 c/c 596 c/c 598, todos do CPP). Nestes casos sim, se legitima o assistente de acusação a agir no lugar do Ministério Público.

3.27.2.1. A quesitação do crime continuado

Reproduzo, por concordar inteiramente, com o escólio do professor Nucci[88]:

> Não se concebe a teoria adotada por parte da doutrina e da jurisprudência de que se trata de pura matéria de aplicação da pena, devendo ficar inteiramente ao critério do magistrado. Parece-nos um desvio de interpretação, uma vez que, no Tribunal do Júri, impera a soberania dos veredictos, bem como a plenitude de defesa, princípios constitucionais que se encontram acima da lei processual penal ordinária.
>
> Logo, todas as teses admissíveis em direito podem ser invocadas pelas partes. Somente para argumentar, deve-se registrar dever o juiz elaborar quesitos específicos para as agravantes e atenuantes levantadas pelas partes, apesar de serem circunstâncias alheias ao tipo penal, com a finalidade de auxiliar o processo de fixação da pena. Ora, o crime continuado faz parte da tipicidade por extensão, vale dizer, está vinculado ao tipo penal, permitindo a composição de uma figura única, ainda que por ficção jurídica. Com maior razão, portanto, deve ser objeto de quesito específico, já que permite a alteração completa da aplicação da lei penal (ex.: da imputação de quatro homicídios consumados, se reconhecido o crime continuado, passa-se à fixação da pena de somente um homicídio, embora em continuidade delitiva).
>
> O crime continuado é um fato jurídico a merecer a avaliação dos jurados, a fim de reconhecer se houve ou não uma continuação na prática dos vários homicídios. Assim, em respeito à soberania dos veredictos e à plenitude de defesa, somos da opinião de que o juiz deve incluir o quesito pertinente à continuidade delitiva, quando expressamente requerido por qualquer das partes.

3.27.3. A forma de exposição no debate

Contextualização prática:

1- Esqueleto da apresentação do Ministério Público em plenário:
   a) Saudação as autoridades;
   b) Breve sobre o papel do Ministério Público no júri;

---

88 Nucci. Guilherme de Souza, *Tribunal do Júri*, 1 ed., RT, p. 469 usque 470.

c) Síntese dos fatos sobre a ótica acusatória;
   d) Materialidade;
   e) Autoria;
   f) Qualificadoras;
   g) Combate das prováveis teses defensivas;
   h) Esclarecer os quesitos que devam ser propostos;
   i) Esclarecer, sob a ótica da acusação, como os jurados devem responder aos quesitos.

2- Esqueleto da apresentação da defesa em plenário:
   a) Saudação as autoridades;
   b) Breve histórico sobre o Tribunal do Júri;
   c) Síntese dos fatos sobre a ótica defensiva;
   e) Tese(s) defensiva*(s)*;
   d) Combate da tese acusatória;
   f) Esclarecer os quesitos que devam ser propostos;
   g) Esclarecer, sob a ótica da defesa, como os jurados devem responder aos quesitos.

3.27.4. A defesa, a réplica e a tréplica

Finda a exposição do Ministério Público ou do querelante, o defensor terá a palavra para defesa.

O Ministério Público ou o querelante poderão replicar e a defesa treplicar, sendo admitida a reinquirição de qualquer das testemunhas já ouvidas em plenário. Um ponto, porém, reclama mais demorada atenção. Nucci[89] tem razão quando defende a inclusão da reinquirição no tempo da parte:

> [M]enciona a lei poder o acusador replicar e a defesa treplicar, sendo admissível a reinquirição de qualquer das testemunhas já ouvidas. Ora, parece lógico que elas sejam novamente ouvidas dentro do tempo da parte que requereu a sua reinquirição. Não fosse assim, a parte poderia abusar, aumentando consideravelmente o seu tempo de manifestação. Além dos trinta minutos para a réplica, poderia o promotor, por exemplo, ouvir de novo a principal testemunha de acusação, o que iria relembrar aos jurados fatos relevantes. O mesmo faria a defesa, no tocante à testemunha sua, e o julgamento seria estendido indevidamente. Assim, se a parte desejar reinquirir alguém, deve fazê-lo dentro do seu tempo para a réplica ou tréplica.

---

89 No mesmo sentido: Nucci, Guilherme de Souza. *Código de Processo Penal Comentado*. RT, 2002, p. 717.

Aspecto prático importante:

Cuidado: a réplica é uma faculdade; portanto, quando o juiz perguntar ao representante do Ministério Público: "V. Exa. pretende ir à réplica?", o promotor de Justiça deve responder: "Não".

Se o promotor de Justiça responder: "Não Exa., já existem elementos suficientes para se fazer justiça e condenar o réu", o promotor terá feito uma réplica de dois segundos; portanto, o juiz deve consultar a defesa sobre a necessidade de ir à tréplica.

3.27.5. A inovação da tese defensiva na tréplica

Indagação prática relevante I: Pode a defesa, na tréplica, inovar os fundamentos do pedido de absolvição, ou seja, defender uma tese que não foi exposta durante a exposição normal.

Entendo que, se a Defesa, durante a tréplica, defender uma tese que não foi exposta durante a exposição normal, haverá impreterivelmente violação ao princípio do contraditório, pois o Ministério Público não poderá combater tal tese *in casu*, o julgamento será nulo. Qual seria a solução processual na sessão do júri, diante de tal situação processual, para se preservar o contraditório pleno, isto é, quando for sustentada tese nova na tréplica? O indeferimento da quesitação a respeito, a mesma solução que vem sendo dada em resposta a requerimento sobre matéria não-constante dos debates.

No mesmo sentido, a doutrina de Tourinho Filho:

> pode a defesa, na tréplica, sustentar tese diversa da sustentada até então? A plenitude da defesa, obviamente, não pode chegar a esses exagerados extremos, até porque seria lesionado outro princípio constitucional, qual seja, o da contraditoriedade. Após a réplica, a acusação não mais terá oportunidade para manifestar-se.

É a posição doutrinária dominante: (Hermínio A. Marques Porto, Damásio, Adriano Marrey, Dante Busana, entre outros).

No mesmo sentido:

> STJ: Não há ilegalidade na decisão que não incluiu, nos quesitos a serem apresentados aos jurados, tese a respeito de homicídio privilegiado, se esta somente foi sustentada por ocasião da tréplica. É incabível a inovação de tese defensiva, na fase de tréplica, não ventilada antes em nenhuma fase do processo, sob pena de violação ao princípio do contraditório". (STJ, RESP 65.379/PR, p. 218)

> Não pode o defensor, na tréplica, inovar apresentando tese não debatida na primeira fase, pois isto implicaria surpresa para o Promotor de Justiça e, portanto, cerceamento da acusação, violados os princípios do contraditório e da ampla defesa (acusação)'. (TJSP, Ap. nº 300.671-3, São Paulo, 3º C., Rel. Walter Guilherme, m. v., JUBI nº 54/01)

Posição divergente:

Vicente Greco Filho defende a corrente amplamente minoritária da seguinte forma: questiona-se se a defesa pode inovar na tréplica, ou seja, apresentar na tréplica tese até então não-constante dos autos. Ainda que isso possa causar surpresa para a acusação, a garantia da ampla defesa assegura que isso seja permitido. Esse expediente, porém, se estrategicamente pretendido pela defesa é muito perigoso, porque pode não haver tréplica se a acusação, na falta de argumento consistente da defesa, não faz a réplica, o que pode levar o réu a ser considerado indefeso.

É também a posição de Nucci, Dirceu De Mello, Celso Limongi e James Tubenchiak.

Indagação prática relevante II: Pode o advogado dar testemunho pessoal de fatos, apresentando prova nova, inédita no feito, com surpresas à acusação?.

Resposta: Entendo que não. Na exposição, não pode o advogado dar testemunho pessoal de fatos, pois estaria apresentando prova nova, inédita no feito, com surpresas à acusação, com total afronto ao princípio do contraditório.

No mesmo sentido:

O defensor do réu que, em plenário, afirma fato duvidoso de que tinha conhecimento pessoal, produzindo prova inédita no processo, determina, com sua atuação anômala, do ponto de vista de oportunidade de prova, grave irregularidade, que acarreta a nulidade do julgamento, por ficar a acusação posta na conjuntura de irremediável surpresa.[90]

O advogado que, ao defender o réu perante o Tribunal do Júri, atesta fatos, como testemunha pessoal do caso, e, assim, produz prova inédita do feito, determina, com sua atuação anômala, do ponto-de-vista de oportunidade de prova, grave irregularidade, que acarreta a nulidade do julgamento, por ficar a acusação posta na conjuntura de irremediável surpresa[91].

Indagação prática relevante III: No Tribunal do Júri, é necessário que as testemunhas fiquem até o final do julgamento?

Resposta: Em regra sim, pois é possível que durante a réplica ou a tréplica haja requerimento para reinquirição de testemunhas, mas também é possível que o juiz, após consultar as partes e os jurados, as dispense.

3.27.6. O Promotor de Justiça e a desistência da acusação em plenário

Dizia Whitaker:

Imparcialidade absoluta. Porque, se no correr dos debates, o réu mostra à evidência sua inocência ou direito, o Promotor, pela dignidade do cargo, deve considerar-se vencido, confessando lealmente a impotência da acusação, diante da demonstração da defesa (Júri, cit., p. 98).

---

90   RT nº 780/636.
91   RT nº 607/275.

3.27.7. A tréplica: faculdade ou obrigação?

Entendo que a tréplica é uma faculdade da defesa não podendo o advogado que, por uma estratégia de defesa ou porque entende que a defesa já foi consolidada, ser obrigado a voltar para réplica.

Um aspecto prático importante:
Por ser uma faculdade é que o juiz, logo após a réplica, pergunta ao defensor: *V. Exa., deseja ir a tréplica?*
Em caso negativo o juiz deve fazer o registro na ata.

Posição divergente
Nucci[92] discorda da nossa posição afirmando que:
> Com isso, no entanto, não podemos concordar, atentos ao seguimento do princípio da plenitude de defesa. O juiz presidente deve zelar pela sua aplicação (art. 497, V, CPP), razão pela qual o defensor deve sempre fazer uso da tréplica, sob pena de ser o réu considerado indefeso.

A posição do renomado autor apresenta, no contexto prático, um fator complicativo, se a tréplica for de caráter obrigatório sempre que a defesa não for a tréplica o juiz deve dissolver o conselho de sentença e marcar outro júri.

3.27.8. O tempo dos debates

A reforma inovou quanto ao tempo destinado as partes, agora o tempo destinado à acusação e à defesa será de:
Acusação: uma hora e meia (antes era de duas horas);
Defesa: uma hora e meia (antes era de duas horas);
Réplica: uma hora (antes era meia hora);
Tréplica: uma hora (antes era meia hora);
Total máximo: duas horas e meia para cada parte.

Um aspecto prático importante I:
Havendo mais de um acusador ou mais de um defensor, combinarão entre si a distribuição do tempo, que, na falta de acordo, será dividido pelo juiz presidente, de forma a não exceder os tempos supracitados.

Um aspecto prático importante II:
Havendo mais de 1 (um) acusado, o tempo para a acusação e a defesa será acrescido de 1 (uma) hora e elevado ao dobro o da réplica e da tréplica, observado o disposto no aspecto prático importante I.

---

92 Nucci, Guilherme de Souza. *Tribunal do Júri*, 1 ed., RT, p. 236.

Resumo didático:
  Acusação: duas horas e meia (antes era três horas);
  Defesa: duas horas e meia (antes era três horas);
  Réplica: duas horas (antes era uma hora);
  Tréplica: duas horas (antes era uma hora);
  Total máximo: quatro horas e meia para cada parte.
  Indagação prática relevante I: Se o promotor de Justiça não quiser ir à réplica, o assistente deve ser consultado sobre a necessidade de replicar?
  Resposta: Sim. Veja a lição de Nucci[93]:

> [D]ireito do assistente de promover a réplica: a réplica é direito do acusador, seja ele representante do Ministério Público, seja acusador particular, razão pela qual, existindo assistente, deve ele ser consultado sobre a utilização, mesmo que o promotor a tenha rejeitado.

  Indagação prática relevante II: O juiz pode indeferir o pedido do assistente de ir a réplica?
  Resposta: Não. Veja o entendimento jurisprudencial:

> Nulo é o julgamento em que é negada oportunidade ao assistente da acusação para replicar, diante da omissão do promotor de Justiça, que se mostrou de acordo com a defesa sustentada pelo réu. Os arts. 271 e 473 do Código do Processo Penal conferem àquele, de forma expressa, o direito de participar dos debates, que se integram com a réplica e a tréplica[94].

3.27.9. Vedações às partes durante os debates em plenário

A reforma foi taxativa ao determinar que durante os debates as partes não poderão, sob pena de nulidade, fazer referências[95]:
  a) à decisão de pronúncia, às decisões posteriores que julgaram admissível a acusação ou à determinação do uso de algemas como argumento de autoridade que beneficiem ou prejudiquem o acusado;
  b) ao silêncio do acusado ou à ausência de interrogatório por falta de requerimento, em seu prejuízo.

Um aspecto prático importante:
  É interessante o juiz ao conceder a palavra as partes fazer a advertência supracitada.

3.27.10. A vedação a produção ou leitura de documento

Preconiza o novo art. 479 do Código de Processo Penal que:

> Durante o julgamento não será permitida a leitura de documento ou a exibição de objeto que não tiver sido juntado aos autos com a antecedência mínima de 3 (três) dias úteis, dando-se ciência à outra parte.

---

93 No mesmo sentido: Nucci, Guilherme de Souza. *Código de Processo Penal Comentado*. RT, 2002, p. 717.
94 RT nº 468/304.
95 (Vide o novo art. 478 do Código de Processo Penal).

Posição dominante do STF: Segundo o STF, a inobservância da regra supracitada gera nulidade relativa.[96]

Posição dominante do STJ: É também a posição STJ:

> A inobservância do disposto no art. 475 (atual art. 479) do Código de Processo Penal gera nulidade relativa. In casu, há muito preclusa, já que o momento oportuno para se argüir a nulidade da documentação apresentada ocorreu exatamente quando daquela mesma apresentação. Recurso conhecido parcialmente e nesta parte desprovido[97].

Lecionava o Prof. Mirabete[98] que permite a lei a produção de provas depois da pronúncia, durante o julgamento, desde que requeridas tempestivamente e cientificadas com antecedência à parte contrária. Procura-se evitar a surpresa, já que o sistema contraditório permite sempre a contraprova à parte adversa. É nulo o julgamento, quando há exibição de documentos em plenário, durante os debates, sem que se tenha concedido oportuna audiência à parte contrária. Não se veda, porém, a distribuição de cópias xerox de peças dos autos do processo, pois o que a lei proíbe é a exibição de documento novo. Está proibida também a leitura de jornais ou qualquer escrito (revistas etc.), cujo conteúdo versar sobre matéria de fato constante do processo. A *contrario sensu*, é permitida a leitura de reportagens, artigos etc. que não se refiram ao fato objeto do processo. Também não há qualquer vedação a que se leiam tópicos de livros, obras técnicas que se referem a concepções teóricas, jurídicas, éticas ou filosóficas. A violação da regra de não-exibição ou leitura de documento sem prévio conhecimento da parte contrária constitui nulidade relativa, exigindo-se, portanto, argüição oportuna, ou seja, no ato e prejuízo para a parte.

Indagação prática relevante I: É permitida a exposição de sonorização de gravação no plenário do júri?.

Resposta: Entendo que sim, no mesmo sentido:

> A sonorização de gravação no plenário do júri constitui modalidade de prova como qualquer outra, podendo ser realizada desde que não expressamente proibida por nosso estatuto penal adjetivo. A instituição do júri não é infensa aos progressos da tecnologia[99].

Caso forense prático:

O promotor de Justiça, durante o julgamento, mostrou aos jurados uma revista com reportagem sobre o fato. Aponte a solução jurídica, considerando que o advogado alegou nulidade do julgamento, argumentando que a atitude do promotor de Justiça viola o preconizado no art. 479 do Código de Processo Penal.

---

96 No mesmo sentido: STF, RTJ nº 98/927; HC nº 61.740, DJU 29/06/1984, p. 10.742.
97 STJ – RESP nº 345.944 – RJ – 5ª T. – Rel. Min. José Arnaldo da Fonseca – DJU 10/11/2003 – p. 00203.
98 No mesmo sentido: Mirabete, Júlio Fabbrini. *Código de Processo Penal Interpretado*. São Paulo: Atlas, 2003, p. 1.213.
99 RT nº 511/326. No mesmo sentido: TJSP, RT nº 522/360.

Resposta: O advogado não tem razão. O entendimento jurisprudencial é no sentido de que, *tratando-se, por isso, de notícia pública e notória, pode ser feita em plenário*[100].

Indagação prática relevante II: Havendo assistente de acusação o juiz deve intimá-lo da juntada de documentação antes do júri?

Resposta: Sim, conforme o entendimento dominante do STJ:

> Sendo legítima a participação do Assistente de Acusação, no processo e não sendo ele mero auxiliar do Ministério Público, deveria ser intimado na juntada de documentação, feita, aliás, sem as cautelas do art. 475, do CPP. (STJ – REsp. 57.191-MS, p. 17.129)

3.27.11. A inexistência de proibição da leitura de livros

A proibição de leitura em plenário do Júri sem aviso à parte contrária, constante do novo art. 479 do CPP diz respeito a documentos que afetem a prova, e não a concepções teóricas, jurídicas, éticas ou filosóficas expostas durante o debate e julgamento da causa (No mesmo sentido: RT 634/300-1).

3.27.12. Observações didáticas jurisprudenciais

a) É imprópria a alegação de cerceamento de defesa decorrente da juntada de documento sem a abertura de vista ao patrono do paciente, pois os autos evidenciam situação peculiar, qual seja, a demonstração de que a Defensoria teve prévio conhecimento das peças juntadas pelo órgão acusatório, antes do julgamento, afastando a alegação de surpresa hábil a prejudicar a defesa do réu. Não há prejuízo ao réu pela ausência de formulação de quesitos obrigatórios referentes à circunstância atenuante, pois a reprimenda não pode ser fixada abaixo do mínimo cominado em lei. Súmula nº 231 desta Corte. Ordem denegada[101].

b) O art. 232 do Estatuto Processual estabelece que quaisquer escritos, instrumentos ou papéis, públicos ou particulares, devem ser considerados documentos. A exibição de armas semelhantes às que ocasionaram a morte da vítima não podem ser compreendidas como documentos para alegação de violação ao art. 475 (atual art. 479) do Código de Processo Penal. Tratando-se de nulidade de natureza relativa, eventual irregularidade na formulação de quesitos, no procedimento do Tribunal do Júri, deve ser argüida no momento oportuno, ou seja, após a leitura e explicitação pelo juiz-presidente, sob pena de preclusão. Precedentes do STJ. Recurso não-conhecido[102].

---

100 No sentido do texto: TJSP, RT nº 460/314.
101 STJ – HC nº 32.651 – RJ – 5ª T. – Rel. Min. Gilson Dipp – DJU 14/06/2004 – p. 00256.
102 STJ – RESP nº 262.817 – PR – 5ª T. – Relª Min. Laurita Vaz – DJU 17/05/2004 – p. 00265.

Aspecto prático importante I:
A contagem do prazo para juntada de documento.
Na contagem do tríduo previsto no art. 479, desde que a efetivação da ciência dos documentos à parte contrária dependa de procedência cartorária, o dia do começo será aquele em que despachada ou protocolada a petição instruída com as peças, cuja leitura se pretenda em plenário do Tribunal do Júri. Na contagem do tríduo previsto no art. 479 do CPP, não se aplica a regra do § 1º do art. 798 do CPP, incluindo-se, portanto, o dia do começo[103].

Aspecto prático importante II:
O conceito de documentos vedados era objeto de muita controvérsia; o entendimento jurisprudencial dominante era no sentido de que:
A expressão "documento", constante do art. 475 (atual art. 479) do Código de Processo Penal compreende, em acepção lata, qualquer objeto hábil para provar uma verdade, e não apenas o escrito[104].
A reforma exterminou qualquer tipo de dúvida ao preconizar no novo art. 479:

> *Compreende-se na proibição deste artigo a leitura de jornais ou qualquer outro escrito, bem como a exibição de vídeos, gravações, fotografias, laudos, quadros, croqui ou qualquer outro meio assemelhado, cujo conteúdo versar sobre a matéria de fato submetida à apreciação e julgamento dos jurados.*

3.27.13. O pedido de indicação da folha dos autos onde se encontra a peça por ele lida ou citada por uma das partes

Conforme a nova redação do art. 480 do Código de Processo Penal:

> *A acusação, a defesa e os jurados poderão, a qualquer momento e por intermédio do juiz presidente, pedir ao orador que indique a folha dos autos onde se encontra a peça por ele lida ou citada, facultando-se, ainda, aos jurados solicitar-lhe, pelo mesmo meio, o esclarecimento de fato por ele alegado.*

Indagação prática relevante: O acarreta se o juiz se nega a prestar esclarecimento ao jurado?

Resposta: O entendimento jurisprudencial é no sentido de que *Se a pergunta deste era pertinente, anula-se o julgamento*[105].

3.28. A conclusão dos debates e a leitura dos quesitos

Concluídos os debates, o presidente indagará dos jurados se estão habilitados a julgar ou se necessitam de outros esclarecimentos.

Se houver dúvida sobre questão de fato, o presidente prestará esclarecimentos à vista dos autos.

---

103 RT nº 702.328.
104 JTJ nº 179/280-1.
105 No sentido do texto: TJSP, RT nº 480/302.

Um aspecto prático importante I:
Os jurados, nesta fase do procedimento, terão acesso aos autos e aos instrumentos do crime se solicitarem ao juiz presidente.

Um aspecto prático importante II:
Se a verificação de qualquer fato, reconhecida como essencial para o julgamento da causa, não puder ser realizada imediatamente, o juiz presidente dissolverá o Conselho, ordenando a realização das diligências entendidas necessárias.

Um aspecto prático importante III:
Se a diligência consistir na produção de prova pericial, o juiz presidente, desde logo, nomeará perito e formulará quesitos, facultando às partes também formulá-los e indicar assistentes técnicos, no prazo de 5 (cinco) dias.

3.28.1. A juntada da relação dos quesitos aos autos

Conforme o entendimento jurisprudencial

> a relação de quesitos organizada pelo Juiz em Plenário, lida e explicada, deve ser anexada obrigatoriamente aos autos. Nulidade acolhida. (RJTJER-GS 151/228)

3.29. Do questionário e sua votação

A nova quesitação felizmente é muito simples, o Conselho de Sentença será questionado sobre matéria de fato e se o acusado deve ser absolvido.

A mudança foi imperiosamente salutar, pois analisando os julgados dos tribunais encontramos uma quantidade interminável de júris anulados por erro na formulação dos quesitos, sem contar com a possibilidade de absolvições ou condenações injustas porque os jurados não compreendiam a complexidade da formulação dos quesitos.

Como refere Rui Stoco:

> no sistema vigente, de cada quatro julgamentos dois são anulados por vícios do questionário ou por decisão contrária à prova dos autos, levando os Tribunais de Justiça a determinar sua renovação.

3.29.1. A vinculação da pronúncia aos quesitos

Antes da reforma, afirmava-se que o libelo era o teto, a acusação máxima que poderia constar nos quesitos; hoje, com o fim do libelo, podemos afirmar que a decisão de pronúncia é o limite máximo da atuação do Ministério Público em plenário; quanto ao crime, as qualificadoras e as causas de aumento de pena, portanto, diferente da pronúncia, o Promotor de Justiça só pode acrescentar em plenário as circunstâncias agravantes.

3.29.2. A forma de redigir os quesitos
Um aspecto prático importante:
Os quesitos serão redigidos em proposições afirmativas, simples e distintas, de modo que cada um deles possa ser respondido com suficiente clareza e necessária precisão. Na sua elaboração, o presidente levará em conta os termos da pronúncia ou das decisões posteriores que julgaram admissível a acusação, do interrogatório e das alegações das partes.

3.29.3. A ordem na formulação dos quesitos
Criticávamos o fato de o sistema brasileiro não ter adotado o modelo inglês em que a manifestação dos jurados se concretiza pela simples resposta à indagação sobre a culpabilidade ou inocência do acusado – *gulty or not gulty* – e de a quesitação ser muito complexa e resultar da averiguação de conhecimentos técnicos avançados; agora, enfim a nova realidade mudou:

Agora os quesitos serão formulados na seguinte ordem, indagando sobre:
- a materialidade do fato;
- a autoria ou participação;
- se o acusado deve ser absolvido;
- se existe causa de diminuição de pena alegada pela defesa;
- se existe circunstância qualificadora ou causa de aumento de pena reconhecidas na pronúncia ou em decisões posteriores que julgaram admissível a acusação.

O Ministro José Gregori, nas exposições de motivos do projeto, faz uma observação muito importante: "o terceiro quesito terá redação na própria lei ("os jurados absolvem ou condenam o acusado?")[106] e abrange todas as teses de defesa (...)."

Portanto, acabou, em tese, a chamada farra da impunidade em que alguns advogados chegavam a defender até 10 (dez) teses, sempre com o único propósito de confundir os jurados, levando-os a cometer erros nas respostas dos inúmeros quesitos que teriam que ser formulados. Infelizmente, ainda há uma hipótese em que a nova formulação dos quesitos pode gerar impunidade, veremos no item 3.29.7. "O fenômeno da absolvição fictícia".

3.29.4. Como deve ser formulado o quesito sobre a materialidade
A materialidade deve ser dividida em dois quesitos:

Primeiro: Conduta e resultado:
Contextualização prática:
"No dia 16 de setembro de 2009, às 18 horas, na rua Quintino Bocaiuva situada na Travessa do Meio, bairro Heliópolis, nesta Comarca, Mévio (vítima) recebeu tiros de arma de fogo, causando-lhe as lesões descritas no laudo necroscópico de fls.13?"
- Leia no item "*Explicação geral sobre a formulação prática dos quesitos*" a conseqüência da votação.

---

106 Posteriormente a redação foi mudada para "se o acusado deve ser absolvido".

Segundo: Nexo de causalidade:
Contextualização prática:
As lesões descritas no laudo necroscópico de fls.13 causaram a morte da vítima?

3.29.5. Como deve ser formulado o quesito da autoria

Segundo o STF, o quesito da autoria deve ser formulado de modo concreto, e também conter os elementos individualizadores do fato principal, com objetiva referência aos nomes do réu e da vítima e especificação da data, horário e local em que ocorrido o evento delituoso[107].

Contextualização prática:
Sugestão elaborada por meu grande amigo Tourinho Filho:
> O réu Basílio dos Santos, no dia 16 de maio de 1996, às 14:00h, em frente ao prédio nº 18 da sua Benjamim Contant, nesta cidade, produziu com instrumento pérfuro-cortante, na pessoa de Thomás José, as lesões corporais descritas no laudo de fls. 5.

3.29.6. A teoria do voto definidor

Defendi, em vários congressos do Ministério Público, que havia uma hipótese em que o sigilo das votações era flagrantemente violado: era a hipótese de a votação terminar com o veredicto de 7 x 0, portanto, em conjunto com vários colegas, passei a defender a tese do "*voto definidor*", qual seja, se a votação fosse em um só sentido, o juiz com a precípua finalidade de preservar o sigilo das votações, só deveria divulgar até o quarto voto (voto definidor).

A tese *ut supra* tinha o apóio do maior processualista do Brasil, Tourinho Filho[108], que relata:
> De acordo com o projeto que altera disposições do procedimento do Júri, já aprovado no Senado, a quesitação torna-se mais fácil: pergunta-se sobre a materialidade do fato. Se a resposta for afirmativa, indaga-se se o réu foi o seu autor. Se a resposta for positiva, indaga-se se ele deve ser absolvido. Em caso negativo, formulam-se outros quesitos, de acordo com as teses levantadas: causa de diminuição de pena, excesso culposo, qualificadora, o quesito da tentativa etc. Quanto às agravantes e atenuantes, estas ficarão a cargo do Juiz-Presidente ao proferir a sentença. Outra novidade (proposta nossa): quando da contagem dos votos sobre qualquer quesito, havendo 4 votos iguais (4 votos Não, p. ex.), o Presidente lê: Não, por 4 a 3. E assim por diante, preservando-se, dessa maneira, o sigilo do voto, sem qualquer prejuízo, mesmo porque é indiferente que a votação se dê por unanimidade ou por maioria.

---

107 No mesmo sentido: STF – HC 68.384-3-DF, p. 2.649).
108 Tourinho Filho. Fernando da Costa. *Processo Penal*, 30 ed. comemorativa, São Paulo: Saraiva, 2008, p. 135.

Aplaudida por uns e ridicularizada pela maioria o certo é que a reforma, hoje prevê exatamente a teoria do voto definidor ao preconizar no novo art. 483, §§ 1º e 2º, do Código de Processo Penal:

> § 1º A resposta negativa, de mais de 3 (três) jurados, a qualquer dos quesitos referidos nos incisos I e II do caput deste artigo encerra a votação e implica a absolvição do acusado.
> § 2º Respondidos afirmativamente por mais de 3 (três) jurados os quesitos relativos aos incisos I e II do caput deste artigo será formulado quesito com a seguinte redação:
> **O jurado absolve o acusado?**

3.29.7. O fenômeno da absolvição fictícia

Percebe-se que a defesa ainda foi muito beneficiada com o novo tipo de quesitação, por exemplo:

Imagine que o advogado apresenta duas teses em plenário, legítima defesa e inexigibilidade de conduta diversa.

Considere que na situação hipótetica houve a seguinte votação:

a) Três jurados entendem que foi legítima defesa e quatro entendem que não ficou caracterizada a excludente.

Solução jurídica: 03 votaram pela absolvição e 04 pela condenação.

b) Três jurados entendem que foi inexigibilidade de conduta diversa e quatro entendem que não ficou caracterizada a excludente.

Solução jurídica: 03 votaram pela absolvição e 04 pela condenação.

Como a pergunta é "Deve o acusado ser absolvido?" o resultado será uma absolvição fictícia por 06 x 01 (Três jurados entendem que foi legítima defesa + Três jurados entendem que foi inexibilidade de conduta diversa e um jurado entende que não ficou configurado nenhuma das duas teses).

Mesmo havendo quatro votos pela condenação, ou seja, isoladamente, houve decisão por maioria pela condenação; a junção fictícia de teses acarreta a absolvição, fato em que na minha ótica representa uma sólida injustiça.

3.29.8. A seqüência da votação em caso de condenação

Decidindo os jurados pela condenação, o julgamento prossegue, devendo ser formulados quesitos sobre:

I – causa de diminuição de pena alegada pela defesa;

II – circunstância qualificadora ou causa de aumento de pena, reconhecidas na pronúncia ou em decisões posteriores que julgaram admissível a acusação.

Aspecto prático importante II:

Sustentada a desclassificação da infração para outra de competência do juiz singular, será formulado quesito a respeito, para ser respondido após o 2º (segundo) ou 3º (terceiro) quesito, conforme o caso.

Exemplo didático

Caso a tese seja desclassificação de homicídio qualificado para o simples, aceita-da a tese da defesa haverá condenação, portanto, o terceiro quesito não pode ser "se o acusado deve ser absolvido", e sim se o jurados aceitam a tese desclassificatória.

Aspecto prático importante III:

Sustentada a tese de ocorrência do crime na sua forma tentada ou havendo divergência sobre a tipificação do delito, sendo este da competência do Tribunal do Júri, o juiz formulará quesito acerca destas questões, para ser respondido após o segundo quesito.

Aspecto prático importante IV:

Havendo mais de um crime ou mais de um acusado, os quesitos serão formulados em séries distintas.

3.29.9. A desnecessidade de quesitação sobre atenuantes como quesito obrigatório

Antes da reforma a atenuante genérica era quesito obrigatório e havia até duas Súmulas do STF sobre a matéria:

> Súmula nº 156: É absoluta a nulidade do julgamento pelo júri por falta de quesito obrigatório.
> Súmula nº 162: É absoluta a nulidade do julgamento pelo júri, quando os quesitos da defesa não precedem aos das circunstâncias agravantes.

A reforma acabou com a necessidade de o juiz fazer um quesito obrigatório sobre as circunstâncias atenuantes.

Andrey Borges de Mendonça[109] defende que A partir de agora, as atenuantes e agravantes poderão ser reconhecidas pelo magistrado, independentemente de votação pelos jurados. Como se trata de questão relacionada à aplicação da pena, melhor que fique ao alvedrio do magistrado o seu reconhecimento e não aos jurados, que devem se ater às questões de fato.

Posição divergente:

Discordo com veemência da posição do renomado colega do Ministério Público, pois tal posição viola quatro princípios constitucionais, quais seja, o princípio do contraditório, princípio da plenitude de defesa, o princípio acusatório, e o princípio da soberania popular.

---

109 Mendonça, Andrey Borges de. *Nova reforma do Código de Processo Penal*, 1 ed., São Paulo: Método, São Paulo, 2008, p. 122.

Contextualização prática I:
O advogado de Tício requer no plenário reconhecimento de uma atenuante e finaliza pleiteando que seja feito um quesito específico sobre a atenuante alegada. O juiz indefere por entender que nos autos não está presente tal atenuante.
Solução jurídica: Violação ao princípio da plenitude de defesa e ao princípio da soberania dos veredictos.

Contextualização prática II:
O Promotor de Justiça requer no plenário reconhecimento de uma agravante e finaliza pleiteando que seja feito um quesito específico sobre a agravante alegada. O juiz indefere por entender que nos autos não está presente tal agravante.
Solução jurídica: Violação ao princípio da soberania dos veredictos.

Contextualização prática III:
O Promotor de Justiça requer no plenário reconhecimento de uma agravante. A defesa combate o reconhecimento de tal agravante e requer ao juiz que os jurados sejam consultados devendo para tanto ser feito um quesito específico sobre a agravante alegada. O juiz indefere por entender que já está comprovada nos autos tal agravante.
Solução jurídica: Violação ao princípio da plenitude de defesa e ao princípio da soberania dos veredictos.

A defesa requer no plenário reconhecimento de uma atenuante. O Promotor de Justiça combate o reconhecimento de tal atenuante e requer ao juiz que os jurados sejam consultados devendo para tanto ser feito um quesito específico sobre a atenuante alegada. O juiz indefere por entender que já está comprovado não existir nos autos tal atenuante.
Solução jurídica: violação ao princípio da soberania dos veredictos.

O Promotor de Justiça não requereu nem na denúncia, nem nas alegações finais, nem no plenário o reconhecimento de agravante. O juiz, ao sentenciar, condenou o réu com o acréscimo de uma agravante.
Solução jurídica: Volação ao princípio acusatório.

Conclusão: as partes em plenário devem requer a formulação dos quesitos sobre atenuantes e agravantes, e o juiz deve em atendimento ao princípio da soberania dos veredictos deferir a formulação dos quesitos.

Nucci[110] também defende que: "Outro destaque da reforma do Tribunal do Júri é a extinção do quesito obrigatório relativo à existência de atenuantes em favor do réu."

---

110 Nucci, Guilherme de Souza, *Tribunal do Júri*, 1 ed., RT, p. 122.

O art. 483 do CPP não faz nenhuma referência às circunstâncias legais consistentes em agravantes e atenuantes, que não se confundem, por óbvio, com as causas de aumento ou diminuição da pena. Logo, inexiste a obrigatoriedade de inserção do quesito relativo às atenuantes, que passam a ser de indagação facultativa, uma vez invocadas pela defesa em plenário.

Nesse caso, o quesito deve referir-se, especificamente, à atenuante sustentada pelo defensor, ou mesmo pelo órgão acusatório, não havendo mais sentido em se incluir quesito genérico ("existem atenuantes em favor do réu?").

Não está o juiz presidente autorizado a inserir qualquer tese defensiva, não pleiteada expressamente pelo réu ou seu defensor, logo, também não pode incluir quesito sobre atenuante.

> *Cuidando-se de Tribunal Popular, encarregado constitucionalmente de decidir crimes dolosos contra a vida, cabe-lhe, como instância soberana, acolher ou rejeitar toda a matéria de fato que envolver a infração penal submetida à sua apreciação. Quer-se com isso dizer não ter sentido algum sustentar que, a partir da reforma do questionário, com sua simplificação, as agravantes e atenuantes passariam a ser, sempre, de livre apreciação do magistrado. Em outros termos, o reconhecimento ou não de agravantes e atenuantes não mais se faria por meio dos jurados, mas seria atribuição exclusiva do juiz presidente.*

3.29.10. A oportunidade de impugnação dos quesitos

A seguir, o presidente lerá os quesitos e indagará das partes se têm requerimento ou reclamação a fazer, devendo qualquer deles, bem como a decisão, constar da ata.

Conforme ensinava Mirabete[111]

> Apresentadas as explicações, o juiz indagará das partes se tem qualquer requerimento ou reclamação a fazer, decidindo a respeito. Se atender à reclamação, ouvida a parte contrária, alterará a redação dos quesitos. Não atendida a reclamação ou requerimento, estes da ata devem constar, assim como da alteração realizada. A omissão da parte que concorda com a redação dos quesitos sem reclamação, sana eventual irregularidade, a não ser que os quesitos conduzam os jurados a erro ou a perplexidade e dúvidas insanáveis.

Contextualização prática:

O juiz, dirigindo-se ao Ministério Público (ou querelante) e defesa, afirma: Os senhores têm alguma reclamação sobre a formulação dos quesitos?

---

111 *Código de Processo Penal Interpretado*, p. 1222.

Aspectos práticos importantes I:
a) **Cuidado**: a jurisprudência do Supremo Tribunal firmou-se no sentido de que o protesto contra eventual irregularidade na formulação dos quesitos há que ser feito no momento processual adequado e constar da ata do julgamento, sob pena de preclusão. (CPP, art. 479, atual 484 do Código de Processo Penal). HC indeferido[112]
b) Veja este julgado:
> A jurisprudência desta Corte tem-se orientado no sentido de que os protestos das partes no tocante à formulação dos quesitos devem ser feitos no momento processual oportuno e registrados na ata do julgamento, sob pena de preclusão. HC indeferido[113].
c) De qualquer modo, certo é também que, se o réu, por seu defensor, não faz requerimento qualquer ou reclamação, como lhe propicia o art. 479 (atual 484 do Código de Processo Penal) do Código de Processo Penal, no tempo da leitura dos quesitos na sessão de julgamento em que foi condenado pelo Tribunal do Júri, e, ao impugnar a condenação, não indica o quesito de atenuante específico que, a seu ver, deveria ter sido formulado e não demonstra, como lhe cabe, o prejuízo que sofreu, não há que falar em declaração de nulidade, que é da espécie relativa, submetida, portanto, à argüição oportuna e ao princípio *pas de nullité sans grief*[114].

Caso a nulidade seja absoluta, não haverá preclusão, podendo ser questionada em outro momento, ainda que não tenha havido protesto com consignação na ata.

3.29.11. O que o juiz deve fazer antes de colocar os quesitos para votação
Contextualização prática:

O juiz antes de colocar os quesitos em votação deve perguntar: Os senhores jurados necessitam de alguma nova explicação sobre os quesitos?

Havendo necessidade o juiz, ainda em plenário, explicará aos jurados o significado de cada quesito. Essa explicação, sob pena de nulidade, não pode ser tendenciosa, ou seja, deve o juiz se limitar a explicação técnica e, em nenhum momento pode dar a sua apreciação pessoal sobre o fato.

Indagação prática relevante: *Uma qualificadora não-reconhecida na pronúncia pode ser submetida à quesitação?*

Resposta: Não. O entendimento do STF[115] é no sentido de que *qualificadoras não reconhecidas na pronúncia não podem ser submetidas a quesitos.*

---
112 STF – HC nº 81.906 – RJ – 2ª T. – Rel. Min. Carlos Velloso – DJU 27/09/2002 – p. 137.
113 STF – HC nº 72.020-0 – RJ – 2ª T. – Rel. Min. Carlos Velloso – DJU 26/05/1995.
114 STJ – HC nº 20.273 – RJ – 6ª T. – Rel. Min. Hamilton Carvalhido – DJU 16/06/2003 – p. 00411.
115 STF, HC nº 57.281, DJU 19/11/1979, p. 8.616; RTJ nº 98/72.

Um aspecto prático importante:
Conforme o STF:
É nulo o julgamento pelo Júri quando o quesito relativo à qualificadora está redigido de modo diverso do constante na pronúncia. Assim, se esta descreve a "traição", o quesito não pode referir-se a meio que tornou impossível a defesa do ofendido. (STF, RT 45/384)

3.29.12. A quesitação pelo falso testemunho ocorrido em plenário

Bonfim, Marrey, Silva Franco, Chaves Camargo e Stocco, Demercian e Maluly[116] explicam que durante a sessão do Tribunal do Júri, em um depoimento tomado no plenário, pode ficar evidenciada a ocorrência do falso testemunho (art. 342, CP). Nesse caso, a parte prejudicada, a acusação ou a defesa, pode requerer ao Juiz-Presidente a inclusão de um quesito especial, para ser formulado ao Conselho de Sentença, se a testemunha cometeu ou não o falso testemunho. Na ordem dos quesitos, este será o último a ser submetido a apreciação pelos jurados. Se o Conselho de Sentença concluir positivamente em relação à prática do falso testemunho, caberá ao Juiz-Presidente extrair cópia dos autos e remetê-la ao Ministério Público (art. 40, CPP) ou, se presente a testemunha no recinto, por não tê-la dispensado o Juiz-Presidente, ser encaminhada à autoridade policial, para o fim de ser autuada (Bonfim, 1994, p. 188; Marrey, Silva Franco, Chaves Camargo e Stocco, 1988, p. 166).

3.29.13. O julgamento na sala especial

Não havendo dúvida a ser esclarecida, o juiz presidente, os jurados, o Ministério Público, o assistente, o querelante, o defensor do acusado, o escrivão e o oficial de justiça dirigir-se-ão à sala especial a fim de ser procedida a votação.

Na falta de sala especial, o juiz presidente determinará que o público se retire, permanecendo somente as pessoas acima mencionadas.

Convencionou-se no contexto prático, deixar, com a anuência das partes, os estudantes de Direito assistirem ao julgamento na sala especial.

Contextualização prática I:
Geralmente o juiz afirma: *Vamos agora proceder ao julgamento do réu.... Convido os senhores jurados, o sr. escrivão, oficiais de justiça, doutor promotor de justiça, o assistente de acusação e o defensor a se dirigirem à sala secreta.*

Contextualização prática II:
Nos tribunais em que não há sala secreta o juiz afirma: *Vamos agora proceder ao julgamento do réu.... Determino que o plenário seja esvaziado, devendo ficar os senhores jurados, o sr. escrivão, oficiais de justiça, doutor promotor de justiça, o assistente de acusação e o defensor.*

---

116 Demercian, Pedro Henrique e Maluly, Jorge Assaf. *Curso de Processo Penal*, 3 ed., Rio de Janeiro: Forense, 2005, p. 479.

Um aspecto prático importante I:
O juiz presidente advertirá as partes de que não será permitida qualquer intervenção que possa perturbar a livre manifestação do Conselho e fará retirar da sala quem se portar inconvenientemente.

3.29.14. O que o juiz deve fazer antes de proceder à votação

Antes de proceder-se à votação de cada quesito, o juiz presidente mandará distribuir aos jurados pequenas cédulas, feitas de papel opaco e facilmente dobráveis, contendo 7 (sete) delas a palavra sim, 7 (sete) a palavra não.

Ensinava Mirabete[117] que cada quesito formulado deve ser votado separadamente. Para cada votação, o juiz deve mandar distribuir para cada jurado duas cédulas dobráveis, em papel opaco, uma com a palavra *sim* e outra com a palavra *não*. É com uma delas que o jurado, depositando-a na urna de votação que lhe será apresentada pelo oficial de justiça, responderá o quesito.

- Veja no capítulo "Parte prática" o modelo do termo de votação.

Um aspecto prático importante I:
Para assegurar o sigilo do voto, o oficial de justiça recolherá em urnas separadas as cédulas correspondentes aos votos e as não utilizadas.

O juiz, antecipadamente, deve esclarecer aos jurados qual é o oficial de justiça que vai recolher os votos válidos e também qual recolherá os descartados.

Um aspecto prático importante II:
Após a resposta, verificados os votos e as cédulas não utilizadas, o presidente determinará que o escrivão registre no termo a votação de cada quesito, bem como o resultado do julgamento. Do termo também constará a conferência das cédulas não utilizadas.

3.29.15. O *quorum* da votação

As decisões do Tribunal do Júri serão tomadas por maioria de votos.

3.29.16. A contradição na votação

Consoante a nova redação do novo art. 490 do Código de Processo Penal:

> *Se a resposta a qualquer dos quesitos estiver em contradição com outra ou outras já dadas, o presidente, explicando aos jurados em que consiste a contradição, submeterá novamente à votação os quesitos a que se referirem tais respostas.*

A contradição ocorre porque, conforme ensina Hermínio Alberto Marques Porto, os jurados vencidos numa questão antecedente não se vinculam necessariamente ao ponto de vista rejeitado, podendo, na votação subseqüente, adotar posição diversa[118].

---

117 *Código de Processo Penal Interpretado*, p. 1275.
118 Porto, Hermínio Alberto Marques. *Júri*. 2 ed., São Paulo: RT, 1980, p. 147.

Mirabete[119] apresenta relevante lição:

> Pode ocorrer que a resposta de um quesito esteja em contradição com as referentes aos precedentes, denunciando-se assim a falta de esclarecimento dos jurados ou o equívoco destes no momento de depositar seus votos. Nessa hipótese, o juiz deve explicar aos jurados em que consiste a contradição e, em seguida, procederá à nova votação sobre os quesitos que deram origem à contradição. Pode o juiz repetir a votação de qualquer quesito quando entender que a resposta a qualquer deles não se coadune com a linha de decisão já manifestada em resposta anterior. Não há, na hipótese, qualquer irregularidade; ao contrário, o juiz deve evitar votação contraditória, o que é causa de nulidade do julgamento (art. 564, parágrafo único). Devem ser novamente votados os quesitos cujas respostas são conflitantes, e não apenas um deles. Não constitui motivo de nulidade, porém, a mudança de procedimento do jurado na votação dos quesitos, contrariando o que já havia admitido anteriormente. Não fica ele vinculado ao seu voto anterior, ao ponto de vista rejeitado pela maioria, podendo concordar com a tese vencedora nos quesitos subseqüentes. As deliberações do júri são tomadas por maioria e somente quando esta responde contraditoriamente é que ocorre nulidade.

Sobre o assunto "contradição", veja como decide o STJ:

> O art. 489 (atual art. 490) do Código de Processo Penal autoriza o juiz a proceder à repetição de quesito quando entender que a resposta a qualquer deles não se coadune com a linha de decisão já manifestada em resposta anterior. Logo, tratando-se de dois réus, válida é a decisão que renova a votação de quesito no intuito de evitar qualquer incongruência lógica entre as respostas dadas às duas séries. Ordem denegada[120].

> Ocorrendo contradição entre as respostas aos quesitos formulados, deve o juiz-presidente, de acordo com o art. 489 (atual art. 490) do CPP, submeter novamente à votação os quesitos a que se referem as respostas antagônicas, explicando antes aos jurados os motivos da contradição. Recurso provido para anular o julgamento proferido pelo júri, determinando que se submetam novamente à votação os quesitos a que se referem as respostas contraditórias[121].

Exemplo didático:

Júri que reconheceu que o motivo foi fútil e torpe ao mesmo tempo. O STF já entendeu que, no homicídio qualificado, o motivo não pode ser, ao mesmo tempo, fútil e torpe. A conseqüência é a nulidade do julgamento[122].

---

119 No mesmo sentido: Mirabete, Júlio Fabbrini. *Código de Processo Penal Interpretado*. São Paulo: Atlas, 2003, p. 1.259.

120 No mesmo sentido: STJ – HC nº 13.496 – SP – 5ª T. – Rel. Min. José Arnaldo da Fonseca – DJU 04/12/2000 – p. 00082.

121 STJ – RESP nº 126.938 – PB – 5ª T. – Rel. Min. Jorge Scartezzini – DJU 18/12/2000 – p. 00224.

122 No mesmo sentido: RTJ nº 74/346 e também Jesus, Damásio E. de. *Código de Processo Penal Anotado*. São Paulo: Saraiva, 2000.

3.29.17. Os quesitos prejudicados

Se, pela resposta dada a um dos quesitos, o presidente verificar que ficam prejudicados os seguintes, assim o declarará, dando por finda a votação.

Exemplo didático:
Se os jurados dizem "não" ao primeiro quesito, estarão absolvendo o réu por negativa de materialidade; *in casu*, os demais quesitos ficarão prejudicados.

3.29.18. A assinatura do termo

Encerrada a votação, será o termo a que se refere o art. 488 do Código de Processo Penal assinado pelo presidente, pelos jurados e pelas partes.

3.29.19. A falta de assinatura na visão da jurisprudência[123]

a) A mera irregularidade:
   STF: A falta de assinatura da ata a que se refere o art. 494 (atual art. 488) do CPP constitui-se em mera irregularidade que não importa em nulidade do julgamento, pelo Tribunal do Júri, se sequer se alega daí ter resultado qualquer prejuízo para a Defesa (art. 566 do CPP). (STF – HC 67.718-5-SP – 2ª T, p. 5.869)

b) Falta de assinaturas é mera irregularidade:
   STF: A falta de assinatura da ata, constitui-se em mera irregularidade que não importa em nulidade do julgamento pelo Tribunal do Júri se sequer se alega daí ter resultado qualquer prejuízo para a defesa (art. 566 do CPP). (*RT* 673/371)

c) Falta de assinatura do juiz
   STF: Não ocorre nulidade quando a cópia da Ata da Sessão de Julgamento do Tribunal do Júri juntada aos autos não está assinada pelo Juiz, se o original, registrado no livro próprio, está devidamente assinado, e quando não se põe em dúvida a autenticidade da cópia. (*JSTF* 209/273)

d) Falta de assinatura do promotor
   TJRS: Júri. Nulidade do julgamento. Condenação do réu, pelo Tribunal do Júri. Interposição de apelação, visando a decretação da nulidade do julgamento, por falta de cumprimento de formalidade legal, isto é, por falta de assinatura do órgão do MP na ata de julgamento, ou, então, porque a decisão dos jurados teria sido manifestamente contrária à prova dos autos (art. 593, inc. III, letra a e d, respectivamente, do CPP). A falta de assinatura do Promotor, na ata de julgamento, é mera irregularidade. (*RJTJERGS* 151/176)

---

123 Mirabete, Júlio Fabbrini. *Código de Processo Penal Interpretado*, São Paulo: Atlas, 2003.

e) Falta de assinatura do termo de julgamento
TJRS: Falta de assinatura dos jurados no termo de julgamento. Nulidade absoluta inocorrente face aos termos da ata. (*RJTJERGS* 177/76)

3.30. A sentença final do júri

Em seguida, o juiz lavrará a sentença, com observância dos seguintes itens.

3.30.1. A sentença condenatória

No caso de condenação, o juiz:
a) fixará a pena-base;
b) considerará as circunstâncias agravantes ou atenuantes alegadas nos debates;
c) imporá os aumentos ou diminuições da pena, em atenção às causas admitidas pelo júri;
d) observará as demais disposições do art. 387 do Código de Processo Penal;
e) mandará o acusado recolher-se ou recomendá-lo-á à prisão em que se encontra, se presentes os requisitos da prisão preventiva;
f) estabelecerá os efeitos genéricos e específicos da condenação;

3.30.2. A sentença absolutória

No caso de absolvição, o juiz:
a) mandará colocar em liberdade o acusado se por outro motivo não estiver preso (absolvição própria);
b) revogará as medidas restritivas provisoriamente decretadas;
c) imporá, se for o caso, a medida de segurança cabível (absolvição imprópria).

3.30.3. A sentença desclassificatória

Se houver desclassificação da infração para outra, de competência do juiz singular, ao presidente do Tribunal do Júri caberá proferir sentença em seguida, aplicando-se, quando o delito resultante da nova tipificação for considerado pela lei como infração penal de menor potencial ofensivo, o disposto nos arts. 69 e seguintes da Lei nº 9.099, de 26/09/1995.

Aspecto prático importante:

Em caso de desclassificação, o crime conexo que não seja doloso contra a vida será julgado pelo juiz presidente do Tribunal do Júri, aplicando-se, no que couber, o disposto no art. 492, § 1º, do Código de Processo Penal.

3.30.4. Desclassificação e competência do júri para os crimes remanescentes na visão do STF

STF: Se a acusação é por um crime e o Júri o desclassifica para outro, que não cabe na sua competência, sobre este decidirá o Presidente do Tribunal popular; se se trata, porém, de processos reunidos por conexão ou continência, o Júri julgará os restantes, ainda que não reconheça a existência do crime que justificaria a sua competência. (*RT* 467/452)

3.30.5. A desclassificação própria *versus* imprópria

Indagação prática relevante: No rito do Tribunal do Júri, o que se entende por desclassificação própria e desclassificação imprópria?

Hermínio Alberto Marques Porto[124] apresenta a seguinte diferença:

a) **desclassificação própria:** é a denominação que dá ao fato de os jurados virem a desclassificar o crime da competência do júri para outra infração da competência do juiz singular, sem especificação de seu *nomen juris*. Ex.: pronunciado por tentativa de homicídio, os jurados negam a ocorrência do *conatus*;

b) **desclassificação imprópria:** é o nome atribuído ao fato de os jurados virem a desclassificar a infração da competência do júri para outra, da competência do juiz singular, especificando o seu título. Ex.: desclassificação de homicídio doloso para culposo.

3.31. A leitura da sentença em plenário

A sentença será lida em plenário pelo presidente antes de encerrada a sessão de instrução e julgamento.

3.32. Da ata dos trabalhos

A reforma acabou com uma antiga discussão. Preconizava o antigo art. 494 do Código de Processo Penal: *De cada sessão de julgamento o escrivão lavrará ata, assinada pelo juiz e pelo órgão do Ministério Público.*

Defendíamos que o artigo em comento não teria sido integramente recepcionado pela Constituição Federal e deve ter sua leitura a norma suprema; portanto, em atendimento ao princípio do contraditório, deve-se ler o artigo da seguinte forma: "(...) assinada pelo juiz e pelo órgão do Ministério Público, querelante e defesa."

Agora o novo art. 494 do Código de Processo Penal, dispõe:

> De cada sessão de julgamento o escrivão lavrará ata, assinada pelo presidente e pelas partes.

3.32.1. O conteúdo da ata

A ata descreverá fielmente todas as ocorrências, mencionando obrigatoriamente:
- a data e a hora da instalação dos trabalhos;
- o magistrado que presidiu a sessão e os jurados presentes;
- os jurados que deixaram de comparecer, com escusa ou sem ela, e as sanções aplicadas;
- o ofício ou requerimento de isenção ou dispensa;
- o sorteio dos jurados suplentes;
- o adiamento da sessão, se houver ocorrido, com a indicação do motivo;

---

124 *Júri*. 2 ed. São Paulo: RT, 1980, p. 140, n. 106.

- a abertura da sessão e a presença do Ministério Público, do querelante e do assistente, se houver, e a do defensor do acusado;
- o pregão e a sanção imposta, no caso de não comparecimento;
- as testemunhas dispensadas de depor;
- o recolhimento das testemunhas a lugar de onde umas não pudessem ouvir o depoimento das outras;
- a verificação das cédulas pelo juiz presidente;
- a formação do Conselho de Sentença, com o registro dos nomes dos jurados sorteados e recusas;
- o compromisso e o interrogatório, com simples referência ao termo;
- os debates e as alegações das partes com os respectivos fundamentos;
- os incidentes;
- o julgamento da causa;
- a publicidade dos atos da instrução plenária, das diligências e da sentença.

3.32.2. A falta da ata

Segundo o novo art. 496 do Código de Processo Penal:

A falta da ata sujeitará o responsável a sanções administrativa e penal.

Segundo Damásio[125],

o escrivão que deixa de lavrar a ata ou retarda sua lavratura pode ser responsável por esse delito (CP, art. 319), desde que o faça ou deixe de fazer para atender interesse ou sentimento pessoal.

3.32.3. O valor da ata do julgamento

A ata é a imagem e a semelhança do julgamento, portanto, será a ata que decidirá as dúvidas e ensejará a análise das nulidades.

Posição dominante do STF:

STF: O valor da ata de julgamento, cujo conteúdo é a expressão fiel de todas as ocorrências do julgamento (CPP, art. 495), reveste-se de importância essencial. Meras alegações da parte, desprovidas de qualquer comprovação, não se revelam suficientes para descaracterizarem o teor da veracidade que esse registro processual reveste. (*RT* 678/399)

3.33. Das atribuições do presidente do Tribunal do Júri

São atribuições do juiz presidente do Tribunal do Júri, além de outras expressamente referidas no Código de Processo Penal:
- regular a polícia das sessões e prender os desobedientes;
- requisitar o auxílio da força pública, que ficará sob sua exclusiva autoridade;

---

[125] Jesus, Damásio E. de. *Código de Processo Penal Anotado*. São Paulo: Saraiva, 2000.

- dirigir os debates, intervindo em caso de abuso, excesso de linguagem ou mediante requerimento de uma das partes;
- resolver as questões incidentes que não dependam de pronunciamento do júri;
- nomear defensor ao acusado, quando considerá-lo indefeso, podendo, neste caso, dissolver o Conselho e designar novo dia para o julgamento, com a nomeação ou a constituição de novo defensor;
- mandar retirar da sala o acusado que dificultar a realização do julgamento, o qual prosseguirá sem a sua presença;
- suspender a sessão pelo tempo indispensável à realização das diligências requeridas ou entendidas necessárias, mantida a incomunicabilidade dos jurados;
- interromper a sessão por tempo razoável, para proferir sentença e para repouso ou refeição dos jurados;
- decidir, de ofício, ouvidos o Ministério Público e a defesa, ou a requerimento de qualquer destes, a argüição de extinção de punibilidade;
- resolver as questões de direito suscitadas no curso do julgamento;
- determinar, de ofício ou a requerimento das partes ou de qualquer jurado, as diligências destinadas a sanar nulidade ou a suprir falta que prejudique o esclarecimento da verdade;
- regulamentar, durante os debates, a intervenção de uma das partes, quando a outra estiver com a palavra, podendo conceder até 3 (três) minutos para cada aparte requerido, que serão acrescidos ao tempo desta última.

Esses atos de polícia processual, de incontroversa natureza administrativa, derivam, como observa Vincenzo Manzini, da conveniência de que o processo se desenrole ordenadamente e sem tumulto. Atribui a lei, por isso, ao magistrado determinados poderes sob a forma de ordem ou coação direta, poderes esses que se caracterizam, estritamente, como atos de polícia, muito embora partidos de autoridade judiciária[126].

Diz José Frederico Marques[127] que, ao desincumbir-se dessas atribuições, pode o juiz suspender momentaneamente a sessão, mandar prender quem se portar inconvenientemente, fazer retirar da sala os que estiverem perturbando os trabalhos e praticar outras medidas congêneres.

Explica José Alberto dos Reis que

> as partes pecam umas vezes por defeito, outras por excesso; cumpre ao juiz corrigir os dois vícios. Se as partes se mostram lentas nos seus movimentos e negligentes na sua iniciativa, importa que o juiz supra sua falta de zelo; se, pelo contrário, acusam diligência imoderada, convém que o magistrado intervenha para reprimir seus desmandos[128].

---

126 *Trattato di Diritto Processuale Penale*. 1932, v. I, p. 382.
127 Marques, José Frederico. *A Instituição do Júri*. Millennium, 1997, p. 139.
128 *Comentários ao Código de Processo Civil*. 1946, v. III, p. 12.

Borges da Rosa já se preocupava com os níveis dos debates e defendia:

> O juiz-presidente não deve admitir as diatribes, aliás sempre reveladoras de sentimentos nada nobres e de mesquinha cultura intelectual, que se proferem, às vezes, no Tribunal do Júri, sem proveito nenhum para a acusação ou para a defesa[129].

Indagação prática relevante: O Juiz, no rito do Tribunal do Júri, pode determinar que o acusado seja retirado do plenário e prosseguir o julgamento sem o réu?

Resposta: Sim. A regra é que o réu permaneça no plenário, ficando ausente durante a votação, mas existe uma exceção, conforme o art. 497, inciso VI, do Código de Processo Penal: o juiz pode *mandar retirar da sala o acusado que dificultar a realização do julgamento, o qual prosseguirá sem a sua presença.*

3.33.1. Nulidade por ausência prolongada do juiz

É possível a decretação de nulidade por ter o juiz presidente se ausentado do plenário; *conforme entendimento jurisprudencial, a "função indelegável do Presidente do Júri é zelar pessoalmente pela observância das formalidades legais, entre elas a absoluta incomunicabilidade dos jurados, entre si ou com terceiros, sobre fatos relacionados com o processo. Infringe esse dever o juiz togado que abandona o plenário durante horas.* (RT 452/350)

3.33.2. Os apartes no júri

A reforma regulamentou algo que já pertencia a cultura do júri, os apartes.

Um aspecto prático importante I:

Insta acentuar, que o excesso de ou indagações durante os debates, pode causar desequilíbrio entre as partes, erigir em fonte de abusos e inconvenientes de toda a sorte; cabe, portanto, o presidente do júri velar o respeito e harmonia do debate, advertindo sobre o abuso dos "apartes" e acrescentar o tempo do "aparte" a outra parte.

O novo art. 497, inciso XII estabeleceu claramente que é uma das atribuições do juiz presidente do Tribunal do Júri:

> *Regulamentar, durante os debates, a intervenção de uma das partes, quando a outra estiver com a palavra, podendo conceder até 3 (três) minutos para cada aparte requerido, que serão acrescidos ao tempo desta última.*

3.33.2.1. A quem deve ser dirigido o pedido de aparte

Há dissenso doutrinário; podemos, *in casu*, elencar três posições:

1ª posição: Andrey Borges de Mendonça[130]

Assim, o aparte poderá ser requerido, pela parte que quiser fazer algum esclarecimento, diretamente ao magistrado, que poderá concedê-lo pelo

---

129 Borges da Rosa. *Processo Penal Brasileiro*, v. 3, p. 167.
130 Mendonça. Andrey Borges de. *Nova reforma do Código de Processo Penal*, São Paulo: Método, 1 ed., 2008, p. 99.

prazo legal – até três minutos –, que será acrescido no tempo de debates de quem está com a palavra. Veja que o aparte é uma intervenção curta, não podendo exceder o prazo de três minutos, sob pena de criar verdadeiro "discurso paralelo". Ademais, os apartes devem ser corteses, sob pena de o juiz presidente, nos termos do inc. III do art. 497, intervir se houver excesso de linguagem.

A partir da reforma, como é atribuição do juiz presidente regulamentar os apartes, em princípio a parte que está com a palavra não pode mais impedi-los, pois as interferências visam esclarecer os próprios jurados. Tanto assim que o tempo concedido para apartes, como é de interesse da parte contrária, não poderá prejudicar quem está com a palavra, concedendo-se o tempo correspondente a mais para falar. Caso os apartes, porém, estejam prejudicando a exposição da parte, com insistentes pedidos a todo instante, esta pode pedir ao magistrado que lhe garanta a palavra, o que poderá ser concedido pelo juiz presidente, impedindo-se novos apartes. Veja que é o magistrado quem irá regulamentar os apartes, podendo, assim, vedá-los quando estiverem prejudicando a exposição de uma das partes. Neste sentido, o inc. III do art. 497 afirma que o juiz irá dirigir os debates, intervindo em caso de abuso, excesso de linguagem ou mediante requerimento de uma das partes.

2ª posição: Nucci[131] tem uma posição mista:

O procedimento adequado para o uso do aparte, no entanto, sem se valer da intermediação do juiz presidente, é pleitear a concessão de breve espaço para manifestação à parte que está discursando em seu tempo regulamentar. Esta, por sua vez, pode conceder de imediato o período para a exposição de uma idéia ou esclarecimento de um ponto, como também pode pedir que o interveniente aguarde mais um pouco, até que determinado plano expositivo seja concluído. Não haveria necessidade de nenhuma intervenção do juiz presidente.

Supondo-se haver cortesia e ética, as partes sempre entrariam em acordo quanto à utilização do aparte e, até mesmo, em relação ao seu não uso por qualquer delas.

Não se deve confundir o aparte com o denominado discurso paralelo, significando este a manifestação da parte contrária, sem autorização de quem está discursando, provocando a sobreposição de falas e, conseqüentemente, a ininteligência por parte dos jurados a respeito do que se passa e das idéias desenvolvidas. Cabe, nesta hipótese, a interferência do juiz presidente, coibindo o discurso não autorizado e causador de confusão. A parte advertida

---

131 Nucci, Guilherme de Souza, *Tribunal do Júri*, 1 ed., RT, p. 202 usque 204.

pelo magistrado deve calar-se, aguardando o seu tempo para manifestação regular ou esperando que o aparte seja concedido por quem está discursando. Quando a acusação ou a defesa deixa de respeitar o alerta do juiz para que não conturbe a sessão, ingressa-se no cenário da ilegalidade, pois cabe ao magistrado regular os debates (art. 497. III e XII, CPP).

E ainda conclui o renomado autor:

Em caso de discordância sistemática em conceder o aparte solicitado, aquele que o requereu pode dirigir-se ao magistrado presidente. Este, por sua vez, considerando o aparte um direito, pode interferir, possibilitando a rápida intervenção de quem pleiteia (até três minutos). Aquele que se julgar prejudicado – seja pela concessão do aparte pelo juiz, em momento inadequado, ou pela negativa deste em deferi-lo, bem como pelo excesso de tempo concedido – pode solicitar o registro em ata, com o fito de, posteriormente, argüir a nulidade do julgamento, somente se houver prejuízo manifesto.

3ª posição: Entendo que no contexto prático, há graves inconvenientes; o aparte ser requerido diretamente ao juiz, entre eles podemos citar:

a) Qual parâmetro o juiz deve usar para deferir ou indeferir o aparte?
b) Caso o juiz peça para que o requerente fundamente a necessidade da intervenção e depois indeferir o pedido o aparte já se consolidou.

Como não há possibilidade de o juiz saber se o aparte é ou não necessário, pode, no contexto prático, ocorrer duas situações:

a) Se o juiz, por exemplo, indeferir os apartes pleiteados pela defesa e deferir os apartes requerido pela acusação, tal fato, deve ser registrado na ata, podendo haver nulidade do julgamento por infringência ao princípio do contraditório e plenitude de defesa.
b) Da mesma forma, caso o juiz indefira os apartes pleiteados pela acusação e defira os apartes requeridos pela defesa, tal fato, deve ser registrado na ata, podendo haver nulidade do julgamento por infringência ao princípio do contraditório.

Para evitar a argüição de futuras nulidades, devemos entender que há uma sensível diferença entre:

a) Aparte:

O aparte deve ser pedido ao opositor e a concessão é facultativa, devendo o juiz, em caso de concessão, regulamentar a intervenção da seguinte forma:

a) Estabelecer o prazo que deve ser no máximo de 03 minutos;
b) Cronometrar o tempo concedido;
c) Fazer cessar a fala do opositor, logo após o exaurimento do tempo
d) Mandar o escrivão registrar na ata que em virtude da concessão do aparte, deve ser acrescentado no tempo do que concedeu.

b) Questão de ordem:

A questão de ordem é dirigida ao juiz e destina-se a elidir uma ilegalidade que está sendo cometida.

O próprio art. 497 do Código de Processo Penal dispõe que:

> São atribuições do juiz presidente do Tribunal do Júri, além de outras expressamente referidas neste Código:
> X – resolver as questões de direito suscitadas no curso do julgamento;

Podemos citar dois exemplos de questão de ordem que, no contexto prático, a maioria dos advogados e promotores confundem com aparte:

Exemplo didático 01:

Uma das partes requer ao juiz que o opositor mantenha o respeito, a urbanidade e a lealdade processual.

Fundamento legal: art. 497, inciso III, *in verbis:*

> III – dirigir os debates, intervindo em caso de abuso, excesso de linguagem ou mediante requerimento de uma das partes;

Exemplo didático 02:

A acusação requer ao juiz que o acusado que se comporta de forma muito inconveniente, seja retirado da sala de julgamento.

Fundamento legal: art. 497, inciso VI, *in verbis:*

> Mandar retirar da sala o acusado que dificultar a realização do julgamento, o qual prosseguirá sem a sua presença;

Resumo didático:

a) O aparte é dirigido ao opositor e é de concessão facultativa, portanto, não necessita de fundamentação.
b) A questão de ordem é dirigida ao juiz e é de concessão obrigatória, portanto, necessita de fundamentação.

Aspecto prático importante II:

Tourinho Filho[132] ensina que: Para julgar esses inconvenientes, basta que o orador responda ao aparteante: não me oponho aos apartes, desde que o Juiz-Presidente determine ao Sr. Escrivão seja o tempo do aparte e da resposta devidamente registrado *(rectius:* cronometrado) e, a final, acrescido ao meu tempo regulamentar.

---

132 Tourinho Filho, Fernando da Costa. *Processo Penal*, 30 ed. comemorativa, São Paulo: Saraiva, 2008, p. 126.

3.33.3. A sentença do júri e o início do prazo recursal

Conforme o STF A sentença proferida pelo Tribunal do Júri é publicada em sessão na presença do réu e do seu defensor. O prazo recursal começa a fluir a partir do dia dessa publicação, inclusive para o defensor dativo. Se não interpõe apelação ou o faz a destempo, a sentença transita em julgado". (*RT* 551/411)

3.33.4. O acatamento da tese defensiva pelos jurados e o julgamento contrário as provas dos autos

Caso a tese acatada pelos jurados não encontre nenhum sustentáculo nos autos, havendo apelação, deve o julgamento ser anulado com fito de ser realizado novo julgamento.

Posição dominante do STF:

> STF: Não evidenciada, de forma cabal, a existência de duas versões verossímeis nos autos, afasta-se a alegação de que o acórdão impugnado, mandando o paciente a novo julgamento, tenha afrontado a soberania das decisões do Tribunal do Júri. *Habeas corpus* indeferido. (*RT* 568/371)

3.33.5. Inadmissibilidade de segunda apelação pelo mérito

Se no segundo julgamento os jurados absolverem novamente o réu, não poderá haver outra apelação pelo mesmo motivo que anulou o primeiro julgamento.

No mesmo sentido:

> STF: A expressão 'pelo mesmo motivo' significa 'pelo mesmo fundamento'. Por isso, inadmissível novo recurso com base no mesmo dispositivo. Jurisprudência da Corte. Precedentes. (*RT* 597/423)
>
> TJSP: Uma vez reconhecida que a decisão do Tribunal do Júri foi manifestamente contrária às provas dos autos em recurso de apelação, é vedada a interposição de segunda apelação fulcrada no mesmo motivo, conforme o disposto no art. 593, § 3ª, do CPP. (*RT* 741/617)

3.33.6. A escolha de uma das teses pelos jurados e o julgamento conforme as provas dos autos

A opção dos jurados por uma das versões contidas nos autos não tem o condão de causar a determinação de novo julgamento.

Posição dominante do STJ:

> Se a prova dos autos autoriza o reconhecimento de duas versões sobre o crime: uma fundada na palavra do co-réu, negando sua participação; e a outra extraída de parte da prova testemunhal, que lhe atribuiu culpa solidária, não é proibido ao Conselho de Sentença optar por uma das versões em confronto. In casu, os membros do Júri preferiram a tese mais segura, porque vazada em parte da prova testemunhal quando reconhecerem que o recorrido era co-autor do crime de homicídio. Conseqüentemente, a de-

terminação de novo julgamento, por parte do Tribunal a quo, por entender que a decisão dos jurados foi manifestamente contrária à prova dos autos, ofendeu o art. 593, inc. III, do Código de Processo Penal, o que merece reparo através do especial. A Jurisprudência da Suprema Corte já consagrou o entendimento de que a opção, por uma das versões fluentes da prova, não enseja nulidade do julgamento. (*RSTJ* 47/433)

3.34. Análise da retroatividade *versus* a irretroatividade da norma que revogou o protesto por novo júri

Dispõe o art. 4º da Lei nº 11.689/2008 que:

> Ficam revogados (...) o Capítulo IV do Título II do Livro III, do Decreto-Lei nº 3.689, de 3 de outubro de 1941 – Código de Processo Penal.

O Capítulo IV do Título II do Livro III supracitado tratava justamente do recurso de protesto por novo júri.

O protesto por novo júri era um recurso privativo da defesa, sendo admitido quando a sentença condenatória do júri fosse de reclusão por tempo igual ou superior a 20 (vinte) anos, não podendo em caso algum ser feito mais uma vez.

Tal recurso era apelidado por parte da doutrina como recurso "de cinco palavras", na realidade, eu nunca tinha percebido porque razão histórica um instituto jurídico tinha recebido um apelido tão mesquinho.

Um belo dia, depois de passar 72 horas sustentando a acusação de dois cruéis e frios assassinos, o advogado depois de ouvir tranqüilamente a sentença condenatória em mais de 20 anos, apenas disse:

"Excelência, protesto por novo júri".

"Cinco palavras" foi o bastante para anular um trabalho de exaustivo esforço com escopo de combater a impunidade reinante neste país.

"Cinco palavras" foi o bastante para devolver o sorriso aos lábios de assassinos que saíram livres do plenário e reforçar a certeza de que as leis brasileiras são direcionadas para a proteção da criminalidade.

"Cinco palavras" eram o bastante para retirar a sagrada soberania do júri; por tal motivo, sempre defendi que os arts. 607 e 608 do Código de Processo Penal, que previam o protesto por novo júri, não resistiriam à próxima revisão do Código de Processo Penal, pois os mesmos afrontavam drasticamente a Constituição Federal; não seria possível que uma norma infraconstitucional (*Código de Processo Penal*) retirasse, com um critério meramente objetivo, qual seja, pena igual ou maior 20 anos, a soberania dos veredictos que é prevista na norma suprema, ou seja, no art. 5º, inc. XXXVIII.

Mesmo com o desaparecimento deste esdrúxulo instrumento jurídico de impunidade, ainda haverá grande dissenso doutrinário sobre se a norma que revogou o protesto por novo júri é retroativa ou irretroativa.

Contextualização prática:

Tício cometeu um crime de homicídio no dia 05 de maio de 2008. Tício foi denunciado e está sendo processado. No dia 08 de agosto de 2008, entrou em vigor a lei nº 11.689, de 09 junho de 2008 que revogou o protesto por novo júri. Pergunta-se: Caso Tício seja pronunciado e condenado em mais de 20 anos terá direito ao protesto por novo júri?

Resposta: haverá duas posições.

1ª posição: Sim. Os professores Luiz Flávio Gomes, Rogério Sanches Cunha e Ronaldo Batista Pinto defendem que:

> "Sem embargo do disposto no art. 2º do CPP que, em adoção ao principio do *tempus regit actum*, determina a aplicação da lei processual de imediato e mesmo se reconhecendo, sem sombra de dúvida, que a matéria referente a recurso (no caso Protesto por Novo Júri), tem caráter exclusivamente processual, não há como se impedir que, para os crimes perpetrados antes da entrada em vigor da nova disciplina do júri (ou seja: até o dia 08/08/2008), possam seus autores, caso condenados a penas iguais ou superiores a 20 anos, se valer do mencionado recurso".[133]

2ª posição: Não. Deve-se aplicar o princípio *tempus regit actum*.

Aspecto prático importante:

Entendo que, no contexto prático, devemos considerar duas hipóteses:

1ª hipótese: Tício cometeu o crime de homicídio antes do dia 09/08/2008 e está sendo processado.

Tício não terá direito ao protesto por novo júri, é o caso de aplicarmos o Princípio *Tempus Regit Actum* ou Princípio do Efeito Imediato.

É também a lição de Nucci que defende:

> A extinção do protesto por novo júri, provocada pela lei nº 11.689/2008, deve ter aplicação imediata, tão logo entre em vigor o corpo de normas que alteram a configuração do Tribunal do Júri. Segue-se, sem dúvida, o disposto no art. 2º do Código de Processo Penal. Significa, pois, que todo réu que estiver respondendo a processo, no contexto do júri, ao atingir a sentença condenatória, proferida em plenário, com pena fixada em 20 anos ou mais, já não terá direito de invocar o protesto por novo júri.[134]

Dos tipos de normas processuais penais:

Via de regra, as normas processuais são publicadas para vigorar de imediato, aplicando-se a todos os atos ainda não-praticados e atingindo, por conseguinte, alguns fatos ocorridos antes de sua vigência. É o princípio *tempus regit actum*, expresso no art. 2º do Código de Processo Penal.

---

133 Gomes, Luiz Flávio; Sanches Cunha, Rogério; Pinto, Ronaldo Batista. *Comentários às reformas do Código de Processo Penal e da Lei de Trânsito*, 1 ed., São Paulo: RT, 2008, p. 261.

134 Nucci, Guilherme de Souza. *Código de Processo Penal Comentado*, 8 ed., São Paulo: RT, p. 606.

Entretanto, existem normas processuais penais que possuem íntima relação com o Direito Penal. Em virtude disso, a doutrina busca classificar as normas processuais em:

a) Normas processuais penais materiais *(ou lei processual impura ou mista)*.

Trata-se de temas que estão "indiretamente" ligados ao *status libertatis* do acusado.

Há dois critérios de identificação de uma norma processual penal material (impura ou mista):

1ª forma: critério subjetivo:

O professor Grandinetti explica que:

> Se a norma processual contém dispositivo que, de alguma forma, limita direitos fundamentais do cidadão, materialmente assegurados, já não se pode defini-la como norma puramente processual, mas como norma processual com conteúdo material ou norma mista. Sendo assim, a ela se aplica a regra de direito intertemporal penal, e não processual.[135]

2ª forma: critério objetivo:

Como a maioria absoluta das normas processuais penais, estão ligadas, pelo menos "indiretamente" ao status libertatis do acusado, fato que "de alguma forma, limita direitos fundamentais do cidadão", não há como aceitarmos o critério subjetivo, portanto, só há uma forma de identificá-las; as normas "processuais penais impuras ou mistas" estão previstas no Código de Processo Penal e também no Código Penal, por exemplo:

a) a queixa (art. 103 do Código Penal e arts. 29, 30, 31, 32 do Código de Processo Penal);

b) a prescrição penal (art. 107, inciso IV do CP e arts. 366 e 368 do Código de Processo Penal);

c) a decadência (art. 107, inciso IV e 103 todos do CP e art. 38 Código de Processo Penal);

d) a renúncia do direito de queixa (art. 107, inciso V, art. 104 todos do CP e arts. 49 e 50 do Código de Processo Penal);

e) o perdão aceito, nos crimes de ação privada (art. 107, inciso V, art. 105 todos do CP e arts. 51, 52, 53, 54, 55, 56, 57, 58, 59);

f) ação penal (art. 100 do CP e art. 24 do Código de Processo Penal);

g) representaçao (art. 102 do CP e art. 25 do Código de Processo Penal).

h) etc.

Por conter um caráter misto (processual-penal), entendemos que as *normas processuais penais materiais* devem ser submetidas ao princípio da retroatividade benéfica. É a exata aplicação do preceito constitucional contido no art. 5º, XL da Constituição Federal, *in verbis:*

> A lei penal não retroagirá, salvo para beneficiar o réu.

---

135 Castanho, Carvalho de; Grandinetti, Luiz Gustavo. *O processo penal em face da constituição*. Rio de Janeiro: Forense, 1998. p. 137.

Leia-se, a lei penal e a lei "processual penal material" não retroagirá, salvo para beneficiar o réu.

Um exemplo de tal afirmativa foi o tratamento que foi dado à Lei nº 9.099/1995 pelos tribunais pátrios, admitindo que o art. 88 – que trata da necessidade de representação nos casos de lesões leves e culposas – retroagisse, atingindo ações penais já iniciadas.

Posição divergente:

Em contraposição ao que defendemos, expressamos o respeitável entendimento de Frederico Marques:

> Nada mais condenável que esse alargamento da lei penal mais branda, porquanto invade os domínios do Direito Processual, em que vigoram diretrizes diversas no tocante às normas intertemporais. Direito Penal é Direito Penal, e processo é processo. Um disciplina a relação material consubstanciada no jus puniendi, e outro a relação instrumental que se configura no actum triumpersonarum do juízo, seja este civil ou penal. É inaceitável assim, como lembra Antón Oneca, a aplicação das regras do Direito Penal intertemporal ao processo penal. Se lei penal não é lei processual, e lei processual não é lei penal, as regras sobre a ação penal e as condições de procedibilidade (queixa, representação e requisição ministerial) não se incluem no cânon constitucional do art. 5º, XL, que manda retroagir, em benefício do réu, tão só a lei penal[136].

b) Normas processuais penais propriamente ditas (ou lei processual pura).

As normas processuais penais puras são aquelas que dão forma ao direito material, e estão prevista com exclusividade no Código de Processo Penal, por exemplo:

   a) formas de citação;
   b) formas de intimação;
   c) modos de colheita de prova;
   d) mandados judiciais;
   e) nulidades;
   f) recursos.
   g) etc.

Até as normas concernentes as prisões que estão "diretamente" interligadas ao *status libertatis* do acusado, a 2ª Turma do Supremo Tribunal Federal, julgando o *Habeas Corpus* n. 71.009, em acórdão publicado no DJU, 17/6/1994, p. 15709, e o Superior Tribunal de Justiça, julgando o Recurso Especial n. 10.678, em acórdão publicado no DJU, 30/3/1992, p. 3997, decidiram pela aplicação imediata aos processos em curso e,

---

136 Marques, José Frederico. *Tratado de Direito Penal.* v. I, p. 258.

portanto, pela retroatividade das normas mais severas concernentes à prisão provisória, **tomando-as como regras mera¬mente processuais**.[137]

Entendemos que as *normas processuais penais propriamente ditas* serão aplicadas de imediato e não retroagem, mesmo que terminem por prejudicar o acusado.

O Código de Processo Penal é bem claro ao determinar que a Lei Processual Penal aplicar-se-á desde logo, sem prejuízo da validade dos atos realizados sob a vigência da lei anterior.

De acordo com o art. 2º do CPP:

> (...) a Lei Processual penal aplicar-se-á desde logo, sem prejuízo da validade dos atos realizados sob a vigência da lei anterior.

É a consagração do princípio *tempus regit actum* que impreterivelmente impõe duas conseqüências diretas:

a) os atos processuais realizados sob a égide da lei anterior se consideram válidos;
b) as normas processuais têm aplicação imediata, regulando o desenrolar restante do processo[138].

O fundamento lógico desse princípio, como afirma Jiménez, é o de que a lei nova presumidamente é mais ágil, mais adequada aos fins do processo, mais técnica, mais receptiva das novas e avançadas correntes do pensamento jurídico[139].

A irretroatividade da lei processual pura

Mirabete[140] leciona que

> [T]em se afirmado, por vezes, que a lei nova processual não pode ser aplicada se for prejudicial ao réu em confronto com a lei anterior, face ao princípio da retroatividade da lei mais severa. A doutrina moderna tem rechaçado tal entendimento porque, na hipótese, não há retroatividade, já que a lei vai ser aplicada aos atos processuais que ocorrem a partir do início de sua vigência. A Lei Processual não está regulando o fato criminoso, este sim anterior a ela, mas o processo a partir do momento em que ela passa a viger. Além disso, o princípio da irretroatividade da lei mais severa na Constituição Federal refere-se apenas à Lei Penal (art. 5º, XXXIX e XL). A lei nova extrapenal, aliás, só não pode retroagir quando ocorrer direito adquirido, ato jurídico perfeito ou coisa julgada (art. 5º, XXXVI, da CF). Resumindo, a Lei Processual Penal brasileira não é retroativa, pois se aplica aos fatos processuais ocorridos durante a sua vigência, permitindo a Constituição Federal a retroatividade desde que não prejudique a coisa julgada. O autor do crime não tem o "direito adquirido" de ser julgado pela Lei Processual

---

137 Capez, Fernando. *Curso de Direito Penal*. Parte Geral, v.1, São Paulo: Saraiva, 2008, p. 50.
138 No mesmo sentido: Tucci, Rogério Lauria. *Persecução penal, prisão e liberdade*. Saraiva, 1980. p. 9. Nesse sentido: STF: RTJ nº 93/94; RT nº 548/411.
139 No mesmo sentido: Jiménez, Hermando Londoño. *Derecho Procesal Penal*. Bogotá: Têmis, 1982. p. 11.
140 No mesmo sentido: Mirabete, Júlio. *Processo Penal*. 12 ed., São Paulo: Atlas, 2001.

vigente ao tempo em que ele ocorreu, mas apenas que a lei nova respeite as garantias constitucionais do devido processo legal, com os seus corolários explicitados na Carta Magna.

Como afirma Damásio[141], o art. 2º do CP refere-se à aplicação do princípio *tempus regi actum*, do qual derivam dois efeitos: a) os atos processuais realizados sob a égide da lei anterior se consideram válidos; b) as normas processuais têm aplicação imediata, regulando o desenrolar restante do processo. Fica assim estabelecido o chamado *princípio do efeito imediato* ou *princípio da aplicação imediata* da Lei Processual Penal, que se aplica também à matéria de competência, seja ela regulada por leis do processo, seja por normas de organização judiciária. Mesmo que a lei nova venha criar ou suprimir uma ordem de jurisdição, substituir juízes, modificar composição de tribunais etc., deve ser ela aplicada aos processos em curso. É o que ocorreu, por exemplo, com a Lei nº 9.299, de 07/08/1996, que deslocou para a competência da Justiça Comum o processo e julgamento dos crimes dolosos contra a vida praticados por militares. A Lei Processual Penal não é retroativa, pois não está regulando o fato criminoso anterior a ela, regido pelos princípios de aplicação da lei penal, mas os atos processuais a partir do momento em que ela passa a viger. Poderia retroagir, anulando atos processuais anteriores se expressamente a lei formulasse a exceção e desde que não atingisse direito adquirido, ato jurídico perfeito ou coisa julgada. Embora seja possível que uma nova Lei Processual possa acarretar maiores gravames para o autor do delito, se, por exemplo, restringe o direito à liberdade, exclui algum recurso etc., aplica-se o disposto no art. 2º do CPP. É possível a aplicação da Lei Processual Penal anterior mais favorável (ultra-atividade), quando tal exceção vier prevista expressamente em lei. Aliás, dispondo sobre o confronto de lei anterior com o Código de Processo Penal vigente, o Decreto-lei nº 3.689, de 03/10/1941 (Lei de Introdução ao Código de Processo Penal) determinou a aplicação dos dispositivos que fossem mais favoráveis ao autor da infração no referente à prisão preventiva e à fiança (art. 2º). Tal dispositivo, segundo entendo, continua em vigor, aplicando-se a todas as modificações introduzidas no Código de Processo Penal de 1941, relativamente a tais matérias. Embora o citado decreto-lei visasse especialmente à transição da lei anterior para o Código de Processo Penal, não foi ele revogado, sendo aplicável às modificações desse estatuto. Essa sempre foi a orientação seguida pelo STF quanto à aplicação do art. 13 da LICPP. Esse diploma legal, porém, não tem qualquer aplicação às leis processuais especiais que não alterem dispositivos do Código de Processo Penal vigente.

O amigo e mestre de todos nós, Fernando da Costa Tourinho Filho, explica o fundamento da irretroatividade da norma processual pura.

> O simples fato de haver o art. 2º acentuado '... *sem prejuízo da validade dos atos realizados na vigência da lei anterior*' indica, de logo, não ser retroativa a lei processual, pois, se fosse o legislador teria invalidado os atos processuais

---

141 Jesus, Damásio E. de. *Código de Processo Penal Anotado.* São Paulo: Saraiva, 2000.

praticados até a data da vigência da lei nova. Não o fez. Manteve-os. Logo, não há falar em retroatividade. O princípio é este: *tempus regit actum* (o tempo rege o ato).[142]

O princípio *tempus regit actum* destacado na jurisprudência

Sobre o efeito imediato da Lei Processual, veja esses julgados.

> STF: As normas constitucionais e legais que regem a competência têm aplicação imediata. O conflito de leis processuais no tempo é solucionado no sentido de que a eficácia da lei nova é imediata, sem prejuízo dos atos já praticados. Desnecessidade de renovação da denúncia perante o novo órgão competente. Art. 2º do CPP. Precedentes. (*JSTF* nº 200/346)

> STJ: Competência – Crime doloso contra a vida cometido por militar contra civil – Julgamento afeto à Justiça Comum Estadual, ainda que cometido antes da vigência da Lei nº 9.299/1996 – Aplicação do art. 2º do CPP. (...) É competente para o processo e julgamento dos crimes dolosos contra a vida, cometidos por militar contra civil, a Justiça Comum Estadual, nos termos da Lei nº 9.299/1996, mesmo que ocorridos antes de sua vigência, por força do princípio da aplicação imediata da Lei Processual (art. 2º do CPP)". (RT nº 773/548)

2ª hipótese: Tício cometeu o crime de homicídio e por ocasião da entrada em vigor da lei que revogou o protesto por novo júri já tinha sido condenado a pena de reclusão por tempo igual ou superior a 20 (vinte) anos, destarte, com deferimento do protesto por novo júri.

Neste caso, entendo que não poderemos usar o princípio *tempus regit actum*, pois caso já tenha sido deferido o protesto por novo júri, há um ato jurídico perfeito, um verdadeiro direito adquirido que não pode ser prejudicado por lei ou princípio oriundo da legislação infraconstitucional; é o que preconiza o ordenamento jurídico máximo, art. 5º, inciso, XXXVI, da Constituição Federal, *in verbis:*

> *A lei não prejudicará o direito adquirido, o ato jurídico perfeito e a coisa julgada.*

---

142 Tourinho Filho, Fernando da Costa. *Manual de Processo Penal.* 10 ed., São Paulo: Saraiva, 2008, p. 37.

Capítulo 4

Casos Superinteressantes sobre o Júri

4.1. O advogado que não acreditou em seu cliente

Acarreta nulidade o fato de existir contradição entre a palavra do réu e a defesa realizada pelo advogado no plenário do júri?

Resposta: Não. Em um caso em que se verificou contradição entre a palavra do réu e a defesa técnica desenvolvida, decidiu o STF:

> Se o defensor se convence, ante os elementos colhidos nos autos, de que a alegação de negativa de autoria não trará proveito ao acusado e adota outras teses defensivas, com eficiência e, no caso, até com êxito, não se pode dizer que o réu tenha ficado indefeso. RE não-conhecido.[1]

Em outro caso, o advogado não acreditou na negativa de autoria do seu cliente e o processo não foi nulo. Veja a síntese do caso, conforme a decisão do STJ.

O advogado não é obrigado a negar a autoria de crime cometido por pessoa a quem ele representa se a própria representada confessou o delito no curso do inquérito policial e do processo penal e se a confissão estiver amparada em outras provas. Esse entendimento embasou a decisão da Sexta Turma do Superior Tribunal de Justiça (STJ) de negar pedido de *habeas corpus* proposto em favor de um padrasto acusado de atentado violento ao pudor contra a enteada de seis anos.

No caso julgado, o responsável pelo ajuizamento do *habeas corpus* alegou que a defesa do réu na primeira e na segunda instância da Justiça de Goiás foi insuficiente. Sustentou que o defensor do acusado não inquiriu nenhuma das testemunhas durante a audiência ocorrida no curso do processo e que sua defesa final foi "parcimoniosa, carente de motivação" e sequer desenvolveu argumentos favoráveis a ele, limitando-se a pedir que sua pena fosse imposta em grau mínimo.

Na ação proposta contra o acusado, verificou-se que os depoimentos prestados por ele à polícia e à Justiça, nos quais confessava a prática do crime, continham diversos pontos em comum com as declarações feitas por sua ex-mulher e mãe da vítima, pela própria vítima e por outras testemunhas.

"A admissão da autoria, por parte do representante técnico do acusado, quando nem ele próprio nega a prática dos crimes e cuja confissão é amparada em todos os demais elementos de prova, é uma alternativa possível, mas nada razoável, porque desacredita e desmoraliza a própria defesa, que não é obrigada a negar a autoria nessas condições", escreveu o relator do caso, Ministro Paulo Medina.

---

1 RE-Cr nº 105.802-1/PR, J. 08/09/1987, v. u., Rel. Min. Sydney Sanches – RTJ, nº 124/635.

4.2. O inimputável por doença mental

O inimputável, nos termos do art. 26 *caput*, do Código Penal, pode ser pronunciado?

Damásio leciona que "aplica-se o art. 411 (*atual 415 do Código de Processo Penal*) deste Código, absolvendo-se sumariamente o acusado (RT nº 720/422)".

Ainda cita, o renomado autor, outros julgados:

a) Exame psiquiátrico: *se juiz e Ministério Público manifestaram profunda impressão de que o réu estava mentalmente enfermo no tempo e, logo depois dos crimes, não pode subsistir pronúncia sem que se tivesse feito o exame psiquiátrico* (STF, RTJ nº 52/390).

b) Inimputabilidade por doença mental (CP, art. 26, *caput*): a questão não pode ser remetida para o júri (RT nº 718/373 e nº 720/422).

c) Absolvição por inimputabilidade decorrente de doença mental ou desenvolvimento mental incompleto ou retardado (CP, art. 26, *caput*): efeito. Impõe-se medida de segurança (CP, art. 97).

Minha posição: com a reforma a inimputabilidade é caso de absolvição sumária, mas algo deve ser mais bem esclarecido; a possibilidade do inimputável ser pronunciado é o caso da inimputabilidade não ser a única tese da defesa, pois o parágrafo único do art. 415 é bem claro:

> Não se aplica o disposto no inciso IV do caput deste artigo ao caso de inimputabilidade prevista no caput do art. 26 do Decreto-Lei nº 2.848, de 7 de dezembro de 1940 – Código Penal, salvo quando esta for a única tese defensiva:

4.3. Gravações

Jornais, revistas e fitas gravadas, contendo reportagens sobre o caso em julgamento, podem ser exibidas em plenário?

Sim. Nucci[2] leciona que podem ser exibidas em plenário, desde que respeitado o disposto neste artigo (prazo e ciência da parte contrária)[3]. Em que pese haver emotividade e parcialidade nessas reportagens, não há como impedir sua exibição aos jurados, merecendo, no entanto, que o juiz-presidente advirta o Conselho de Sentença da sua característica peculiar. Esse procedimento já foi adotado e confirmado, como correto pelo Tribunal de Justiça de São Paulo: " (...) a divulgação sonora de fita magnética é permitida em plenário do júri. O conteúdo de fita de vídeo se constitui em modalidade de prova como outra qualquer e, como tal, deve ser aceito, desde que, obtida de forma lícita e legitimamente introduzida no processo. (...) Desta forma, nada impedia que fossem as mesmas reproduzidas em plenário, e não apenas a simples leitura da transcrição, como pretendido pela ilustre defesa, posto que, em se tratando de delitos doloso, contra a vida, é o Tribunal do Júri o destinatário de todas as provas. (...) Deve

---

2   No mesmo sentido: Nucci, Guilherme de Souza. *Código de Processo Penal Comentado*. RT, 2002, p. 722.
3   O autor se refere ao art. 475 do Código de Processo Penal.

também ser ressaltado que, após a exibição das fitas de vídeo, o d. Magistrado 'alertou os jurados de que as reportagens envolvem opiniões de repórteres, que devem ser vistas e analisadas dessa forma, e não como depoimentos oficiais, produzidos no processo. Assim também devem ponderar que as entrevistas foram feitas com parentes e amigos; da vítima, contando com certa dose de emotividade'". (Ap. nº 221.881-3, SP, 6ª C., Rel. Augusto César, 22/05/1997, v. u.)

4.4. O co-réu

Participação do mesmo jurado no segundo julgamento do réu ou do co-réu, causa nulidade?

O Prof. Damásio[4] apresenta relevante lição sobre o tema:

> o STF, decidindo hipótese de participação de jurado em caso de concurso de pessoas, considerou: o jurado que compôs o Conselho de Sentença de anterior julgamento de co-réu está impedido de participar do posterior julgamento de outro co-réu (RT nº 485/376). No mesmo sentido: RT 509/350. Recentemente, entretanto, decidiu o STF que inocorre nulidade se a participação do jurado impedido não influiu no resultado da votação. (RHC nº 57.789, DJU 12/09/1980, p. 6.897; RTJ nº 95/151 e nº 96/250)
>
> O jurado não pode servir mais de uma vez no julgamento do mesmo réu: Súmula nº 206 do STF. *Vide* art. 607, § 3º, deste Código, aplicável à espécie. (STF, RTJ nº 53/780 e nº 65/237). Essa é a posição dominante na jurisprudência, que considera irrelevante a causa determinante do novo julgamento, como, *v. g.*, seja motivada pela nulidade do anterior. (RT nº 447/457, nº 452/433 e nº 455/424). Jurados que haviam participado do julgamento anterior do co-réu: proibição. (STJ, HC nº 12, 5ª Turma, DJU 25/09/1989, p. 14.952; TJSP, ACrim nº 121.462, 1ª Câm., Rel. Des. Jarbas Mazzoni, RT nº 681/338). Constitui orientação minoritária a que entende incidente só no protesto por novo júri a proibição do art. 607, § 3º, deste Código (RT nº 441/341 e nº 452/429).
>
> Minha posição: com a reforma não pode haver mais divergência, pois o art. 449 é bem claro:
>
>> *Não poderá servir o jurado que:*
>> *I – tiver funcionado em julgamento anterior do mesmo processo, independentemente da causa determinante do julgamento posterior;*
>> *II – no caso do concurso de pessoas, houver integrado o Conselho de Sentença que julgou o outro acusado;*
>> *III – tiver manifestado prévia disposição para condenar ou absolver o acusado.*

4.5. A ausência de alegações

A ausência das alegações finais constitui nulidade absoluta, nulidade relativa ou mera irregularidade?

---
4   Jesus, Damásio E. de. *Código de Processo Penal Anotado*. São Paulo: Saraiva, 2000.

Existe divergência.

1ª posição: Falta de alegações finais: inexistência de nulidade:

STF: "Não importa nulidade, por cerceamento de defesa, a não-apresentação de alegações (art. 406 do CPP, atual art. 411) pelo advogado constituído, notificado e com vista do processo, não demonstrado o abandono da causa"[5].

STJ: "A não-apresentação das alegações finais, nos processos de competência do Tribunal do Júri, embora regularmente intimados, não implica cerceamento de defesa, de modo a ensejar a nulidade da pronúncia, de vez que a omissão pode configurar-se numa tática de defensiva"[6].

2ª posição: Nulidade relativa pela falta de alegações finais:

STF: "Segundo se infere dos julgados desta Corte, a não-apresentação de alegações finais de que trata o art. 406 do Código de Processo Penal, quando há advogado constituído e regularmente intimado, não caracteriza nulidade absoluta, mas sim relativa. Se a própria defesa é que deu causa, sem que tenha havido abandono, à não-apresentação das alegações finais em apreço, nem posteriormente, no momento oportuno, a invocou, nem agora alega sequer ocorrência de prejuízo, não há como acolher-se a pretendida nulidade"[7].

Minha posição: na ausência das alegações finais, o processo é nulo, por atentar contra o princípio da ampla defesa e contraditório. Tourinho Filho[8] defende que: "embora a lei não as tenha erigido, expressamente, à categoria de ato estrutural (art. 564, III, do CPP), sua omissão implica prejuízo para o réu, e como a teor da Lei Maior a defesa é ampla, evidente que a sua omissão deixa entrever, as claras, que a defesa não foi ampla."

O próprio STF já reconheceu que as alegações finais são imprescindíveis:

STF: "No procedimento dos crimes da competência do Tribunal do Júri, as alegações finais são imprescindíveis, uma vez que ocorrem no momento processual final para a indicação de eventuais nulidades na fase anterior à sentença de pronúncia"[9].

4.6. Direito *versus* Garantia

O Tribunal do Júri é um direito ou garantia individual?

Resposta: A doutrina majoritária, defende ser o Tribunal do Júri uma garantia individual. No mesmo sentido: Rui Barbosa, Marcelo Caetano, Pontes de Miranda, José Afonso da Silva, Manoel Gonçalves Ferreira Filho, Hamilton Moraes E. Barros, João Mendes Júnior, Júlio Fabbrini Mirabete, Rogério Lauria Tucci, José Duarte, James Tu-

---

5   RT nº 570/ 421.
6   RSTJ nº 50/398.
7   RT nº 639/356. No mesmo sentido: STF, RTJ nº 106/541, nº 124/200.
8   No mesmo sentido: Tourinho Filho, Fernando da Costa. *Prática de Processo Penal*. 21 ed., São Paulo: Saraiva, 1999.
9   RT nº 608/406.

benchiak, Hélio Tornaghi, Pinto Ferreira, Aristides Milton, Rui Stoco, Hélio Costa, Nádia Araújo e Ricardo de Almeida.

Posição divergente: No sentido de ser um direito individual, Celso Bastos e Adriano Marrey.

4.7. Absolvição pedida pelo promotor e condenação, pelo defensor

Consoante a lição de Nucci[10], é possível às partes pleitear no sentido da absolvição ou da condenação. Respeitada a fiel exposição das provas, para preservar a soberania dos jurados, pode o representante do Ministério Público pedir a absolvição do réu, enquanto o defensor pode, também, em tese, solicitar a condenação. Tais posturas, no entanto, não estão livres de críticas. Frederico Marques e Borges da Rosa não admitem, por exemplo, que o promotor possa pedir a absolvição do réu no plenário, tendo em vista que a norma penal em comento preceitua que o acusador lerá o libelo e produzirá a acusação, implicando um comando legal, não-passível de afastamento. De outra parte, se, à época da pronúncia, pediu a acusação a pronúncia, não pode o promotor desistir da palavra, pedindo a absolvição (Frederico Marques, *A instituição do júri*, p. 186). Tal posição foi contraposta por Roberto Lyra, afirmando que seria pura má-fé, perseguição e arbítrio pretender a condenação de alguém contra a verdade e contra as provas. Ao defender a sociedade, busca o acusador realizar justiça (*Teoria e prática da Promotoria Pública*, p. 97). Por outro lado, quanto ao defensor, tendo em vista que se assegura, no júri, a plenitude de defesa, defendem alguns ser impossível a efetivação de um pedido de condenação, prejudicando o réu. Entretanto, deve-se destacar que há pedidos de absolvição tão frágeis e dissociados da prova colhida que terminam por levar os jurados a desacreditar completamente na argumentação defensiva. Assim, conforme o caso, pedir a absolvição pode favorecer a acusação, pois o Conselho de Sentença não mais dá crédito à palavra do defensor. Imagine-se o réu confesso em todas as fases, inclusive no plenário, diante dos jurados. De que adianta ao defensor negar a autoria? Faria um papel distanciado da realidade, salvo se tiver bons motivos para acreditar que se trata de uma confissão falsa. Não sendo assim, o melhor é partir para outras teses, visando à absolvição pelo reconhecimento de alguma excludente de ilicitude ou culpabilidade ou, mesmo, tendo por finalidade o reconhecimento de algum privilégio ou, ainda, o afastamento de qualificadoras. Não deixa de ser ampla defesa aquela que busca o melhor para o réu, dentro do possível e do razoável. O mesmo se diga do promotor, que não é um órgão vinculado absolutamente à condenação do réu, podendo expressar sua posição pessoal em prol da absolvição. Frise-se, no entanto, que as partes devem respeitar os jurados, expondo-lhes, com lealdade, as provas existentes para, somente depois, manifestar o seu pensamento próprio a respeito. Caso o magistrado perceba estar a acusação deixando de sustentar o libelo[11] por motivos escusos, ferindo a

---

10 No mesmo sentido: Nucci, Guilherme de Souza. *Código de Processo Penal Comentado*. RT, 2002.
11 Leia-se: sustentanto a tese acusatória.

soberania dos veredictos e tornando fraca a posição da sociedade, ou sinta que o defensor está almejando a condenação em processo impróprio a isso, deixando o acusado indefeso, deve dissolver o Conselho de Sentença, colocando na ata as razões que o levaram a tanto. Designando nova data para o julgamento, oficiará, conforme o caso, à Procuradoria Geral da Justiça para que possa tomar as medidas cabíveis contra o representante do Ministério Público e, se entender cabível, designando outro promotor para o júri, bem como intimando o réu a constituir outro defensor, afastado que foi o primeiro, ou nomeando-lhe um, caso não consiga o acusado indicar um substituto.

Explica Paulo Rangel[12]

> que, se o Ministério Público, em plenário, pede a absolvição do acusado, o júri não está autorizado a condenar, devendo o juiz dissolver o conselho de sentença e julgar improcedente o pedido contido na denúncia e julgado admissível na pronúncia (art. 476 CPP, com a reforma da Lei nº 11.689/2008).

Minha posição: entendo que a posição do renomado colega do meu querido Ministério Público afronta dois princípios constitucionais:

a) Soberania dos veredictos;
b) Competência mínima constitucional para julgar os crimes dolosos contra a vida.

Portanto, com o pedido de absolvição formulado pelo membro do Ministério Público, deve o juiz formular os quesitos normalmente e de acordo com a tese defensiva, estando, *in casu*, os jurados, com fulcro da soberania popular, livres para absolver ou condenar.

Hoje, não existe mais divergência: o promotor de Justiça pode livremente, de acordo com a lei e sua consciência, requerer a absolvição do réu, pois não somos acusadores oficiais, somos "Promotores de Justiça". Portanto, temos a sagrada missão de "promover a justiça", que significa: requerer a condenação dos culpados e requerer a absolvição dos inocentes. Entendo também que o júri é soberano, soberania essa que foi expressa pelo poder constituinte originário, na própria Constituição Federal. Portanto, os jurados não estão vinculados ao pedido da Defesa nem da Promotoria. Em um determinado caso, fiz um júri em que toda a sociedade sabia que o réu tinha assassinado a vítima; antes de assumir a Promotoria da comarca, já sabia de detalhes deste hediondo e dantesco crime. Encontrei o processo pronto para ser colocado em pauta; portanto, não participei da instrução do processo e, quando li o mesmo, tive uma imensa surpresa: nenhuma, absolutamente nenhuma das testemunhas arroladas indicava o réu como autor do homicídio. Não havia testemunhas a serem inquiridas em plenário. O que fazer? Toda a sociedade sabia quem era o assassino, mas o medo imperou e as testemunhas se omitiram e os autos não indicavam quem era o autor do delito. Como promotor criminal, já presenciei várias absolvições injustas e, confesso, a absolvição de um assassino me incomoda muito. Porém, dentro do campo da legalidade, não tinha eu outra alternativa: deveria pedir a absolvição. Foi o pior júri de que participei, pois teria que contribuir com a absolvição de um assassi-

---

12   Rangel, Paulo. *Direito Processual Penal*, 15 ed., 2008, Lumen Juris, p.554.

no. Entretanto, algo me iluminou: lembrei-me, oportunamente, de que o júri é soberano. Então, depois de ler todas as peças e os depoimentos que não indicavam o réu como autor do delito, terminei dizendo:

Um velho brocardo preconiza que o que não existe nos autos não existe no mundo; portanto, estou vinculado ao princípio da legalidade e as provas colacionadas nos autos me impedem de pedir a condenação do réu, mas V. Exas. são soberanos e não estão obrigados a seguir as teses do promotor ou da defesa e fizeram o juramento de **examinar com imparcialidade esta causa e a proferir a vossa decisão, de acordo com a vossa consciência e os ditames da justiça**; portanto, eu peço a absolvição e que V. Exas. decidam, de acordo com vossas consciências.

Resultado: o réu foi condenado por sete a zero. O advogado recorreu e, com certeza, o Tribunal de Justiça mandará o réu ser submetido a novo julgamento. Este pode se tornar em um típico caso em que mesmo o promotor e o advogado pedindo a absolvição o réu será condenado. É um absurdo? Não, é apenas um caso em que, no tempo da instrução, o réu que se encontrava solto atemorizava toda a sociedade e esta, só depois de muito tempo, percebeu que estava pagando muito caro por sua omissão.

4.8. A limitação dos debates e o princípio constitucional da amplitude da defesa do réu

A limitação dos debates fere o princípio constitucional da amplitude da defesa?

Resposta: No Brasil, quem melhor soluciona a difícil questão é José Frederico Marques[13]. Veja a relevante lição do renomado autor:

Entendem alguns que a limitação dos debates não é aconselhável no Tribunal do Júri. Trébutien, por exemplo, lembrando as opiniões de Pünio e Dupin, ensinava que a liberdade de defesa, essencial ao Direito Criminal, constitui um princípio e direito sagrado, de cuja violação decorre insanável nulidade dos debates, ligando assim a limitação do prazo de alegações orais com o exercício amplo do direito de defesa.

Não nos parece acertada essa opinião. Inviolabilidade de defesa, ou amplitude desta em juízo, não significa tempo irrestrito para a explanação em plenário das pretensões e razões do réu, ou não-subordinação a prazos processuais. Desde que a lei não limite propriamente o exercício da defesa, a ponto de impedir ao réu que prove sua inocência ou seu direito, as medidas de disciplina processual não ferem a garantia consagrada pela Constituição[14].

O direito de defesa, em sua significação mais ampla, é direito latente em todos os preceitos emanados do Estado, como *substractum* da ordem legal, porque constitui o fundamento primário e básico da segurança jurídica estabelecida pela vida social organizada. Como direito individual de todo cidadão, a defesa é para este um direito "subjetivamente ilimitado, porém limitado como expressão de poder objetivo", o que quer dizer que o

---

13 Marques, José Frederico. *A Instituição do Júri*. Millennium, 1997, p. 486 *usque* 487.
14 Torres, Magarinos. *Op. cit.*, p. 356; Carvalhal, Tomás. *Op. cit.*, p. 97; Mariconde, Vélez. "La situación jurídica del imputado", in *Revista del Derecho Procesal*, 1943, p. 280.

indivíduo deve subordinar em geral "sua capacidade real defensiva aos limites e meios arbitrados pela lei para a proteção da pessoa e tutela dos direitos"[15].

Como direito individual do cidadão, vem a defesa consagrada constitucionalmente, assegurada outrossim sua plenitude, com os meios e recursos que lhe sejam essenciais (art. 141, § 25) – o que constitui uma "garantia de ordem processual que afeia ao exercício propriamente dito" desse direito (J. A. Secco Villalba, *op. cit.*, p. 31).

As leis processuais, portanto, lhe regulamentam o exercício, dentro do âmbito traçado pela Constituição, e o tornam adequado às exigências da Administração da Justiça (Vélez Mariconde, *op. e loc. cit.*, p. 279) – sem sacrificar assim nenhum dos meios e recursos que lhe são essenciais, meios e recursos esses que *a priori* não se podem enumerar (Pontes de Miranda, *Comentários à Constituição de 1934*, vol. II, p. 236), salvo no tocante a linhas estruturais e regras genéricas. As formas substanciais do juízo, o sistema processual acusatório estão, por exemplo, substancialmente ligados ao direito de defesa pleno e amplo, sendo por isso impossível a adoção, pelo legislador ordinário, dos julgamentos criminais estruturados segundo o procedimento inquisitivo.

4.9. O crime que apareceu nos debates

Se o crime resultante dos debates não for propriamente um crime novo, mas um fato que é crime e tinha sido caracterizado diferentemente do que havia sido exposto na sentença de pronúncia, o juiz pode formular quesitos?

Resposta: Existe divergência.

1ª posição. Pimenta Bueno indaga e responde:

> Se dos debates, em vez de resultar o conhecimento de alguma circunstância, nascer o de algum crime não compreendido no libelo (*leia-se: atualmente sentença de pronúncia*), deverá o juiz de direito fazer quesitos a respeito? Por certo que não. Primeiramente, a lei fala só de circunstâncias, e não de novos crimes. Se, porém, o crime resultante dos debates não for propriamente um crime novo, mas só assim caracterizado diferentemente do que havia sido no libelo, poderão dirigir-se, pois, quesitos respectivamente? Parece que sim, porque então não se dá um fato novo, sim o mesmo fato da acusação, embora modificado, e as razões da defesa são-lhe aplicáveis.

É a mesma posição de Bento de Faria[16].

Posição divergente:

2ª posição. Entendo como Borges da Rosa[17], que defende:

> "Não podem figurar no questionário fatos que constituem crime distinto daquele que faz objeto da acusação. Os quesitos propostos ao júri não podem versar sobre os fatos não articulados no libelo (*leia-se: atualmente*

---

15 Secco Villalba, José Armando. *El derecho de defensa*. 1947, p. 10 e 29-30.
16 *Código de Processo Penal*. v. 2, 1942, p. 78.
17 *Processo Penal Brasileiro*, v. 3, 1942, p. 126-127.

sentença de pronúncia). Pode, sim, alterar a classificação deste sem mudar a natureza do fato, desde que as circunstâncias resultantes dos debates caracterizem diferentemente os fatos de acusação. Formular quesitos sobre fatos componentes de um crime emergente dos debates e pelo qual ainda não se havia acusado o réu, é certamente surpreender a defesa, que não pode estar preparada para repelir uma nova imputação feita à última hora. Pela mesma razão também não deve ser admitido no questionário crime diverso do que faz objeto da acusação, e que venha fundir-se com este de maneira a formarem ambos um crime diferente dos outros dois. Sucedendo que o crime, objeto da acusação, se transforme em outro diferente em seus elementos essenciais, há que distinguir:

a) se a transformação vem agravar a situação do réu, não pode figurar no questionário;

b) se vem favorecer, a jurisprudência tem admitido que sim.

Em todo caso, só um acurado exame da espécie ocorrente, em face do mecanismo da lei penal, é que pode fazer que o presidente do tribunal resolva os casos de modo satisfatório, cumprindo-lhe ter sempre bem presente que só deverá incluir no questionário, *ex officio* ou a requerimento da acusação, fatos ou circunstâncias que resultarem dos debates e vierem piorar a sorte do acusado, quando, depois de bem ponderá-los, se convencer de que em face deles e da primitiva acusação, o réu não precisa de novo preparo nos pontos capitais de sua defesa".

4.10. O interrogatório durante os debates

Relata José Frederico Marques[18]:

> Hipótese interessante e singular quanto ao aspecto de sua validade como ato processual, surgiu em certo julgamento na Comarca de Palmital, em que o doutor juiz de Direito, a requerimento do promotor, interrogou o acusado sobre determinado fato durante os debates, ou seja, por ocasião da réplica.

A segunda Câmara Criminal do Tribunal de Justiça de São Paulo anulou o julgamento, constando do acórdão, como fundamento da decisão, o seguinte tópico: "o interrogatório é ato de instrução que tem o momento próprio em que deve ser realizado. E uma vez feito, só pode ser renovado por determinação própria e exclusiva do juiz ou da instância superior (Cód. Proc. Penal, arts. 196, 502, parágrafo único, e 616)". Invoca-se ao depois a seguinte lição de Pimenta Bueno: o interrogatório é "um ato pessoal, em que nem o Ministério Público nem os advogados podem intervir". E acrescenta o aresto: "A lei, ainda mesmo com relação ao defensor, impede qualquer intervenção ou influência nas perguntas e respostas (Cód. Proc. Penal, art. 187). Desse modo, muito menos poderia

---

18 Marques, José Frederico. *A Instituição do Júri*. Millennium, 1997, p. 471.

permitir o que se fez, com surpresa para a defesa, de se intercalar nos debates, um novo interrogatório, ainda quando se limitasse a uma única pergunta" (Réu. Tribs., 185/648).

Assim também pensamos, apesar do que dispõe o art. 196 do Código de Processo Penal, ao dizer que "a todo tempo, o juiz poderá proceder a novo interrogatório". Em abono do princípio adotado no Código, há ainda a lição de Pimenta Bueno, de que o juiz nunca deve olvidar que o interrogatório é meio de reconhecer a verdade, pelo que "pode repetir as perguntas, sempre que entender isso conveniente, qualquer que seja o estado da causa" (Cf. Espínola Filho, *Código de Processo Penal brasileiro anotado*, v. 2º, p. 470).

No entanto, permitir que o acusador requeira, em meio aos debates, uma pergunta *ad hoc* ao réu, é violar o direito de defesa, cuja plenitude, no Tribunal do Júri, constitui mandamento da Lei Basilar.

O juiz pode, de fato, interrogar o acusado em qualquer fase do processo, e na sessão do júri novas perguntas feitas ao réu, perante os jurados, seriam às vezes de grande utilidade para esclarecimento do processo. Imprescindível se torna, no entanto, que o faça de modo próprio e sem o pedido de perguntas individualizadas. Do contrário, a surpresa em que seria apanhado o réu e a fixação pelo acusador do ponto a ser elucidado estariam em antagonismo com os princípios que tutelam o direito de defesa.

Minha posição: entendo que razão assiste a Pimenta Bueno: "o juiz nunca deve olvidar que o interrogatório é meio de reconhecer a verdade, pelo que pode repetir as perguntas, sempre que entender isso conveniente, qualquer que seja o estado da causa". Não podemos falar em violação ao princípio da ampla defesa, pois o defensor do réu também pode requerer a nova oitiva do réu. O juiz, para evitar tumulto no julgamento, deve usar o critério da razoabilidade para deferir ou não o pedido.

4.11. O júri privado

Em um crime de homicídio pode haver uma acusação privada?

Resposta: Sim. É o caso da ação subsidiária da pública ou de um crime de ação privada conexo com uma infração da competência do júri.

José Frederico Marques[19] apresenta a seguinte lição:

> No processo penal do júri, pode o ofendido figurar como parte, não só propondo ação privada subsidiária, como ainda no caso de propor ação penal exclusivamente privada em crime conexo à infração da competência do júri.

Como o homicídio é o crime por excelência dentre os que se incluem, obrigatoriamente, nas atribuições do Tribunal do Júri, tem de aplicar-se, como atrás notamos (nº 2), no tocante à ação privada subsidiária referente ao referido delito o que dispõe o art. 102, § 4º, do Código Penal, ao estatuir que, morrendo o ofendido, "o direito de oferecer queixa ou prosseguir na ação passa ao cônjuge, ascendente, descendente ou irmão".

Dessas pessoas, terá preferência para o exercício do *jus querelandi*, o cônjuge sobrevivente, e, em seguida, o parente mais próximo, de acordo com a enumeração acima

---

19 Ibidem, p. 324 *usque* 325.

(Cód. Proc. Penal, art. 36). Isso quer dizer que a preferência é do cônjuge sobrevivente e, em seguida, do ascendente. Seguem-se, na ordem preferencial, o descendente, e, por fim, o irmão do ofendido.

Considerar-se-á perempta a ação, diz o art. 60, II, do Código de Processo Penal, "quando, falecendo o querelante, ou sobrevindo sua incapacidade, não comparecer em juízo, para prosseguir no processo, dentro de 60 dias qualquer das pessoas a quem couber fazê-lo, ressalvado o disposto no art. 36". Essa ressalva é a seguinte: qualquer das pessoas mencionadas como sucessoras do ofendido no *jus querelandi* pode prosseguir na ação, se a que ficou como querelante desistir da instância ou a abandonar.

A perempção referida, por tratar-se de ação privada subsidiária, torna extinto apenas o direito de acusar. O processo não se encerra, e muito menos fica extinta a punibilidade, pois que o Ministério Público assumirá o papel de parte principal.

4.12. O dever de defender

O advogado pode pedir a condenação do réu?

Não. Borges da Rosa entende que o advogado do réu não pode pedir a condenação de seu constituinte, nem mesmo na pena mínima da norma penal aplicável. Diz ele o seguinte:

> a Defesa, pedindo a condenação, nivela-se à acusação pedindo a absolvição. Quer num, quer noutro caso, o órgão destoa, aberra da sua função. O Direito Judiciário Penal criou a acusação para sustentar a culpabilidade dos réus, e, em conseqüência, pedir a sua condenação; estabeleceu a defesa para sustentar a inocência dos réus e, em conseqüência, pedir a sua absolvição[20].

José Frederico Marques[21] afirma:

> estamos inteiramente de acordo com essas observações. Aliás, se o Código de Processo Penal diz ocorrer nulidade pela falta de acusação e defesa na sessão de julgamento (art. 564, III, *l*), seria absurdo admitir-se, como válida, uma pseudodefesa, pois a tanto equivale aquela em que se conclui pelo pedido de condenação. Por outro lado, se perempto fica o *jus querelandi*, e, em conseqüência, extinta a punibilidade, quando o querelante deixa de formular o pedido de condenação (Cód. Proc. Penal, art. 60, III), que dizer-se do defensor que vai ao extremo de pedir a condenação? Em situações dessa natureza, o réu deve ser declarado indefeso.

Em atendimento ao princípio da ampla defesa também defendo que o advogado do réu não pode, sob pena de nulidade, requerer a pronúncia do acusado.

O entendimento amplamente dominante é no sentido de que a defesa pode requerer a desclassificação do delito, mas entendo que há plena impossibilidade da defesa requerer a desclassificação para crime com pena mais grave, *in casu*, haveria afronto ao princípio da ampla defesa, destarte, cerceamento de defesa.

---

20 *Processo Penal brasileiro.* v. 3, 1942, p. 121.
21 Marques, José Frederico. *A Instituição do Júri.* Millennium, 1997, p. 318.

4.13. O promotor e o homicídio

Tício, que é Promotor de Justiça, cometeu o delito de homicídio no Rio de Janeiro. Aponte a solução jurídica, considerando que Tício é Promotor de Justiça no Ceará.

Os crimes dolosos contra vida, cometidos por membros do Ministério Público, não são da competência do júri, e sim do Tribunal de Justiça do Estado em que o promotor realiza suas atividades profissionais. No caso, Tício será julgado no Ceará[22]. É de observar-se que o art. 40, IV, da LONMP (Lei nº 8.625, de 12/2/93) diz que constitui prerrogativa do membro do Ministério Público "ser processado e julgado originariamente pelo Tribunal de Justiça de seu Estado".

4.14. O juiz e os co-autores

Tício, Mévio, Petrus e Semprônio cometeram o delito de homicídio doloso. Considerando que Tício é Juiz de Direito, pergunta-se:

a) Haverá separação dos processos?
b) Os réus serão julgados no Tribunal do Júri?
c) Os réus serão julgados no Tribunal Justiça?

Existe divergência.

1ª posição. **Separação de processos: Tribunal de Justiça e Tribunal do Júri –** STF: "A competência do Tribunal do Júri não é absoluta. Afasta-se a própria Constituição Federal, no que prevê, em face da dignidade de certos cargos e da relevância destes para o Estado, a competência de tribunais – arts. 29, inciso VIII; 96, inciso III; 108, inciso I, alínea *a*; 105, inciso I, alínea *a*; e 102, inciso I, alíneas *b* e *c*. A conexão e a continência – arts. 76 e 77 do Código de Processo Penal – não consubstanciam formas de fixação da competência, mas de alteração, sendo que nem sempre resultam na unidade de julgamentos – arts. 79, incisos I, II e §§ 1º e 2º, e 80 do Código de Processo Penal. **O envolvimento de co-réus em crime doloso contra a vida, havendo em relação a um deles a prerrogativa de foro como tal definida constitucionalmente, não afasta, quanto ao outro, o juiz natural revelado pela alínea *d* do inciso XXXVIII do art. 5º da Carta Federal.** A competência, porque disciplinada mediante normas de índole instrumental comum, não é conducente, no caso, à reunião dos processos. A atuação de órgãos diversos integrantes do Judiciário, com duplicidade de julgamento, decorre do próprio texto constitucional, isto por não se lhe poder sobrepor preceito de natureza estritamente legal. **Envolvidos em crime doloso contra a vida prefeito e cidadão comum, biparte-se a competência, processando e julgando o primeiro o Tribunal de Justiça e o segundo, o Tribunal do Júri.** Conflito aparente entre as normas dos arts. 5º, inciso XXXVIII, alínea *d*, da Lei Básica Federal e 76, 77 e 78 do Código de Processo Penal". (No mesmo sentido: STF nº 184/348 e também RT nº 746/572, JTJ nº 201/283 e RT nº 737/537).

---

22 Veja o art. 96, III, da CF e também os julgados: STJ, HC nº 3.316, 6 Turma, DJU 10/03/1997.

STF: "Habeas Corpus. Competência. Crime doloso contra a vida. Co-réus. Competência do Tribunal do Júri, para o processo e julgamento dos co-réus que não estão submetidos a foro especial por prerrogativa de função. Se um dos co-réus é magistrado estadual, somente este ficará sujeito a processo e julgamento, perante o Tribunal de Justiça do Estado (CF, art. 96, III). Precedentes do Plenário do STF no HC nº 69.325-3 – Goiás. Habeas corpus deferido, para que o processo a que responde o paciente, que não é magistrado, tenha curso, até final, perante o Tribunal do Júri, estendendo-se, de ofício, a ordem em favor aos demais co-réus, na mesma situação"[23].

STJ: "Em caso de co-autoria em crime doloso contra a vida, o foro privilegiado por prerrogativa de função, a que tem direito um dos acusados, não atrai competência para o julgamento dos outros envolvidos". (No mesmo sentido: RT nº 703/347, HC nº 69.325-3 – GO, p. 23.058, HC nº 73.015-9 – p. 39.845)

Posição divergente:
2ª posição. **Prevalência do foro por prerrogativa de função da CF sobre o Tribunal do Júri** – STJ: "Competência do Tribunal de Justiça firmada na conformidade do disposto no art. 96, III, da Constituição Federal. Conquanto constitucionalmente definida a competência do Tribunal do Júri, para o processo e julgamento dos crimes dolosos contra a vida não pode sobrepor-se à do Tribunal de Justiça, por prerrogativa de função, igualmente cometida pela Constituição"[24].

4.15. Impossibilidade de requerimento de desaforamento pelo juiz

Quando é que o juiz não pode requerer o desaforamento?

Resposta: A impossibilidade de requerimento de desaforamento pelo juiz ocorre justamente quando há excesso de prazo para designar o julgamento. Assim, ultrapassado o prazo de seis meses, a partir da preclusão da pronúncia, pode reclamar qualquer das partes, mas não o magistrado, em tese, o responsável pelo atraso. Entretanto, lembra Hermínio Alberto Marques Porto que "não é encontrada justificativa para não-provocação, na hipótese, da motivação do juiz, através da representação prevista no art. 424, *caput*, (*atual art. 427*) pois ao juiz compete velar pelo pronto e normal encerramento do procedimento e, para a satisfação de tal objetivo mostra, então somente em parte, a lei processual, preocupação ao apontar o marco inicial do prazo de um ano (data do recebimento do libelo)" (*Júri*, p. 110).

Atualizando a posição de Hermínio Alberto Marques Porto afirmo que o novo art. 428 do Código de Processo Penal fixou o prazo de 6 (seis) meses, contado do trânsito em julgado da decisão de pronúncia.

---

23 JSTF nº 1752/346.
24 RSTJ nº 21/96-7.

A probabilidade de não se ter concedido ao juiz essa oportunidade deve vincular-se a abusos porventura cometidos. Se o magistrado é o senhor da designação e do controle da pauta de julgamentos, poderia agendar processos mais complexos para datas distantes, justamente para, depois provocar o desaforamento[25].

4.16. A suspeição argüida em plenário

Em plenário pode ser argüida a suspeição ou o impedimento do representante do Ministério Público?

Resposta: Dá nos José Frederico Marques[26], a saber, a lição:

Segundo dispõe o art. 258 do Código de Processo Penal, "os órgãos do Ministério Público não funcionarão nos processos em que o juiz ou qualquer das partes for seu cônjuge, ou parente, consangüíneo ou afim, em linha reta ou colateral, até o 3º grau, inclusive, e a eles se estendem, no que lhes for aplicável, as prescrições relativas à suspeição e aos impedimentos dos juízes".

Argüida a suspeição de órgão do Ministério Público, "o juiz, depois de ouvi-lo, decidirá, sem recurso, podendo antes admitir a produção de provas no prazo de três dias" (Cód. Proc. Penal, art. 104).

Em plenário pode, também, ser levantada a suspeição do órgão do Ministério Público. Não sendo reconhecida, constará da ata a arguição; mas o julgamento não terá suspenso o seu curso. Posteriormente, na superior instância, não pode ser a matéria reexaminada, visto que não há recurso da decisão sobre suspeição do Ministério Público, ex vi do texto atrás citado do art. 104.

Daí se segue que, argüida a suspeição, sobre ela ouvirá o juiz ao promotor. Recusando-se este a aceitar a argüição de suspeito, cumpre, então, ao presidente do júri decidir a respeito, de maneira irrecorrível.

Tratando-se, porém, de impedimento (Cód. Proc. Penal, art. 252), o juízo *ad quem* pode apreciar o assunto, mesmo sem argüição da parte que recorrer.

4.17. O homicídio e a arma

Após uma discussão por motivos fúteis, Tício foi até a sua residência e pegou um revólver que há tempos possuía. Apresente a solução jurídica considerando que:
a) Tício não tinha porte de arma;
b) Tício voltou para o local da discussão e efetuou 3 disparos em Mévio, que morreu em decorrência dos tiros.

Pergunta-se: qual(*is*) crime(*s*) Tício cometeu.

Resposta: há divergência.

---

25 No mesmo sentido: Nucci, Guilherme de Souza. *Código de Processo Penal Comentado*. RT, 2002, p. 674.
26 Marques, José Frederico. *A Instituição do Júri*. Millennium, 1997, p. 308.

1ª posição: Tício só responderá pelo homicídio, a posse irregular da arma de fogo ficará absolvida. Leia a matéria "princípio da consunção" no Livro Direito Penal Parte Geral, Série Provas e Concursos, Editora Campus/Elsevier.

2ª posição: entendo que Tício responderá pelo homicídio e também pela posse irregular da arma de fogo em concurso material.

A primeira posição que é levemente dominante, comete uma impropriedade técnica ao confundir "porte" com "posse", o princípio da consunção absorve o *porte* ilegal de arma de fogo que foi o meio de execução do homicídio, mas a *posse* ilegal de arma de fogo, que é crime permanente já existia antes da execução, portanto, não pode ser consumida, não há, *in casu*, relação de meio e fim. Ademais, há no art. 16 da lei nº 10.826/2003 outras condutas que não foram absorvidas, tais como: *adquirir, ter em depósito, manter sob sua guarda ou ocultar arma de fogo sem autorização e em desacordo com determinação legal ou regulamentar.*

O professor Damásio[27] comentando o item "porte de arma e homicídio", afirma: "entendeu-se que o crime de homicídio não absorve o porte de arma, a não ser quando as duas figuras delituosas guardam entre si uma relação de meio e fim estreitamente vinculada. (RT, 435: 318 e 537: 334; TACrimSP, ACrim 471: 351, RJDTACrimSP, 6:70). Assim, há absolvição quando o porte de arma de fogo funciona como meio para prática de homicídio. (TJSP, RvCrim 71.828, RT, 656: 272). **Neste último, contudo, subsiste o delito de depósito ou manutenção ilegal de arma sob sua guarda**".

A adoção da primeira posição gera na prática um séria incoerência que vou demonstrar com um exemplo prático:

Em um determinado júri, Tício tinha atirado em Mévio com uma arma de fogo de uso restrito. O promotor de justiça denunciou Tício por tentativa de homicídio. O tiro atingiu de raspão a perna de Mévio e, no plenário do júri, entendendo que o autor não agiu com *animus necandi* e sim com *animus lesionandi*, o promotor requereu a desclassificação do delito para porte de arma de uso restrito. A defesa requereu a desclassificação para lesão corporal leve.

O júri aceitou a tese desclassificatória e seguindo a primeira posição, entendeu que a desclassificação seria para o crime de lesão leve, pois, *"pelo princípio da consunção o meio (arma) será consumido pelo fim (lesão)"*.

Minha posição: entendo que o magistrado agiu de forma incorreta.

Pelo princípio da consunção, um fato mais amplo e mais grave absorve o fato menos amplo e menos grave, que funciona como fase normal de preparação (*antefactum* não-punível) ou de execução (crime progressivo ou crime complexo ou progressão criminosa) ou, ainda, mero exaurimento (*postfactum* não-punível).

Considerando que:

O crime de lesão leve tem a pena de detenção, de 3 (três) meses a 1 (um) ano.

---

27 Jesus. Damásio Evangelista. *Crimes de porte de arma de fogo e assemelhados*, São Paulo: Saraiva, 1999, p. 40.

O crime de porte ilegal de arma de arma de fogo de uso restrito tem a pena de reclusão, de 3 (três) a 6 (seis) anos, e multa.

Indago: Como fato um menos grave (lesão com pena máxima de um ano) pode consumir um fato mais grave *(porte ilegal de arma de arma de fogo de uso restrito com pena máxima de 6 (seis) anos, e multa)*?

4.18. A legítima defesa e o porte de arma

Após uma discussão por motivos fúteis, Tício sacou uma faca e investiu contra Mévio. Apresente a solução jurídica considerando que:
a) Mévio diante da injusta agressão atual sacou um revolver e efetuou um único disparo no agressor;
b) Tício morreu em decorrência do tiros.
c) Há dois meses Mévio possuía ilegalmente a arma usada para repelir a agressão.
Pergunta-se: qual(*is*) crime(*s*) Tício cometeu.

Minha posição: Estando comprovada a legítima defesa, entendo que Tício deve ser denunciado por aquisição ou depósito ilegal de arma de fogo.

O professor Damásio[28] explica que há divergência:

1ª posição: Absolvido o réu pela legítima defesa, subsiste o crime de porte de arma em relação ao momento anterior ao fato principal. Nesse sentido: TACrimSP, ACrim 430:087, JTACrimSP, 91:402, e RT, 618:319; TACrimSPm ACrim 560.797, RJDTACrimSP, 4:67; TACrimSP 665,881, 12ª Câm., j. 09/03/1992, rel. o então Juiz Emeric Levai, SEDDG, rolo-flash 67-084.

2ª posição: A legitima defesa exclui o crime de porte de arma nesse sentido: se o sujeito, para defender-se legitimamente, arma-se e dispara, a licitude cobre todo o contexto de fato; se, entretanto, a legitima defesa vem a ser exercida por ocasião do porte da arma, este subsiste como delito. Nesse sentido: TACrimSP, ACrim 430.087, RT, 618:319.

E conclui o renomado professor: "De ver-se que a lei também pune o depósito ou guarda da arma, que eventualmente podem subsistir".

O tema é muito importante, pois freqüentemente há absolvições no Tribunal do Júri e há um esquecimento total do crime de posse irregular de arma de fogo; portanto, defendo que os promotores, no caso de homicídio ou tentativa, devem denunciar o autor pelo fato principal (121 ou 121 c.c. 14, inc. II) em concurso material com o crime do art. 14 (Porte ilegal de arma de fogo de uso permitido) ou 16 (Posse ou porte ilegal de arma de fogo de uso restrito) da lei nº 10.826/2006, observando-se que ambos artigos punem as condutas "deter, adquirir, receber, ter em depósito, transportar, ceder, manter sob guarda, sem autorização e em desacordo com determinação legal ou regulamentar".

---

28   Ibidem.

4.19. O homicídio e o crime eleitoral

Urge, porém, não perder de vista, a lição de José Frederico Marques[29]: "[A]o princípio atrás exposto, uma exceção logo se abre, em virtude de preceito constitucional: o crime do júri, em conexão com infração penal eleitoral, deve ser processado e julgado, por órgão da Justiça Eleitoral".

É que, nos termos do art. 119, VII, da Constituição Federal, inclui-se, "entre as atribuições da Justiça Eleitoral", a do "processo e julgamento dos crimes eleitorais e dos comuns que lhe forem conexos". Sendo assim, a regra constitucional torna ao órgão da Justiça Eleitoral, jurisdição prevalente em que deve correr o processo e julgamento do crime eleitoral, como também do crime comum.

O ilustre professor amazonense Francisco Manuel Xavier de Albuquerque comunga de opinião diversa, pois entende não poder dar-se, no caso, a cumulação processual. Diz o emérito processualista que, "se um crime de homicídio é praticado em conexão com qualquer crime eleitoral", a regra a seguir é a de que "o primeiro competirá ao Tribunal do Júri, órgão da Justiça Comum, e o segundo à Justiça Eleitoral". Para o citado jurista, embora o texto do art. 119, VII, da Constituição Federal distinção alguma faça, explicitamente, sobre os crimes comuns, de modo implícito a contém, "porque o preceito do art. 141, § 28, que estabelece a competência obrigatória do júri para o julgamento dos crimes dolosos contra a vida é de ordem particular[30].

Minha posição: os artigos citados pelos juristas supramencionados são da Constituição anterior. Entendo, porém, que, havendo crime doloso contra a vida, deve haver desmembramento, ou seja, a Justiça Eleitoral julga o crime eleitoral e o Tribunal do Júri julga o crime doloso contra a vida, porquanto a CF/88 deve ser respeitada (art. 5º, XXXVIII) e uma lei ordinária (CPP, art. 78) não pode prevalecer sobre a Carta Magna.

4.20. O falso testemunho

É obrigatória a formulação de um quesito sobre o delito de falso testemunho?

Resposta: Nucci[31] explica que, no procedimento do júri, torna-se indispensável a formulação de um quesito específico, autêntica condição de procedibilidade para a eventual ação penal futura, quando houver afirmativa, nos autos, de falso testemunho ou falsa perícia. Desde logo, convém mencionar existir divergência acerca de quem possui a iniciativa para a inclusão dessa indagação no questionário: a) há quem sustente poder o juiz fazê-lo de ofício, desde que note ter alguma testemunha mentido ao longo da instrução; b) outras vozes sustentam que somente o jurado poderá requerer a inclusão, no questionário, do mencionado quesito, tendo em vista que as provas ao Conselho de Sentença são destinadas (Hermínio Alberto Marques Porto, *Júri*, 10º ed. p. 132-133); c) outros, ainda, defendem que somente as partes podem fazer tal reque-

---

29 Marques, José Frederico. *A Instituição do Júri*. Millennium, 1997, p. 275.
30 Albuquerque, Francisco Manuel Xavier de. *Aspectos da conexão*. 1956, p. 80.
31 No mesmo sentido: Nucci, Guilherme de Souza. *Código de Processo Penal Comentado*. RT, 2002, p. 339 *usque* 340.

rimento ao juiz-presidente (Adriano Marrey, *Teoria e prática do júri*, p. 313). Pensamos ser esta última a mais adequada posição como, aliás, já havíamos defendido em nosso *Roteiro prático do júri*, p. 55-56. A primeira opção não nos parece adequada, pois o magistrado, ao presidir a sessão, deve agir com total imparcialidade, até porque os jurados a ele se voltam em caso de dúvida. Ora, se o juiz determinar a inclusão do quesito do falso testemunho, em relação a qualquer pessoa ouvida, estará sinalizando para a sua aceitação, na sua visão, embora em tese, que alguém faltou com a verdade, o que poderá prejudicar a imparcialidade do Conselho de Sentença. Quanto à segunda opção, parece-nos extremamente delicada, pois o jurado que assim proceder não somente evidencia um pensamento seu, valorando o depoimento de alguém, como pode influenciar os demais, quebrando a incomunicabilidade, de maneira indireta. Logo, cabe às partes essa atribuição. Entendendo que uma testemunha mentiu, deve o promotor, o assistente da acusação ou o defensor requerer a inclusão do quesito. A importância de se fazer tal indagação ao Conselho de Sentença constitui parte inerente à peculiaridade do Tribunal Popular. As provas destinam-se, para o julgamento de mérito, aos jurados, e não a magistrado togado. Assim, não se pode deduzir, especialmente de um órgão que decide secretamente e sem qualquer fundamentação, ter o Conselho de Sentença considerado o depoimento de "A" ou "B" mentiroso. Por vezes, justamente a pessoa que contrariou, nos autos, outras tantas, para os jurados falava a verdade. Isto quer dizer que, na visão de quem julgou, as outras testemunhas é que mentiram, e não a única a contraditá-las. O juiz togado, se tomar medida de ofício contra a testemunha, cujo depoimento está isolado nos autos, provocando a extração de peças para que seja processada por falso testemunho, poderá dar margem à injustiça, até porque falsidade de depoimento é questão extremamente subjetiva e complexa. Pensamos, pois, que deva sempre existir o quesito de falso, no questionário, autorizando o processo por falso testemunho contra quem o Conselho de Sentença, efetivamente, entender ter praticado crime, em tese. Sem essa cautela, impossível será discernir se o depoimento realmente influenciou os jurados e se estes, destinatários da prova, julgaram-no mentiroso. Crendo ser necessário o quesito específico: Hermínio Alberto Marques Porto (*Júri*, 10 ed., p. 132-133, embora salientando que, *de lege ferenda*, devesse a questão ficar a cargo do juiz-presidente).

4.21. A dissolução do conselho

Colhemos das históricas lições de José Frederico Marques[32] Magarinos Torres[33], Edgard de Moura Bittencourt[34] e Eduardo Espínola Filho[35] a seguinte lição:

Apesar de constituído o Conselho de Sentença, pode o presidente do Tribunal do Júri pôr fim à sessão de julgamento sem que os jurados decidam da causa. E isto ocorre

---

32 Marques, José Frederico. *A Instituição do Júri*. Millennium, 1997, p. 193.
33 *Processo penal do Júri*. 1939, p. 362 e 363.
34 *A instituição do Júri*. 1939, p. 215.
35 *Código de Processo Penal brasileiro anotado*. 1942, v. IV, p. 382.

nos casos, que a lei processual prevê, de dissolução do Conselho de Sentença. São as seguintes as hipóteses registradas nos textos legais em que é possível, ou mesmo necessária, a dissolução do Conselho de Jurados:
   a) quando um jurado é excluído do Conselho, por haver manifestado sua opinião sobre o processo;
   b) quando o réu for considerado indefeso;
   c) quando "a verificação de qualquer fato, reconhecida essencial para a decisão da causa, não puder ser realizada imediatamente".

Indagação prática relevante: Pode ser dissolvido o Conselho por deficiência da acusação?

Resposta: Sim. Afirmava Tomás Carvalhal que tanto a acusação como a defesa são essenciais ao processo, pelo que a falta de qualquer delas vicia este irremediavelmente[36]. Donde dispor o art. 564, III, *l*, do Código de Processo Penal que constitui nulidade a falta de acusação e defesa na sessão de julgamento. Veja o artigo supracitado:

> Art. 564. A nulidade ocorrerá nos seguintes casos: (...)
> III – por falta das fórmulas ou dos termos seguintes:
> l) a acusação e a defesa, na sessão de julgamento; (...)

Acusação deficiente, fraca ou sem o menor lastro de argumentação é em tudo igual à acusação inexistente. Parece-nos, pois, que o juiz, em tal situação, deve ordenar de ofício as providências necessárias para sanar a nulidade. E se a diligência não puder ser realizada, imediatamente, outra solução não restará que a de dissolver o Conselho de Sentença, marcando novo dia para o julgamento.

4.22. A exclusão das qualificadoras

O juiz, ao fazer a pronúncia, pode excluir as qualificadoras descritas na denúncia?
Resposta: Entendo que não. Veja estes julgados:
a) Inadmissibilidade de exclusão:
   STJ: "Ao juiz singular, ao fazer a pronúncia, é defeso excluir qualificadoras. O julgamento, por imposição constitucional, é do Tribunal do Júri (*CF*, art. 5º, XXXVIII)"[37].
b) STJ: "Esta Turma já se pronunciou no sentido de que 'ao juiz singular, ao fazer a pronúncia, é defeso excluir qualificadoras. O julgamento, por imposição constitucional, é do Tribunal do Júri. (CF, art. 5º, XXXVIII)'"[38]
c) STJ: "Orienta-se a jurisprudência, no sentido de não serem excluídas da sentença de pronúncia as qualificadoras referidas na denúncia, deixando para o tribunal popular tal avaliação, posto que não é dado ao juiz singular ou ao Tribunal de Justiça tal exclu-

---

36 Carvalhal, Tomás. *O tribunal do Júri*. 1935, p. 97.
37 RT nº 694/393.
38 RSTJ nº 84/325.

sividade. O Tribunal do Júri, sendo o juiz natural do processo, dirá sobre a incidência, ou não, de cada uma delas"[39].

Posição divergente: Inadmissibilidade de exclusão quando incontroversa.

STJ: "Ao juízo de pronúncia é permitida a exclusão de qualificadora do crime quando flagrante a sua inocorrência, porém, sendo incontroversa a sua presença, tal prerrogativa não é suficiente para afastá-la"[40].

4.23. O almoço que causou nulidade

A interrupção da sustentação oral da defesa diante do Tribunal do Júri, para o almoço dos jurados, configura constrangimento ilegal e é motivo para anulação do julgamento.

O entendimento é da 6ª Turma do Superior Tribunal de Justiça, que determinou que um réu, condenado a 18 anos de prisão por um homicídio consumado e outro tentado, seja submetido a novo julgamento.

O juiz interrompeu a defesa depois de quarenta e um minutos de sustentação para que fosse servido o almoço dos jurados, já entregue pelo restaurante. Depois da pausa, o advogado pôde falar o tempo restante, de uma hora e dezenove minutos. Para a defesa, a interrupção impediu a continuação de seu raciocínio e prejudicou a formação do convencimento dos jurados.

Para o Ministro Hamilton Carvalhido, relator do pedido de *habeas corpus* no STJ, o prejuízo causado à defesa é evidente. Para ele, a defesa oral tem que ser contínua, como é da própria natureza dos julgamentos pelo Tribunal do Júri, em que os juízes leigos não têm acesso e conhecimento direto do teor das provas produzidas no curso do processo. Por isso, os advogados precisam do tempo contínuo para apresentar os argumentos de forma completa.

Já o advogado (...) sustentou que a prática de interromper a sustentação oral não é comum. "Nunca se pode interromper o raciocínio, seja da defesa, seja do Ministério Público, porque começar a explanação do meio prejudica a sustentação". "O juiz sabe exatamente quanto tempo o advogado vai falar, porque ele tem duas horas contadas. Logo, se está próximo da hora do almoço, o julgamento deve ser suspenso antes de começar a sustentação". (HC nº 35.253)

---

39 RSTJ nº 92/339-40. No mesmo sentido: STJ, RT nº 730/475.
40 RT nº 743/599.

Capítulo 5

A Prática do Novo Júri

5.1. Modelo de diligências especificadas formulado pelo Promotor de Justiça

Excelentíssima Senhora Doutora Juíza de Direito da..... Comarca de...........

C/Vistas,

Infração (*nomem juris*): Homicídio.
Indiciado(s): Desconhecido(S)
Vítima: (....)

O MINISTÉRIO PÚBLICO ESTADUAL, por intermédio de seu Representante, abaixo assinado, vem, perante Vossa Excelência, com fulcro no art. 16, do Código de Processo Penal, requerer a devolução do inquérito policial, em epígrafe, à Autoridade Policial, visando a realização de novas diligências imprescindíveis ao oferecimento da Denúncia, o que faz em razão dos motivos e fundamentos, de fato e de direito, adiante alinhavados:

SÍNTESE DOS FATOS
Cuida o I.P., em referência, da apuração de crime consistente na figura penal capitulada no art. 121 do Código Penal.
Materialidade delitiva foi comprovada (*vide fls...*)
A autoria do crime, no presente momento, constitui inteira incógnita, malgrado os esforços da Polícia no sentido de descobrir o(s) autore(s) do dantesco e hediondo assassinato.
Apesar da justificada dificuldade da polícia local em descobrir a autoria delitiva, sobretudo em face de não descoberta, até agora, de testemunhas que identifiquem os autores, o crime de homicídio, dada à sua gravidade, merece ser investigado à exaustão.
Nesse prisma, para o Ministério Público reunir o mínimo de condição para formalizar a respectiva Denúncia; se assim entender; é necessário à Autoridade Policial, nesse momento de investigações, diligenciar no sentido de desvendar a autoria delitiva, com este propósito, sugiro:
Sejam ouvidas novamente as testemunhas:
a) ...., e também as referidas pela mesma,......................., fls. 08.
b) A esposa do falecido citada fls....
c) O cunhado do falecido referido fls....

d) Os informantes............. e............., como também todas as pessoas a quem os mesmos se referiram.

e) Ouvir outros familiares da vítima e indagar se o *de cujus* tinha inimigos, bem como se existiu algum fato antecedente ao crime que o motivasse.

AD CONCLUSIO

Ex positis, é a presente para requerer, por indispensável, o retorno dos autos do Inquérito à Polícia, no sentido de que seja(m) realizada(s) a(s) diligência(s), acima enfocada(s), tudo sem prejuízo de outras que forem reputadas importantes, a critério da Digna e sempre Prestativa Delegada de Polícia local.

..............,.... de março de.......

....
(Promotor de Justiça)

5.2. Modelo de diligências requeridas pelo Ministério Público para sanar ausência de condição de procedibilidade

Excelentíssima Senhora Doutora Juíza de Direito da..... Comarca de............

C/Vistas,

Inquérito Policial nº (....)
Infrações (*nomem juris*): Tentativa de homicídio e lesão corporal leve.
Indiciado(s): (......)
Vítima: (....)

MM. JUIZ;
O MINISTÉRIO PÚBLICO ESTADUAL, por intermédio de seu Representante, abaixo assinado, vem, perante Vossa Excelência, com fulcro no art.16 do CPP., requerer a devolução do I.P., em epígrafe, à Autoridade Policial, visando a realização de novas diligências imprescindíveis ao oferecimento da Denúncia, o que faz em razão dos motivos e fundamentos, de fato e de direito, adiante alinhavados:

SÍNTESE DOS FATOS
Compulsando os presentes autos, nota-se de forma clarividente que o presente inquérito foi instaurado para apurar a tentativa de homicídio e a lesão corporal leve que teve como vítimas, respectivamente, os senhores (....) e (....).

Noticia o procedimento inquisitorial que após lesionar com uma cadeira a vítima (....) o indiciado efetuou três tiros em (......), fato que só não se consumou por circunstâncias alheias à vontade do agente ativo, qual seja, a intervenção da testemunha (....).

In casu, temos o crime de tentativa de homicídio em concurso material com o crime de lesão corporal leve.

Ocorre que após análise detida dos autos, constata-se que a vítima da lesão corporal tem apenas 15 anos e não há nos autos a representação formulada por seu representante legal.

A representação é uma condição específica de procedibilidade à *persecutio criminis*, só exigível nos raros casos expressos em Lei, conforme art. 100 § 1º, *in verbis:*

> A ação penal é pública, salvo quando a lei expressamente a declara privativa do ofendido.
> § 1º. A ação pública é promovida pelo Ministério Público, dependendo, quando a lei o exige, de representação do ofendido ou de requisição do Ministro da Justiça.

O art. 88 da lei nº 9.099/1995 é bem claro:

> Além das hipóteses do Código Penal e da legislação especial, dependerá de representação a ação penal relativa aos crimes de lesões corporais leves e lesões culposas.

AD CONCLUSIO

Estando o indiciado solto e faltando a representação do representante legal da vítima, *conditio sine qua non* para firmar a legitimidade do Ministério Público, deve os autos serem remetidos a DEPOL local, devendo o representante legal da vítima (......) ser notificado para saber se deseja ofertar a representação.

Ex positis, é a presente para requerer, por indispensável, o retorno dos autos do Inquérito à Polícia, no sentido de que seja(m) realizada(s) a(s) diligência(s), acima enfocada(s), tudo sem prejuízo de outras que forem reputadas importantes, a critério do Digno e sempre Prestativo Delegado de Polícia local.

............, 28 de março de.......

....
(Promotor de Justiça)

5.3. Modelo de parecer sobre o incidente de insanidade mental formulado pelo delegado

Excelentíssima Senhora Doutora Juíza de Direito da..... Comarca de...........

C/Vistas,

Infração (*nomem juris*): Homicídio.
Indiciado(s): (....)
Vítima: (....)

MM. Juiz

Trata o inquérito em epígrafe de um procedimento inquisitorial que visa elucidar os delitos cometidos por (.........).

DA REPRESENTAÇÃO DO DELEGADO

Às fls. 46 o delegado de polícia requer perícia de sanidade mental no indiciado e também a sua internação em manicômio judiciário.

DAS DISPOSIÇÕES DOUTRINÁRIAS

O incidente de insanidade mental do acusado é instaurado quando há dúvidas acerca da integridade mental do autor de um crime. Ele pode ser instaurado em qualquer momento (durante a ação penal ou durante o inquérito policial). O incidente pode ser iniciado de ofício pelo juiz ou por requerimento do Ministério Público, defensor, curador, cônjuge, ascendente, descendente ou irmão, ou, ainda, por representação da autoridade policial.

Praticado um fato típico e antijurídico, é preciso estabelecer se o autor apresentava no momento da ação ou omissão certo grau de capacidade psíquica que lhe permitia ter consciência e vontade, no que se denomina de "autodeterminação". É necessário verificar se tinha ele a capacidade de entender, diante de suas condições psíquicas, a antijuridicidade de sua conduta e de adequar essa conduta à sua compreensão. Somente pode ser atribuída a responsabilidade penal de um fato ao autor quando tinha ele condição pessoal de maturidade e sanidade mental que lhe conferia a capacidade de entender o caráter ilícito do fato e de se determinar segundo esse entendimento. Essa atribuição do fato à pessoa é chamada de "imputação", de onde provém o termo "imputabilidade", considerada ora como elemento, ora como pressuposto da culpabilidade. Imputabilidade é, assim, a aptidão para ser culpável. (No mesmo sentido: Mirabete, Júlio. *Processo Penal*, 12 ed., São Paulo: Atlas, 2001).

Afirma Noronha que havendo suspeita em torno da sanidade mental do acusado cabe a perícia psiquiátrica. O reconhecimento da irresponsabilidade do imputável é exigência de estrita justiça, não se compreendendo, nos dias que vivemos, possa alguém responder criminalmente por um ato quando não possuía juízo ético, quando não tinha capacidade de entendê-lo e querê-lo. Conseqüentemente, além das partes – Ministério Público e acusado, este pelo defensor ou curador – poderem requerer o exame médico-legal, também o poderá determinar o juiz, ainda que na fase do inquérito, à vista de representação da autoridade policial. (No mesmo sentido: Noronha, E. Magalhães. *Curso de Direito Processual Penal*, ed. Saraiva)

Nélson Hungria afirma:

> Considera o estatuto penal substantivo inimputável o *doente mental* e o que sofre de *desenvolvimento mental incompleto ou retardado*. A expressão doença mental é ampla, pois abrange as psicoses, quer as *orgânicas* e *tóxicas*, quer as *funcionais*. Compreende ainda perturbações da atividade mental, ligadas a estados somáticos ou fisiológicos mórbidos de caráter transitório, como o *delírio febril* e o *sonambulismo*. (Hungria, Nélson. *Comentários ao Código Penal*, 1949, v. I, p. 493 e 494)

No Código Penal, imputável é a pessoa capaz de entender o caráter criminoso do fato e de determinar-se de acordo com esse entendimento. Sinteticamente, imputabilidade é a capacidade que tem alguém de compreender a ilicitude de seu ato e de livremente querer praticá-lo. (No mesmo sentido: Noronha, E. Magalhães, *Curso de Direito Processual Penal*, ed. Saraiva)

A IMPORTÂNCIA DO EXAME DE INSANIDADE:

À Psiquiatria compete a explanação da insanidade mental do acusado, suas causas, conseqüências e tratamentos. Ao Direito Penal cabe estabelecer as situações de responsabilidade ou irresponsabilidade do indivíduo que comete uma infração penal, em estado de doença ou de anormalidade mental. Ao Processo Penal cabe constatar a existência ou não da insanidade mental do acusado, tendo em vista a aplicação da Lei Penal Substantiva.

Como acentua Luís Osório (*Comentário ao Código do Processo Penal português*, v. 2º, 1932, p. 359),

> a necessidade da averiguação da sanidade mental do argüido pode ser determinada pelo direito substantivo e constitui, então, um dos elementos necessários para o aparecimento da responsabilidade; pode ser determinada pelo direito adjetivo, e constitui então um dos elementos necessários para o andamento do processo, e pode ser determinada pelo direito administrativo, e constitui, então, um dos elementos necessários para se poder executar a pena.

A saúde mental do acusado tem decisiva influência em sua capacidade. Como ensina Hélio Tornaghi, ela pode ser de três naturezas: *capacidade penal*, aquela definida no art. 26 e seu parágrafo do CP 1984, que dispõe, de acordo com o sistema bio-psicológico adotado, que o indivíduo pode ser inimputável ou semi-imputável; a *capacidade processual*, que se refere à persistência ou superveniência de enfermidade mental, durante o processo; e a *capacidade de sujeitar-se à execução*, se a insanidade surge após a sentença condenatória. São situações diversas, que o Código resolve nos arts. 149 a 154. O exame de sanidade mental é assunto técnico por excelência, que representa a contribuição da ciência médico-legal para a solução das questões ligadas à capacidade. O Código trouxe, sob este aspecto, valiosa contribuição, pois eram omissos ou obscuros os códigos anteriores ao regulamentar a constatação da insanidade em apreço. (*Apud* Acosta, Walter P. *O processo penal*, Coleção Jurídica da Editora do Autor)

PARTES LEGÍTIMAS:

As partes legítimas são:
a) O juiz ordenará, de ofício;
b) O Ministério Público através de requerimento;
c) Do defensor, através de requerimento;
d) Do curador, através de requerimento;

e) Do ascendente, descendente, irmão ou cônjuge do acusado, através de requerimento;

f) A autoridade policial, na fase do inquérito, mediante representação ao juiz competente.

DO PROCEDIMENTO:

a) O juiz nomeará curador ao acusado, quando determinar o exame, ficando suspenso o processo, se já iniciada a ação penal, salvo quanto às diligências que possam ser prejudicadas pelo adiamento.

b) Para o efeito do exame, o acusado, se estiver preso, será internado em manicômio judiciário, onde houver, ou, se estiver solto, e o requererem os peritos, em estabelecimento adequado que o juiz designar.

c) O exame não durará mais de 45 (quarenta e cinco) dias, salvo se os peritos demonstrarem a necessidade de maior prazo.

d) Se não houver prejuízo para a marcha do processo, o juiz poderá autorizar sejam os autos entregues aos peritos, para facilitar o exame.

AD CONCLUSIO

Ex positis, opina o Ministério Público pelo deferimento do pedido às fls. 46, apresentando *ab initio* os quesitos infracitados.

I- Referentes ao art. 26 *caput* do CP (inimputabilidade):

1) O réu (......), ao tempo da ação era inteiramente incapaz de entender o caráter ilícito do fato?

1.1) Caso afirmativo, esta incapacidade era proveniente de doença mental, desenvolvimento mental, incompleto ou retardado? Justificar.

1.2) O réu apresenta periculosidade ensejadora de internação ou tratamento ambulatorial? Justificar.

2) Negado o primeiro quesito, o réu era ao tempo da ação inteiramente incapaz de determinar-se de acordo com o entendimento que possuía do caráter ilícito do fato?

2.1) Caso afirmativo, essa incapacidade era proveniente de doença mental, desenvolvimento mental incompleto ou retardado? Justificar.

2.2) O réu apresenta periculosidade ensejadora de internação ou tratamento ambulatorial? Justificar.

II- Referentes ao art. 26 parágrafo único do CP (semi-imputabilidade):

1) O réu, ao tempo da ação, "não era inteiramente" (leia-se: era parcialmente) capaz de entender o caráter ilícito do fato?

1.1) Caso afirmativo, esta redução do entendimento era proveniente de perturbação da saúde mental, desenvolvimento mental incompleto ou retardado? Justificar.

2) Negado o primeiro quesito, o réu, ao tempo da ação, não era inteiramente" (leia-se: era parcialmente) capaz de determinar-se de acordo com o entendimento que possuía do caráter ilícito do fato?

2.1) Caso afirmativo, essa redução da capacidade era proveniente de perturbação da saúde mental, desenvolvimento mental completo ou retardado? Justificar.

(Local)............, dia de *(mês)* de *(ano)*.......

....
(Promotor de Justiça)

5.4. Modelo de pedido de arquivamento de inquérito formulado pelo Promotor de Justiça

Promotoria de Justiça da Comarca de.......

Excelentíssimo Senhor Doutor Juiz de Direito da Comarca de.......

Inquérito: número 021/2009.
Vítima: (....)
Crime: desconhecido.
Autoria: desconhecida.

MM., Juiz.
Instado a manifestar-se nos presentes autos, o representante do Ministério Público *in fine* assinado, apresenta o seguinte

PARECER:

DOS FATOS
Na madrugada do dia 16 de maio de 2009, às 1:20h, no interior da residência da Sra........., rua do Matadouro, município de....., foram encontrados mortos *(vide fotos fls. 18 usque 20)* em cima de uma cama, as vítimas....... e seu vizinho........, sendo estes, mortos por disparos de armas de fogo.

DO DESENVOLVIMENTO DA INVESTIGAÇÃO
Foram ouvidas 15 testemunhas, sendo que todas elas apresentaram semelhança nos depoimentos que deram, onde disseram que as vítimas eram amigos, sendo que há algum tempo atrás o marido de..... lhe pediu para se afastar de.........por motivos de ciúmes.

Segundo as testemunhas *ut supra*, as vítimas tiveram uma discussão um dia antes do acontecimento, mas que não era motivo para tanta brutalidade.

Ficando assim indefinido o móvel do dantesco delito do homicídio e em seguida o suicídio.

Infere-se da análise dos autos a existência de laudos periciais, onde foi feita uma perícia balística *(48 usque 52)*, da arma utilizada no crime, que concluiu que a arma foi disparada recentemente.

Denota-se que também foi realizada uma perícia grafoscópica *(91 usque seguinte)* de uma carta que se encontrava no local do crime, que... pedira para uma prima fazer em nome do mesmo, destinada ao marido e ao irmão de....

O exame comprova que a carta foi escrita por.........., prima do *de cujus*......

A testemunha............ auscultada (fls. 74) afirmou "que quando escreveu as cartas nem imaginava que poderia acontecer o que aconteceu".

CONCLUSÃO DO PROCEDIMENTO INQUISITORIAL

Segundo o relatório (80 *usque* 82) da Dra............. *os indícios são que............ nutria por........ sentimentos não correspondidos, e adentrou na residência da mesma, tirou sua vida, e depois cometeu suicídio.*

Conclui a douta delegada (fls. 82) que "não há indícios de crime praticado por terceiros".

Por vedação legal (Art. 17 do CPP) a autoridade policial não poderá mandar arquivar autos de inquérito, portanto, os autos foram remetidos ao poder judiciário, tendo o douto magistrado aberto vistas ao órgão titular da ação penal para manifestação de estilo.

MANIFESTAÇÃO MINISTERIAL

A investigação, *data venia*, ficou prejudicada porque a perícia mais indicada em casos de suicídio, seria o exame de parafina com fito de identificar resíduos de pólvora nas mãos do pretenso suicida.

Sendo requisito indispensável à propositura da *delactio criminis*, a existência de indícios da autoria de fato ilícito, a não configuração do autor do crime, leva a não propositura da ação penal.

Analisando o presente procedimento inquisitorial, chega-se a ilação lógica, que não existe possibilidade jurídica de se propor a ação penal competente, por absoluta falta de identificação de crime e sua respectiva autoria.

AD CONCLUSIO

Ex positi, o caminho que resta ao Ministério Público é o requerimento de arquivamento dos presentes autos, com fulcro no art. 18 c/c 28 da Legislação Adjetiva Penal.

Insta acentuar que também os autos também não indicam a caracterização de induzimento, instigação ou auxílio ao suicídio praticado, *in casu*, o Representante do Ministério Público pugna pelo arquivamento dos presentes autos de inquérito policial por falta de justa causa à *persecutio criminis*.

Em V. Exa. decida que é o caso de arquivamento, seja remetida comunicação à delegada local que poderá futuramente proceder a novas pesquisas, se de outras provas tiver notícia. (Veja a*rt. 18 do CPP: Depois de ordenado o arquivamento do inquérito pela autoridade judiciária, por falta de base para a denúncia, a autoridade policial poderá proceder a novas pesquisas, se de outras provas tiver notícia*).

Em V. Exa. decida que não é o caso de arquivamento, sejam os presentes autos remetidos ao procurador-geral (Veja o art. 28 do CPP: Se o órgão do Ministério Público, ao invés de apresentar a denúncia, requerer o arquivamento do inquérito policial ou de quaisquer peças de informação, o juiz, no caso de considerar improcedentes as razões invocadas, fará remessa do inquérito ou peças de informação ao procurador-geral, e este oferecerá a denúncia, designará outro órgão do Ministério Público para oferecê-la, ou insistirá no pedido de arquivamento, ao qual só então estará o juiz obrigado a atender).

É o parecer.

(Local)............, dia de *(mês)* de (*ano*).......

....
(Promotor de Justiça)

5.5. Modelo de parecer requerendo a separação da ação pública da ação privada

Excelentíssima Senhora Doutora Juíza de Direito da..... Comarca de............

C/Vistas,

Infração (*nomem juris*): Tentativa de homicídio e crime de dano.
Indiciado(s): (.....)
Vítimas: (....) e (....)

Com vistas:

MM Juiz,
Instado a manifestar-se nos autos do processo apresenta o Ministério Público o seguinte parecer:

SÍNTESE DOS FATOS
Compulsando os presentes autos, nota-se de forma clarividente que o presente inquérito foi instaurado para apurar a tentativa de homicídio e de dano que teve como vítimas, respectivamente, os senhores (....) e (....).

Noticia o procedimento inquisitorial que após causar danos no carro de (....) o indiciado esfaqueou (.....), fato que só não se consumou por circunstâncias alheias à vontade do agente ativo.

In casu, temos o crime de tentativa de homicídio em concurso material com o crime de dano.

Ocorre Exa., que o crime de dano nos moldes narrados é de ação privada, necessitando, in casu, *da formulação da queixa crime por parte da vítima.*

A queixa criminis *é uma condição específica de procedibilidade da ação privada, no presente caso a mesma é exigível na forma do art. 167 do Código Penal,* in verbis:

Nos casos do art. 163, do nº IV do seu parágrafo e do art. 164, somente se procede mediante queixa.

In casu, quando existe um concurso de crimes (arts. 69, 70 e 71 do Código Penal) entre um crime de ação penal pública e outro de ação penal privada, o órgão do Ministério Público não pode oferecer denúncia em relação aos dois. Neste caso, pode formar-se um litisconsórcio entre o promotor de Justiça e o particular ofendido, havendo um só processo e um só julgamento, aplicando-se o disposto no art. 77, II, do Código de Processo Penal. Cada ação penal é promovida por seu titular, nos casos do art. 100, *caput*, do Código Penal. O mesmo ocorre no concurso material e nos delitos conexos. No sentido do texto: RDPen, 13-14:135; JTACrimSP, 47:40; RT, 508:393.

AD CONCLUSIO

Constata-se, com clareza solar e sem muito esforço mental, que os autos devem permanecer em cartório aguardando a iniciativa da vítima na forma do art. 19 do Código de Processo Penal, *in verbis:*

> Nos crimes em que não couber ação pública, os autos do inquérito serão remetidos ao juízo competente, onde aguardarão a iniciativa do ofendido ou de seu representante legal, ou serão entregues ao requerente, se o pedir, mediante traslado.

É o parecer.

(Local)............, dia de *(mês)* de *(ano)*.......

....
(Promotor de Justiça)

5.6. Modelo de parecer requerendo a extinção de punibilidade

Excelentíssima Senhora Doutora Juíza de Direito da..... Comarca de............

C/Vistas,

Infração (*nomem juris*): Homicídio.
Indiciado(s): (....)
Vítima: (....)

PARECER
Extinção da Punibilidade
Morte do Agente

Com vistas:

MM. Juiz,

O MINISTÉRIO PÚBLICO ESTADUAL, por intermédio de seu Representante, abaixo assinado, vem, perante Vossa Excelência, com fulcro no art. 107, I, do C.P. requerer:

SÍNTESE DOS FATOS
Cuidam os presentes autos de apuração de homicídio.
Denota-se que o autor ao cometer o bárbaro homicídio também foi ferido pela vítima e, posteriormente, também faleceu.
Compulsando os autos verifiquei a Certidão de Óbito do indiciado que dormita à fls. (....).
EX POSITIS, trata-se de caso de extinção da punibilidade pela morte do agente, conforme estabelece o art. 107, inciso I, da Lei Substantiva Penal Pátria.
Extinção da punibilidade
Art. 107. Extingue-se a punibilidade:
I – pela morte do agente;
Pugna, pois, o M.P., nos termos do art. 62 do Código de Processo Penal, que à luz da Certidão de Óbito inserta nos autos, declare V.Exa. extinta a punibilidade nos termos do art. 107, I, do C.P.B..

É o parecer.

(Local)............, dia de *(mês)* de *(ano)*.......

....
(Promotor de Justiça)

5.7. Modelo de denúncia com pedido de preventiva com a finalidade de garantir a ordem pública e pela conveniência da instrução criminal

Excelentíssima Senhora Doutora Juíza da Comarca de......

Denúncia
Arts. 24 e 41 do C.P.P.

O Representante do Ministério Público que esta subscreve, no uso de suas atribuições legais corporificadas no art. 129, inciso I, da Constituição federal de 1988 e com esteio nos inclusos autos de Inquérito Policial, com arrimo nos Arts. 24, 41 e 42, da Legislação Adjetiva Pátria, vem, perante V. Exa. oferecer *delactio criminis* contra:

(....... Qualificar autor).

Pelos motivos fáticos e jurídicos a seguir expostos:

DOS FATOS

Consta do Relatório Policial que, aos 16 de novembro de 2009, por volta das 05:30 horas, o denunciado efetuou vários disparos de arma de fogo na vítima..........., causando morte imediata conforme demonstra a perícia tanatoscópica colacionada às fls 35.

Antes do hediondo crime, o denunciado tentou matar seu irmão....... com uma faca peixeira, fato em que a vítima era a principal testemunha.

Após o fato *ut supra* o denunciado passou a proferir sérias e fundadas ameaças à vítima, com a finalidade de intimidá-la, e testemunhas presenciaram quando o delatado afirmou que se a vítima prestasse depoimento iria ser morta.

A ameaça se concretizou, logo após, a vítima sair da delegacia foi executada à "queima roupa". As testemunhas de *vizu* (.....),(....) e (....) são uníssonas quando afirmam que presenciaram o exato momento em que o homicida executou a vítima com frieza, crueldade e perversão de caráter.

Infere-se ainda, que o crime foi cometido por motivo torpe e de modo que tornou impossível a defesa da vítima.

DA MATERIALIDADE

A materialidade delitiva está perfeitamente provada através da perícia tanatoscópica de fls. 35 do procedimento inquisitorial.

DA AUTORIA

Quanto à autoria, também não há dúvida, eis que todos os testemunhos e provas estão a confirmar que o denunciado suso qualificado, como autor do crime sob comento.

DA DENÚNCIA

Agindo assim, o denunciado infringiu o art. 121, § 2º, inciso I (por outro motivo torpe) e IV (recurso que tornou impossível a defesa do ofendido), todos do Código Penal

Brasileiro, e, Art. 1º, inciso I, última parte, da Lei nº 8.072 (crime hediondo). Estando, pois, passivo daquelas sanções.

EX POSITIS, o Ministério Público espera o recebimento da presente peça vestibular acusatória, em todos os seus termos, iniciando-se a ação penal cabível, nos termos da Lei, com a citação do delatado para se ver processar até sentença final condenatória, oferecendo a defesa que tiver.

Requer, ademais, a designação de dia e hora para interrogatório do réu, bem como a intimação das testemunhas abaixo arroladas para comparecerem em Juízo em dia e hora a ser designada por V. Exa., sob as cominações legais.

............, 28 de *(mês)* de *(ano)*.......

....
(Promotor de Justiça)

DAS DILIGÊNCIAS

Requer o Ministério Público seja juntada aos autos a certidão de antecedentes criminais do acusado, locais e do instituto de criminalística.

ROL DE TESTEMUNHAS
1. (...... qualificar);
2. (...... qualificar);
3. (...... qualificar);
4. (...... qualificar);
5. (...... qualificar);
6. (...... qualificar);
7. (...... qualificar);
8. (...... qualificar);

Data Supra.

....
Promotor de Justiça

REQUERIMENTO DE PRISÃO PREVENTIVA
Inquérito policial nº (....)
Denunciado: (....)

O representante do Ministério Público, no uso de suas atribuições legais e com fundamento nos arts. 311 e 312 do Código de Processo Penal e pelas razões adiante aduzidas, REQUER seja decretada a *CUSTÓDIA PREVENTIVA* de......... devidamente qualificado nos autos do procedimento inquisitorial em anexo.

O réu cometeu um dos mais hediondos crimes praticado nesta comarca, quando por volta das 14h30m do dia 16 de......... de..... executou a vítima com seis disparos de arma de fogo.

O motivo que originou o dantesco crime foi fútil, e típico de cidades onde paira a impunidade dos poderosos.

Denota-se com evidente clareza que a vítima foi brutalmente assassinada apenas por um motivo:

Tentou colaborar com a "*justiça*" sendo testemunha de um fato contrário aos interesses do autor...

O denunciado, revela-se pessoa bastante violenta, tendo chegado ao conhecimento deste Representante do Ministério Público que o mesmo anda na comunidade se "*gabando*" por ter matado um pobre coitado.

São constantes os telefonemas de populares que querem contribuir com a justiça, mas têm medo de depor, por ser o denunciado sogro do atual deputado.................

A comunidade não entende porque a polícia, este ano, prendeu duas pessoas que cometeram o crime de lesão corporal E É TÃO DIFÍCIL PRENDER QUEM SEM A MÍNIMA NECESSIDADE ASSASSINA COVARDEMENTE UM POBRE CIDADÃO POR MOTIVOS TÃO INSIGNIFICANTES.

O sentimento de repúdio popular é demonstrado nestes autos, pois mesmo diante de tão dantesco fato não há nenhum pedido de preventiva ou nem mesmo de prisão temporária. É realmente lamentável que a polícia encontre tanta *facilidade* em prender pobres coitados desgarrados da sociedade e seja tão "complicado" efetivar a justiça quando o autor pertence às classes privilegiadas.

O procedimento inquisitorial foi concluído no dia 22 de.....de...... com indicativo de futura juntada aos autos de uma perícia de microcomparação balística.

Tal perícia foi realizada no mês de março de....., mas só foi juntada aos autos no mês de maio de...... e com a singela e desnecessária conclusão de "*os peritos não encontraram, nos exames periciais de microcomparação balística, elementos materiais que os permitissem afirmar terem os projéteis questionados A, B, e C*, saído ou não *pelo cano de uma mesma arma de fogo*".

O interessante é que os autos em nenhum momento relatam o indicativo de autoria incerta ou autoria colateral ou a presença de mais de uma arma de fogo, fatos que ensejariam dúvidas sobre de qual arma teriam saído os tiros.

O desnecessário *incidente pericial* gerou a morosidade do início da ação penal, fato que só aumentou a indignação do Ministério Público e com certeza a descrença na população de uma cidade carente em atos que concretizam e reforçam o sentimento de justiça.

O fato é que a liberdade do denunciado, depois de tão atroz e perverso crime, afronta a sociedade e a mais singela idéia do que seja justiça, reforçando o sentimento de impunidade que hoje paira sobre a sociedade.

FUNDAMENTAÇÃO DA PRISÃO PREVENTIVA
A prisão preventiva prevista no art. 312 do CPP.

A prisão preventiva poderá ser decretada como garantia da ordem pública, da ordem econômica, por conveniência da instrução criminal, ou para assegurar a aplicação da lei penal, quando houver prova de existência do crime e indício suficiente de autoria.

É de sabença correntia que cabe a prisão preventiva para assegurar a Garantia da ordem pública; Garantia da ordem econômica; Conveniência da Instrução Criminal e para Assegurar a aplicação da lei penal.

Tem ela como Pressupostos: *fummus boni juris, ou seja:* Prova do crime e indícios da autoria.

Tem como Fundamentos: *periculum in mora*: Demonstração de que a liberdade representa perigo grave.

Tem, por fim, como Condições de Admissibilidade: Somente em crimes dolosos punidos com reclusão.

Verifica-se que no caso sob comento há os pressupostos, as condições de admissibilidade e os fundamentos para a decretação da prisão preventiva, vez que o acusado com sua conduta anti-social atenta frontalmente contra ordem pública, apresenta-se incensurável a decretação de prisão preventiva, dada a necessidade de garantia da ordem pública, sendo irrelevante ser ele primário, sem registro de maus antecedentes. (STJ – HC 4.230-3 – RJ – 6ª T. – Rel. Min. Vicente Leal – DJU 08/05/1995).

DEMONSTRAÇÃO DOS FUNDAMENTOS: *PERICULUM IN MORA:*

As circunstâncias abaixo relatadas demonstram de forma cabal que a liberdade representa perigo grave a ordem jurídica, destarte, a paz social.

Há nos autos do inquérito policial depoimentos parcialmente transcritos, evidenciando que se a justiça não tomar providências enérgicas outra tragédia pode acontecer.

Testemunha (......):

"... que informa que o seu filho.... está temendo por sua vida, visto que também foi ameaçado pelo citado..., na tarde de ontem".

Testemunha (....)

"Viu quando o sogro do deputado...... chegou perto da vítima e sem dizer uma palavra disparou cinco vezes à queima roupa".

Tal fato foi preciado pelas testemunhas (....), (...) e (....).

A PRISÃO PREVENTIVA NA JURISPRUDÊNCIA

Habeas-Corpus – Prisão preventiva – Garantia da ordem pública – A prisão preventiva, embora implique sacrifício à liberdade individual, é ditada por interesse social, impondo-se sua decretação sempre que suficientemente demonstrada, por decisão fundamentada, a presença de qualquer dos pressupostos inscritos no art. 312, do Código de Processo Penal. Em se tratando de indiciado em envolvimento no crime organizado ligado ao jogo do bicho, apresenta-se incensurável a decretação de prisão preventiva, dada à necessidade de garantia da ordem pública, sendo irrelevante ser ele primário, sem registro de maus antecedentes. (STJ – HC 4.230-3 – RJ – 6ª T. – Rel. Min. Vicente Leal – DJU 08/05/1995)

Prisão preventiva – Garantia – Ordem pública – 1. Se o decreto de prisão preventiva invoca o resguardo da ordem pública, haja vista a "rixa" existente entre os membros da família do indiciado e de outra família, não há falar em constrangimento, porquanto fundamentada a medida no art. 312 do Código de Processo Penal. 2. RHC improvido. (STJ – RHC 8.542 – RN – 6ª T. – Rel. Min. Fernando Gonçalves – DJU 14/06/1999 – p. 229)

Prisão preventiva – Legalidade – O decreto de prisão preventiva é ato que se insere na órbita de convencimento pessoal do Juiz e, desde que devidamente fundamentado, não há falar em ilegalidade pela sua expedição. (STJ – HC 3.165-2 – RS – 5ª T. – Rel. Min. Cid Flaquer Scartezzini – DJU 08/05/1995)

DISPOSIÇÕES DOUTRINÁRIAS

Afirma o jurista Damásio E. de Jesus:

A prisão preventiva exige prova bastante da existência do crime e indícios suficientes de autoria.

Não é necessária a mesma certeza que deve ter o juiz para a condenação do réu. (STF, RTJ 64/77).

O juiz pode empregar o princípio in dubio pro reo para condenar ou absolver o réu, não para decidir se decreta, ou não, a prisão preventiva. (STF, RTJ 64/77).

A prisão processual, considerada por alguns doutrinadores "uma aspereza iníqua" (Lucchini), a "mais cruel das necessidades judiciais" (Puglia), um "mal necessário" (Garraud) ou um "tirocínio de perversão moral" (Carrara), é conceituada por Bento de Faria como *um estado de privação da liberdade pessoal reclamado pelo interesse social.* E – observa Vélez Mariconde, referindo-se à prisão cautelar – *uma espécie de autodefesa do próprio ordenamento jurídico, ante o perigo de que seja burlado.*

A segregação *ad custodiam* tem sido tachada como a sagração de uma violência (Ortolan). "Se o indivíduo é tornado apenas suspeito de atentar contra a sociedade por meio do delito, a sociedade atenta contra o indivíduo por meio desse instituto, mormente ante a irreparabilidade moral do mal eventualmente causado". No entanto, são o interesse e proteção sociais, e não a antecipação de uma condenação, que se constituem em o fundamento exponencial da espécie de prisão ora em epígrafe. Daí a necessidade, de sua decretação, para que a ordem jurídica não fique à mercê de interesses meramente individuais.

O senador francês M. Berenger, de certa feita, assim se pronunciou sobre a prisão preventiva:

> Essa restrição à liberdade humana é muitas vezes salutar e necessária, e dela resultam, paradoxalmente, benefícios à sociedade, sem ferir o preceito de que a Justiça é tanto mais forte quanto sua força é mais eqüitativa e justa.

Ortolan manifesta-se no mesmo sentido: *É o sacrifício do direito individual ao interesse de todos.*

E assim também Garofalo e Carelli:

> A prisão preventiva não é somente uma necessidade social, é ato de justiça; pois, assim como no campo do direito civil, o particular pode requerer para tutela de seus direitos o seqüestro e os interditos possessórios, assim também a polícia judiciária deve ter meios idôneos para a tutela dos direitos sociais.

A custódia provisória, desta sorte, esteia-se fundamentalmente, na necessidade e interesse sociais. Daí a correta observação de Viveiros de Castro:

> O juiz, ao decretar a prisão preventiva (ou outra qualquer de conotação processual – acrescentamos) há de estar por completo dominado não tanto pela idéia da culpabilidade do acusado, o que só o julgamento posterior pode com segurança demonstrar, mas, principalmente, pela indeclinabilidade da providência, para afastar, desfazer ou impedir certos atos que ameaçam ou perturbam a ordem pública, a instrução do processo ou a aplicação da pena.

Por essas razões, não é incompatível a prisão processual com a presunção de inocência estabelecida na CF (art. 5º, LVII), que não se confunde com a supressão de qualquer suspeita, posto que o contrário impediria até a instauração de inquérito policial para investigações. A presunção de inocência unicamente assegura a não-inclusão do nome do réu no rol dos culpados até o trânsito em julgado da sentença condenatória. Mais: o contrário tornaria antinômico com a regra do art. 5º, LVII, da CF, o preceito do mesmo dispositivo, no nº LXI, que, envergando natureza especial, prevalece e predomina sobre aquela, de conotação geral (*lex specialis derogat legi generali*).

A não se entender desse modo, outra conclusão não há de defluir – irrefragável – senão a de abrigar nossa Magna Carta disposições contraditórias, colidentes e conflitantes, geradoras de desconchavo e paradoxo na égide legal, em detrimento da harmonia, coesão e equilíbrio do Direito, de que ela, *in primo loco*, deveria assumir-se como guardiã.

DA APRESENTAÇÃO "ESPONTÂNEA" DO DELATADO

Diante da inatividade da polícia que não requereu pelo menos a prisão temporária do denunciado, este, apresentou-se com advogado com fito de prestar depoimento.

Insta acentuar que a apresentação "espontânea" do indiciado ou acusado não obsta a decretação da prisão preventiva. Vide art. 317 do Código de Processo Penal, *in verbis*:

> A apresentação espontânea do acusado à autoridade não impedirá a decretação da prisão preventiva nos casos em que a lei a autoriza.

AD CONCLUSIO

Ungido, portanto, o horizonte jurisdicional com os valores de eficácia e de justiça, é que o Ministério Público requer a decretação da prisão preventiva do denunciado, para que a sagrada paz social não seja novamente violada por atos QUE SE ENCONTRAM RESPALDADOS NA FALSA CRENÇA DE QUE A JUSTIÇA NÃO ATINGE AS CLASSES SOCIAIS PRIVILEGIADAS.

Ex positis, REQUER O Ministério Público com fulcro no art. 312, com o escopo primordial de proteger, destarte, garantir a ordem pública e pela conveniência da instrução criminal, seja decretado da custódia preventiva do denunciado.

............, 28 de *(mês)* de *(ano)*.......

....
(Promotor de Justiça)

5.8. Modelo de denúncia com pedido de preventiva para preservação da ordem pública

Exma. Sra. Dra. Juíza de Direito da Comarca de.....

I.P. nº 002/2009

O Representante do Ministério Público que esta subscreve, no uso de suas atribuições legais corporificadas no art. 129, inciso I, da Constituição federal de 1988 e com esteio nos inclusos autos de Inquérito Policial, com arrimo nos Arts. 24, 41 e 42, da Legislação Adjetiva Pátria, vem, perante V. Exa. Oferecer:

DENÚNCIA
Contra
(......), vulgo "Chupa cabra", brasileiro, solteiro, agricultor, com 28 anos de idade, natural de....., nascido em 08/12/1981, portador do RG nº......., filho de........ e de.........., residente na Rua do Matadouro, nº 55, centro,.....*(cidade e Estado)*.

SÍNTESE DOS FATOS

No dia 14 de fevereiro do ano de 2009, por volta das 19:00 horas, na Travessa Napoleão de Santana, localizada no centro desta urbe, nesta cidade, o delatado, desferiu um soco na região torácica da vítima e ato contínuo, fazendo uso de uma faca-peixeira, atentou contra a vida de.............., desferindo um golpe de faca-peixeira contra o mesmo, que lhe causou as lesões descritas às fls. 24.

Narra o caderno policial que a vítima e o delatado estavam bebendo em um bar, quando surgiu uma mera discussão oriunda de motivos fúteis.

Ato contínuo, a vítima falou para o delatado que ele estava mentindo e foi o bastante para o denunciado desferir um soco na região torácica, puxando em seguida uma faca-peixeira da cinta aplicando 05 golpes de faca no abdômen e tórax da vítima.

Após os golpes a faca, o delatado ainda continuou a agredir vítima fisicamente com chutes no rosto e só parou com os golpes devido a intervenção dos senhores (.....) e (....), que interfiram e imobilizaram o denunciado, sendo esta a motivação para o cometimento do crime.

Denota-se que o crime foi cometido por motivos fúteis e de forma que impossibilitou a defesa do ofendido.

Conclui-se da leitura do procedimento inquisitorial que o fato não se consumou por circunstâncias alheias à sua vontade, quais sejam, a intervenção de terceiros e o socorro médico prestado ao ofendido de forma imediata.

DA AUTORIA

As provas testemunhais demonstram de forma clara os indícios veementes de autoria que são corroboradas pela própria confissão do delatado (fls. 16).

DA MATERIALIDADE

A materialidade delitiva está perfeitamente demonstrada no laudo pericial de fls. 24.

AD CONCLUSIO

Ante o exposto, encontra-se.........., já qualificados nos autos, incurso nas penas do art. 121, § 2º, inciso II (*motivo fútil*) e inciso IV (utilização de recurso tornou impossível a defesa do ofendido), c/c o art. 14, inciso II, todos do Código Penal, c.c. art. 1º, inciso I, da lei nº 8.072/1990 (lei dos crimes hediondos), razão pela qual contra si é oferecida a presente denúncia, a fim de que, recebida e autuada esta, seja o acusado citado para apresentar defesa, bem como intimadas e ouvidas as pessoas abaixo arroladas, seguindo o processo em seus ulteriores termos, até final sentença de pronúncia, o que permitirá o julgamento e a condenação do acusado pelo Sinédrio Popular, de tudo ciência ao MP.

............, 28 de *(mês)* de *(ano)*.......

....
(Promotor de Justiça)

ROL DE TESTEMUNHAS
(......), qualificar.
(......), qualificar.
(......), qualificar.

Observação: arrolar até 08 (oito) testemunhas e no caso de tentativa nunca esqueça de requerer a oitiva da vítima.

............, 28 de *(mês)* de *(ano)*.......

....
(Promotor de Justiça)

COTA MINISTERIAL
Inquérito Policial nº 002/2009
Denunciado: (...):

MM. Juíza:
Segue denúncia-crime em 03(três) laudas, digitadas e rubricadas.
Diante do que se apresenta nos autos, o *Parquet* requer as seguintes providências:
Certifique a secretaria do fórum acerca da existência de processos criminais em face do delatado.
Seja requisitada ao instituto de criminalística a folha de Antecedentes Criminais do delatado.

COTA SOBRE O PEDIDO DA PREVENTIVA

MM. Juíza:
Inquérito Policial nº 002/2009
Denunciado: (...):

Há nos autos pedido de preventiva confeccionado pela delegada de polícia (fls. 29). Informa ainda, a certidão de fls. 19 dos autos, que o delatado responde a 08 Procedimentos Policiais, sendo 03 (três) inquéritos (roubo, latrocínio e homicídio) e 05 (cinco) Termos Circunstanciados de Ocorrência.
Como se percebe pela narrativa dos autos, o crime em cotejo, causou grande comoção e revolta no meio social. Assim, como já se decidiu, *a ordem pública resta ofendida quando a conduta provoca acentuado impacto na sociedade, dado ofender significativamente os valores reclamados, traduzindo vilania de comportamento.* (STJ – RHC 3169-5-Rel. Luis Vicente Cernicchiaro – DJU 15/05/95, p. 13446)

Realmente conclui-se da leitura dos depoimentos prestados pelas testemunhas a desenfreada periculosidade do acusado, que com seus comportamentos atingiu o ápice da violência ao tentar assassinar sem piedade seu próprio amigo por motivo fútil.

O fato é que há uma seqüência de crimes cometidos pelo delatado, todos com resíduos de crueldade e brutalidade, deixando a pacata comunidade do............ insegura e em pânico, e fatos como estes já estão se tornando uma constante na Comarca de....., portanto, é primordialmente salutar atitudes enérgicas por parte do Ministério Público e do Poder Judiciário com o fito de restabelecer a sonhada paz social.

Destarte, nos exatos termos do art. 312 do CPP, estando comprovada a materialidade delitiva e havendo provas pujantes da autoria criminosa, OPINO PELO DEFERIMENTO da decretação da prisão preventiva do delatado, surgindo tal medida extremamente salutar para preservação da ordem pública, providência essa que o *parquet* requer desde já.

............, 28 de *(mês)* de *(ano)*.......

....
(Promotor de Justiça)

5.9. Modelo de parecer de preventiva com a finalidade de assegurar a aplicação da lei penal e a conveniência da instrução criminal

Inquérito nº 088/2009.
Indiciado: (......)

MM. Juiz,

Versam os presentes autos sobre uma tentativa de homicídio qualificado em que a delegada representou argüindo a necessidade de ser decretada a preventiva do indiciado.

Segundo a delegada o indiciado está ameaçando testemunhas.

Infere-se também que após a perpetração do delito o indiciado evadiu-se do distrito da culpa.

Requer também a douta delegada uma busca e apreensão com fito de apreender a arma do crime na casa do autor e na residência da irmã do autor.

Entende o Ministério público que o presente caso é de prisão preventiva:

DA PRISÃO PREVENTIVA
É prevista no art. 312 do CPP.

A prisão preventiva poderá ser decretada como garantia da ordem pública, da ordem econômica, por conveniência da instrução criminal, ou para assegurar a aplicação da lei penal, quando houver prova de existência do crime e indício suficiente de autoria.

É de sabença correntia que cabe a prisão preventiva para assegurar: a Garantia da ordem pública; Garantia da ordem econômica; Conveniência da Instrução Criminal e para Assegurar a aplicação da lei penal.

Tem ela como Pressupostos: *fummus boni juris, ou seja:* Prova do crime e indícios da autoria.

Tem como Fundamentos: *periculum in mora*: Demonstração de que a liberdade representa perigo grave.

Tem, por fim, como Condições de Admissibilidade: Somente em crimes dolosos punidos com reclusão.

DA FUGA DO DENUNCIADO

Há nos autos o Termo de Declaração da Genitora do delatado (fls. 22) afirmando que logo após o crime o delatado evadiu-se e se encontra em lugar incerto e não sabido.

Verifica-se que no caso sob comento há os pressupostos, as condições de admissibilidade e os fundamentos para a decretação da prisão preventiva, vez que o indiciado ao encontrar-se em lugar incerto e não sabido, dificulta a aplicação da lei penal e, quando ameaça testemunhas, atenta contra a conveniência da instrução criminal.

No mesmo sentido é o entendimento do STJ e STF:

> STJ: Denúncia – Inépcia – Prisão preventiva – Réu foragido – A fuga do réu do distrito da culpa justifica, por si só, a decretação da prisão preventiva com base no art. 312 do CP. (STJ – RHC 4.416-0 – SP – 6ª T. – Rel. Min. Anselmo Santiago – DJU 07/10/1996)

> STF: a simples fuga do acusado do distrito da culpa, tão logo descoberto o crime praticado, já justifica o decreto de prisão preventiva. (RT 497/403) No mesmo sentido: STJ, RHC 492, 5ª Turma, DJU 30/04/90, p. 3530

AD CONCLUSIO

Portanto, opina o Ministério Público pelo DEFERIMENTO DO PEDIDO COM FULCRO NA ART. 312 DO CPP, COM A FINALIDADE DE ASSEGURAR A APLICAÇÃO DA LEI PENAL E A CONVENIÊNCIA DA INSTRUÇÃO CRIMINAL E TAMBÉM PELA DECRETAÇÃO DA BUSCA E APREENSÃO.

............, 28 de *(mês)* de *(ano)*.......

....
(Promotor de Justiça)

5.10. Modelo de decisão do juiz recebendo a denúncia sem pedido de preventiva

AUTOR: JUSTIÇA PÚBLICA
RÉU: FULANO

DECISÃO

R. h.

Trata-se de Denúncia oferecida pelo Ministério Público contra *Fulano*, em razão de suposta prática do delito descrito no art. 121, § 2º, incs. I (por outro motivo torpe) e IV (recurso que tornou impossível a defesa do ofendido), todos do Código Penal Brasileiro, e art. 1º, inc. I, última parte, da Lei nº 8.072 (crime hediondo).

Recebo a Denúncia por conter os requisitos do art. 41 do CPP, especificamente a narração do fato delituoso, com suas circunstâncias, a qualificação dos denunciados, a classificação do crime, bem como o rol de testemunhas.

Determino, na forma do novo art. 406 do CPP, a citação do acusado, com cópia da denúncia, para responder a acusação, por escrito, no prazo de 10 (dez) dias.

Advirta-se o acusado de que deverá constituir advogado para a apresentação de sua defesa escrita, sendo que, em não sendo esta apresentada no prazo fixado, será nomeado defensor dativo para o oferecimento da mencionada defesa.

Requisitem-se os antecedentes ao instituto de criminalística e à distribuição.

Intimem-se o representante do Ministério Público.

.........,... de *(mês)* de *(ano)*.

(Juiz de Direito)

Obs. Havendo requerimento de preventiva o juiz deve na mesma peça decidir sobre o pedido.

5.11. Modelo de decisão do juiz recebendo a denúncia com apreciação de pedido de preventiva

AUTOR: JUSTIÇA PÚBLICA
RÉU: FULANO

DECISÃO

R. h.

Trata-se de Denúncia oferecida pelo Ministério Público contra *Fulano*, em razão de suposta prática do delito descrito no art. 121, § 2º, incs. I (por outro motivo torpe) e IV (recurso que tornou impossível a defesa do ofendido), todos do Código Penal Brasileiro, e art. 1º, inc. I, última parte, da Lei nº 8.072 (crime hediondo).

Recebo a Denúncia por conter os requisitos do art. 41 do CPP, especificamente a narração do fato delituoso, com suas circunstâncias, a qualificação dos denunciados, a classificação do crime, bem como o rol de testemunhas.

Determino, na forma do novo art. 406, do CPP, a citação do acusado, com cópia da denúncia, para responder a acusação, por escrito, no prazo de 10 (dez) dias.

Advirta-se o acusado de que deverá constituir advogado para a apresentação de sua defesa escrita, sendo que, em não sendo esta apresentada no prazo fixado, será nomeado defensor dativo para o oferecimento da mencionada defesa.

Requisitem-se os antecedentes ao instituto de criminalística e à distribuição.

Da prisão preventiva.

No que concerne à prisão preventiva do réu, entendo ter fundamento o pedido formulado pelo Ministério Público.

Segundo consta na Denúncia, no dia 09/09/09, pelas 07h30, na Rua do Sol, em frente a casa de nº 25, nesta cidade, o réu Fulano teria, mediante o uso de arma de fogo (dois disparos), lesionado a vítima Beltrano, que faleceu em razão da gravidade das lesões sofridas, conforme laudo tanatoscópico anexado aos autos.

Ainda de acordo com a Denúncia, a vítima foi morta quando saiu de casa, com seus filhos, levando dois tiros pelas costas, sem ter tempo de esboçar qualquer reação às agressões. O ilícito teria ocorrido porque a vítima teria sido testemunha de um crime de roubo ocorrido dias antes nesta Comarca, cuja autoria está sendo imputada ao réu.

Prisão preventiva – modelo fundamentação – aplicação da lei penal

A prisão preventiva é necessária, porque foram realizadas diligências pela Polícia Judiciária, mas o réu não foi localizado em sua residência nem em outros locais onde poderia ser encontrado, conforme as certidões de fls. dos autos, de modo que, em se encontrando em local incerto e não sabido, é flagrante o intento do denunciado em se furtar à aplicação da lei penal, devendo, assim, ser considerado foragido da Justiça.

Ressalto que a fuga do distrito da culpa é fundamento suficiente, por si só, para a decretação da prisão preventiva, conforme pacífica jurisprudência do STJ. (HC. nº 88.171/MT. 5ª Turma. Rel. Min. Napoleão Maia. j. 06/05/08. dec. unân DJ, 26.05.08)

Prisão preventiva – modelo fundamentação – garantir a instrução criminal.

A prisão preventiva é necessária, porque o denunciado, em poucos dias, teria praticados dois crimes de alto potencial ofensivo na Comarca (roubo qualificado e homicídio qualificado), além de ser considerado pessoa perigosa na comunidade, conforme depoimentos de testemunhas constantes nos autos.

Desta forma, os ilícitos imputados e o fato de ser temido na região indicam ser o réu pessoa de alta periculosidade, de modo que sua liberdade trará certamente embaraços à instrução criminal, na medida em que outras testemunhas temerão depor em Juízo contra o denunciado após o assassinato da vítima, causando embaraços ou mesmo impedindo a adequada instrução criminal do feito.

Prisão preventiva – modelo fundamentação – garantia da ordem pública.

A prisão preventiva é necessária porque o denunciado, em poucos dias, teria praticado dois crimes de alto potencial ofensivo na Comarca (roubo qualificado e homicídio qualificado), além de ser considerado pessoa perigosa na comunidade, conforme depoimentos de testemunhas constantes nos autos. Além disso, o crime causou grande comoção e revolta na Comarca por ter sido a vítima morta ao sair de casa, no momento em que levava seus dois filhos menores de idade para a escola, os quais, agora, ficaram órfãos e sem familiares conhecidos na região, passando a viver em casa de abrigo.

Logo a prisão preventiva é medida inafastável tanto para evitar a ocorrência de novos crimes de alto potencial ofensivo na Comarca, quanto para se restabelecer a tranqüilidade social, a qual foi abalada pela reprovável ação criminosa do réu.

Ante o exposto, com base nos arts. 311 e ss. do CPP, decreto a prisão preventiva de Fulano (qualificar o réu), devendo ser expedidos mandados de prisão à Delegacia Municipal, à Delegacia de Capturas, à Polícia Federal e ao Comando da Polícia Militar.

Em sendo preso, o denunciado deverá ser recolhido à Cadeia Pública Municipal, onde ficará à disposição deste Juízo de Direito.

Intimem-se.

........., 28 de *(mês)* de *(ano)*.

(Juiz de Direito)

5.12. Despacho do juiz nomeando defensor

AUTOR: JUSTIÇA PÚBLICA
RÉU: FULANO

DECISÃO

R. h.

Recebida a Denúncia e citado o réu, não foi apresentada a defesa escrita prevista no novo art. 406, do CPP.

Desta forma, com base no novo art. 408 do CPP, nomeio Dr. Sicrano defensor dativo do réu, devendo ser intimado da nomeação e para que apresente, no prazo de 10 dias, a defesa escrita prevista no novo art. 406, do CPP.

Após, vista ao Ministério Público.

Intimem-se.

........., 28 de *(mês)* de *(ano)*.

....
(Juiz de Direito)

5.13. Modelo de despacho do juiz sem alegação de preliminar
AUTOR: JUSTIÇA PÚBLICA
RÉU: FULANO

DECISÃO

R. h.

Recebida a Denúncia e citado o réu, foi apresentada defesa escrita, sem a oposição de preliminares.
O Ministério Público opinou pelo prosseguimento do feito.
Desta forma, designo para o dia ____/____/____, pelas 08h00, audiência de instrução e julgamento, ocasião em que serão ouvidas a vítima, se possível, as testemunhas arroladas pelo *Parquet* e pela Defesa e, ao final, interrogado o réu, o qual deverá comparecer acompanhado por seu advogado.
Intimem-se.

......., 28 de *(mês)* de *(ano)*.

....
(Juiz de Direito)

Obs. Se for requerido pelas partes, o juiz, neste mesmo despacho, também tem que decidir sobre a necessidade de intimar os peritos e as pessoas que vão ser submetidas a acareações e ao reconhecimento de pessoas e coisas.

5.14. Modelo de despacho do juiz intimando o Ministério Público para se manifestar sobre as preliminares argüidas

Processo nº (...)
Acusado: (...)
Infração: (...)

DESPACHO

Trata-se de denúncia do Ministério Público contra (......), pelo delito descrito no art. 121, § 2º, inciso I (por outro motivo torpe) e IV (recurso que tornou impossível a defesa do ofendido), todos do Código Penal Brasileiro, e Art. 1º, inciso I, última parte, da Lei nº 8.072 (crime hediondo)..

No dia .../.../... a denúncia foi recebida e, nesta ocasião, determinei, na forma do novo art. 406 do Código de Processo Penal, a citação do acusado para responder a acusação, por escrito, no prazo de 10 (dez) dias.

A defesa foi apresentada, tempestivamente, as fls. (....) e como há argüição de preliminares, intime-se o Ministério Público (ou o querelante) para dizer sobre as preliminares e documentos no prazo de 5 (cinco) dias.

............, 28 de *(mês)* de *(ano)*.......

....
(Juiz de Direito)

5.15. Decisão do juiz apreciando preliminares alegadas

Processo nº (...)
Acusado: (...)
Infração: (...)

DESPACHO

Trata-se de denúncia do Ministério Público contra (......), pelo delito descrito no art. 121, § 2º, inciso I (por outro motivo torpe) e IV (recurso que tornou impossível a defesa do ofendido), todos do Código Penal Brasileiro, e, Art. 1º, inciso I, última parte, da Lei nº 8.072 (crime hediondo).

No dia .../.../... a denúncia foi recebida e, nesta ocasião, determinei, na forma do novo art. 406 do Código de Processo Penal, a citação do acusado para responder a acusação, por escrito, no prazo de 10 (dez) dias.

Apresentada, tempestivamente, a defesa foi colacionada as fls. (...).

Houve alegações de preliminares.

O Ministério Público, devidamente intimado, se manifestou pela improcedência das preliminares alegadas.

DAS PRELIMINARES

Devo informar, de início, que os comparsas do réu –......... e...... – estão sentenciados. O primeiro aguarda em liberdade o julgamento da apelação; o segundo está foragido, com a Polícia em seu encalço, e com condenação transitada em julgado.

Algumas das preliminares levantadas pela defesa nas alegações finais já foram rechaçadas no pronunciamento objeto do despacho de fls.131/134. A seguir, ratificarei o entendimento antes externado.

Embora o caderno policial aluda sobre a participação de terceiro, não está o *dominus littis* obrigado a inseri-lo, de logo, na denúncia. É absolutamente legítimo fazê-lo posteriormente, inclusive inaugurando outro processo, como no caso concreto. É possível que, num primeiro momento, o órgão ministerial não esteja inteiramente convencido da participação criminosa (art. 29 do CP).

E, ao se convencer, o estágio da marcha processual em relação aos co-réus pode recomendar a abertura de um outro processado (art. 80 do CPP). Remanesce o interesse de agir, ausente causa de extinção da punibilidade.

Nem sempre é possível a unidade de processo e julgamento em caso de continência. Por isso e por ser compatível com o princípio da razoabilidade, o Código de Processo Penal enumera exceções à dita regra (arts. 79 e 80).

É absolutamente impertinente reputar como renúncia tácita a não inclusão de todos os meliantes numa só demanda. A ação penal pública incondicionada, própria para a persecução penal em juízo dos crimes da espécie em tela, informa-se, precipuamente, pelo princípio da indisponibilidade.

Se assim é, não há de se falar em renúncia, instituto afeito aos crimes processados mediante queixa.

> TJPR: O descumprimento do princípio da indivisibilidade da ação penal não acarreta a nulidade do processo, pois o Ministério Público tem o direito de, a qualquer tempo, denunciar os demais autores do crime. (RT 545/384)

Na segunda denúncia, o representante do *Parquet* narrou os **mesmos fatos** consignados na primeira, subsumindo-os também às circunstâncias elementares e às causas de aumento especiais da infração criminal prevista no art. 157, § 2º, incisos I, II e III. Acrescentou apenas circunstâncias agravantes, as quais, como é comezinho, não se confundem com circunstâncias qualificadoras do crime.

As circunstâncias agravantes, no mais das vezes, dizem respeito a peculiaridades atinentes a um ou a outro delinquente, o que lhes ensejará alusão tão-somente quando da respectiva denúncia, por óbvio (p. ex.; reincidência, crime contra ascendente, as agravantes previstas no art. 62 etc.). Aqui, devo relembrar que circunstâncias de caráter pessoal somente se comunicam quando forem elementares do crime (art. 30 do Código Penal) e que incide nas penas do crime quem de qualquer modo concorre para a sua realização, NA MEDIDA DA SUA CULPABILIDADE (art. 29 do Código Penal).

De outra parte, não vislumbro nenhuma ilicitude no ato do órgão acusador inserir na nova denúncia testemunha não arrolada na primeira. Com efeito, é factível que determinada pessoa não tivesse sido identificada como testemunha do fato num primeiro momento. Ora, se se pode o mais, denunciar em feito apartado co-réu posteriormente reconhecido como tal, por que não se poderia o menos, apontar testemunha antes desconhecida ou não inquirida?!

Ex positi", indefiro a preliminar, designando a audiência para o dia.... de....., às 13h00.

Determino que se proceda a intimação:
a) Do ofendido (*se possível*);
b) das testemunhas arroladas pela acusação;
c) das testemunhas arroladas pela defesa;
d) do acusado.

Obs. Se for requerido pelas partes, o juiz, neste mesmo despacho, também tem que decidir sobre a necessidade de intimar os peritos e as pessoas que vão ser submetidas a acareações e ao reconhecimento de pessoas e coisas.

............, 28 de (mês) de (ano).......

Bel. Francisco Milton Araújo Júnior
Juiz-Presidente do Tribunal do Júri

5.16. Modelo formulado pelas partes dispensando testemunha não encontrada

Excelentíssimo Senhor Doutor Juiz de Direito da Comarca de (...)

PROCESSO Nº......
ACUSADO:...........
AUTORA: JUSTIÇA PÚBLICA.

MM. Juiz;
O MINISTÉRIO PÚBLICO (ou a defesa), através do Promotor de Justiça (ou advogado) *in fine* assinado, vem perante V. Exa., *oportuno tempore* e em atendimento ao douto despacho fls. 72, aduzir ao representante do *parquet* que:

Em virtude certidão fls. 71 v, o Ministério Público (a defesa) dispensa as testemunhas não localizadas em conformidade com a certidão supracitada, devendo ser dado prosseguimento aos demais termos processuais.

Nestes termos, pede deferimento.

(...),..... de...... de 2009.

....
Promotor de Justiça ou Advogado

5.17. Modelo de defesa preliminar formulado pela defesa

Observação prática I:

O grande mestre do processo penal Tourinho Filho ensina algo que nunca se pode esquecer[1]:

Na defesa prévia, o defensor, de regra, não deve fazer análise dos elementos probatórios colhidos nos autos do inquérito. Caso o réu tenha agido em legítima defesa, por exemplo, e isto se infere de um depoimento, não deve a defesa dissecá-lo, confrontá-lo com os demais etc., mesmo porque de nada lhe valeria tanto esforço. Nem por isso o Juiz retrocederia para rejeitar a peça acusatória. Um trabalho desse porte teria, apenas, o condão de a defesa mostrar suas baterias à acusação.

Portanto, a defesa preliminar deve ser em regra sucinta, o defensor só deve fazer uma peça muito técnica no caso de uma argüição de preliminares que tenham como escopo fulminar totalmente a tese da "acusação", como o caso da ocorrência de uma causa extintiva da punibilidade, por exemplo, em que se percebe a toda evidência que ocorreu a prescrição penal.

MODELO
Processo nº....
Acusado:.......
Infração imputada:......

MM. Juiz

A defesa reserva-se o direito de, a final, na fase das alegações, apreciar o *meritum causae*. Nesta oportunidade, requer a V. Exa., as seguintes diligências:

a) Ouvida das seguintes testemunhas:

1º)......... (*Qualifica, com nome, profissão, nacionalidade, estado civil, endereço*);

2º).......... (Qualificar e se for de outro Estado requerer expedição precatória).

3º)......... (Qualificar e se for o caso dizer que a testemunha vai comparecer independentemente de intimação. Leia a parte final do novo art. 406, § 3º,. "*...qualificando-as e requerendo sua intimação, quando necessário*").

Observação prática II: no novo rito do júri a defesa pode arrolar no máximo 8 (oito) testemunhas.

Observação prática III: neste momento, o defensor ainda pode:

---

1   Tourinho Filho, Fernando da Costa. *Prática de Processo Penal*, São Paulo: Saraiva, 2006, p.127.

a) argüir preliminares;
b) oferecer documentos;
c) oferecer justificações,
d) especificar as provas pretendidas
e) e nunca esqueça, é o momento, sob pena de preclusão, de a defesa arrolar testemunhas.

Observação prática IV: termine da seguinte forma:
Cidade, dia/mês/ano.
Assine:
....
OAB n°....

5.18. Modelo de pedido de substituição de testemunha formulado pela defesa ou acusação

Proc. n°.........
Acusado:

MM. JUÍZA;
(........), já devidamente qualificado nos autos do processo em epígrafe, vem com a devida *venia* perante V. Exa. através do advogado *in fine* assinado, com fulcro no art. 397 da Legislação Adjetiva Penal, **REQUERER SUBSTITUIÇÃO DE TESTEMUNHAS**, pelos motivos fáticos e jurídicos a seguir expostos:
1 – A defesa tempestivamente arrolou as testemunhas:
a) (.....)
b) (....)
Acontece, Exa., que as testemunhas suso aludidas, mudaram de endereço, não se encontrando nos locais já citados.

DO DIREITO:
A autorização de substituição de testemunhas, encontra-se em previsão *ex vi leg"* no art. 397 do CPP. *in verbis*.
> Se não for encontrada qualquer das testemunhas, o juiz poderá deferir o pedido de substituição, se esse pedido não tiver por fim frustrar o disposto nos art. 41, in fine, e art. 395.

DO ENTENDIMENTO DOUTRINÁRIO
> Caso não seja encontrada qualquer das testemunhas arroladas pela acusação ou defesa, ou por qualquer outro motivo não possa ser ela ouvida, o juiz pode deferir o pedido de sua substituição. Assim, verificada a impossibili-

dade da oitiva da testemunha arrolada, o juiz deve ouvir a parte para que a mesma se quiser, indique a substituta.

Não se deve deferir tal pedido quando é um expediente puramente protelatório. Mirabete, Código de Processo Penal Interpretado, 4 ed., São Paulo: Atlas).

Na realidade, o presente pedido feito de forma antecipada atende perfeitamente aos princípios:

ECONOMIA PROCESSUAL (já que tais testemunhas não serão encontradas e posteriormente deverão ser substituídas.)

LEALDADE PROCESSUAL (o dever moral e ético que todo advogado deveria ter com a outra parte e com a própria justiça).

Ex positis, requer que V. Exa. se digne SUBSTITUIR as testemunhas:

.... e..........., POR:
1 – (....... Qualificar)
2 – (....... Qualificar)

.........,.... de novembro....

....
OAB –...., nº.... ou Promotor de Justiça

5.19. Modelo de parecer do Promotor de Justiça opinando pelo indeferimento da revogação da prisão preventiva

PARECER

Acusado: (......), (.....) e (......).
Infração: homicídio qualificado.

MM. JUIZ,

Trata-se de pedido de revogação de prisão preventiva do acusado em epígrafe. Alega-se em síntese:
- Fragilidade das provas;
- Absolvição de um dos partícipes;
- Bons antecedentes.

Fundamenta o pedido no art. 316 do Código de Processo Penal e ao final requer a revogação da prisão preventiva.

Breve relatório. Segue parecer.

Dissertando sobre a prisão preventiva M. Berenger, afirma:
> Essa restrição à liberdade humana é muitas vezes salutar e necessária e dela resultam, paradoxalmente, benefícios à sociedade, sem ferir o preceito de que a justiça é tanto mais forte quanto sua força é eqüitativa e justa.

A tese do Douto Advogado, baseia-se basicamente na desnecessidade da manutenção da prisão preventiva, tendo em vista a *suposta fragilidade das provas e a absolvição de alguns dos integrantes da chacina*, fato que demonstraria a desnecessidade de manutenção da prisão preventiva.

A materialidade dos delitos está comprovada, e há indícios suficientes de autoria; quanto a *suposta fragilidade das provas* entendo, *data venia*, que uma análise de mérito deverá ser realizada por ocasião das alegações finais.

Quando ao pedido da extensão da absolvição dos demais ao denunciado, o STJ decidiu recentemente que:
> Existem circunstâncias de caráter exclusivamente pessoal justificadoras da diferenciação e que impedem a aplicação do art. 580 do Código de Processo Penal, o qual somente se aplica nos casos de identidade de situações fático-processuais entre os có-réus. 3. Ordem denegada. (STJ – HC 200700191324 – (76020 RS) – 5ª T. – Relª Min. Laurita Vaz – DJU 08/10/2007 – p. 00332)

Impedido de fazer análise de mérito nesta fase processual, podemos dizer claramente que a ausência de prova para um dos acusados não implica necessariamente o reconhecimento da fragilidade das provas para os demais.

Insta acentuar que tal matéria já foi devidamente apreciada as fls. 529/532.

A prisão preventiva se encontra devidamente fundamentada, atendendo aos pressupostos legais.

Não há nenhum fato novo que enseje a aplicação do art. 316 do CPP, *verbis*: "O juiz poderá revogar a prisão preventiva se, no correr do processo, verificar a falta de motivo para que subsista. (G.N.)

Nesse sentido também já se pronunciou a jurisprudência pátria:
> A revogação deve se calcar, e indicar com explicitude, no desaparecimento das razões que, originalmente, determinaram a custódia provisória. Não pode aquela desgarrar dos parâmetros traçados pelo art. 316 do CPP e buscar suas causas noutras plagas. (RT 626/351)

Quando a alegada primariedade e residência fixa não obstam a manutenção da prisão preventiva:
> A existência de condições pessoais favoráveis ao paciente – Primariedade, bons antecedentes e residência fixa – Não é garantidora de eventual direito de liberdade, quando outros elementos constantes nos autos recomendam, efetivamente, a sua custódia preventiva. 3. Precedentes desta corte superior. 4. Ordem denegada. (STJ – HC 200701685983 – (87310 GO) – 5ª T. – Relª Min. Laurita Vaz – DJU 15/10/2007 – p. 00337)

As condições subjetivas favoráveis do paciente, tais como primariedade, bons antecedentes, residência fixa e trabalho lícito, por si sós, não obstam a segregação cautelar, quando preenchidos seus pressupostos legais. (STJ – RHC 200701448986 – (21566 PR) – 5ª T. – Rel. Min. Napoleão Nunes Maia Filho – DJU 15/10/2007 – p. 00301)

AD CONCLUSIO

In casu, o pedido só teria fundamento com o aparecimento de um fato novo que ensejasse a aplicação do art. 316 supracitado; ante o exposto, como entendo que permanecem hígidos os motivos ensejadores da prisão, opino pelo *indeferimento do pedido de revogação* da prisão preventiva do acusado.

É o parecer.

............, 28 de *(mês)* de *(ano)*.......

....
(Promotor de Justiça)

5.20. Modelo de parecer do Promotor de Justiça opinando pelo deferimento da revogação da prisão preventiva

Excelentíssimo Senhor Doutor Juiz de Direito da Comarca de.......

Processo nº (....).
Acusado: (....)
Infração: Tentativa de homicídio simples

O MINISTÉRIO PÚBLICO em exercício nesta Comarca, instado a manifestar-se nos autos do processo em epígrafe apresenta o seguinte:

PARECER:
SÍNTESE DOS FATOS

Trata-se de pedido de revogação de prisão preventiva do acusado em epígrafe, formulado pelo patrono do acusado (fls. 96 *usque* 100) sob o fundamento de que inexiste motivos que ensejem a prisão preventiva.

Acrescenta o nobre causídico que o réu é primário, com profissão definida, residência e domicílio fixo e de índole não criminosa (vide documentos fls. 104, 105).

O Ministério Público requereu a folha de antecedentes já juntada aos autos (fls. 107, 114).

Alega a defesa que o acusado não estava em local incerto e não sabido, juntando entre outros documentos a folha de ponto da empresa em que o réu trabalha.

DO PEDIDO DE REVOGAÇÃO DA PRISÃO PREVENTIVA

Requer o ilustre advogado REVOGAÇÃO DA PRISÃO PREVENTIVA, com fulcro no art. 316 da Legislação adjetiva penal *in verbis*: *O juiz poderá revogar a prisão preventiva se, no decorrer do processo, verificar a falta de motivo para que subsista, bem como de novo decretá-la, se sobrevierem razões que a justifiquem.*

Evidentemente para a verificação da falta de motivos ensejadores da prisão cautelar, é necessário que se faça uma análise de seus requisitos, atrelando-os ao caso *sub exame*.

DA ANÁLISE DOS REQUISITOS DA PREVENTIVA:

São pressupostos para decretação da prisão preventiva:

– PROVAS DA MATERIALIDADE: Sobejamente provada nos autos, não existindo dúvidas sobre a mesma.

– INDÍCIOS SUFICIENTES DA AUTORIA: Na velha lição de Borges da Rosa: *Esses indícios devem ser tais que gerem a convicção de que foi o acusado o autor da infração, embora não haja certeza disto. No entanto eles devem ser suficientes para tranqüilizar a consciência do juiz"* (Processo Penal, cite., v. 2, p 281).

Esses indícios estão plenamente consubstanciados nos autos; já as testemunhas arroladas por esta promotoria indicam que o acusado foi autor do delito.

Esses pressupostos, devem estar aliados a qualquer uma das seguintes circunstâncias:

GARANTIA DA ORDEM PÚBLICA
CONVENIÊNCIA DA INSTRUÇÃO CRIMINAL
GARANTIA DA ORDEM ECONÔMICA
ASSEGURAÇÃO DE EVENTUAL PENA A SER IMPOSTA.
ANÁLISE DAS CIRCUNSTÂNCIAS:

Por garantia da ordem pública: *A prisão cautelar é decretada com a finalidade de impedir que o agente, solto, continue a delinqüir, ou de acautelar o meio social, garantindo a credibilidade da justiça, em crimes que provoquem grande clamor popular*[2].

Analisando a primeira das circunstâncias ensejadoras da custódia cautelar, percebe-se de forma clarividente que a mesma não pode ser atribuída ao acusado, que é primário, conforme mostra as folhas de antecedentes.

TJES – Prisão preventiva – Constrangimento ilegal – Réu primário, residente no distrito da culpa, com família constituída *e que se apresentou espontaneamente à prisão – Inexistência de qualquer evidência de que, solto, poderá prejudicar a ordem pública ou dificultar a aplicação da Lei Penal –* Habeas Corpus concedido, sem prejuízo do andamento do processo.

---

2   Capez. Fernando, *Curso de Processo Penal*, São Paulo: Saraiva, p 213.

Conveniência da instrução criminal: *Visa impedir que o agente perturbe ou impeça a produção de provas, ameaçando testemunhas, apagando vestígios do crime, destruindo documentos etc...*[3]

Também o acriminado não oferece o mínimo obstáculo à conveniência da instrução criminal, vez que nenhuma das testemunhas afirmaram que foram ou estão sendo ameaçadas pelo acusado.

GARANTIA DA APLICAÇÃO DA LEI PENAL: *No caso de iminente fuga do agente do distrito da culpa, inviabilizando a futura execução da pena* (Fernando Capez, *Curso de Processo Penal*, p. 213, ed. Saraiva).

Depreende-se também dos autos que o acusado tem residência fixa e profissão definida.

TJSP – Prisão preventiva – Constrangimento ilegal – Réu primário residente no distrito da culpa, com família constituída e que desejou se apresentar espontaneamente à autoridade policial – Inexistência de qualquer evidência de que, solto, poderá embaraçar a instrução ou dificultar a aplicação da Lei Penal – Perigo à ordem pública inexistente, ainda que pese a gravidade objetiva do crime cometido – Revogação da custódia determinada – Habeas corpus concedido.

DO ACUSADO:

Os autos também demonstram que o acusado *não* é portador de antecedentes criminais, tem boa conduta social, endereço certo, profissão definida.

DA REVOGAÇÃO:

A revogação da prisão a que alude o art. 316 do CPP deve se calçar com explicitude no desaparecimento das razões que originalmente determinaram a custódia provisória no presente caso.

Após análise dos pressupostos e circunstâncias ensejadoras da custódia provisória, podemos afirmar com plena convicção que no caso *sub judice* está plenamente evidenciada a falta de motivos para que a mesma subsista.

EX POSITIS:

I- Considerando, os antecedentes e conduta social, constata-se que o acusado não apresenta a mínima periculosidade.

II- Considerando que a prisão preventiva tem como uma das suas características elementares a cláusula *rebus sic stantibus*, devendo ser considerada conforme o estado da causa, podemos afirmar por todos os argumentos *ut supra* mencionados, que a mesma é totalmente desnecessária.

---

3   Ibidem.

TJSP – Prisão preventiva – Revogação – Cassação dos motivos que a autorizaram – Acusado, ademais que possui profissão definida e residência certa, nada havendo que faça presumir irá ele furtar à aplicação da Lei Pena – Impossibilidade, portanto, de ser a custódia mantida. Habeas Corpus concedido.

III – Considerando que não existem motivos para decretação ou manutenção de tal prisão, está flagrantemente caracterizado um direito subjetivo de liberdade, em que o "seu não exercício" ocasiona constrangimento ilegal.

STF – Prisão preventiva –*Revogação – Decreto que não encontra apoio no art. 312 do CPP – Ausência de elementos que a justifique – Habeas Copus concedido.*

IV- Considerando que o crime *não é hediondo* sendo cabível a liberdade provisória.

AD CONCLUSIO:
Considerando todos os demais argumentos supramencionados, descaracterizadores da custódia preventiva, OPINA O MINISTÉRIO PÚBLICO PELO DEFERIMENTO DA REVOGAÇÃO DA PRISÃO PREVENTIVA.

É O PARECER;

............., 28 de *(mês)* de *(ano)*.......

....
(Promotor de Justiça)

5.21. Modelo de pedido de instauração de incidente de insanidade mental que pode ser formulado pelo Promotor de Justiça ou Advogado

PROCESSO CRIME Nº.......
INCIDENTE DE INSANIDADE MENTAL
Acusado: (......).

MM. Juíza
O Representante do Ministério Público (*ou advogado*) então titular desta Promotoria de Justiça ofereceu denúncia contra o réu supracitado pela prática, em tese, de (..........).

Durante os trâmites processuais, foi verificada a existência de indícios de que o acusado é mentalmente insano, sendo instaurado o respectivo incidente.

Considerando que as notícias de enfermidade mental levantam dúvida quanto à integridade psíquica do acusado, necessária se faz a submissão do infrator a exame pericial (art. 149, *caput*, do Código de Processo Penal).

Assim, entende o Ministério Público (*ou defesa*) ser imprescindível a nomeação de perito com fito de saber se o réu era ao tempo do crime imputável, inimputável ou semi-imputável.

Portanto, requer o Ministério Público (*ou defesa*) que V. Exa. determine a nomeação de peritos para que os mesmos respondam os seguintes quesitos:

I- Referentes ao art. 26 *caput* do CP (inimputabilidade):

1) O réu (.....), ao tempo da ação era inteiramente incapaz de entender o caráter ilícito do fato?

1.1) Caso afirmativo, esta incapacidade era proveniente de doença mental, desenvolvimento mental, incompleto ou retardado? Justificar.

1.2) O réu apresenta periculosidade ensejadora de internação ou tratamento ambulatorial? Justificar.

II- Referentes ao art. 26 parágrafo único do CP (semi- imputabilidade):

1) O réu, ao tempo da ação, "não era inteiramente" (leia-se: era parcialmente) capaz de entender o caráter ilícito do fato?

1.1) Caso afirmativo, esta redução do entendimento era proveniente de perturbação da saúde mental, desenvolvimento mental incompleto ou retardado? Justificar.

Requer, outrossim, seja o presente incidente *processado em apartado*, apensando-se ao processo principal tão-somente após a apresentação do laudo, *ex vi* do disposto no art. 153, do CPP.

Com a remessa a este Juízo do aludido laudo, pugna por novas vistas.

(Local)............, dia de *(mês)* de *(ano)*.......

....
(Promotor de Justiça)

5.22. Modelo de alegações finais formulado pelo Promotor de Justiça requerendo a pronúncia do acusado

Promotoria de Justiça da Comarca de (.......).
Excelentíssimo Senhor Doutor Juiz de Direito da Comarca de (.....).

ALEGAÇÕES FINAIS DA PROMOTORIA

Proc. nº (.....)
Acusado (....)
Vítima: (....)

Se ages contra a justiça, e eu te deixo agir, a injustiça é minha. (Gandhi)

O MINISTÉRIO PÚBLICO que esta subscreve no uso de suas atribuições legais vem perante V. Exa., com fulcro no novo art. 411 do Código de Processo Penal, apresentar as seguintes:

ALEGAÇÕES FINAIS DOS FATOS
Obs. Fazer um breve histórico dos fatos.

Ultimada a instrução criminal, está provado que o réu acima nominado é o autor do mercenário crime imputado na exordial.

DA AUTORIA:
Quanto à autoria não há dúvidas, eis que as testemunhas são uníssonas em afirmar que foi o acusado autor dos disparos, e o próprio réu, nas afirmações prestadas perante a Autoridade Judiciária, confirma a prática do fato típico (...)

DO ÁLIBI
Obs. Colocar nesta parte o álibi do réu, por exemplo:

Confessado o fato típico, alega o réu que agiu sob o manto da excludente de ilicitude, a legítima defesa.

Esta tese cai por terra quando da leitura dos depoimentos das testemunhas, parcialmente transcritos:

DAS PROVAS TESTEMUNHAIS
Testemunha.......... fls. (......) (*sic* –, depoimento:).
Testemunha.......... fls. (......) (*sic* –, depoimento).
Testemunha.......... fls. (......) (*sic* –, depoimento).

Como se vê, diante da prova colhida, não existe prova da legítima defesa nem do álibi alegado pelo denunciado. Pelo contrário, os depoimentos testemunhais provam que o denunciado surpreendeu a indefesa vítima e disparou o tiro e (............).

DA MATERIALIDADE:
A materialidade repousa comprovada no laudo traumatológico inserto as fls. (....).

DA REALIDADE FÁTICA DA(S) QUALIFICADORA(S)
Com a conduta suso-aludida, verifica-se que o motivo foi fútil e o réu usou de recurso que dificultou e tornou impossível a defesa do ofendido, o que configura o delito previsto no art. 121, § 2º, inc. IV; *in verbi*:

Homicídio qualificado
§ 2º. Se o homicídio é cometido:
II – por motivo fútil;

> *IV – à traição, de emboscada, ou mediante dissimulação ou outro recurso que dificulte ou torne impossível a defesa do ofendido.*
> *Pena – reclusão, de 12 (doze) a 30 (trinta) anos.*

DO DESENVOLVIMENTO REGULAR DO PROCESSO:
A instrução judicial percorreu todos os trâmites legais.
Nela, foram observados os princípios:

DO DEVIDO PROCESSO LEGAL: Art, 5º da CF
LIV – ninguém será privado da liberdade ou de seus bens sem o devido processo legal;

DO CONTRADITÓRIO: Art, 5º da CF
LV – aos litigantes, em processo judicial ou administrativo, e aos acusados em geral são assegurados o contraditório e ampla defesa, com os meios e recursos a ela inerentes;

DAS PROVAS LÍCITAS: Art, 5º da CF.
LVI – são inadmissíveis, no processo, as provas obtidas por meios ilícitos;

DA PUBLICIDADE: Art, 5º da CF.
LX – a lei só poderá restringir a publicidade dos atos processuais quando a defesa da intimidade ou o interesse social o exigirem;

DO PRINCÍPIO NORTEADOR DA PRONÚNCIA:
Outrossim, não é exagerado lembrar que, nesta fase processual, o princípio norteador é o do *in dubio pro societate*, devendo este Juízo, ao analisar as provas colhidas, inclinar-se pela decisão de pronúncia, acolhendo a remansosa doutrina e a jurisprudência majoritária, a saber:

"Princípio 'in dubio pro societate' – impera na pronúncia. (TJSP, RCRIM, RT 729/545)"

"O acórdão atacado, ao submeter o paciente ao seu juiz natural, descreveu conduta típica. Mais não seria de exigir-se notadamente em face do que dispõem o art. 408 do Código de Processo Penal, o primado do in dubio pro societate e a própria jurisprudência do Supremo Tribunal Federal, no sentido de que a pronúncia deve evitar converter um mero juízo fundado de suspeita, que a caracteriza, num inadmissível juízo de certeza, onde haveria inquestionável prejuízo à competência constitucional do Tribunal do Júri para apreciar a questão de mérito. (HC 68.606, Rel. Min. Celso de Mello). *Habeas corpus* indeferido". (STF – HC 73.512-6 – 1ª T. – Rel. Min. Ilmar Galvão – DJU 01/07/1996)

"A sentença de pronúncia, portanto, como decisão sobre admissibilidade da acusação, constitui juízo fundado de suspeita, não o juízo de certeza que exige para a condenação. Daí a incompatibilidade do provérbio in dubio pro reo com ela..." (MIRABETE, Júlio Fabbrini – Processo Penal – Atlas, 2 ed., p. 245).

AD CONCLUSIO:

EX POSITIS, pugna o Ministério Público pela procedência da preludial acusatória e, consequentemente, a pronúncia do réu como incursos nas tenazes do art. 121, § 2º, incisos II e IV, c/c art. 14, inc. II do CPB, c/c art. 1º, inciso I, da Lei nº 8.072/1990, devendo ir a julgamento pelo egrégio Tribunal Popular do Júri, sendo, finalmente, condenado pelo Seleto Conselho de Sentença.

..........., dia do *(mês)* de *(ano)*.......

....
(Promotor de Justiça)

5.23. Modelo de alegações finais requerendo a absolvição sumária imprópria (pode ser usado para defesa ou acusação)

Promotoria de Justiça da Comarca de (.....)

Processo nº (.....)
Autora: Justiça Pública
Réu: (.....)
Tipo penal: art. 121, § 2º, incisos IV (traição), do CPB.

Exmo. Sr. Dr. Juiz de Direito desta Comarca:

ALEGAÇÕES FINAIS

O Representante do Ministério Público em exercício nesta Promotoria de Justiça, usando das atribuições que lhe são conferidas por lei, instado a pronunciar-se na Ação Penal em epígrafe, vem com fulcro no novo art. 411 do Código de Processo Penal aduzir suas *Alegações Finais,* para tanto esclarecendo e requerendo o que segue:

SÍNTESE DOS FATOS

Obs. Fazer um breve histórico dos fatos.

DESENVOLVIMENTO PROCEDIMENTAL

Recebida a Denúncia (fls. 02), o réu foi citado (fls. 98), por não ter apresentado a defesa foi nomeado causídico que lhe patrocinaria a eficácia do princípio da ampla defesa (fls. 99).

Testemunhas arroladas pelo MP e defesa foram auscultadas às fls. 108/114.

O réu foi interrogado (fls. 115).

Após o interrogatório do réu foi requerida a instalação do incidente mental.

O incidente de insanidade foi desenvolvido e concluído em apenso.

Vieram os autos ao *Parquet* para aduzir suas razões finais.

É o breve relato. Ausentes possíveis causas de nulidade, passo a encarar o mérito.

ANÁLISE DE MÉRITO DA AUTORIA

A autoria é inconteste diante das provas colacionadas nos autos; vejamos as provas testemunhais:

DAS PROVAS TESTEMUNHAIS

Testemunha.......... fls. (......) (*sic* –, depoimento:).
Testemunha.......... fls. (......) (*sic* –, depoimento).
Testemunha.......... fls. (......) (*sic* –, depoimento).

Como se vê, diante da prova colhida, o réu cometeu o fato da exata forma narrada na *delatio criminis*.

DA MATERIALIDADE

Por sua vez, a materialidade delitiva está fartamente comprovada pelo laudo de Auto de Exame Cadavérico de fls. 33.

DO EXAME DE INSANIDADE MENTAL

O incidente de insanidade mental concluiu que, ao tempo do crime, por doença mental ou desenvolvimento mental incompleto ou retardado, era, ao tempo da ação ou da omissão, inteiramente incapaz de entender o caráter ilícito do fato ou de determinar-se de acordo com esse entendimento.

Sendo o réu, ao tempo do crime, considerado inimputável, há excludente de culpabilidade, destarte, o réu é isento de pena, portanto, não resta outra alternativa ao Ministério Público requerer a absolvição imprópria na exata forma do novo art. 415, inciso IV do CPP, *in verbis*:

> *O juiz, fundamentadamente, absolverá desde logo o acusado, quando:*
> *IV – demonstrada causa de isenção de pena ou de exclusão do crime.*
> *Parágrafo único. Não se aplica o disposto no inciso IV do caput deste artigo ao caso de inimputabilidade prevista no caput do art. 26 do Decreto-Lei nº 2.848, de 7 de dezembro de 1940 – Código Penal, salvo quando esta for a única tese defensiva.*

Neste sentido é o entendimento jurisprudencial dominante:
> Em face de laudo psiquiátrico atestando a absoluta inimputabilidade do acusado por ocasião do fato delituoso, inteiramente incapaz de entender o caráter ilícito dos fatos ou de determinar-se de acordo com esse entendimento, ausente pressuposto da culpabilidade, isento de pena o paciente, e não havendo, pelo menos em juízo, a formulação de qualquer outra tese defensiva, impõe-se a absolvição sumária, com aplicação de medida de segurança, nos termos do art. 411 do Código de Processo Penal, combinado com arts. 26, *caput*, e 97, ambos do Código Penal. Recurso de ofício improvido. (TJBA – RCr-RSE 19.338-4/2005 – (13666) – Rel. Des. Mário Alberto Simões Hirs – DJU 09/02/2006)
> Uma vez comprovado nos autos, por avaliação psiquiátrica, que o réu, à época dos fatos, apresentava distúrbio psicológico consistente em surto psicótico, sendo incapaz de entender o caráter criminoso de sua ação, acertada a decisão que, ao reconhecer a sua inimputabilidade penal, o absolve sumariamente nos termos do art. 411 do CPP. (TJRO – REO 100.501.2006.002641-9 – C.Crim. – Rel. Juiz Oudivanil de Marins – J. 20/07/2006) JCPP.411
> Comprovado, mediante exame médico-legal, que o agente era, ao tempo da ação, inteiramente incapaz de entender o caráter ilícito do fato ou de determinar-se de acordo com esse entendimento, é de, sumariamente, ser absolvido, nos termos do art. 411 do Código de Processo Penal. II. O paranóico sofre de uma confiança exagerada e tem medo, constante, de ser agredido, teme ser humilhado. É um indivíduo incapacitado de conviver em sociedade, vive sempre em estado de desconfiança, em estado de alerta imaginando que a qualquer momento vai ser atacado. III. Declarada a inimputabilidade, o agente não é condenado, é absolvido, ficando, no entanto, sujeito a medida de segurança (CP, arts. 96 e 97). IV. Recursos e remessa oficial não providos. (TRF 1ª R. – RCr 2002.32.00.005933-4/AM – 3ª T. – Rel. Des. Fed. Tourinho Neto – DJU 15/07/2005)

DO DESENVOLVIMENTO REGULAR DO PROCESSO:
A instrução judicial percorreu todos os trâmites legais.
Nela, foram observado os princípios:

DO DEVIDO PROCESSO LEGAL: Art. 5º da CF.

LIV – ninguém será privado da liberdade ou de seus bens sem o devido processo legal;

DO CONTRADITÓRIO: Art. 5º da CF.

LV – aos litigantes, em processo judicial ou administrativo, e aos acusados em geral são assegurados o contraditório e ampla defesa, com os meios e recursos a ela inerentes;

DAS PROVAS LÍCITAS: Art. 5º da CF.

LVI – são inadmissíveis, no processo, as provas obtidas por meios ilícitos;

DA PUBLICIDADE: Art. 5º da CF.

LX – a lei só poderá restringir a publicidade dos atos processuais quando a defesa da intimidade ou o interesse social o exigirem;

AD CONCLUSIO

Ante o exposto, havendo indícios pujantes da autoria do fato criminoso e estando comprovada a materialidade delitiva, este Órgão Ministerial requer:

a) procedência da denúncia, com a decretação da absolvição imprópria e a conseqüente aplicação de medida de segurança, se esta for a única tese defensiva, pois segundo o novo art. 415, inciso IV do CPP do Código de Processo Penal.

b) caso haja cumulação de tese, não havendo nos autos nenhuma causa excludente da ilicitude ou outra exculpante, requer o Ministério Público com fulcro no novo art. 413 do Código de Processo Penal a pronúncia do réu.

Nestes termos,
Pede e espera deferimento.

(Local)............, dia de *(mês)* de *(ano)*.......

....
(Promotor de Justiça)

5.24. Modelo de alegações finais requerendo a absolvição sumária própria (*pode ser usado para defesa ou acusação*)

Promotoria de Justiça da Comarca de (.....)

Processo nº (.....)
Autora: Justiça Pública
Réu: (.....)
Tipo penal: art. 121, § 2º, incisos IV (traição), do CPB.

Exmo. Sr. Dr. Juiz de Direito desta Comarca:

ALEGAÇÕES FINAIS

O Representante do Ministério Público em exercício nesta Promotoria de Justiça, usando das atribuições que lhe são conferidas por lei, instado a pronunciar-se na Ação Penal em epígrafe, vem com fulcro no novo art. 411 do Código de Processo Penal aduzir suas *Alegações Finais*, para tanto esclarecendo e requerendo o que segue:

SÍNTESE DOS FATOS
Obs. Fazer um breve histórico dos fatos.

DESENVOLVIMENTO PROCEDIMENTAL
Recebida a Denúncia (fls.02), o réu foi citado (fls. 98), por não ter apresentado a defesa foi nomeado causídico que lhe patrocinaria a eficácia do princípio da ampla defesa (fls. 99).

Testemunhas arroladas pelo MP e pela defesa foram auscultadas às fls. 108/114.

O réu foi interrogado (fls. 115).

Vieram os autos ao *Parquet* para aduzir suas razões finais.

É o breve relato. Ausentes possíveis causas de nulidade, passo a encarar o mérito.

ANÁLISE DE MÉRITO DA AUTORIA
No desenvolvimento procedimental há incontestes provas que NÃO foi o acusado o autor da tentativa de homicídio.

As testemunhas são incontestes que o autor dos disparos foi o filho do acusado, senão vejamos:

DAS PROVAS TESTEMUNHAIS
Testemunha.......... fls. (......) (*sic* –, depoimento:).

Testemunha.......... fls. (......) (*sic* –, depoimento).

O depoimento da vítima também elide qualquer tipo de dúvidas. Fls. (......) (*sic* –, depoimento).

Como se vê, diante da prova colhida, o réu NÃO cometeu o fato narrado na *delatio criminis*.

DA MATERIALIDADE
Por sua vez, a materialidade delitiva está fartamente comprovada pelo laudo de Auto de Exame Cadavérico de fls. 33.

AD CONCLUSIO
Ex positis, ficando provado que não o acusado autor do fato exposto na denúncia, requer o Ministério Público, com fulcro no novo art. 415 do Código de Processo Penal, a absolvição sumária própria do réu.

Novo art. 415 do Código de Processo Penal:

> *O juiz, fundamentadamente, absolverá desde logo o acusado, quando:*
> *II – provado não ser ele autor ou partícipe do fato;*

Requer afinal, com fulcro no art. 40 do Código de Processo Penal, a extração de traslado que deve será enviado ao Douto Delegado de Polícia Civil, para seja apurarada a real participação do Sr. (......) no evento delitivo.

Nestes termos,
Pede e espera deferimento.

(Local)............, dia de *(mês)* de *(ano)*.......

....
(Promotor de Justiça)

5.25. Modelo de alegações finais requerendo a desclassificação do delito (pode ser usado para defesa ou acusação)

Excelentíssima Senhora Doutora Juíza de Direito da..... Comarca de............

C/Vistas,

Infração (*nomem juris*): tentativa de homicídio.
Denunciado: (....)
Vítima: (....)

O MINISTÉRIO PÚBLICO que esta subscreve no uso de suas atribuições legais, vem, perante V. Exa., com fulcro no novo art. 411 do Código de Processo Penal, apresentar a seguinte:

SÍNTESE DOS FATOS

O Ministério Público denunciou (....), vulgo: (...), já qualificado nos autos, porque no dia 26 de...., por volta das 03:30 horas, nesta comarca, utilizando-se de uma faca de mesa tentou esfaquear o Sr. (.....).

Segundo as informações iniciais, o imputado agiu com dolo e por motivo fútil, não tendo o crime se consumado por circunstâncias alheias à vontade do autor.

DA MATERIALIDADE

A materialidade delitiva está substancialmente confirmada em todos os momentos do processo.

Às fls. 31, em laudo pericial, não foi constatado nenhum dano significativo na vítima.

Vieram-me os autos para alegações finais.

Denota-se da análise dos autos que o agente ativo, após afetuar a primeira facada, não continuou a investida porque a sua esposa gritou pedindo "Pelo amor de Deus que o agente não matasse a vítima".

DA PROVAS TESTEMUNHAIS

O fato supracitado foi confirmado pelas testemunhas, senão vejamos:

Testemunha.......... fls. (......) (*sic* –, depoimento:).

Testemunha.......... fls. (......) (*sic* –, depoimento).

ANÁLISE DOUTRINÁRIA DA DESISTÊNCIA VOLUNTÁRIA

Ocorre a desistência voluntária quando o agente, tendo já iniciado a execução, desiste desta por decisão própria, deixando assim de consumar o tipo penal anteriormente desejado.

O que caracteriza a desistência é o fato de o agente estar em condições de continuar a execução e, por decisão própria, sustá-la voluntariamente, demonstrando assim não mais querer a consumação do tipo penal anteriormente desejado. O agente deve poder dizer para si mesmo: "posso prosseguir na execução e não quero".

Muñoz Conde leciona que a voluntariedade de uma conduta, no sentido de livre e espontânea, supõe que o autor tenha a possibilidade de seguir atuando. Se essa possibilidade falta por razões psíquicas, físicas ou técnicas, a questão da voluntariedade sequer se coloca[4].

Wessels explica que a desistência é involuntária quando originada por causas impeditivas, independentemente da vontade do autor, e que lhe tolham a liberdade de resolução; isto é, quando o autor se vê descoberto ou exposto à persecução penal, ou quando o continuar com a ação lhe resultaria, como conseqüência, graves desvantagens, com as quais razoavelmente não poderia arriscar[5].

Na desistência voluntária, o agente não pratica o ato final, desistindo voluntariamente do seu intento; isto é, desiste sem ter sido coagido moral ou materialmente. Quem o faz voluntariamente responde apenas pelos atos praticados até a desistência.

Na feliz expressão de Von Liszt, "é a ponte de ouro que a lei estende para a retirada oportuna do agente"[6].

Defendo no livro *Direito Penal Parte Geral*, Série Provas e Concursos, Editora Campus/Elsevier que: *Voluntário é aquilo que fazemos por vontade própria, sem que ninguém nos obrigue; portanto, a desistência voluntária e o arrependimento eficaz beneficiam o agente, ainda que não tenha sido a iniciativa espontânea (como no caso em que o sujeito ativo cede aos apelos de terceiros ou da própria vítima).*

O importante é, como diz Johannes Wessels, *que o agente continue sendo dono de suas decisões*. No caso em comento, a desistência não foi espontânea, mas não foi forçada, e o agente ativo mudou o propósito inicial. Insta acentuar que, se houver constrangimento moral ou material à consumação, ocorrerá a tentativa.

Hoje, é a posição majoritária na doutrina e jurisprudência.

---

4 No mesmo sentido: Muñoz Conde, Francisco. *El desistimiento voluntario de consumar el delito*. Bosch, Barcelona: Casa Editorial, p. 75/76.
5 No mesmo sentido: Wessels, Johannes. *Direito Penal*, p. 142.
6 *Tratado de Derecho Penal*. Trad. de Luis Jiménez de Asúa. Vol. 3, Madrid: Editorial Reus, 1929, p. 20.

Na doutrina é a posição de Delmanto, Mirabete, Régis Prado, Capez, Edílson Mougenot, Paulo José da Costa Júnior, Rogério Greco, João José Leal, Oliosi da Silveira, Jader Marques e Damásio, entre outros.

Na jurisprudência, os julgados: RJTJERGS nº 153/139, RT nº 649/304-5, RT nº 664/298, RJDTACRIM nº 4/85, JTACRIM nº 65/210, TACRSP: JTACRIM nº 41/135, nº 65/66, nº 77/406, nº 81/26, nº 82/470, RJDTCRIM nº 7/93, RT nº 526/390, nº 584/394, nº 607/336.

Por fim, como se vê Excelência, está comprovada a tese da desistência voluntária devendo o agente ser responsabilizado pelo atos anteriores na forma do art. 15 do Código Penal, *in verbis*:

> O agente que, voluntariamente, desiste de prosseguir na execução ou impede que o resultado se produza, só responde pelos atos já praticados.

AD CONCLUSIO

Ante o exposto, requer o Ministério Público, a desclassificação do presente feito para as penas contidas no art. 129, *caput*, do Código Penal, por ser de direito; após o trânsito em julgado, deve ser aplicado o novo art. 419 do Código de Processo Penal, *in verbis*:

> Quando o juiz se convencer, em discordância com a acusação, da existência de crime diverso dos referidos no § 1º do art. 74 deste Código e não for competente para o julgamento, remeterá os autos ao juiz que o seja.

(Local)............, dia de *(mês)* de *(ano)*.......

....
(Promotor de Justiça)

Obs 1. O novo juiz deve intimar a vítima para se manifestar sobre o oferecimento ou não de Representação, já que a nova tipificação penal é de ação pública condicionada.

Obs 2. Caso seja comarca de vara única, o juiz espera o trânsito em julgado e depois deve intimar a vítima para se manifestar sobre o oferecimento ou não de Representação.

5.26. Modelo de alegações com pedido de desclassificação elaborado pela defesa

Exmo. Sr. Dr. Juiz de Direito da 1ª Vara Criminal da Comarca de.......
- Modelo gentilmente cedido por meu amigo *Dimas Souto Pedrosa Filho* – Advogado Criminalista.

Ação Penal
Processo nº
Autor:
Vítimas:....... e outro
Denunciado:.......

ALEGAÇÕES FINAIS:

TÍCIO, já qualificado nos autos do processo em epígrafe, está sendo processado pela **Justiça Pública**, como incurso no **art. 121, Parágrafo 2º, Inc. I (ausência de motivo – motivo fútil), e IV (surpresa – recurso que tornou impossível a defesa das vítimas), c/c art. 14, inciso II, nos termos do art. 69, todos do CP,** por intermédio de seu advogado "in fine", devidamente qualificado no mandato procuratório, vem mui respeitosamente à presença de Vossa Excelência oferecer as alegações reclamadas pelo art. 411 do CPP, aduzindo o quanto segue:

M.M. Juiz,

Na tramitação da presente *Ação Penal*, foram observadas todas as formalidades legais, não havendo aparentemente nenhuma nulidade a ser argüida.

A Dra. Promotora de Justiça pediu a pronúncia do acusado nos termos da denúncia.

Para se provar a intenção do denunciado **Tício** no fato criminoso mencionado, necessário se faz a comprovação direta ao vínculo concreto à ação delituosa descrita na denúncia. Ocorre que no decorrer da *Instrução Criminal*, após a ouvida do acusado, das testemunhas de acusação, e das duas vítimas, nada ficou comprovado da intenção direta ou indireta do acusado no crime tentado, no que procura o Ministério Público, que o mesmo venha a ser julgado e condenado pelo Egrégio Tribunal do Júri desta Comarca.

Para corroborar e provar o acima alegado pedimos licença a Vossa Excelência para transcrevermos alguns depoimentos, iniciando a série de depoimentos pelo acusado **Sr. Tício** às fls. 51 e 52 dos autos:

Não conhecia as vítimas dos autos e **não se recorda dos fatos narrados na denúncia, pois estava muito embriagado**.

Disse que se lembra de **ter saído para caçar** e de ter levado consigo **uma garrafa de pitú**, e depois **não se lembra de nada**. Somente voltou a si quando já estava preso.

Disse que usava a arma **somente para caçar**.

A vítima do tipo penal e testemunha de acusação, o **Sr.....,** ouvido às folhas 57 e 58 dos autos, na fase de instrução criminal, assevera o seguinte:

Disse que estava amarrando a carroça no momento em que percebeu a presença do acusado atrás do depoente, e o acusado perguntou ao depoente se ele, depoente, tinha um café, momento em que o depoente foi buscar um café para entregar ao acusado e quando retornou, o acusado tomou o café e perguntou ao depoente se ele, depoente "queria um copo ou uma bala" **e sacou um rifle que estava portando e apontou para o depoente, efetuando um disparo que não chegou a atingir o depoente...**

Disse que após efetuar o primeiro disparo, **o denunciado saiu correndo**, sendo seguido pelo depoente.

...Disse que foi até a casa da mãe do depoente, **momento em que chamou por seu irmão Manoel e ambos conseguiram pegar o acusado.**

* Dada à palavra ao advogado, às perguntas formuladas respondeu que:

Disse que **quando foi atingido pelo disparo o depoente já estava iniciando uma luta corporal com o acusado.**

Disse que **o acusado foi surpreendido pela presença do depoente, quando o depoente conseguiu abordá-lo**, e o acusado somente percebeu a aproximação do irmão do depoente.

Do local onde o acusado deu o primeiro tiro no depoente ao local em que o acusado foi abordado pelo depoente tem cerca de um mil e duzentos metros.

A outra vítima do tipo penal e testemunha de acusação, o **Sr.....**, ouvido às fls. 58 e 59 dos autos, na fase de instrução criminal, assim declara:

Disse que Mévio contou ao depoente que o acusado chegou na casa de Mévio pedindo um café, momento em que Mévio foi buscar o café e quando retornou, o acusado perguntou a Mévio se ele, Mévio, queria "um copo ou uma bala" e em seguida, disparou contra Mévio.

Disse que **quem primeiro alcançou o acusado foi Mévio, e o acusado, nesse momento, foi surpreendido com a abordagem de Mévio.**

Quando **Mévio conseguiu alcançar o acusado chamou pelo depoente que conseguiu juntamente com Mévio conter o acusado.**

Disse que quando Mévio conseguiu alcançar o acusado, este atirou em Mévio, atingindo um dos dedos da mão de Mévio, e ainda deu mais um tiro que atingiu o depoente na perna.

* Dada à palavra ao Ministério Público, às perguntas formuladas respondeu:

Que foi atingido por um tiro na perna e **hoje somente tem a marca do tiro que pegou de raspão.**

* Dada a palavra ao defensor, às perguntas formuladas respondeu que:

Quando o depoente encontrou o acusado, entrou em luta corporal com o mesmo e daí ocorreu o tiro que atingiu o depoente.

Conforme se constata, os depoimentos proferidos pelas duas vítimas e testemunhas de acusação, além do depoimento do acusado, os mesmos são revestidos da mais alta coerência e isentam o *Sr. Tício* de qualquer ligação criminosa quanto à tese acusatória de **tentativa de homicídio**, conforme descrito na denúncia. Não se vislumbra, portanto, o liame causal da tentativa de homicídio direta ou indireta do denunciado *Sr. Tício*, e sim, o que de fato aconteceu é a tese alicerçada pela defesa que é a **desistência voluntária**, tendo em vista o Réu não ter seguido na empreitada criminosa por sua livre e espontânea vontade, e desistido voluntariamente de dar continuidade ao crime.

Segundo sinalado pelo denunciado em seu termo de interrogatório na fase inquisitorial de fls. 17, e na fase de instrução criminal de fls. 51 e 52 dos autos, o mesmo não obrou, quando dos fatos, descritos pela denúncia, com **animus necandi**.

Em que pese às nobres razões dedilhadas pela denodada e digna Promotora de Justiça desta Comarca...., tem-se, que as alegações finais por ela apresentadas, não deverá vingar em seu desiderato mor, qual seja o de obter a pronúncia do réu, com a conseqüente submissão do denunciado ao júri popular.

Em verdade, a prova coligida à demanda, aponta com uma clareza a doer os olhos que o réu em nenhum momento possuía e ou deteve o **animus necandi**.

Na remota hipótese de admitir-se que o mesmo tenha atentado contra a vida da vítima, o mesmo **desistiu voluntariamente**, como bem esposado e sustentado pelas provas coligidas nos autos.

Ora, frente a tais circunstâncias, impossível **pronunciar** o réu, haja vista, que o tipo que lhe é irrogado, (**tentativa de homicídio**), reclamada como elemento nuclear de concreção, a existência do dolo na conduta do agente, sem o qual fenece.

Nessa seara a mais convincente jurisprudência, digna de decalque é a seguinte:
TENTATIVA DE HOMICÍDIO. **ANIMUS NECANDI**. INEXISTÊNCIA. PRETENSÃO PROVIDA PARCIALMENTE PARA DESCLASSIFICAR O DELITO PARA LESÕES CORPORAIS.

"A tentativa de morte exige para o seu reconhecimento atos inequívocos da intenção homicida do agente. Não basta, pois, para configurá-la, o disparo de arma de fogo e a ocorrência de lesões corporais no ofendido, principalmente quando o réu não foi impedido de prosseguir na agressão e dela desistiu". (TJSP – Rel. Carvalho Filho – RT 458/344)

DECISÃO: por votação unânime, dar provimento parcial ao recurso para despronunciando o recorrente, dá-lo como incurso nas sanções do art. 129, do Código Penal, seguindo o feito seu rito normal.(Recurso criminal nº 97.000407-9, de Itajaí. Rel.: Des. José Roberge. Recorrente: Arlindo Westphal. Recorrida: a Justiça, por seu Promotor. 2ª Câmara Criminal do TJSC, publicado no DJ nº 9.694 de 31/03/1997).

"INEXISTINDO A CERTEZA DE QUE QUISESSE O RÉU MATAR E NÃO APENAS FERIR, NÃO SE CONFIGURA A TENTATIVA DE MORTE. É QUE ESTA EXIGE ATOS INEQUÍVOCOS DA INTENÇÃO DO AGENTE. (RT 434/357)

"SE AS PROVAS DOS AUTOS NÃO AUTORIZAM O CONVENCIMENTO CABAL DE QUE O RÉU QUERIA O RESULTADO LETAL EM RELAÇÃO

À VÍTIMA OU ASSUMIU O RISCO DE PRODUZI-LO, DEMONSTRANDO, AO REVÉS, QUE PRETENDIA APENAS AGREDI-LA, É DE RIGOR A DESCLASSIFICAÇÃO DA TENTATIVA DE HOMICÍDIO PARA LESÕES CORPORAIS (RT nº 385/95).

Discorrendo sobre a tese defensiva, relativo à desistência voluntária, verifica-se para o caso em tela, que quando o agente ao interromper o processo de execução que iniciara; ele cessa a execução, por deliberação própria. Consiste, pois, numa abstenção de atividade: o sujeito cessa o seu comportamento delituoso, por vontade própria.

Segundo entendimento de Nelson Hungria, a desistência voluntária verifica-se quando o agente pode dizer: "não quero prosseguir, embora pudesse fazê-lo".

A jurisprudência, por seu turno é fecunda em arrestos, que guardam pertinência figadal ao tema submetido a desate, cumprindo operar-se sua transcrição, ainda que parcial:

"HOMICÍDIO- **Desistência Voluntária** – Acusado que, embriagado, dispara contra a vítima, nela causando lesão corporal de natureza leve, saindo imediatamente do local dos fatos – Arma com ele apreendida que continha quatro balas intactas – Inexistência de animus necandi – Desclassificação operada para o delito de lesões corporais".

"Tendo o acusado sua arma praticamente carregada, disparando apenas dois tiros, deixando o local dos fatos e desistindo voluntariamente da execução do delito maior, fica demonstrado que não estava imbuído da vontade de matar, razão pela qual deve responder somente pelos atos praticados.

"É essencial para a configuração da tentativa de homicídio que a execução iniciada não se consume por circunstâncias alheias à vontade do agente, enquanto que, na desistência, este voluntariamente deixa de prosseguir na execução. Aqui há uma conduta voluntária, não determinada por circunstâncias que, se o recorrente quisesse, de fato, prosseguir na execução, teria matado a vítima, pois não houve atuação de nenhuma circunstância externa à sua vontade"

"Assim, se a não consumação decorreu de ato voluntário do recorrente, está claro que desistiu da realização do fato típico". (Acórdão da 2ª Turma Criminal do Tribunal de Justiça do Mato Grosso do Sul, julgada em 10/10/90, sendo Relator o Desembargador Gilberto da Silva Castro, in, Jurisprudência Brasileira Criminal, volume nº 33, páginas 119/120.)

"O simples fato de haver disparado contra a vítima não deve ser entendido como tentativa perfeita ou acabada de homicídio, se o agente desiste voluntariamente da ação quando já tinha a mesma vítima à sua mercê". (TJSP – Rel. Desembargador Acácio Rebouças, in RF 206/320)

"A tentativa de morte exige para o seu reconhecimento atos inequívocos da intenção homicida do agente. Não basta, pois, para configurá-la, o disparo de arma de fogo e a ocorrência de lesões corporais, no ofendido, principalmente, quando o réu não foi impedido de prosseguir na agressão e dela desistiu". (RT 458/344 – Rel. Desembargador Carvalho Filho)

Homicídio – Tentativa – Desistência voluntária – Ocorrência – Agentes que atingem a vítima – Cessação dos disparos, deixando que ela adentre sua casa – Agressores que se afastam do local – Animus necandi, não demonstrado – Interrupção voluntária do iter criminis pelos agentes – Desclassificação para lesões corporais – Código Penal, arts. 15, 121 e 129.

"Atingida a vítima por um projétil e encontrando-se à mercê dos réus, que não mais disparam contra ela, de molde a permitir que continue andando até sua residência, nela adentrando e fechando a porta com resistência para que os agentes não entrem, não se pode afirmar tenham estes atuado com o fito de matar". (TJSP – Desembargador Álvaro Cury, 02/12/86, na apelação nº 48.174-3)

Quanto à prova coligida nos autos tanto na fase inquisitorial, e durante a instrução judicial a mesma conforta a tese esposada pelo réu, desde há primeira hora. Donde, encontrando-se o réu despido do ânimo de matar, impossível veicular-se sua pronúncia, pelo delito de tentativa de homicídio, cumprindo seja desclassificado o tipo irrogado para lesões corporais.

Outrossim, constituir-se-ia em verdadeiro constrangimento ilegal submeter-se o réu ao veredicto popular, eis ausente o elemento tópico e primordial para emprestar-se a pronúncia, qual seja inexistiu o dolo, o qual não restou configurado e ou evidenciado, ainda que de forma rudimentar, na conduta palmilhada pelo réu, o que podemos observar na realidade foi a desistência voluntária do acusado.

Com relação às qualificadoras de meios que impossibilitaram a defesa das vítimas (surpresa), a representante do Ministério Público entende que deve ser a mesma sustentada e levada à apreciação do Egrégio Tribunal do Júri, apenas quanto à primeira vítima, alegando em apertada síntese, que o acusado inusitadamente e sem qualquer causa aparente, de repente, efetuou disparo de arma de fogo contra aquela vítima.

Ora Excelência, é fato e está plenamente provado nos autos que na verdade quem causou surpresa foi a vítima Mévio ao acusado, pois quando aquele perseguiu o acusado por um mil e duzentos metros de distância veio a abordá-lo, surpreendendo-o, conforme depoimento às fls 57 e 58 de Mévio; o mesmo declara:

Disse que **quando foi atingido pelo disparo o depoente já estava iniciando uma luta corporal com o acusado**.

Disse que **o acusado foi surpreendido pela presença do depoente, quando o depoente conseguiu abordá-lo**, e o acusado somente percebeu a aproximação do irmão do depoente.

Portanto, não deve prosperar a qualificadora (surpresa), para a primeira vítima Mévio. E, com relação à segunda vítima de nome...., a representante do Ministério Público entendeu que a qualificadora (surpresa), não deve prosperar, alegando que esta vítima já tinha conhecimento de que o acusado estava armado, e havia efetuado disparo contra a primeira vítima.

Isto Posto, requer:

Seja operada a **desclassificação** do delito de **homicídio** para **lesões corporal, uma vez ausente do contexto probatório**, o dolo na conduta testilhada pelo réu, a teor do novo art. 419 do Código de Processo Penal.

Nestes Termos,
Pede Deferimento.
......., 29 de fevereiro de 2008.

Dimas Souto Pedrosa Filho
OAB Nº.....

5.27. Modelo de alegações com pedido de impronúncia elaborado pela defesa

EXMa. SRª DRª JUÍZA DE DIREITO DA COMARCA DE....

- Modelo gentilmente cedido por meu amigo *Dimas Souto Pedrosa Filho* – Advogado Criminalista. Trata-se de interessante caso ímpar na história do direito penal, que aconteceu em uma Comarca em que trabalhei: o padre matou o bispo e, depois de cumprir a pena, foi também assassinado.

Processo nº 041/98-P
Ação Penal
Autora: A Justiça Pública
Réus:....... e..........

ALEGAÇÕES FINAIS
Pelo Acusado:
"O Juiz precisa, antes de tudo, de uma calma completa, de uma serenidade inalterável. É necessário portanto, a máxima cautela na apreciação do processo, ou seja, o Magistrado deve manter o espírito absolutamente livre de sugestão de qualquer natureza."

Tício e sua esposa Mévia, já qualificados nos autos, estão sendo processados pela Justiça Pública, como incursos no **art. 121, parágrafo 2º, inc. I e III, c/c art. 29, inc. II, letra "L" do Código Penal Brasileiro**, por seu advogado "in fine", devidamente qualificado no Mandato Procuratório, o qual vem apresentar a V. Ex. suas **ALEGAÇÕES FINAIS**, expondo a defesa completa.

MM. Juíza:
Este processo criminal pretende contar a estória do fato típico penal capitulado no **art. 121, parágrafo 2º, inc. I e III da Legislação Substantiva Penal Brasileira**.

Assim é que, andou muito mal a ilustre e culta representante do Ministério Público ao denunciar os Acusados como incurso nas sanções penais já descritas acima, punidos com pena de reclusão, sem, no entanto, provar qualquer evidência ou indício quanto ao fato delituoso.

A conclusão do orgão ministerial, eivada de vícios de raciocínio, em especial da clássica falácia conhecida por generalização apressada, alicerçada somente em frágeis fatos relevantes à acusação assim se precipitou, como veremos a seguir:

"Recebida a denúncia, teve então início a fase da apuração das provas em juízo, até chegar a atual fase, onde o Ministério Público **"TEM A DIFÍCIL INCUMBÊNCIA DE ANALISAR OS AUTOS E SEM QUERER DILIGÊNCIA ALGUMA PARA ESCLARECER PONTOS OBSCUROS"**, o que apenas pode ser realizado pelo Magistrado"...

"Apesar de nos depararmos nos autos com algumas provas que não foram confirmadas em juízo"...

"Compulsando-se os autos, de início as testemunhas aduzem uma afirmativa que desmentem em juízo"...

"Às folhas 41 e seguintes, consta algumas cartas, onde o padre (vítima), que vivia quase diariamente no Fórum desta Comarca, queixa-se, claramente, do casal denunciado, inclusive citando repetitivamente o nome de ambos, que comprova a contenda entre eles. Frisa-se que em uma das cartas o padre chama atenção para uma possível gravidez, e, ato contínuo, dirigiu-se a Polícia para resolver o problema, quando então foi assassinado barbaramente".

Ora, MM. Juíza, **PROVA** é fato certo, isento de dúvidas. In casu, a leitura atenta dos autos não autoriza o orgão ministerial a afirmar ter provado o alegado na denúncia, pelo contrário, pode-se observar acima de tudo uma preferência judicial em perseguir o casal tidos como suspeitos, e isto Vossa Excelência, é um **FATO**.

Razão pela qual passamos à análise dos fatos, sob o prisma da busca da verdade e do respeito à pessoa humana, princípios fundamentais do processo penal e da Carta Magna, os quais devemos zelar por força do dever profissional e moral.

Os acusados, em momento algum faltaram com a verdade. Na fase policial, mesmo sob tortura, indignados com o tratamento que receberam, mantiveram-se convictos da veracidade dos fatos declarados. Em juízo colocaram-se inteiramente à disposição de V. Exa. e ratificaram suas declarações prestadas na delegacia.

O fundamento da acusação aos suspeitos é hilário. A promotoria insiste em requerer a pronúncia, sob a alegação de bilhetes que incriminam os suspeitos. É de bom alvitre observar que os **Acusados**, na convicção de sua inocência, no ato do interrogatório, na presença da Douta Promotora e de V. Exa., não pouparam detalhes dos fatos e circunstâncias que lhes haviam criado o estigma de suspeitos. Detalharam de forma sincera o desentendimento com a pessoa da vítima, sem temer as possíveis interpretação declinadas a incriminá-los.

Assim, comportaram-se de forma exemplar, pois seria perdoável na sua situação omitir pelo menos detalhes do desentendimento que teve com a vítima. Mas de forma cristalina sustentou em juízo a verdade daquele momento de discordância, fato que não os tornam menos ou mais suspeitos, porém mais dignos!

Das Testemunhas:
Pedimos licença, à V. Exa., para transcrevermos, *ipsis litteris*, parte dos depoimentos das testemunhas tanto de acusação quando de defesa prestadas junto a este juízo na fase da instrução criminal.

Testemunhas de Acusação: O Sr............., quanto ao seu depoimento às fls. 90 e 91, assim diz:

"... que ao sair do cemitério a testemunha foi levada para a delegacia e de lá foi reconduzido para as bandas da Mata Verde, um local deserto pelos policiais, cujo semblante a testemunha nunca viu aqui em......."

"... esses policiais, lá chegando, colocaram um revólver na cabeça da testemunha e fizeram ele dizer tudo que a polícia queria que ele dissesse e não o que ele, testemunha, sabia; que, quando ainda estava na delegacia a polícia pegando folhas de papel em branco fizeram a testemunha colocar ali o seu polegar; que na folha só tinha palavras escritas acima dela, ademais toda branca, ou seja, a ser preenchida; que após esse fato, a polícia ainda levou a testemunha à Mata Verde, querendo que a testemunha afirmasse que tinha sido o Sr. Cícero quem matou o padre; que a polícia estava munida de um gravador..."

"... que sabe dizer que nunca houve qualquer problema entre o casal e o padre; que o casal freqüentava a missa realizada pelo padre..."

"... que a testemunha afirma ter feito o seguinte percurso após o enterro do Padre...., às 12:00 hs., foi intimado a comparecer à delegacia, por volta das 12:30 hs., os policiais levaram-no para o destacamento da Polícia Militar, detendo-o, às 16:00 hs., os policiais levaram para o Sítio Mata Verde, que por volta das 16:30 hs., trouxeram-no para a delegacia desta Comarca e que de lá foi liberado as duas horas da manhã do domingo..."

A testemunha de Acusação: Sr.ª......, quanto ao seu depoimento às fls. 92, assim diz:

"... que a testemunha foi trazida de casa pela polícia para a delegacia entre as treze e as catorze horas; que ao chegar à delegacia logo após o esposo da testemunha chegou também, tendo ele (seu esposo) chegado do deserto da Mata Verde..."

"... que após o seu depoimento o delegado não leu o seu depoimento para ela depoente..."

"... que a testemunha afirma que nunca viu qualquer desavença ocorrida entre os acusados e a vítima; que nunca viu a chegada ao Sítio de qualquer inimigo do padre, não sabendo se ele os tem, porém sabe que o padre gostava de vir a delegacia prestar queixas das pessoas e que mesmo assim as pessoas não ficavam com raiva dele; que acerca do fato a testemunha nada sabe e nada viu..."

A Testemunha de Acusação: Sr............., quanto ao seu depoimento às fls. 94, assim afirma:

"... que no dia do fato chegou em sua roça por volta das sete da manhã e afirma ter visto o acusado e também sua esposa trabalhando em sua roça, que fica vizinho da dele depoente; que neste dia o acusado trabalhava perto da sua roça a uns quinhentos metros, que geralmente os trabalhadores da roça largam para o almoço por volta da 11:00 hs.; e que acredita que nesse dia o Sr. Cícero tenha largado também neste horário que a tarde também avistou o Sr. Cícero e sua esposa trabalhando na roça..."

A Testemunha de Defesa: Sr........, quanto ao seu depoimento às fls. 97, assim afirma:

"... que trabalha na propriedade do Sr. João de Lima, que fica mais ou menos a uns 200 metros dos acusados; que da terra aonde trabalha dá para avistar os acusados trabalhando..."

"... que chegou no seu roçado por volta das 5 e meia às seis horas, e quando lá chegou o acusado já estava trabalhando; que a acusada chegou na roça, mais ou menos às 7:00 hs...."

"... que notou que os acusados passaram o dia todo trabalhando no roçado, tanto de manhã quanto à tarde; que notou a testemunha que os acusados passaram a manhã trabalhando e que só saíram na hora do almoço; às onze hs. mais ou menos, voltando às 13:00 hs.; que ele testemunha disse que os acusados só saíram da roça na hora de largar..."

Daí, podemos afirmar, sem medo de dúvidas, que inexiste prova produzida na instrução que possa incriminar a pessoa de Sr. Tício e sua esposa a Srª Mévia, pesando sob os mesmos apenas o estigma de suspeitos. Porém, causa espécie, é indigno a trama perpetrada pela polícia (Dr. Delegado....) à pessoa dos acusados, onde no afã de produzir provas ilegais e forjadas, deixou de investigar com veemência o crime, não apontando assim demais suspeitos.

Como não poderia deixar de ser, os acusados requerem a V. Exa., que informe ao Ministério Público, as atrocidades cometidas pelo Delegado de Polícia Dr......, por ter abusado de sua autoridade ao prender, seqüestrar e torturar a testemunha Sr..............., forçando-o à produzir provas ilegais contra os acusados. (instrução criminal fls. 90 e 91), afim de que tome as providências legais.

DAS DILIGÊNCIAS REQUERIDAS:

Ex positis, nada restou provado em desfavor dos acusados, estes tiveram seus depoimentos prestados em juízo, plenamente comprovados. A acusação, esta sim, deixou de realizar as diligências necessárias para insistir na suspeita de outros acusados, visando ao bom andamento do feito, e como nada foi providenciado, deixou a douta promotora de investigar e denunciar demais suspeitos.

DAS PROVAS ALEGADAS:

A acusação em **Alegações Finais,** imaginativamente, arquitetou alguns fatos, que sequer devem ser chamados de indícios, para sustentar o seu pedido de pronúncia dos acusados ao plenário do Júri. Afirma, assim, ter provado a materialidade do fato e indícios suficientes de autoria do mesmo.

Prudente e sábia Julgadora, até o presente momento, todos os elementos informativos trazidos aos autos, contrário à tese de negativa de autoria, são insuficientes para pronunciar os acusados, pois, a bem da verdade, a **Acusação** está alicerçada no movediço terreno da **SUSPEITA** e da **PRESUNÇÃO.**

SUSPEITAS e PRESUNÇÕES, assim entendidos pela doutrina, no dizer da ilustre Mestre Maria Tereza Rocha de Assis Moura, in: A prova por indícios no Processo Penal, Ed. Saraiva, I. ed., 1994:

In Verbis:

" Suspeita, do latim suspicio, do verbo suspicere, é o movimento duvidoso da mente em direção a uma opinião." (p. 52)

"A mera suspeita não passa de conjectura, fundada em um juízo geralmente desfavorável a respeito de alguém, de coisas, ou fatos, juízo este que gera sempre, desconfiança ou dúvida." (p. 43)

Como se não bastasse, continua a Ilustre Mestre da Universidade de São Paulo, na sua análise dos indícios:

In Verbis:

"A conclusão do exame dos indícios deve despontar como síntese completa e harmônica de todos os elementos indispensáveis à sua existência jurídica, validade e eficácia probatória, de molde a não se admitir que o fato tenha sido praticado de outra forma." (obra citada, p. 103)

A lei, nos termos do art. 239 do Código de Processo Penal, determina o **INDÍCIO** como circunstância conhecida e provada, que, tendo relação com o fato, autorize, por indução, concluir a existência de outra ou outras circunstâncias. *In casu,* MM Juíza, o fato do Padre.... ter escrito alguns bilhetes se indispondo com os acusados, autoriza concluir a autoria do crime? Lógico que não. Porém este é o grande indício da Acusação.

Por fim para elidir as provas da Acusação, cabe lembrar que versão não demonstrada pela prova, ou com ela incompatível, não é prova, no dizer do Emérito Desembargador Carlos Augusto Machado Faria.

DA JURISPRUDÊNCIA:

A **Jurisprudência** do **SUPREMO TRIBUNAL FEDERAL** é pacífica ao afirmar a necessidade da **IMPRONÚNCIA** em dois casos, a saber: quando o juiz não se convencer da materialidade do fato ou da existência de indícios suficientes de autoria ou de participação, *in casu,* estamos diante da segunda hipótese.

O **Tribunal de Justiça de São Paulo**, em 01/08/1994, ao **julgar o Recurso de sentido Estrito nº 134.527-3**, tendo como **Relator o Des. Nelson Fonseca**, assim se pronunciou sobre fato idêntico ao ora em tela:

In Verbis:

"SENTENÇA CRIMINAL – IMPRONÚNCIA – ADMISSIBILIDADE – Indícios de autoria que são extremamente frágeis – Ademais, sujeição do apelado a julgamento seria absolvido – Recurso não provido. A Lei quando fala em indícios de autoria, não os confundem com a mera conjectura, muitas vezes, funda-se em criação da imaginação ou possíveis antipatias, não provadas. O indício, bem ao contrário, deve ser necessariamente provado."

MM Juíza, a tese da defesa é a negativa de autoria, assim alicerçada na verdade real dos fatos e atestada pela forma imaculada em que permanece até o momento, dentro dos autos. Assim, na ausência de provas incriminadoras, a Jurisprudência tem pacífico entendimento quanto a necessidade da **IMPRONÚNCIA**, dos acusados.

DO PEDIDO:

MM Juíza, resta aos acusados, através de seu patrono, após o minucioso estudo dos autos, respeitosamente, **REQUERER** à V. Exa., a seguinte prestação jurisdicional:

a) Se digne, impronunciar dos réus, por força do art. 414, e seu parágrafo único, do novo C.P.P, in verbis:

> Não se convencendo da materialidade do fato ou da existência de indícios suficientes de autoria ou de participação, o juiz, fundamentadamente, impronunciará o acusado.
>
> Parágrafo único. Enquanto não ocorrer a extinção da punibilidade, poderá ser formulada nova denúncia ou queixa se houver prova nova.

Nestes Termos,
 Pede Deferimento.
 ....., 19 de abril de 2009.

Dimas Souto Pedrosa Filho
OAB Nº....

5.28. Modelo de sentença de pronúncia com *emendatio libelli* e preventiva

SENTENÇA CRIMINAL
PRONÚNCIA

Processo nº (.....)
Ação Penal

Réu(s): (AAAAAAAA) e (BBBBBB)
Tipo(s) Penal(is): Art. 121, § 2º, inciso IV do CP

EMENTA: CRIME DA COMPETÊNCIA DO TRIBUNAL DO JÚRI. INDÍCIOS DE AUTORIA PRESENTES NA PROVA COLIGIDA AOS AUTOS E SUFICIENTES PARA A PRONÚNCIA. PROVA DA MATERIALIDADE DELITIVA. Ao juiz singular cabe, por ocasião da sentença de pronúncia, examinar e decidir tão-somente acerca da viabilidade de o Estado submeter a julgamento pelo Tribunal Popular do Júri a acusação agitada pelo Ministério Público, cuidando de isentar a decisão de considerações acerca da culpabilidade do réu. É, portanto, juízo de admissibilidade, fundado na materialidade e indício de autoria. Presentes os requisitos hábeis a submeter o réu ao Tribunal do Júri, a pronúncia é medida que se impõe. **PRONÚNCIA – QUALIFICADORAS – MANUTENÇÃO –** As qualificadoras veiculadas na denúncia e reconhecidas na pronúncia não devem ser excluídas, exceto se forem manifestamente improcedentes.

I. RELATÓRIO

(AAAAAAAA) e (BBBBBB) foram denunciados pelo MINISTÉRIO PÚBLICO como incursos nos seguintes tipos penais:

Art. 121, § 2º, inciso IV do CP, c.c. art. 29 todos do Código Penal, c.c. art. 1º, inc. I da Lei nº 8.072/1990.

A Denúncia, exordial da ação penal, relata, em síntese, que:

Que consta no IP que no dia.../.../...., por volta das 17 horas, no interior da cela 4, pavilhão A da Cadeia Pública de.......... os denunciados (AAAAAAAA) e (BBBBBB), em comunhão de vontades e unidade de desígnios mataram a pessoa de (VVVVVV), fazendo uso de instrumento perfurante, utilizando-se de recurso que dificultou ou impossibilitou a defesa da vítima.

A Denúncia foi recebida no dia.../..../.... por despacho proferido às fls. 61.

Citação do Réu, fls. 62v.

Apresentou defesa às fls. 64.

Ouvidas as testemunhas arroladas pelo MINISTÉRIO PÚBLICO e DEFESA às fls. 65/72.

Interrogatório do réu, fls. 73.

Certidões de antecedentes do réu às fls. 131/135.

O réu foi preso no dia../.../.... (prisão em flagrante delito).

Citação válida, consoante se vê nas fls. 93 e 102, verso.

O acusado (BBBBBB) negou o crime dizendo que quem matou a vítima foi um tal "......".

O acusado (AAAAAAAA) negou o crime imputando também o fato ao tal "........".

O Ministério Público em sede de alegações finais, nas fls. 196/197, pugnou pela PRONÚNCIA DOS ACUSADOS nos exatos termos da denúncia..

A defesa também apresentou alegações finais, nas fls. 199 e 202, requerendo a IMPRONÚNCIA e ABSOLVIÇÃO DOS RÉUS por inconsistência de provas, IMPUTANDO o crime a........

Os autos vieram conclusos para sentença.

Era o que havia a relatar.

II. FUNDAMENTAÇÃO

A(s) Citação(ões) foi(foram) válida(s) ocorrida(s) em .../.../..... nas fls. 93 e 102, verso.

Ao(s) réu(s) foram asseguradas amplas oportunidades de defesa, patrocinada por bons advogados do nosso Estado.

Nada se vislumbra ou foi alegado que possa ter ensejado a nulidade dos atos processuais praticados.

III. DO MÉRITO

Nos processos de competência do Tribunal Popular do Júri, reservam-se ao Juiz, após o oferecimento das razões finais, quatro opções:

1. pronunciar o Acusado – se convencido da existência do crime e da existência de indícios suficientes da autoria, ou seja se existirem elementos probatórios que indiquem a probabilidade de ter o Acusado praticado o crime. É a regra contida no novo art. 413, do Código de Processo Penal;

2. impronunciar o Acusado – quando não se convencendo da materialidade do fato ou da existência de indícios suficientes de autoria ou de participação, medida descrita no novo art. 414, do Código de Processo Penal;

3. desclassificar para crime de competência do Juiz Singular – quando se convencer da existência de crime diverso do alegado na Denúncia (novo art. 419, do Código de Processo Penal);

4. absolver sumariamente o Acusado quando em conformidade com o novo art. 415 do Código de Processo Penal estiver:

I – provada a inexistência do fato;

II – provado não ser ele autor ou partícipe do fato;

III – o fato não constituir infração penal;

IV – demonstrada causa de isenção de pena ou de exclusão do crime.

Parágrafo único. Não se aplica o disposto no inciso IV do *caput* deste artigo ao caso de inimputabilidade prevista no *caput* do art. 26 do Decreto-Lei nº 2.848, de 7 de dezembro de 1940 – Código Penal, salvo quando esta for a única tese defensiva.

Ao juiz singular, portanto, cabe examinar e decidir tão-somente acerca da viabilidade de o Estado submeter a julgamento pelo Tribunal Popular do Júri a acusação agitada pelo Ministério Público, cuidando de isentar a decisão de considerações acerca da culpabilidade do réu. É, portanto, juízo de admissibilidade, fundado na materialidade e indício de autoria.

No caso apreciado, o acervo probatório revela indícios de que o Denunciado provavelmente seja o autor da conduta que lhe é imputada.

Tal presunção é obtida, tanto da análise dos depoimentos testemunhais ouvidos em Juízo, bem como dos demais elementos de prova do processo, vejamos:

....., disse que estava na cadeia pública no dia dos fatos quando o "....." se apresentou para ele dizendo que havia matado a vítima; que depois do ocorrido ficou apurado que..... tinha sido forçado pelos acusados a assumir o crime; que..... assumiu falsamente o crime porque os acusados, de apelido "....... e.........", os verdadeiros assassinos da vítima, o tinham ameaçado e coagido..... para assumir o crime (fls. 117).

Já a testemunha..... auscultada as fls. 27, relatou:

O diretor da CADEIA PÚBLICA, Dr.............. nas fls. 119 disse que a guarda o apresentou no dia do crime o..... como sendo o assassino da vítima e que no entanto restou apurado que os acusados (BBBBBBB) e (AAAAAAAAA) foram os verdadeiros autores do crime e forçaram..... a assumir o crime, untando-o com o sangue da vítima e que (BBBBBBB) se envolveu no crime atendendo ao convite de (AAAAAAAAA).

Como é comum no sistema penitenciário do país, alguns detentos forçam outros a assumirem crimes por eles, ameaçando-os de morte.

Vejamos trechos do interrogatório do(s) réu(s):

O acusado (BBBBBBB) negou o crime dizendo que quem matou a vítima foi um tal "......".

O acusado (AAAAAAAA) negou o crime imputando também o fato ao tal "......"

Tais interrogatórios, contudo, não se coadunam com as demais provas dos autos.

Dessa forma, conclui-se que os indícios apontam que o crime teve circunstâncias graves e altamente reprováveis.

A materialidade é certa consubstanciada no laudo de exame de corpo de delito, vejamos:

Auto de exame de corpo de delito de fls. 38 e certidão de óbito de fls. 37.

Concluíram os médicos que a vítima morreu de "Choque hipovolêmico decorrente de ferimentos penetrantes de tronco produzido por instrumento perfurante."

Há fortes indícios de autoria.

Nesse diapasão, é importante destacar que nada nos autos revela, até o momento, que o réu tenha agido albergado em excludente de ilicitude.

O acervo probatório não demonstra claramente, até o momento (frise-se!), quaisquer circunstâncias que excluam o crime ou isentem o Réu da pena.

A materialidade restou evidenciada, através do laudo de exame cadavérico.

Destaque-se que a Defesa pugnou, em suas derradeiras razões, pela impronúncia do acusado, no entanto, nada nos autos arredam os fortes indícios do cometimento do crime pelo réu.

Cumpre acrescentar que, de igual sorte, nenhum elemento neste caderno processual afasta, de pronto, as qualificadoras apontadas pelo Órgão Ministerial, impondo-se a sua mantença, o que ora faço, por entender, na esteira do pensamento dos tribunais do país que as qualificadoras veiculadas na Denúncia só podem ser afastadas, por ocasião da Pronúncia, se forem manifestamente improcedentes, o que, como já se disse, não é o caso dos autos.

Veja-se como decidiu a esse respeito a 2ª Turma do Tribunal de Justiça do Estado do Goiás, nos autos do Recurso em Sentido Estrito nº 6450-6/220, julgado em 13 de abril de 1999, cujo relator foi o Des. Roldão Oliveira de Carvalho:

> – RECURSO EM SENTIDO ESTRITO – PRONÚNCIA – QUALIFICADORAS – MANUTENÇÃO – AGRAVANTE – EXCLUSÃO
> – Se as provas dos autos e as circunstâncias que envolvem o fato indicam fortemente que a conduta do réu foi realizada necandi animo, impõe-se a confirmação da pronúncia e, conseqüentemente, a rejeição da pretensão desclassificatória. As qualificadoras veiculadas na denúncia e reconhecidas na pronúncia não devem ser excluídas, exceto se forem manifestamente improcedentes. Em sede de pronúncia, não há lugar para o reconhecimento de circunstância agravante. Recurso parcialmente provido. (TJGO – RSE 6450-6/220 – 2ª C.Crim. (2ª T.) – Rel. Des. Roldão Oliveira de Carvalho – J. 13/04/1999) (Sem destaques no original)

DOS FATOS E DA CAPITULAÇÃO CONSTANTES DA DENÚNCIA
DA *EMENDATIO LIBELI*

No caso dos autos há a aplicação clássica do instituto processual da *emendatio libeli*.

Como é cediço, o réu não se defende, quando chamado a Juízo, da capitulação feita na denúncia, mas dos fatos que lhe são imputados na peça acusatória.

No processo penal vigora o princípio do *jura novit curia*, isto é o princípio da livre dicção do direito.

Em outras palavras, vigora o princípio da consubstanciação: *narra mihi factum dabo tibi jus* (narra-me o fato e te darei o direito).

Isto significa que o réu não se defende da capitulação dada ao crime na denúncia e sim da sua descrição fática, dos fatos nela narrados.

Segundo Fernando Capez, in *Curso de Processo Penal*, 9 ed., Saraiva:

> 'No processo Penal, o réu se defende dos fatos, sendo irrelevante a classificação jurídica constante da denúncia ou queixa. Segundo o princípio da correlação, a sentença está limitada apenas à narrativa feita na peça inaugural, pouco importando a tipificação legal dada pelo acusador.'

Desse modo, o juiz poderá dar aos eventos delituosos descritos explícita ou implicitamente na denúncia ou queixa a classificação jurídica que bem entender, ainda que, em conseqüência, venha a aplicar pena mais grave, sem necessidade de prévia vista a defesa, a qual não poderá alegar surpresa, uma vez que não se defendia da classificação legal, mas da descrição fática da infração penal.

E essa é exatamente a hipótese dos autos, em que os fatos narrados na denúncia relatam que:

O Ministério Público relata em sua denúncia que os acusados forçaram o detento..... a assumir o crime, manchando-o com o sangue da vítima e entregando-lhe o Chuncho. Além disso, a denúncia informa que os acusados e a vítima eram presos da Cadeia Pública de.......... e ocupavam a mesma cela.

Dessa forma o MP relatou em sua denúncia a ocorrência de Constrangimento Ilegal com a causa de aumento com emprego de arma (o Chuncho), previsto no art. 146 §1º do CP (Pena em dobro) com a agravante do art. 61 inciso II alínea b.

Nesse caso é de se dizer que haverá uma simples emenda na acusação (*emendatio libeli*), consistente em mera alteração na classificação legal, visto que este magistrado está convencido de que a capitulação dos fatos trazidos na denúncia é a acima mencionada, e está relatada satisfatoriamente na exposição fática da denúncia.

Trata-se de aplicação clássica do brocardo *jura novit curia*, pois para o juiz reconhecer o direito, basta que lhe narrem os fatos.

Nesse sentido, o novo art. 418 do CPP, positiva:

O juiz poderá dar ao fato definição jurídica diversa da constante da acusação, embora o acusado fique sujeito a pena mais grave.

Bem se vê que o importante é a correta descrição do fato na denúncia, como ocorreu no caso concreto, podendo o juiz dar aos fatos narrados na inicial a classificação que julgar a mais adequada, mesmo impondo pena mais grave.

Trazemos a lume alguns julgados, que bem evidencia o entendimento ora esposado:

SUPREMO TRIBUNAL FEDERAL
NÚMERO:118925
DATA DO JULGAMENTO: 1987.10.09
EMENTA: Agravo regimental. '*emendatio libeli*': o réu se defende da acusação e não da classificação dada pela denúncia. Agravo regimental improvido.

Ante os fatos narrados na denúncia este magistrado aplicará o novo art. 418 do CPP para pronúncia o réu também pela(o) art. 146 §1º do CP.

III. DECISÃO

Postas tais razões PRONUNCIO (aaaaaaaaa) e (BBBBBBB) pela prática das condutas criminosas descritas no:

– Art. 121, § 2º, incisos II e IV do CP.
– Art. 146 § 1º do CP.

Para submetê-lo, oportunamente, a julgamento pelo Tribunal Popular do Júri (Novo art. 413, Código de Processo Penal), pelo fato descrito nos autos.

Deixo de determinar que se lance o nome do acusado no Rol de Culpados, em razão de militar em seu favor o princípio de inocência esculpido no art. 5º, inciso LVII, da Constituição Federal.

DA NECESSIDADE DE FUNDAMENTAÇÃO DA DECISÃO QUE DENEGA O DIREITO DO RÉU, PRONUNCIADO, DE RECORRER EM LIBERDADE

Conforme o novo art. 413 § 3º do Código de Processo Penal:

> O juiz decidirá, motivadamente, no caso de manutenção, revogação ou substituição da prisão ou medida restritiva de liberdade anteriormente decretada e, tratando-se de acusado solto, sobre a necessidade da decretação da prisão ou imposição de quaisquer das medidas previstas no Título IX do Livro I deste Código.

A PRONÚNCIA não é suficiente para dispensar o Juiz da obrigação de fundamentar a decisão que nega ao PRONUNCIADO o direito de apelar em liberdade, em virtude da norma expressa no art. 93, inciso IX, da Constituição Federal.

Presentes os pressupostos da prisão cautelar e sendo eles capazes de impressionar o Juiz, deverá ser negado ao pronunciado o direito de recorrer em liberdade. A prisão cautelar só se legitima quando se mostrar necessária e quando estiverem presentes os requisitos para a decretação da prisão preventiva.

Dispõe o art. 311, da lei processual penal que, em qualquer fase do inquérito policial ou da instrução criminal, caberá a prisão preventiva decretada pelo juiz, de ofício ou mediante provocação.

Estabelece a lei processual penal que a prisão preventiva poderá ser decretada como garantia da ordem pública, da ordem econômica, por conveniência da instrução criminal, ou para assegurar a aplicação da lei penal (art. 312, Código de Processo Penal).

Na lição do conceituado Júlio Fabbrini Mirabete,

> fundamenta em primeiro lugar a decretação da prisão preventiva a garantia da ordem pública, evitando-se com a medida que o delinqüente pratique novos crimes contra a vítima ou qualquer outra pessoa, quer porque que seja acentuadamente propenso à prática delituosa, quer porque, em liberdade, encontrará os mesmos estímulos relacionados com a infração cometida[7].

A ordem pública não se limita a prevenir a reprodução de fatos criminosos, mas também acautelar o meio social e a própria credibilidade da justiça em face da gravidade do crime e de sua repercussão.

Tal entendimento conforma-se com o que têm decidido os Tribunais do país:

---

[7] Mirabete, Júlio Fabbrini, *Processo Penal*, p. 377.

'A garantia da ordem pública, dada como fundamento da decretação da custódia cautelar, deve ser de tal ordem que a liberdade do réu possa causar perturbações de monta, que a sociedade venha a se sentir desprovida de garantias para a sua tranqüilidade[8].

Considerando-se suas condições pessoais, conceder ao réu, PRONUNCIADO, o direito de recorrer desta pronúncia em liberdade, é razão suficiente para abalar a garantia da ordem pública, diminuindo a credibilidade da Justiça e estimulando a prática de condutas delituosas por outras pessoas, além de configurar um desrespeito à sociedade de...........

É de se denegar que os acusados recorram em liberdade e ante a periculosidade que apresentam, ante seus antecedentes criminais e também por terem passado toda a instrução presos. Além disso os acusados eram detentos da Cadeia Pública por outros crimes.

Os pressupostos necessários à decretação da prisão preventiva, abrigados na parte final do art. 312, do Código de Processo Penal, subsistem no caso: *a prova da existência do crime* e os *indícios suficientes da autoria*, afirmados, inclusive, por esta condenação.

A condição de admissibilidade, prevista no art. 313, inciso I, da lei processual penal, evidencia-se no caso, pois o fato criminoso descrito na exordial, é punido com reclusão.

Por tais razões, não reconheço ao(s) pronunciado(s) o direito de recorrer em liberdade.

Publique-se. Registre-se. Intime-se.

............, *(dia)* de *(mês)* de *(ano)*.......

JOSÉ CARLOS VASCONCELOS FILHO
JUIZ de DIREITO

5.29. Modelo de sentença com absolvição sumária imprópria

Juiz de Direito da Comarca da.... vara criminal da Comarca de..............

Ref. Processo nº (......)
Autor: Justiça Pública
Réu: (.......)

SENTENÇA
EMENTA: PENAL. PROCESSUAL PENAL. HOMICÍDIO QUALIFICADO. ABSOLVIÇÃO SUMÁRIA. AUTORIA E MATERIALIDADE. INCIDENTE DE INSANIDADE MENTAL. INIMPUTÁVEL. CULPABILIDADE. PERICULOSIDADE. MEDIDA DE SEGURANÇA. ABSOLVIÇÃO IMPRÓPRIA.

---

8   RJDTACRIM 11/201.

1. Demonstradas a materialidade e a autoria da conduta pela qual o Réu fora denunciado, bem como ser o mesmo inimputável, consoante laudo psiquiátrico, em face de doença mental, impõe-se, sem necessidade de levar o julgamento ao Tribunal do Júri, a sua absolvição e, em face de sua periculosidade, a aplicação de medida de segurança de internação, com arrimo nos arts. 26, caput, 96, inc. I, do Código Penal, e 386, inc. V, e 411 (atual 415), do Código de Processo Penal.

Vistos etc.

O MINISTÉRIO PÚBLICO denunciou o Sr. (.......), qualificado nos autos, pela prática de crime que se subsume ao tipo penal descrito no art. 121, § 2º, inciso IV, do Código Penal, com os efeitos do art. 1º, inciso I, da Lei nº 8.072/1990, ocorrido no dia .../.../...., neste Município, tendo como vítima o Sr. (.......), fls. 02/03.

O Réu foi preso em flagrante.

Recebida a denúncia em .../.../...., fls. 02.

Auto de apresentação e apreensão, fls. 26.

Auto de exame cadavérico às fls. 33/34.

Instauração de incidente de insanidade mental, com nomeação de curador para o réu, reputando urgentes a oitiva do réu e das testemunhas arroladas na denúncia, fls. 86/87.

Citação do Réu, fls. 98v.

Apresentou defesa às fls. 99.

Ouvidas as testemunhas arroladas pelo MINISTÉRIO PÚBLICO e DEFESA às fls. 107/115.

Interrogatório do réu, fls. 116.

Certidões de antecedentes do Réu às fls. 131/135.

Retorno do incidente de insanidade mental, com perícia, que foi apensado a este feito.

O MINISTÉRIO PÚBLICO apresentou alegações finais requerendo, com base na prova da autoria e da materialidade delitiva, a procedência da denúncia, com a decretação da absolvição imprópria e a conseqüente aplicação de medida de segurança, fls. 140/147.

A DEFESA, nas suas alegações finais, defendeu que o réu era doente mental, razão pela qual requereu fosse o mesmo absolvido, decretando-se a sua internação em hospital psiquiátrico, fls. 147v.

É O RELATÓRIO. PASSO A DECIDIR.

Estabelece o novo art. 415, inciso IV, do Código de Processo Penal, *verbis*:

> *O juiz, fundamentadamente, absolverá desde logo o acusado, quando:*
> *I – provada a inexistência do fato;*
> *II – provado não ser ele autor ou partícipe do fato;*
> *III – o fato não constituir infração penal;*

IV - demonstrada causa de isenção de pena ou de exclusão do crime.
Parágrafo único. Não se aplica o disposto no inciso IV do caput deste artigo ao caso de inimputabilidade prevista no caput do art. 26 do Decreto-Lei nº 2.848, de 7 de dezembro de 1940 - Código Penal, salvo quando esta for a única tese defensiva.

No caso sob exame, o laudo psiquiátrico do Sr. (........), processo em apenso, apresenta a seguinte conclusão:

"CONCLUSÃO: Exame físico e neurológico dentro da normalidade.

DIAGNÓSTICO E CONSIDERAÇÕES MÉDICO – LEGAIS:

Periciado no HCTP, desde 26/08/2006. Faz uso de Antipsicótico. Há relação entre delírios, percepção delirante e os 02 homicídios de sua história de vida talvez por conta até das sensação delirante de estar sendo criticado e insultado, por vezes oculta intenções patológicas de vingança. ***Periculosidade patológica considerável.***

RESPOSTA AOS QUESITOS (Juízo)

Quesito – 1 Por doença mental ou desenvolvimento mental incompleto ou retardado, era o réu, ao tempo da ação, *inteiramente incapaz* de entender o caráter criminoso do fato ou de determinar-se de acordo com esse entendimento?

Resposta: *Sim, por doença mental.* (sem grifos no original)

Assim, não obstante a existência de respeitáveis entendimentos doutrinários perfilhados em sentido contrário (Capez, Fernando. in *Curso de Processo Penal*. 3 ed.. Saraiva, 1999, p. 555), em face da inimputabilidade do Réu e de qualquer dúvida a esse respeito, como se constata da leitura dos trechos acima transcritos do laudo pericial, sendo esta a única tese apresentada pelo Defensor do Réu, entendo que é caso de absolvição sumária do acusado, com arrimo no novo art. 415, do Código de Processo Penal.

Por oportuno, transcrevem-se os seguintes entendimentos doutrinários e jurisprudenciais:

"*Tratando-se de absolvição nos termos do art. 26, em que a insanidade ou deficiência mental foi* constatada através de exame especializado e, portanto comprovada, aplica-se ao réu, como de rigor, a medida de segurança cabível (art. 97 do CP e art. 386, parágrafo único, III, do CPP...

TJSP: 'No crime de duplo homicídio, constatada por exame psiquiátrico a inimputabilidade do réu que, ao tempo do fato, em virtude de doença mental, era inteiramente incapaz de entender o caráter criminoso de sua conduta, impõe-se, ainda na fase de pronúncia, a sua absolvição sumária, nos termos do art. 411 (novo art. 415), do CPP, com aplicação imediata de medida de segurança, sem que haja nenhuma necessidade de submete-lo a julgamento perante o Tribunal do Júri' (RT 762/613)" (Mirabete, Júlio Fabbrini. In *Código de Processo Penal interpretado*. 8 ed., Atlas, 2000, p. 942/943)

"Quando tenha o réu sido objeto de exame de sanidade mental, a absolvição sumária somente será admissível se o laudo pericial produzido propiciar certeza da inimputabilidade do acusado." (Marrey, Adriano & Silva Franco, Alberto & Stoco, Rui. Teoria e Prática do Júri. 7 ed., RT, 2000, p. 287)

No entanto, impõe-se apreciar no caso sob exame, a materialidade e a autoria da conduta imputada ao Réu.

Quanto à materialidade, entendo que a mesma restou demonstrada, com base nos documentos que instruem o feito em tela, mormente a Auto de Exame Cadavérico de fls. 33/34, fotografias de fls. 46/47, além da prova testemunhal produzida.

Quanto à autoria, destaco que o próprio acusado confessou a prática da conduta: "Que é verdadeira a acusação contida na denúncia de que foi o acusado quem matou a vítima (........)", fls. 100, confissão esta que é corroborada pela farta prova testemunhal produzida, transcrevendo-se as seguintes declarações:

Testemunha (....):

"... Que o réu (.......) estava nervoso nessa ocasião e dizia 'o povo só vive mangando de mim sem que eu faça nada'. Que a faca que estava com o seu tio (.......) era da cozinha e utilizada para cortar carne... Que menos de cinco minutos depois do réu entrar em casa a testemunha saiu para rua e encontrou a vítima ferida segurada por duas pessoas..." (fls. 108)

Testemunha (.....):

"... Que (.......) saiu do quarto e foi para a rua. Que foi a primeira vez que viu (.......) pegar uma faca. Que algum tempo depois (.......) chegou e ficou conversando com a esposa da testemunha, que logo após (.......) entrou em casa correndo e mandou a testemunha sair da frente., que (.......) estava nervoso e foi para o quintal da casa. Que a testemunha não observou se (.......) estava com a faca nesta ocasião. Que imediatamente após a testemunha escutou o grito de sua esposa e de (.......) e quando foi ver o que estava acontecendo encontrou a vítima (....) sendo apoiada por duas pessoas e praticamente caída..." (fls. 113)

Assim, suficientemente demonstradas a autoria e a materialidade, salientando, no entanto, ser o réu inimputável, restando, portanto, excluída a culpabilidade, sem prejuízo da sua periculosidade.

Em face do exposto, com arrimo nos arts. 415, inciso IV, do Código de Processo Penal, e 26, *caput*, do Código Penal, ABSOLVO o réu (.......), filho de......, nascido em........., divorciado, natural de (.......)/PE, da imputação criminal a que se sujeitou, com fundamento ainda no art. 386, inc. V, do Código de Processo Penal.

Aplico ao inimputável (.......) a MEDIDA DE SEGURANÇA constante no art. 96, inciso I, do Código Penal, consistente na sua internação no Hospital de Custódia e Tratamento Psiquiátrico de........., por tempo indeterminado, perdurando enquanto não for averiguada, através de perícia médica, a cessação da periculosidade, cujo período não poderá ser inferior a 03 (três) anos, consoante art. 97, § 1º, do Código Penal.

Mantenho a prisão do réu para garantia da ordem pública até a sua oportuna transferência para o HCTP, onde permanecerá internado, bem como em face do efeito suspensivo do recurso de ofício.

Remetam-se os autos ao Egrégio Tribunal de Justiça de (........), em face do que estabelece o art. 415, do Código de Processo Penal.

Após o trânsito em julgado, expeça-se carta de guia de internamento.

Intime-se pessoalmente o Réu desta Sentença.

Sem custas.

P.R.I.

(........), 10 de julho de.....

Waldemiro de Araújo Lima Neto
Juiz de Direito

5.30. Modelo de sentença com absolvição sumária própria

Ref. Processo nº (......).
Autor: Justiça Pública
Réu: (....)

SENTENÇA

Vistos etc.

O MINISTÉRIO PÚBLICO denunciou os Sr. (....), qualificado nos autos, pela prática de crime que se subsume ao tipo penal descrito no art. 121, *caput*, combinado com o art. 14, inciso II, do Código Penal.

Recebida a Denúncia em .../.../...., determinou-se a citação do Réu para apresentação de defesa preliminar.

Apresentou defesa às fls. 99.

Na ausência de alegação de preliminares o Ministério Público requereu o prosseguimento do feito.

Ouvidas as testemunhas arroladas pelo MINISTÉRIO PÚBLICO e DEFESA às fls. 101/102.

Interrogatório do réu, fls. 103.

Certidões de antecedentes dos acusados, fls. 43 e 57.

O MINISTÉRIO PÚBLICO apresentou alegações finais requerendo a absolvição do Réu, tendo em vista os elementos colhidos nos autos, inexistindo, no momento, certeza quanto à materialidade delitiva e provas que não foi o acusado autor do fato, aplicando-se o art. 415, do Código de Processo Penal.

A Defesa, nas suas alegações finais, também defendeu a absolvição do réu, com arrimo no art. 415, do Código de Processo Penal.

É o Relatório. Passo a Decidir.

De acordo com o que estabelece o novo art. 413, *caput*, do Código de Processo Penal, para que o Réu seja pronunciado é necessário que o Juiz se convença da *existência do crime* e *de indícios de que o réu seja o seu autor*.

Sobre esse tema, traz-se à colação o seguinte entendimento doutrinário perfilhado por Mirabete[9]:

> Para que o juiz profira uma sentença de pronúncia, é necessário, em primeiro lugar, que esteja convencido da 'existência do crime'. Não se exige, portanto, prova incontroversa da existência do crime, mas de que o juiz se convença de sua materialidade. Por isso, já se tem decidido que não exclui a possibilidade de pronúncia eventual deficiência do laudo pericial ou a existência de mero corpo de delito indireto, embora se exija que o juiz esteja convencido da existência do fato delituoso. É necessário, também, que existam "indícios suficientes da autoria", ou seja, elementos probatórios que indiquem a probabilidade de ter o acusado praticado o crime.

Assim, cumpre salientar que o juízo proferido nesta Decisão se limitará a verificar se estão presentes os elementos necessários para a pronúncia do Acusado.

Consoante bem ressaltou o MINISTÉRIO PÚBLICO, *verbis*:

Realmente, a materialidade e os indícios da autoria do crime em foco não podem ser atribuídos ao autor, que, inclusive, como bem destacou o Órgão Ministerial, nem no local do crime estava.

A testemunha........ declarou às fls (...):

A própria vítima afirmou às fls (...):

Assim, por estar comprovado que não foi o denunciado o autor dos disparos, é de se aplicar o novo art. 415, do Código de Processo Penal, que estabelece, *verbis:*

> O juiz, fundamentadamente, absolverá desde logo o acusado, quando:
> II – provado não ser ele autor ou partícipe do fato;

Em face do exposto, com arrimo no novo art. 415, do Código de Processo Penal, absolvo sumariamente o acusado (....), qualificados nos autos.

P.R.I.

(....),... de outubro de....

....
Juiz de Direito

5.30.1. Modelo de sentença desclassificando o delito

Ref. Processo nº....
Autor: Justiça Pública
Réu:........

---

9   No mesmo sentido: Mirabete, Júlio Fabbrini. *Processo Penal*, p. 1.084.

DECISÃO

O Sr. (XXX), qualificado nos autos, foi denunciado pela prática de conduta que se subsume ao tipo penal do art. 121, § 2º, inciso IVI, Código Penal.

Em sede de alegações finais, fls. 124/127, o MINISTÉRIO PÚBLICO requereu a desclassificação para lesão corporal culposa, art. 129, § 3º, do Código Penal, em face da ausência do *animus necandi*, considerando a inexistência de séria desavença entre as partes que pudesse justificar o desejo de causar a morte do ofendido, o fato de ter sido efetuado único golpe com o uso de uma pequena faca e o local do corpo da vítima atingido, perna esquerda.

Por sua vez, o Defensor do Acusado, nas suas alegações finais de fls. 129/131, requereu a absolvição do Acusado, vez que, em face da embriaguez, o mesmo não era capaz de discernir sobre sua atitude, com arrimo no art. 28, §§ 1º e 2º, do Código Penal.

Passo a decidir:

Do exame das provas trazidas aos autos, conclui-se que assiste razão ao MINISTÉRIO PÚBLICO, mormente em face das declarações das testemunhas de fls. 101/113, aliadas ao Exame Cadavérico de fls. 18/18v, segundo o qual o ferimento na perna esquerda da vítima provocou choque hemorrágico e anemia aguda.

Relatou a testemunha..... às fls.....

A testemunha..... foi ouvida às fls..... e disse que:

O conjunto probatório dos autos, a inexistência de motivos concretos para o homicídio, ter o acusado desferido um golpe apenas com uma pequena faca e, principalmente, o local do ferimento, descaracterizam o *animus necandi* da conduta do Acusado, subsistindo apenas o *animus laedandi*, em tese, ressaltando-se que apenas na sentença será proferido um juízo de mérito sobre o caso, inclusive sobre a tese de defesa.

Em face do exposto, acolho o requerimento do MINISTÉRIO PÚBLICO, para, com arrimo no art. 419, do Código de Processo Penal, desclassificar o crime inicialmente imputado ao Acusado para o tipificado no art. 129, § 3º, do Código Penal.

Intimem-se. Após o transcurso do prazo recursal, remeta-se os autos para o juiz da... vara criminal, devendo o preso ficar à disposição do mesmo, em conformidade com o novo parágrafo único, do art. 419 do Código de Processo Penal.

(vvvv),... de.... de.....

Waldemiro de Araújo Lima Neto
Juiz de Direito

5.31. Modelo de sentença de impronúncia

Ref. Processo nº (.....).
Autor: Justiça Pública
Réu: (....)

SENTENÇA

Vistos etc.

O MINISTÉRIO PÚBLICO denunciou os Sr. (....), qualificado nos autos, pela prática de crime que se subsume ao tipo penal descrito no art. 121, *caput*, combinado com o art. 14, inciso II, do Código Penal.

Recebida a Denúncia em .../.../...., determinou-se a citação do Réu para apresentação de defesa preliminar.

Apresentou defesa às fls. 99.

Na ausência de alegação de preliminares o Ministério Público requereu o prosseguimento do feito.

Ouvidas as testemunhas arroladas pelo MINISTÉRIO PÚBLICO e DEFESA às fls. 101/102.

Interrogatório do réu, fls. 103.

Certidões de antecedentes dos acusados, fls. 43 e 57.

O MINISTÉRIO PÚBLICO apresentou alegações finais requerendo a IMPRONÚNCIA do Réu, tendo em vista os elementos colhidos nos autos, inexistindo, no momento, certeza quanto à materialidade delitiva e indícios suficientes da participação do acusado no intento homicida, aplicando-se o art. 414, do Código de Processo Penal.

A Defesa, nas suas alegações finais, também defendeu a impronúncia do réu, com arrimo no art. 414, do Código de Processo Penal.

É o Relatório. Passo a Decidir.

De acordo com o que estabelece o novo art. 413, *caput*, do Código de Processo Penal, para que o Réu seja pronunciado é necessário que o Juiz se convença da *existência do crime* e *de indícios de que o réu seja o seu autor*.

Sobre esse tema, traz-se à colação o seguinte entendimento doutrinário perfilhado por Fernando Capez:

> na pronúncia, há um mero juízo de prelibação, pelo qual o juiz admite ou rejeita a acusação, sem penetrar no exame do mérito. Restringe-se à verificação da presença do 'fumus boni iuris', admitindo todas as acusações que tenham ao menos probabilidade de procedência. No caso de o juiz se convencer da existência do crime e de indícios suficientes da autoria, deve proferir sentença de pronúncia, fundamentando os motivos de seu convencimento. Não é necessária prova plena da autoria, bastando meros indícios, isto é, a probabilidade de que o réu tenha sido o autor do crime (*in Curso de Processo Penal*. 3 ed., Saraiva, 1999. p. 548).

Assim, cumpre salientar que o juízo proferido nesta Decisão se limitará a verificar se estão presentes os elementos necessários para a pronúncia do Acusado.

Consoante bem ressaltou o MINISTÉRIO PÚBLICO, *verbis*:

> Com o término da instrução, que se resumiu na oitiva de testemunhas arroladas pelo MP, observa-se que apenas o relato da vítima confirma a

ocorrência do crime de homicídio tentado imputado ao acusado. Ou seja, enquanto de um lado o ofendido insiste em afirmar que, no dia, hora e local narrados na inicial, o acusado sacou uma arma de fogo e a acionou por duas vezes contra sua pessoa, o réu e as demais testemunhas negam que o fato tenha ocorrido.

Registre-se que o ofendido prestou informações conflitantes em momentos distintos..

Portanto, MM Julgador, além de possuir pontos contraditórios e não se revestir da necessária isenção, o relato do ofendido é contrastado pelo restante das provas de tal sorte que é seguro afirmar que não existem provas suficientes que atestem a prática do homicídio doloso, em sua forma tentada, pelo acusado... (fls. 122/126)

Realmente, a materialidade e os indícios da autoria do crime em foco estão baseadas exclusivamente nas declarações da vítima, as quais, inclusive, como bem destacou o Órgão Ministerial, apresentam várias contradições, não sendo suficiente as mesmas para proferir-se um juízo de pronúncia.

A testemunha........ declarou:

"Que não confirma as declarações da vítima de que (....) teria chegado algum tempo depois de tentar agredir a vítima com um tambor de leite, armado com uma arma de fogo e apontado para a vítima disparando duas vezes a mencionada arma, mas não tendo êxito porque as balas pinaram. Que isso foi uma criação da vítima para não arcar com a sua dívida relacionada à compra da motocicleta..." (fls. 51)

Essas declarações não corroboram as prestadas pela Vítima na Justiça.

Todos esses fatos tornam ainda mais lacônicas e contraditórias as declarações da Vítima, que apresenta várias contradições ao descrever esses fatos e não está em harmonia com as demais provas trazidas ao processo.

Assim, por não estar convencido da existência do crime narrado na denúncia e tampouco da presença de indícios suficientes de que sejam os Acusados os seus autores, é de se aplicar o novo art. 414 do Código de Processo Penal que estabelece, *verbis:*

> *Não se convencendo da materialidade do fato ou da existência de indícios suficientes de autoria ou de participação, o juiz, fundamentadamente, impronunciará o acusado. Parágrafo único. Enquanto não ocorrer a extinção da punibilidade, poderá ser formulada nova denúncia ou queixa se houver prova nova.*

Segundo leciona Júlio Fabbrini Mirabete,

> a impronúncia é um julgamento de inadmissibilidade de encaminhamento da imputação para o julgamento perante o Tribunal do Júri. É, portanto, uma sentença terminativa de inadmissibilidade da imputação, com a extinção do processo sem julgamento do mérito da causa. Embora para a pronúncia baste a suspeita jurídica derivada de um concurso de indícios, devem estes ser idôneos, convincentes e não vagos, duvidosos, de modo

que a impronúncia se impõe quando de modo algum possibilitariam o acolhimento da acusação pelo Júri. (*Código de Processo Penal interpretado*, São Paulo: Atlas, 2001, p. 936).

Em face do exposto, com arrimo no novo art. 414, do Código de Processo Penal, IMPRONÚNCIO o acusado (....), qualificados nos autos, extinguindo o processo sem o julgamento do mérito.

P.R.I.

(....),... de outubro de....

Waldemiro de Araújo Lima Neto
Juiz de Direito

5.32. Modelo de sentença final condenatória

Processo nº..... – AÇÃO PENAL
Acusados: Mévio e Tício.
Vítima: Pétrea e Semprônia

SENTENÇA

Iniciados os trabalhos, nesta data, com fiel observância do procedimento legal, foram os Réus interrogados e, depois disso, procederam-se os debates.

Após os debates orais, a leitura e a explicação dos quesitos propostos, Mévio e Tício foram submetidos a julgamento.

QUANTO AO CRIME DE HOMICÍDIO DE "PÉTREA" E QUANTO À PARTICIPAÇÃO DO ACUSADO "MÉVIO"

DA 1ª (PRIMEIRA) SÉRIE DE QUESITOS
1ª (PRIMEIRA ORDEM) DA QUESITAÇÃO
1. PRIMEIRO QUESITO: MATERIALIDADE DO FATO
Conduta e resultado:
O Conselho de Sentença respondeu SIM por 4 a zero reconhecendo que no dia 16 de setembro de 2009, às 18 horas, na rua Quintino Bocaiuva, situada na Travessa do Meio, bairro Heliópolis, nesta Comarca, "PÉTREA" recebeu tiros de arma de fogo, causando-lhe as lesões descritas no laudo necroscópico de fls.13?"

2ª (SEGUNDA ORDEM) DA QUESITAÇÃO
Nexo de causalidade:
O Conselho de Sentença respondeu SIM por 4 a zero, reconhecendo desta forma que essas lesões ocasionaram a morte da vítima PÉTREA.

A TESE DO MINISTÉRIO PÚBLICO foi que o réu Mévio foi autor de homicídio duplamente qualificado por motivo fútil e de modo que dificultou ou impossibilitou a defesa da vítima "PÉTREA".

A TESE DA DEFESA foi de legítima defesa e, como tese subsidiária, homicídio privilegiado.

O Conselho de Sentença respondeu SIM por 4 a zero, reconhecendo desta forma que o réu Mévio, no dia ..../..../...., às 24 horas, por trás do posto......., neste município, efetuou disparo de arma de fogo contra a PÉTREA, causando-lhe os ferimentos descritos no laudo de exame de corpo de delito encartados aos autos.

3ª (TERCEIRA ORDEM) DA QUESITAÇÃO

O Conselho de Sentença respondeu NÃO por 4 a zero, ao quesito TRÊS (O acusado deve ser absolvido?).

4ª (QUARTA ORDEM) DA QUESITAÇÃO

O Conselho de Sentença respondeu NÃO por 4 a zero, ao quesito QUATRO " Mévio cometeu o crime de homicídio impelido por motivo de relevante valor moral, consistente em... *(descrever qual foi o relevante valor moral)*

5ª (QUINTA ORDEM) DA QUESITAÇÃO

O Conselho de Sentença respondeu NÃO por 4 a zero, ao quesito CINCO, reconhecendo desta forma que o réu Mévio agiu por motivo fútil, ou seja, em razão de a vítima PÉTREA ter supostamente levado os dez reais do acusado.

6ª (SEXTA ORDEM) DA QUESITAÇÃO

O Conselho de Sentença respondeu NÃO por 4 a zero, ao quesito SEIS, reconhecendo desta forma que o réu Mévio agiu utilizando-se de recurso que dificultou ou impossibilitou a defesa da ofendida PÉTREA.

7ª (SÉTIMA ORDEM) DA QUESITAÇÃO

O Conselho de Sentença respondeu SIM por 4 a zero, ao quesito SETE, reconhecendo desta forma que existem atenuantes em favor do réu Mévio.

8ª (OITAVA ORDEM) DA QUESITAÇÃO

O Conselho de Sentença respondeu NÃO por 4 a zero, ao quesito OITO, reconhecendo desta forma que não existem agravantes em favor do réu Mévio.

DA 2ª (SEGUNDA) SÉRIE DE QUESITOS
QUANTO AO CRIME DE HOMICÍDIO DE "SEMPRÔNIA" E QUANTO À PARTICIPAÇÃO DO ACUSADO MÉVIO.

DA 1ª (PRIMEIRA) SÉRIE DE QUESITOS
1ª (PRIMEIRA ORDEM) DA QUESITAÇÃO
1. PRIMEIRO QUESITO: MATERIALIDADE DO FATO
Conduta e resultado:

O Conselho de Sentença respondeu SIM por 4 a zero ao quesito "1-um" reconhecendo que no dia 16 de setembro de 2009, às 18 horas, na rua Quintino Bocaiuva situada na Travessa do Meio, bairro Heliópolis, nesta Comarca, "SEMPRÔNIA" recebeu tiros de arma de fogo, causando-lhe as lesões descritas no laudo necroscópico de fls.13?"

Nexo de causalidade:

O Conselho de Sentença respondeu SIM por 4 a zero ao quesito "2-dois", reconhecendo desta forma que essas lesões ocasionaram a morte da vítima "SEMPRÔNIA".

2ª (SEGUNDA ORDEM) DA QUESITAÇÃO

A TESE DO MINISTÉRIO PÚBLICO foi que o réu Mévio foi co-autor de homicídio duplamente qualificado por motivo fútil e de modo que dificultou ou impossibilitou a defesa da vítima "SEMPRÔNIA".

A TESE DA DEFESA foi de negativa de autoria.

O Conselho de Sentença respondeu SIM por 4 a zero ao quesito "3-TRÊS", reconhecendo desta forma que TERCEIRA PESSOA no dia .../.../...., às 24 horas, por trás do posto....., neste município, efetuou disparo de arma de fogo contra a vítima "SEMPRÔNIA", causando-lhe os ferimentos descritos no laudo de exame de corpo de delito encartados aos autos.

O Conselho de Sentença respondeu SIM por 4 a zero ao quesito "4-quatro", reconhecendo desta forma que o réu Mévio, concorreu para o crime de homicídio da vítima "SEMPRÔNIA" dando apoio e cobertura para que terceira pessoa ceifasse a vida da vítima em alusão.

3ª (TERCEIRA ORDEM) DA QUESITAÇÃO

O Conselho de Sentença respondeu NÃO por 4 a zero ao quesito "5-cinco" (O acusado deve ser absolvido?).

4ª (QUARTA ORDEM) DA QUESITAÇÃO

O Conselho de Sentença respondeu SIM por 4 a zero, ao quesito "6-seis", reconhecendo desta forma que o réu Mévio agiu por motivo fútil, ou seja em razão de a vítima "SEMPRÔNIA" ter supostamente ajudado subtrair dez reais do acusado.

O Conselho de Sentença respondeu SIM ao quesito "7-SETE", reconhecendo desta forma que o réu Mévio, agiu utilizando-se de recurso que dificultou ou impossibilitou a defesa do ofendido, ou seja a surpresa e o fato de a vítima "SEMPRÔNIA" estar desarmada.

5ª (QUINTA ORDEM) DA QUESITAÇÃO
O Conselho de Sentença respondeu SIM ao quesito "8-OITO", reconhecendo desta forma que existem atenuantes em favor do réu Mévio.

6ª (SEXTA ORDEM) DA QUESITAÇÃO
O Conselho de Sentença respondeu NÃO por 4 a zero, ao quesito "9-nove", reconhecendo desta forma que não existem agravantes em favor do réu Mévio.

QUANTO AO CRIME DE HOMICÍDIO DE "PÉTREA" E QUANTO À PARTICIPAÇÃO DO ACUSADO "TÍCIO"

DA 3ª (TERCEIRA) SÉRIE DE QUESITOS
1ª (PRIMEIRA ORDEM) DA QUESITAÇÃO
1. PRIMEIRO QUESITO: MATERIALIDADE DO FATO
Conduta e resultado:
O Conselho de Sentença respondeu SIM por 4 a zero, reconhecendo que no dia 16 de setembro de 2009, às 18 horas, na rua Quintino Bocaiuva, situada na Travessa do Meio, bairro Heliópolis, nesta Comarca, "PÉTREA" recebeu tiros de arma de fogo, causando-lhe as lesões descritas no laudo necroscópico de fls.13?"

Nexo de causalidade:
O Conselho de Sentença respondeu SIM por 4 a zero, reconhecendo desta forma que essas lesões ocasionaram a morte da vítima "PÉTREA".

2ª (SEGUNDA ORDEM) DA QUESITAÇÃO
A TESE DO MINISTÉRIO PÚBLICO foi a de que o réu Tício foi autor de homicídio duplamente qualificado por motivo fútil e de modo que dificultou ou impossibilitou a defesa da vítima "PÉTREA".
A TESE DA DEFESA foi de legítima defesa e, como tese subsidiária, homicídio privilegiado.

3ª (TERCEIRA ORDEM) DA QUESITAÇÃO
O Conselho de Sentença respondeu NÃO por 4 a zero, ao quesito "3-TRÊS" (O acusado deve ser absolvido?).

4ª (QUARTA ORDEM) DA QUESITAÇÃO
O Conselho de Sentença respondeu "NÃO" por 4 a zero, ao quesito "4-QUATRO". Tício cometeu o crime de homicídio impelido por motivo de relevante valor moral, consistente em... *(descrever qual foi o relevante valor moral)*

5ª (QUINTA ORDEM) DA QUESITAÇÃO
O Conselho de Sentença respondeu SIM por 4 a zero, ao quesito "5-CINCO", reconhecendo desta forma que o réu Tício agiu por motivo fútil, ou seja, em razão de a vítima "PÉTREA" ter supostamente levado os dez reais do acusado.

6ª (SEXTA ORDEM) DA QUESITAÇÃO
O Conselho de Sentença respondeu SIM por 4 a zero, ao quesito "6-SEIS", reconhecendo desta forma que o réu Tício agiu utilizando-se de recurso que dificultou ou impossibilitou a defesa da ofendida "PÉTREA".

7ª (SÉTIMA ORDEM) DA QUESITAÇÃO
O Conselho de Sentença respondeu SIM por 4 a zero, ao quesito "7-SETE", reconhecendo desta forma que existem atenuantes em favor do réu Tício.

8ª (OITAVA ORDEM) DA QUESITAÇÃO
O Conselho de Sentença respondeu NÃO por 4 a zero, ao quesito "8-OITO", reconhecendo desta forma que não existem agravantes em favor do réu Tício.

DA 4ª (QUARTA) SÉRIE DE QUESITOS
QUANTO AO CRIME DE HOMICÍDIO DE "SEMPRÔNIA" E QUANTO À PARTICIPAÇÃO DO ACUSADO TÍCIO.
DA 1ª (PRIMEIRA) SÉRIE DE QUESITOS
1ª (PRIMEIRA ORDEM) DA QUESITAÇÃO
1. PRIMEIRO QUESITO: MATERIALIDADE DO FATO
Conduta e resultado:
O Conselho de Sentença respondeu SIM por 4 a zero ao quesito "1-UM" reconhecendo que no dia 16 de setembro de 2009, às 18 horas, na rua Quintino Bocaiuva, situada na Travessa do Meio, bairro Heliópolis, nesta Comarca, SEMPRÔNIA recebeu tiros de arma de fogo, causando-lhe as lesões descritas no laudo necroscópico de fls.13"

2ª (SEGUNDA ORDEM) DA QUESITAÇÃO
Nexo de causalidade:
O Conselho de Sentença respondeu SIM por 4 a zero ao quesito "2-DOIS", reconhecendo desta forma que essas lesões ocasionaram a morte da vítima SEMPRÔNIA.

A TESE DO MINISTÉRIO PÚBLICO foi que o réu Tício foi co-autor de homicídio duplamente qualificado por motivo fútil e de modo que dificultou ou impossibilitou a defesa da vítima SEMPRÔNIA.
A TESE DA DEFESA foi de negativa de autoria.

O Conselho de Sentença respondeu SIM por 4 a zero ao quesito "3-TRÊS", reconhecendo desta forma que TERCEIRA PESSOA no dia .../.../...., às 24 horas, por trás do posto....., neste município, efetuou disparo de arma de fogo contra a vítima SEMPRÔNIA, causando-lhe os ferimentos descritos no laudo de exame de corpo de delito encartados aos autos.

O Conselho de Sentença respondeu SIM por 4 a zero ao quesito "4-quatro", reconhecendo desta forma que o réu Tício concorreu para o crime de homicídio da vítima SEMPRÔNIA, dando apoio e cobertura para que terceira pessoa ceifasse a vida da vítima em alusão.

3ª (TERCEIRA ORDEM) DA QUESITAÇÃO

O Conselho de Sentença respondeu NÃO por 4 a zero ao quesito "5-cinco" (O acusado deve ser absolvido?).

4ª (QUARTA ORDEM) DA QUESITAÇÃO

O Conselho de Sentença respondeu SIM por 4 a zero, ao quesito "6-seis", reconhecendo desta forma que o réu Tício agiu por motivo fútil, ou seja em razão de a vítima **"SEMPRÔNIA"** ter supostamente ajudado subtrair dez reais do acusado.

O Conselho de Sentença respondeu SIM ao quesito "7-SETE", reconhecendo desta forma que o réu Tício, agiu utilizando-se de recurso que dificultou ou impossibilitou a defesa do ofendido, ou seja a surpresa e o fato de a vítima SEMPRÔNIA estar desarmada.

5ª (QUINTA ORDEM) DA QUESITAÇÃO

O Conselho de Sentença respondeu SIM ao quesito "8-OITO", reconhecendo desta forma que existem atenuantes em favor do réu Tício.

6ª (SEXTA ORDEM) DA QUESITAÇÃO

O Conselho de Sentença respondeu NÃO por 4 a zero, ao quesito "9-nove", reconhecendo desta forma que não existem agravantes em desfavor do réu Tício.

É o relatório.

DISPOSITIVO

Diante de tais considerações, arrimada na decisão soberana do Conselho de Sentença desta Comarca:

CONDENO o réu Mévio, pela prática das seguintes condutas criminosas:

a) art. 121 § 2º incisos II e IV do CP pelo homicídio de "PÉTREA";

b) art. 121 § 2º incisos IV e V do CP pelo homicídio de "SEMPRÔNIA" e ambos c/c o art. 29 do CP.

CONDENO o réu Tício, pela prática das seguintes condutas criminosas:

a) art. 121 § 2º incisos II e IV do CP pelo homicídio de "SEMPRÔNIA";

b) art. 121 § 2º incisos IV e V do CP pelo homicídio de "PÉTREA" e ambos c/c o art. 29 do CP.

A pena prevista, abstratamente, na espécie, é de reclusão de 12 a 30 anos, para cada um dos crimes.

DOSIMETRIA DA PENA

Atendendo-se ao comando contido no art. 68 do Código Penal, passo à fixação da pena a ser imposta ao acusado Mévio, apreciando, inicialmente, as circunstâncias descritas no art. 59, do Código Penal:

1ª fase – CIRCUNSTÂNCIAS JUDICIAIS (art. 59, do Código Penal):
CIRCUNSTÂNCIAS JUDICIAIS QUANTO AO RÉU Mévio (art. 59, do Código Penal):
CULPABILIDADE – o denunciado Mévio compreendia e entendia as circunstâncias do fato e sua ilicitude, podendo ter optado por não praticar o crime. Naquele instante, exigia-se que o comportamento dele se ajustasse ao Direito. No entanto, ele optou, livre e conscientemente, pela prática da conduta delituosa. A culpabilidade está presente, não havendo qualquer causa que exclua os elementos que a integram.

Quanto à embriaguez, aplica-se ao caso vertente a teoria da *actio libera in causa*.

A culpabilidade afere-se gravíssima, pois o acusado agiu com elevadíssimo ânimo letal, atingindo a vítimas (WWW...) com um disparo na cabeça, em ação digna de execução sumária.

Ademais, quanto ao crime que vitimou (WWW...), a culpabilidade é gravíssima ante a premeditação de tão bárbaro crime, por ocasião de a vítima ter ficado com 10 (dez) reais dele, uma semana antes do crime, numa bebedeira que envolveu os dois acusados e a vítima em alusão.

Há vínculo de volitivo entre os dois acusados, enquanto cada um executou uma das vítimas, o outro deu apoio, e vice-versa.

ANTECEDENTES CRIMINAIS – Não há registro de condenação criminal do acusado anteriormente à prática deste delito.

Há, no entanto, nas fls. 324, na folha de antecedentes criminais do acusado Mévio, que o mesmo responde por furto qualificado aqui em (..kkk....).

CONDUTA SOCIAL – há, no processo, dados suficientes para aferir que a conduta social do réu mantinha-se fora dos padrões de normalidade social. O acusado informou para o delegado em seu interrogatório que era usuário de maconha. Além disso, a conduta social do mesmo era a do jovem inconseqüente, que vivia de bebedeiras.

PERSONALIDADE DO AGENTE – O conjunto probatório fornece elementos que levam a crer que o acusado Mévio tenha personalidade voltada para o crime.

A personalidade do réu Mévio é a do homem violento, capaz de ceifar a vida humana, que tem a coragem de matar outras pessoas, para se auto-afirmar, por motivo de pouca monta. O modo como as vítimas foram mortas denota uma personalidade extremamente violenta. A morte das vítimas foi nos moldes da execução mais cruel, rápida, sem que as vítimas pudessem esboçar qualquer reação. A personalidade do réu é do homem capaz de desumanizar as vítimas e rapidamente extirpar suas vidas, inconseqüentemente. Além disso, a morte da vítima........ foi unicamente pelo fato de ela estar no local errado, na hora errada. A personalidade do réu Mévio neste caso revela dissimulação e capacidade de matar para escapar de suas responsabilidades, é a personalidade de executor sumário, digna de carrasco.

MOTIVOS DO CRIME: O motivo do crime não favorece ao acusado Mévio. O motivo do crime foi tão-somente de ceifar as vidas das vítimas, para vingar-se pelo fato de a vítima (.WWW...) ter ficado com dez reais do acusado e também pelo fato de a outra vítima, a....... ter presenciado a morte da outra vítima.

CIRCUNSTÂNCIAS DO CRIME: Não favorecem ao acusado Mévio, em face das condições em que foi perpetrada a ação e a maneira de agir, tendo o acusado executado friamente a vítima (WWW...) com um tiro na cabeça, região letal, numa atitude digna de pistoleiro, em execução sumária.

A ação do acusado foi muito violenta, tendo atingido a vítima em região altamente letal. As vítimas foram atingidas em local ermo, longe dos olhares das pessoas, à meia-noite, o que reduziu suas possibilidades de escapar às ações sanguinárias dos acusados.

O crime revelou covardia, pois as vítimas, quase duas crianças, posto que recém-ingressas na adolescência, foram mortas pelos acusados, pessoas de notórias superioridades físicas em relação as vítimas, conforme se consubstancia dos autos.

Além disso os réus já abordaram as vítimas atirando para cima, disparando em via pública, na BR próxima onde as vítimas foram executadas, dissipando e assustando as duas outras pessoas que estavam com as vítimas, pessoas essas que posteriormente testemunharam neste feito.

A vítima (..YYYY....) era mulher e foi morta numa ação que denota também violência contra a mulher. É de se pontuar que o próprio acusado Mévio afirmou na delegacia de polícia com detalhes que, momentos antes de matar dita vítima, havia mantido relações sexuais com ela. A morte dela, decidida instantaneamente, pelo próprio amante daquela noite, denota desrespeito com o sexo oposto e desumanização da mulher da qual se servira sexualmente, como se ela objeto descartável fosse. Neste caso, mesmo que o acusado (.QQQ...) não tenha mantido relações sexuais com a vítima...., aderiu à vontade do outro acusado, tendo vínculo volitivo com o crime, no apoio ao outro.

Outro ponto extremante desfavorável aos acusados foi que os mesmos premeditaram a morte da vítima (.WWW...), sob a coordenação do acusado (.QQQ...), dissimulando, ambos, numa festa, estar na companhia das vítimas, ficando na espreita, só esperando que a vítima (.WWW...) saísse para matá-lo.

No momento do crime (.WWW...) inclusive disse que devolveria os dez reais, mas mesmo assim chance nenhuma foi dada a ela, só a execução sumária, com uma bala na cabeça.

CONSEQÜÊNCIAS EXTRA-PENAIS DO CRIME – as conseqüências extra-penais têm muita relevância, uma vez que a vida de dois seres humanos jovens foram dizimadas. As vítimas eram pessoas extremamente jovens e morreram banalmente com as ações bárbaras e sanguinárias dos acusados.

Além disso, essa região do agreste....... têm "fama" deste tipo de crime, denominado de "crimes de pistolagem" ainda com contexto de "violência contra a mulher", o que deixa a sociedade de (..kkk....) cada vez mais frágil ante o acontecimento de fatos típicos como o ora em julgamento.

A família das vítimas, sobretudo os pais das vítimas, passaram por enorme sofrimento, vendo seus filhos morrerem da forma brutal como o ocorrido nos presentes autos.

COMPORTAMENTO DA VÍTIMA – O comportamento da vítima não contribuiu para a atitude dos réus. Mesmo que a vítima tenha se apropriado dos dez reais pertencentes ao acusado (.QQQ...), a desproporção da atitude dos réus faz com que esta circunstância também pese em desfavor dos acusados. Ninguém deve matar motivado por dez reais.

Nada justifica a barbárie a que as vítimas foram submetidas.

Nada justifica a atitude sanguinária e fria dos acusados. O comportamento da vítima (..YYYY....), aliás, foi extremamente amigável com os acusados, pois bebeu com eles, foi para festa com eles e até manteve relações sexuais com...... e nem isso inibiu a morte dela, ao contrário, ela foi morta numa decisão rápida, digna das execuções sumárias.

CIRCUNSTÂNCIAS JUDICIAIS QUANTO AO RÉU Tício (art. 59, do Código Penal):

Atendendo-se ao comando contido no art. 68, do Código Penal, passo à fixação da pena a ser imposta ao acusado Tício, apreciando, inicialmente, as circunstâncias descritas no art. 59, do Código Penal:

CULPABILIDADE – o denunciado Tício compreendia e entendia as circunstâncias do fato e sua ilicitude, podendo ter optado por não praticar o crime. Naquele instante, exigia-se que o comportamento dele se ajustasse ao Direito. No entanto, ele optou, livre e conscientemente, pela prática da conduta delituosa. A culpabilidade está presente, não havendo qualquer causa que exclua os elementos que a integram.

Quanto à embriaguez, aplica-se ao caso vertente a teoria da *actio libera in causa*.

A culpabilidade afere-se gravíssima, pois o acusado Tício agiu com elevadíssimo ânimo letal, atingindo as vítimas......... com um disparo na cabeça, em ação digna de execução sumária.

Ademais, quanto ao crime que vitimou (.WWW...), a culpabilidade é gravíssima ante a premeditação de tão bárbaro crime, por ocasião de a vítima ter ficado com 10 (dez) reais do outro acusado, uma semana antes do crime, numa bebedeira que envolveu os dois acusados e a vítima em alusão.

É fato que a ação foi premeditada por ambos os acusados, embora a vítima (.WWW...) tenha ficado com os dez reais do outro acusado.

O acusado Tício aderiu à premeditação e resolveu por vontade própria, desde o primeiro momento, matar, junto com o outro acusado Mévio.

Há vínculo de volitivo entre os dois acusados, enquanto cada um executou uma das vítimas, o outro deu apoio, e vice-versa.

ANTECEDENTES CRIMINAIS – não há registro de condenação criminal do acusado anteriormente à prática deste delito.

No entanto, o próprio acusado Tício em seu interrogatório policial confessou duas tentativas de homicídios contra as pessoas ZECA e CAL, além das vítimas destes autos.

Além disso, nas fls. 161, há registro de que o acusado Tício responde, além deste duplo homicídio, pelos crimes de furto e homicídio.

CONDUTA SOCIAL – há, no processo, dados suficientes para aferir que a conduta social do réu mantinha-se fora dos padrões de normalidade social. O acusado informou para o delegado em seu interrogatório que era usuário de maconha. Além disso a conduta social do mesmo era a do jovem inconseqüente, que vivia de bebedeiras.

A conduta social do acusado Tício revela tendência à contumácia criminosa, afinal, responde pela morte em circunstâncias extremamente graves de 4 (quatro) pessoas, dentre elas, as vítimas destes autos.

PERSONALIDADE DO AGENTE – O conjunto probatório fornece elementos que levam a crer que o acusado Tício tenha personalidade voltada para o crime. A personalidade do réu Tício é a do homem violento, capaz de ceifar a vida humana, que tem a coragem de matar outras pessoas para se auto-afirmar, por motivo de pouca monta.

A personalidade do réu Tício é a do homem capaz de matar a amante, (IIIII) era amante ocasional dele, é verdade, mas a matou por suas próprias mãos, poucas horas depois de ter mantido relações sexuais com ela.

Ademais, o modo como as vítimas foram mortas denota uma personalidade extremamente violenta. A morte das vítimas foi nos moldes da execução mais cruel, rápida, sem que as vítimas pudessem esboçar qualquer reação.

A personalidade do réu Tício é a do homem capaz de desumanizar vítimas e rapidamente extirpar suas vidas, inconseqüentemente, em decisão rápida, como se a vida humana nada valesse para ele.

Além disso, a morte da vítima....... foi unicamente pelo fato de ela estar no local errado, na hora errada. A personalidade do réu Tício neste caso revela dissimulação e capacidade de matar para escapar de suas responsabilidades, é a personalidade de executor sumário, digna de carrasco.

MOTIVOS DO CRIME: O motivo do crime não favorece ao acusado Tício. O motivo do crime foi tão-somente de ceifar as vidas das vítimas, para vingar-se pelo fato de a vítima (.WWW...) ter ficado com dez reais do outro acusado e também pelo fato de a outra vítima, a......... ter presenciado a morte da outra vítima.

CIRCUNSTÂNCIAS DO CRIME: Não favorecem ao acusado (........), em face das condições em que foi perpetrada a ação e a maneira de agir, tendo o acusado executado friamente a vítima (IIIII) com um tiro na cabeça, região letal, numa atitude digna de pistoleiro em execução sumária.

A ação do acusado foi muito violenta, tendo atingido a vítima em região altamente letal. As vítimas foram atingidas em local ermo, longe dos olhares das pessoas, à meia-noite, o que reduziu suas possibilidades de escapar às ações sanguinárias dos acusados.

O crime revelou covardia, pois as vítimas, quase duas crianças, posto que recém-ingressas na adolescência, foram mortas pelos acusados, pessoas de notórias superioridades físicas em relação as vítimas, conforme se consubstancia dos autos.

Além disso, os réus já abordaram as vítimas atirando para cima, disparando em via pública, na BR próxima onde as vítimas foram executadas, dissipando e assustando as duas outras pessoas que estavam com as vítimas, pessoas essas que posteriormente testemunharam neste feito.

A vítima (..YYYY....) era mulher e foi morta numa ação que denota também violência contra a mulher. É de se pontuar que o próprio acusado Tício afirmou na delegacia de polícia com detalhes, que momentos antes de matar dita vítima havia mantido relações sexuais com ela. A morte dela, decidida instantaneamente, pelo próprio amante OCASIONAL daquela noite denota desrespeito com o sexo oposto e desumanização da mulher da qual se servira sexualmente, como se ela objeto descartável fosse.

Outro ponto extremante desfavorável aos acusados foi que os mesmos premeditaram a morte da vítima (.WWW...), dissimulando, ambos, numa festa, estar na companhia das vítimas, ficando na espreita, só esperando que a vítima (.WWW...) saísse para matá-lo.

No momento do crime (.WWW...) inclusive disse que devolveria os dez reais, mas mesmo assim, chance nenhuma foi dada a ele, só a execução sumária, com uma bala na cabeça.

Após o crime, os acusados ainda viajaram juntos rumo à cidade de......, local onde portaram e venderam a arma de fogo que pertencia a (EEEEEEEE), que a possuía irregularmente, dificultando as diligências policiais iniciais.

CONSEQÜÊNCIAS EXTRA-PENAIS DO CRIME – as conseqüências extra-penais têm muita relevância, uma vez que a vida de dois seres humanos jovens foram dizimadas. As vítimas eram pessoas extremamente jovens e morreram banalmente com as ações bárbaras e sanguinárias dos acusados.

Além disso, essa região do agreste pernambucano têm "fama" deste tipo de crime, denominado de "crime de pistolagem" ainda com contexto de "violência contra a mulher", o que deixa a sociedade de (.........) cada vez mais frágil ante o acontecimento de fatos típicos como o ora em julgamento.

A família das vítimas, sobretudo os pais das vítimas passaram por enorme sofrimento, vendo seus filhos morrerem da forma brutal como o ocorrido nos presentes autos.

COMPORTAMENTO DA VÍTIMA – O comportamento da vítima não contribuiu para a atitude dos réus. Mesmo que a vítima tenha se apropriado dos dez reais pertencentes ao acusado, a desproporção da atitude dos réus faz com que esta circunstância também pese em desfavor dos acusados. Ninguém deve matar motivado por dez reais.

Nada justifica a barbárie a que as vítimas foram submetidas.

Nada justifica a atitude sanguinária e fria dos acusados. O comportamento da vítima (..YYYY....), aliás, foi extremamente amigável com os acusados pois bebeu com eles, foi para festa com eles e até manteve relações sexuais com "(NNNN)" e nem isso inibiu a morte dela, ao contrário, ela foi morta numa decisão rápida, digna das execuções sumárias.

Há preponderância de circunstâncias judiciais desfavoráveis ao réu Tício, o que enseja fixação da pena base acima do mínimo legal.

Há preponderância de circunstâncias judiciais desfavoráveis ao réu Tício, o que enseja fixação da pena base acima do mínimo legal.

PENA-BASE – PASSO A FIXAÇÃO DA PENA-BASE:

Para o acusado Mévio em:

a) 19 (dezenove) anos e 9 (nove) meses de reclusão pelo crime de homicídio duplamente qualificado da vítima "PÉTREA" e

b) 18 (dezoito) anos e 6 (seis) meses de reclusão pelo crime de homicídio duplamente qualificado da vítima "SEMPRÔNIA".

Para o acusado Tício em:

a) 18 (dezoito) anos e 6(seis) meses de reclusão pelo crime de homicídio duplamente qualificado da vítima "SEMPRÔNIA" e

b) 19 (dezenove) anos e 11(onze) meses de reclusão pelo crime de homicídio duplamente qualificado da vítima "PÉTREA".

2ª FASE – CIRCUNSTÂNCIAS ATENUANTES E AGRAVANTES (ARTS. 61 E 65 DO CÓDIGO PENAL):

Reconheceu o Conselho de Sentença circunstância atenuante, descrita no art. 65 do Código Penal, com relação aos crimes de homicídio, pelo fato de o acusado ter confessado espontaneamente a autoria do crime para o delegado e por serem menores de 21 anos na data do crime, pelo que reduzo a pena em 6 (seis) meses. Encontrando as seguintes penas:

Para o acusado Mévio em:

a) 19 (dezenove) anos e 3 (três) meses de reclusão pelo crime de homicídio duplamente qualificado da vítima "PÉTREA"

e

b) 18 (dezoito) anos de reclusão pelo crime de homicídio duplamente qualificado da vítima "SEMPRÔNIA".

Para o acusado Tício) em:

a) 18 (dezoito) anos de reclusão pelo crime de homicídio duplamente qualificado da vítima "SEMPRÔNIA" e

b) 19 (dezenove) anos e 5 (cinco) meses de reclusão pelo crime de homicídio duplamente qualificado da vítima "PÉTREA".

3ª FASE – CAUSAS DE DIMINUIÇÃO E CAUSAS DE AUMENTO DA PENA:

Não houve causa de diminuição ou aumento de pena votada pelo Conselho de Sentença.

4ª FASE – PENA DEFINITIVA:

Aplico aos Réus, concreta e definitivamente, as seguintes penas:

Para o acusado Mévio em:

a) 19 (dezenove) anos e 3 (três) meses de reclusão pelo crime de homicídio duplamente qualificado da vítima "PÉTREA"

e

b) 18 (dezoito) anos de reclusão pelo crime de homicídio duplamente qualificado da vítima "SEMPRÔNIA".

Para o acusado Tício em:

a) 18 (dezoito) anos de reclusão pelo crime de homicídio duplamente qualificado da vítima "SEMPRÔNIA" e

b) 19 (dezenove) anos e 5 (cinco) meses de reclusão pelo crime de homicídio duplamente qualificado da vítima "PÉTREA".

UNIFICANDO AS PENAS APLICADAS, encontramos:

Para o acusado Mévio, 37 (trinta e sete) anos e 3 (três) meses de reclusão pelo duplo homicídio duplamente qualificado.

Para o acusado Tício, 37 (trinta e sete) anos e 5 (cinco) meses de reclusão pelo duplo homicídio duplamente qualificado.

DO REGIME DE CUMPRIMENTO DA PENA

A determinação do regime inicial da pena depende de dois fatores: a quantidade de pena fixada (art. 33, § 2º, do Código Penal) e as condições pessoais do condenado (art. 33, § 3º, do Código Penal).

O réu deverá cumprir a pena em regime INICIALMENTE FECHADO a ser cumprido PELO ACUSADO Mévio no **Presídio de.....**, e pelo acusado Tício a ser cumprido no **Presídio de......**

A PROGRESSÃO DE REGIME EM CRIMES HEDIONDOS – A NATUREZA JURÍDICA DA ATRIBUIÇÃO CONSTITUCIONAL DO SENADO E A NOVA LEI Nº 11.464/2007 (NOVATIO LEGIS IN MELIUS).

Antes da Lei nº 11.464/2007, o tratamento dado pela lei nº 8.072/1990 lei dos crimes hediondos era de que 'a pena por crime previsto neste artigo será cumprida integralmente em regime fechado', impedindo a progressão do regime para o caso de crimes considerados hediondos.

Com o advento da lei nº 11.464, que alterou o regime de progressão da lei dos crimes hediondos:

> § 2ª A progressão de regime, no caso dos condenados aos crimes previstos neste artigo, dar-se-á após o cumprimento de 2/5 (dois quintos) da pena, se o apenado for primário, e de 3/5 (três quintos), se reincidente. (Redação dada pela Lei nº 11.464, de 2007)

No dia 23/02/2006, às 19h05min, o STF, afastou a proibição de progressão de regime nos crimes hediondos. Por seis votos a cinco, o Plenário do Supremo Tribunal Federal reconheceu a inconstitucionalidade do parágrafo 1º do art. 2º da Lei nº 8.072/1990 (Lei dos Crimes Hediondos), que proíbe a progressão de regime de cumprimento de pena nos crimes hediondos.

Conforme relata o doutrinador Francisco Dirceu Barros:

> O assunto foi analisado na via de exceção (difusa ou aberta), ou seja, no *Habeas Corpus* nº 82.959, impetrado por (x), condenado a doze anos e três meses de reclusão, por ter molestado, sexualmente, três crianças entre seis e oito anos de idade, e cometido o crime de violento atentado ao pudor (art. 214 do Código Penal).

O STF então julgou inconstitucional o art. 2º § 1º da Lei dos Crimes Hediondos, afastando da pena aplicada ao impetrante o cumprimento integralmente em regime fechado e o remeteu para a regra geral do art. 112 da LEP (permitindo a progressão para regime semi-aberto com 1/6 da pena).

Como é cediço, o controle de constitucionalidade pelo Poder Judiciário pode se dar de duas formas:

- DA LEI EM TESE (controle concentrado – pelo STF) – controle de constitucionalidade principal ou via de ação – por meio de uma ação própria busca a declaração de inconstitucionalidade da norma infraconstitucional. Também chamado de abstrato ou direto – é o processo de natureza objetiva, em que é questionada a própria constitucionalidade ou não da lei, não se admitindo a discussão de situações de interesses meramente individuais. EFEITO erga omnes – decisão produz efeitos para todos. Verifica-se no controle pela via da ação e não necessita de qualquer ato do Senado Federal para tal.
- CONTROLE DIFUSO OU INCIDENTAL (CASO CONCRETO) FEITO POR QUALQUER ÓRGÃO DO PODER JUDICIÁRIO. EFEITO: a) inter partes – produz efeitos somente em relação às partes. O STF após declarar inconstitu-

cional determinada norma, no todo ou em parte, pelo controle difuso, comunica ao Senado Federal para que ele, por meio de resolução, suspenda a vigência da norma ou dispositivo julgado inconstitucional.

DO EFEITO INTER PARTES DO JULGAMENTO DO HC nº 82.959

Quando o controle de constitucionalidade é feito de forma difusa, ou seja, em um caso concreto, a decisão que a considerar inconstitucional não irá retirar a norma do ordenamento jurídico. O juiz ou o Tribunal apenas determina que a declaração servirá para regular somente o caso levado à sua apreciação, ou seja, o efeito é só inter partes. Portanto, como os efeitos da declaração de inconstitucionalidade da lei ou do ato normativo pelo Supremo Tribunal Federal, no controle difuso, são retroativos (*ex tunc*) e somente válidos para as partes (inter partes) e no processo a que se refere a citada declaração a proibição de progressão em crime hediondo continua em vigor. O que ocorre é apenas a desaplicação da lei a um caso concreto.

A decisão do Supremo no caso concreto (controle difuso) somente pode ser ampliada para todos (*erga omnes*) se o Senado Federal atuar na via difuso-concreta, ou seja, se o processo chegar ao Supremo Tribunal Federal e este declarar o ato normativo inconstitucional, haverá então a comunicação ao Senado Federal para que suspenda a execução da lei, através de RESOLUÇÃO.

No caso da inconstitucionalidade julgada pelo STF no HC em questão o SENADO apesar de comunicado não editou resolução nenhuma suspendendo a eficácia da norma do art. 2º §1º da Lei nº 8.072/1990.

A doutrina discute a natureza jurídica da referida atribuição constitucional do Senado. O escritor Francisco Dirceu Barros destaca as posições sobre o tema:

1ª posição: para alguns doutrinadores, a atividade exercida pelo Senado é discricionária, ou seja, o Senado tem a possibilidade de não suspender a executoriedade da lei declarada inconstitucional. Michel Temer defende que 'o Senado não está obrigado a suspender a execução da lei na mesma extensão da declaração efetivada pelo STF. A expressão 'no todo ou em parte', que se encontra no art. 52, X, não significa que o Senado suspenderá parcial ou totalmente a execução da lei ou decreto, de acordo com a declaração de inconstitucionalidade, parcial ou total, efetivada pelo STF.

O Senado Federal não é mero órgão chancelador das decisões da Corte Suprema, e suspenderá, ou não, a execução da lei declarada inconstitucional pelo Supremo'.

2ª posição: outra parte da doutrina defende que a atividade exercida pelo Senado é vinculada, vez que, ao receber a comunicação do Supremo Tribunal Federal, aquele estaria obrigado a suspender a executoriedade da lei declarada inconstitucional.

Resta ululante que a posição doutrinária correta é a primeira, sendo ato DISCRICIONÁRO DO SENADO FEDERAL.

Razão assiste a Alexandre de Moraes quando afirma que:

"Tanto o STF quanto o Senado Federal entendem que este não está obrigado a proceder à edição da resolução suspensiva do ato estatal cuja inconstitucionalidade, em caráter irrecorrível, foi declarada in concreto pelo STF; ao Senado Federal não só cumpre examinar o aspecto formal da decisão declaratória de inconstitucionalidade, verificando se ela foi tomada por quorum suficiente e é definitiva, mas também indagar da conveniência dessa suspensão. A declaração de inconstitucionalidade é do Supremo, mas a suspensão é função do Senado. Sem a declaração, o Senado não se movimenta, pois não lhe é dado suspender a execução de lei ou decreto não declarado inconstitucional; porém, a tarefa constitucional de ampliação desses efeitos é sua, no exercício de sua atividade legiferante. A suspensão da execução da lei retira os seus efeitos do mundo jurídico, mas não se pode falar em revogação, o que só ocorre no processo legislativo".

É óbvio que o Senado pode optar, politicamente, por não editar a resolução suspendendo a eficácia da norma declarada inconstitucional em caso concreto e preferir simplesmente editar nova norma espancando tal inconstitucionalidade, como ocorreu no caso da edição da Lei nº 11.464/2007.

Dessa forma, o julgamento do HC nº 82.959 foi em caso concreto e a norma ali declarada inconstitucional o foi somente inter partes pois não foi suspensa a eficácia da norma *erga omnes* pelo Senado da República

A Lei nº 11.464 é, portanto, *novatio legis in melius* no caso da progressão de regime dos crimes hediondos. Ela retroage para beneficiar os acusados pois antes dela não se permitia a progressão.

Conclui-se, portanto, que, para crimes ocorridos antes da Lei nº 11.464 – de 28 DE MARÇO DE 2007-DOU DE 29/3/2007 aplica-se a progressão 2/5 ou 3/5 no caso reincidentes.

Trata-se claramente de *novatio legis in melius* justamente porque a natureza jurídica da atribuição do Senado é discricionária, podendo o SENADO não editar qualquer RESOLUÇÃO suspendendo a norma declarada inconstitucional no caso concreto pelo STF, o que de fato ocorreu, ou seja, NÃO HOUVE atribuição de efeito erga omnes pelo SENADO do julgamento do HC nº 82.959.

Frise-se que o placar foi apertadíssimo: 6 votos contra 5 numa composição plenária do STF que hoje em dia já não é mais a mesma, o que reforça a decisão do SENADO em não suspender a antiga norma que impedia a progressão de regime para os apenados por crimes hediondos, ou seja a matéria estava longe ser pacífica.

Declarada a inconstitucionalidade no controle difuso, repito, a norma do art. 2º, § 1º, da Lei nº 8.072/1990 ainda estava em vigor, pois o efeito se deu somente no caso concreto, quando do advento da nova lei nº 11.464.

Assim não permitir a progressão (pena a ser cumprida em regime INTEGRAL-MENTE fechado) era muito mais gravoso do que a nova regra, progressão com 2/5 ou 3/5. Dessa forma a Lei nº 11.464 deve retroagir por ser mais benéfica aos apenados por crimes hediondos.

Ora, pelo entendimento acima esposado, determino que os acusados somente poderão progredir do REGIME FECHADO para o regime SEMI-ABERTO com o cumprimento de 2/5 da pena imposta, já que apenado por fato considerado crime hediondo.

OUTROS EFEITOS DA CONDENAÇÃO

Deixo de condenar o acusado no pagamento das custas processuais (art. 804, do Código de Processo Penal) em razão de sua notória hipossuficiência e por ter sido defendido por advogado dativo.

Após o trânsito em julgado desta decisão, inclua-se o nome do Réu no Livro de Rol dos Culpados desta Comarca, nos termos do art. 393 do Código de Processo Penal.

Expeça-se, logo após o trânsito em julgado, Guia de Recolhimento do Acusado, observadas todas as determinações a respeito, insertas na Lei de Execução Penal.

Empós, oficie-se ao Tribunal Regional Eleitoral do Estado de (.....) para que adotem as providências necessárias no que pertine à suspensão dos direitos políticos do apenado, nos termos do art. 15, inciso III, da Constituição Federal.

Expedida a Guia de Recolhimento, proceda-se o Juízo das execuções penais a conta de liquidação pena, computando-se o tempo em que o Acusado esteve no cárcere por força de prisão cautelar.

DO VALOR MÍNIMO DA INDENIZAÇÃO AOS FAMILIARES DAS VÍTIMAS

Consoante a nova sistemática da reforma do CPP ocorrida neste ano de 2008, passo a fixação do valor mínimo da indenização a ser paga pelos acusados aos familiares da vítima.

Verifico que o bem mais precioso que foi perdido foi a vida das vítimas. Esse "bem", a vida, não tem preço e nada trará a vida da vítima de volta. Os familiares das vítimas, sobretudo os filhos das vítimas, sofreram, sem dúvida alguma, enorme dor emocional com a perda das genitoras.

O dano moral aqui, é presumido, pois resta inconteste que o evento danoso, a morte das vítimas, causou enormes danos psicológicos a todos os familiares.

O viúvo e os filhos das vítimas "PETREA" e "SEMPRÔNIA", portanto, fazem jus a uma indenização mínima de R$ 300.000,00 (trezentos mil reais) pelos danos morais sofridos, haja visto que as vítimas tinha apenas 38 (trinta e oito) anos de idade.

Quanto ao valor do dano material mínimo sofrido pelos viúvos e os filhos das vítimas, tomo por base 10 *(dez) salários mínimos vigentes no país*, a ser pago pelos acusados, todo mês, durante 32 (trinta e dois) anos (número de anos que restaria para as vítimas completarem a expectativa de vida do brasileiro, de cerca de 70 (setenta) anos), sendo essa execução nos moldes da execução alimentícia.

DA CONDENAÇÃO DO ESTADO AO PAGAMENTO DE HONORÁRIOS A DEFENSOR DATIVO.

A DEFENSORIA PÚBLICA com atividade nesta cidade avisou para este magistrado que não possuía, na Comarca, Defensores Públicos suficientes para atender a demanda dos júris desta Comarca, sendo o quadro de defensores públicos muito deficitário.

No caso dos autos, foi nomeado o advogado Dr............. como DEFENSOR DATIVO para o réu preso, para fazer o júri do mesmo.

Como é cediço, quando a defensoria pública do Estado é deficitária e impossibilitada de atender a demanda dos processos criminais, o Juiz tem que nomear defensor dativo ao réu, mormente no caso de réus presos, onde a celeridade tem que permear o trâmite do feito.

Por isso, entendemos que, como fora nomeado defensor dativo, por deficiência do próprio Estado na defesa dos réus carentes, cabe, no caso vertente, a condenação do Estado a pagar os honorários advocatícios de defensor nomeado para o patrocínio de defesas em juízo de pessoas pobres.

De fato nos autos, restou comprovada a hipossuficiência do réu, representado no início do processo por defensor público que teve que se afastar para assumir cargo político no Município.

A douta defensora prestou os seus serviços profissionais, defendendo os interesses do acusado que é pessoa pobre.

Trazemos a lume jurisprudências pátria, que bem se enquadra no direito ora em dicção:

SUPERIOR TRIBUNAL DE JUSTIÇA
"PROCESSUAL CIVIL. AGRAVO REGIMENTAL. RECURSO ESPECIAL. CONDENAÇÃO. FAZENDA PÚBLICA. HONORÁRIOS ADVOCATÍCIOS. DEFENSOR DATIVO. POSSIBILIDADE. Nega-se provimento ao agravo regimental, em face das razões que sustentam a decisão recorrida, sendo certo que a jurisprudência desta Corte é pacífica no sentido de que o advogado nomeado defensor dativo, em processos em que figure como parte pessoa economicamente necessitada, faz jus a honorários, ainda que exista, no Estado, Defensoria Pública, cabendo à Fazenda o pagamento dos honorários devidos". (AgRg no REsp 159974/Falcão)

TRIBUNAL DE JUSTIÇA DO RIO GRANDE DO SUL – "AÇÃO DE COBRANÇA. HONORÁRIOS ADVOCATÍCIOS. ADVOGADO NOMEADO COMO DEFENSOR DATIVO PARA ATUAR EM PROCESSOS JUDICIAIS. ATO N. 11/2001-P, EDITADO PELA PRESIDÊNCIA DESTE TRIBUNAL. INAPLICÁVEL PARA AÇÕES ANTERIORES A SUA VIGÊNCIA. O Estado, embora não figure como parte no processo, responde pelo pagamento da verba honorária em favor do advogado nomeado pelo Juiz para atuação em favor dos necessitados, nas Comarcas onde inexiste ou seja ineficiente o serviço prestado pela Defensoria Pública. Comprovada a prestação de serviço como defensor dativo, tem o profissional direito à remuneração. Não se aplicam as disposições do Ato nº 11/2001-P, editado pela Presidência deste Tribunal, referente à Tabela de Honorários dos Defensores Dativos que acompanha o Anexo I, para ações distribuídas anteriormente. Inteligência art. 8º, § 2º, inc. I. Recurso improvido". (AC 70006107742/Des. Faccenda, TJRS)

Desta forma, prestado o serviço de defesa, em plenário do Júri, pela nobre defensora, compete ao Estado remunerar o profissional que executou os trabalhos que eram de sua obrigação nos termos do art. 5º, inciso LXXIV da Constituição Federal.

A verba honorária fixada 'consoante apreciação eqüitativa do Juiz' (art. 20, § 4º/CPC), por decorrer de ato discricionário do magistrado, deve traduzir-se num valor que não fira a chamada lógica do razoável que, pelas peculiaridades da espécie, deve guardar legítima correspondência com o valor do benefício patrimonial discutido, pois em nome da eqüidade não se pode baratear a sucumbência, nem elevá-la a patamares pinaculares.

Na espécie, observado o trabalho desenvolvido pelo defensor dativo, a quantia que remunera condignamente o trabalho exigido e produzido pelo profissional é justamente aquele ditado, como mínimo, pela própria tabela da OAB, no item 49.2 (Defesa em plenário), ou seja, R$ 3.000,00 (três mil reais), corrigidos monetariamente pelo INPC, com os juros legais regidos pelo Código Civil, tudo com base no art. 5º inciso LXXIV da CF/88.

Diante do exposto, determino que a Fazenda Pública do Estado de (.kkk....) proceda o pagamento do defensor dativo Dr....................., na forma estipulada acima.

DA NECESSIDADE DE FUNDAMENTAÇÃO DA DECISÃO QUE DENEGA O DIREITO DO RÉU, CONDENADO EM PRIMEIRO GRAU, DE RECORRER EM LIBERDADE

A condenação não é suficiente para dispensar o Juiz da obrigação de fundamentar a decisão que nega ao Apenado o direito de apelar em liberdade, em virtude da norma expressa no art. 93, inciso IX, da Constituição Federal.

Presentes os pressupostos da prisão cautelar e sendo eles capazes de impressionar o Juiz, deverá ser negado ao Condenado o direito de recorrer em liberdade. A prisão cautelar só se legitima quando se mostrar necessária e quando estiverem presentes os requisitos para a decretação da prisão preventiva.

Dispõe o art. 311 da lei processual penal que, em qualquer fase do inquérito policial ou da instrução criminal, caberá a prisão preventiva decretada pelo juiz, de ofício ou mediante provocação.

Estabelece a lei processual penal que a prisão preventiva poderá ser decretada como garantia da ordem pública, da ordem econômica, por conveniência da instrução criminal, ou para assegurar a aplicação da lei penal (art. 312, Código de Processo Penal).

Na lição do conceituado Júlio Fabbrini Mirabete,

> fundamenta em primeiro lugar a decretação da prisão preventiva a garantia da ordem pública, evitando-se com a medida que o delinqüente pratique novos crimes contra a vítima ou qualquer outra pessoa, quer porque que seja

acentuadamente propenso à prática delituosa, quer porque, em liberdade, encontrará os mesmos estímulos relacionados com a infração cometida[10].

A ordem pública não se limita a prevenir a reprodução de fatos criminosos, mas também acautelar o meio social e a própria credibilidade da justiça em face da gravidade do crime e de sua repercussão.

Frise-se mais uma vez que esta região do Agreste, onde se localiza a Comarca de (..kkk....) é famosa por crimes de violência doméstica contra a mulher, fato que exige imediata repressão por parte do Poder Judiciário, ainda mais quando o réu é condenado em plenário do Júri.

A prisão cautelar em face da condenação em primeiro grau se faz necessária, no caso concreto, como garantia da ordem pública, visto que, em liberdade, o réu poderá vir a vitimar outras pessoas, ante a repercussão do caso em nossa comunidade............ e também pelo fato de o acusado ter passado toda a instrução preso.

Tal entendimento conforma-se com o que têm decidido os Tribunais do país:
"A garantia da ordem pública, dada como fundamento da decretação da custódia cautelar, deve ser de tal ordem que a liberdade do réu possa causar perturbações de monta, que a sociedade venha a se sentir desprovida de garantias para a sua tranqüilidade"[11].

O ora Condenado não tem registros de antecedentes criminais, porém conceder a ele, já condenado, o direito de recorrer desta condenação em liberdade é razão suficiente para abalar a garantia da ordem pública, diminuindo a credibilidade da Justiça e estimulando a prática de condutas delituosas por outras pessoas, além de configurar um desrespeito à sociedade de (..kkk....) já tão assolada por crimes contra a mulher.

As circunstâncias foram extremamente desfavoráveis aos acusados e os mesmos revelam periculosidade. Os acusados passaram presos toda a instrução criminal. Mantenho quanto ao mais os editos preventivos já encatados aos autos.

Além disso, o(s) acusado(s) passou(aram) todo o trâmite do processo cautelarmente custodiado(s), por prisão preventiva, razão pelo que não têm o direito de recorrer em liberdade.

Os réus, que já estavam presos, não têm direito a recorrer em liberdade, ou seja, a hipótese do art. 393, I, segunda parte (conservado na prisão) tem aplicação imediata.

Trazemos a lume os seguintes julgados que bem evidenciam o direito ora esposado:

SUPERIOR TRIBUNAL DE JUSTIÇA
PROCESSO PENAL. HABEAS CORPUS. APELO EM LIBERDADE. RÉU QUE PERMANECEU PRESO DURANTE TODA A INSTRUÇÃO CRIMINAL. IMPOSSIBLIDADE. ORDEM DENEGADA. 1. Não se reconhece direito de apelar em liberdade a réu que permaneceu preso durante toda a instrução criminal, mormente no caso de ter praticado outro delito, ainda mais grave. 2. Ordem denegada. (HC 37528/SP, Rel. Ministro HÉLIO QUAGLIA BARBOSA, SEXTA TURMA, julgado em 03/02/2005, DJ 28.02.2005 p. 372).

---

10   Mirabete, Júlio Fabbrini. *Processo penal*, p. 377.
11   RJDTACRIM 11/201.

SUPERIOR TRIBUNAL DE JUSTIÇA
1. Suposta ausência de fundamentação da pena-base acima do mínimo legal. Constrangimento ilegal não configurado. Magistrado que declinou com motivação concreta a presença de circunstâncias desfavoráveis. O pedido da impetração requer uma profunda análise no conjunto probatório, pois a decisão resta fundamentada. Não há constrangimento perceptível *primus ictus oculis*, que justificariam a via Augusta do *habeas corpus*.

2. Não se reconhece direito de apelar em liberdade à ré que permaneceu presa durante toda a instrução criminal.

3. Incabível a sede eleita para análise da perda de bens imposta em sentença condenatória, pois não há constrangimento à liberdade de locomoção da paciente.

4. Ordem parcialmente conhecida, e nesse ponto, denegada. (HC nº 38825, Min. Rel. Hélio Quaglia Barbosa, T-6, Sexta Turma, Publicado no DJ de 19/12/2005).

TRIBUNAL DE JUSTIÇA DE MINAS GERAIS
1. A alegação de constrangimento ilegal, com base na negativa do benefício do apelo em liberdade, não se sustenta diante da admissibilidade da execução provisória da pena, já que os recursos especial e extraordinário, mesmo quando admitidos, o que não é o caso, não possuem efeito suspensivo capaz de impedir o regular curso da execução da decisão condenatória.

2. A custódia do sentenciado em cárcere, decorrente de sua condenação na instância ordinária, em sede de recurso de apelação, é providência compatível com o sistema processual vigente.

Ordem denegada. (HC 23.770/MG, Rel. Ministra LAURITA VAZ, QUINTA TURMA, julgado em 03/02/2005, DJ 07/03/2005 p. 287)

Ademais, permanecem hígidos os pressupostos necessários à decretação da prisão preventiva, abrigados na parte final do art. 312, do Código de Processo Penal, subsistem no caso: *a prova da existência do crime* e os *indícios suficientes da autoria*, afirmados inclusive por esta condenação.

A condição de admissibilidade, prevista no art. 313, inciso I, da lei processual penal, evidencia-se no caso, pois o fato criminoso descrito na exordial é punido com reclusão.

Por tais razões, não reconheço ao Condenado o direito de recorrer em liberdade.

Inicie-se, portanto, a execução provisória da pena imposta, imediatamente, expedindo-se o mandado de prisão e a guia de recolhimento correspondente.

Dou esta decisão por publicada em Plenário, ficando intimados todos os presentes. Registre-se. Cumpra-se.

Sala das Sessões do Tribunal do Júri da Comarca de (..kkk....), Estado de (.kkk....), no dia .... do mês de .... do ano ....

JOSÉ CARLOS VASCONCELOS FILHO
JUIZ PRESIDENTE DO TRIBUNAL DO JÚRI

5.33. Modelo de sentença final absolutória

Processo nº 216.2004.0023-2 – AÇÃO PENAL
Acusado: (.....)
Vítimas: (VVVV)

SENTENÇA

Iniciados os trabalhos nesta data, com fiel observância do procedimento legal, foi o Réu (.....) interrogado e, em seguida, lido o Relatório. Logo após procederam-se os debates.

Após os debates orais, a leitura e a explicação dos quesitos propostos, (.....) foi submetido a julgamento.

Adoto como relatório anterior a esta fase o constante da sentença de pronúncia e passo a proceder a votação dos quesitos em consonância com o novo art. 483 do Código de Processo Penal.

DO QUESITO – QUANTO À MATERIALIDADE

Conduta e resultado:

O Conselho de Sentença respondeu SIM por 4 a zero, reconhecendo que no dia 16 de setembro de 2009, às 18 horas, na rua Quintino Bocaiuva, situada na Travessa do Meio, bairro Heliópolis, nesta Comarca, a vítima.... recebeu tiros de arma de fogo, causando-lhe as lesões descritas no laudo necroscópico de fls.13"

Nexo de causalidade:

O Conselho de Sentença respondeu SIM por 4 a zero, reconhecendo desta forma que essas lesões ocasionaram a morte da vítima....

O Conselho de Sentença respondeu SIM ao quesito de número 1 (um), reconhecendo a materialidade delitiva.

DO QUESITO – QUANTO À AUTORIA DO RÉU (....) NO CRIME DE HOMICÍDIO DA VÍTIMA (....)

O Conselho de Sentença respondeu SIM por quatro a três ao quesito de número 3 (três), reconhecendo desta forma que (.....), no dia 13 de........ de....., por volta das 22h00, no centro da cidade de...., nesta Comarca, efetuou disparos de arma de fogo contra a vítima (VVVV), causando os ferimentos descritos no auto de exame cadavérico encartado aos autos.

DO QUESITO – DA TESE DEFENSIVA

O Conselho de Sentença respondeu SIM por 4 a 0 (zero) ao quesito de número quatro, reconhecendo, que o acusado deve ser absolvido.

Prejudicados os demais quesitos.

DISPOSITIVO

Diante de tais considerações, arrimada na decisão soberana do Conselho de Sentença desta Comarca, ABSOLVO o réu (.....), nos termos do art. 492, inciso II, do Código de Processo Penal, da imputação de prática das condutas criminosas, previstas no art. 121, § 2º, II e IV, do Código Penal Brasileiro com relação à vítima (VVVV), em face da tese de defesa, como sendo a legítima defesa própria, prevista no art. 23, II e 25, ambos do Código Penal.

Por força da decisão do nobre Tribunal do Júri desta Comarca, determino que seja o Sr. (.....) posto em liberdade, para tanto expeça-se o seu competente e necessário Alvará de Soltura, se por outro motivo não estiver preso.

Sem custas.

Dada esta Sentença por publicada em plenário do Júri, a portas abertas, na presença do Réu, e dela intimadas as partes. Registre-se. Cumpra-se.

Sala das Sessões do Tribunal do Júri da Comarca de ....., Estado de ...., no dia ..... do mês de novembro do ano ....

............, (dia) de (mês) de (ano).......

....
(Juiz de Direito)

5.34. Modelo de sentença final desclassificatória

Processo nº 216.2004.966-3
AÇÃO PENAL
Acusado:............
Vítima: ....

SENTENÇA

Adoto como relatório o constante da sentença de pronúncia.

Iniciados os trabalhos nesta data, com fiel observância do procedimento legal, foi o réu interrogado e, após a leitura do relatório, foram lidas peças do processo conforme requerido pelas partes.

Logo após procederam-se aos debates.

Após os debates orais, a leitura e a explicação dos quesitos propostos,............ foi submetido a julgamento.

DO QUESITO – QUANTO À MATERIALIDADE
Conduta e resultado:

O Conselho de Sentença respondeu SIM por 4 a zero, reconhecendo que no dia 16 de setembro de 2009, às 18 horas, na rua Quintino Bocaiuva. situada na Travessa do Meio, bairro Heliópolis, nesta Comarca, a vítima.... recebeu tiros de arma de fogo, causando-lhe as lesões descritas no laudo necroscópico de fls.13.

Nexo de causalidade:
O Conselho de Sentença respondeu SIM por 4 a zero, reconhecendo desta forma que essas lesões ocasionaram a morte da vítima....

O Conselho de Sentença respondeu SIM ao quesito de número 1 (um), reconhecendo a materialidade delitiva.

DO QUESITO – QUANTO À AUTORIA

O conselho de sentença respondeu SIM ao quesito de número 2 (dois), reconhecendo dessa forma que no dia .../...../....., aproximadamente às 21:30 horas, na Rua da ....., em ...., o réu ...., fazendo uso de arma de fogo, desferiu disparo contra a vítima ...., causando-lhe os ferimentos descritos na perícia de fls. 21.

DO QUESITO – QUANTO À TESE DESCLASSIFICATÓRIA

O conselho de sentença respondeu SIM ao quesito de número 3 (três), reconhecendo dessa forma que o réu ...., em desferindo o disparo contra a vítima, não deu início à execução de um homicídio, desclassificando o delito para lesões corporais, de competência do juízo singular.

DISPOSITIVO

Diante de tais considerações, arrimada na decisão soberana do Conselho de Sentença desta Comarca, DESCLASSIFICO o crime indicado na denúncia para o crime de lesões corporais leves, art. 129 *caput* do Código Penal com base no novo art. 492, § 1º do CPP.

A pena prevista, abstratamente, na espécie, é de reclusão de 3 (três) meses a 1 (um) ano.

O delito para lesões corporais de natureza leve é de competência do Juizado Especial Criminal desta Comarca.

Aflora, portanto, a necessidade de emissão de provimento jurisdicional que reconheça ser este Juízo incompetente para conhecer do mérito deste feito que noticia, com a desclassificação do Egrégio Conselho de Sentença, violação de tipo penal com preceito secundário inferior ou igual a dois anos.

De fato, a Lei Federal que instituiu os Juizados Especiais Cíveis e Criminais da Justiça Federal, resolveu indicar como infração de menor potencial ofensivo as relativas aos crimes que apresentem pena máxima não superior a dois anos, ou multa, como se pode verificar da redação contida no parágrafo único do art. 2º da Lei Federal nº 10.259, de 12 de Julho de 2001.

Dessa forma, considerando que o procedimento sumaríssimo se constitui em Micro Sistema decorrente da vontade do Constituinte originário que fez menção expressa aos Juizados na norma contida no art. 98 da Constituição Federal, dúvidas não restam que o conhecimento das questões aqui levantadas, no sentido de aferir os elementos dispostos no presente processo para que de verifique da possibilidade de aplicação de medida despenalizante, é da inteira competência do Juízo I Juizado Especial desta Comarca, para onde o processo deve ser remetido.

Deve, portanto, o presente processo ser remetido para o Juízo do I Juizado Especial Criminal desta Comarca, órgão competente para instalar o procedimento sumaríssimo e verificar se a situação comporta a aplicação de medida despenalizante contida na legislação especial já declinada, nada obstando que, frustrada a possibilidade da incidência de tais institutos, venha o feito a aportar nesta Vara Criminal, *ex vi* da redação dos parágrafos dos arts, 66 e 77 da Lei nº 9099/1995.

DIANTE DO EXPOSTO, por tudo o mais que dos autos constam, nos termos do art. 93, item XI, da Constituição Federal c/c com o art. 3º do Código de Processo Penal DESCLASSIFICO o delito em deslinde nestes fólios para o do art. 129 *caput* do CP e em decorrência DECLINO da competência desta Vara Criminal para o Juízo do I Juizado Especial da Comarca de ...., de acordo com as Leis Federais nºˢ 9.099/95 e 10.259/01, pelo que está a Justiça Comum sem condição de desenvolver os atos processuais válidos e regulares para a constituição e continuação do processo por lesões corporais leves.

Proceda-se com a baixa necessária e a remessa dos autos, após o trânsito em julgado desta decisão, que dou por publicada em plenário e todos os presentes intimados.

Publique-se. Registre-se. Intime-se. Cumpra-se.

Dou esta decisão por publicada em Plenário, ficando intimados todos os presentes. Registre-se. Cumpra-se.

Sala das Sessões do Tribunal do Júri da Comarca de ...., Estado de Pernambuco, no dia .... do mês de ..... do ano ....

JOSÉ CARLOS VASCONCELOS FILHO
JUÍZA PRESIDENTE DO TRIBUNAL DO JÚRI -............

5.35. Modelo de pedido de habilitação de assistente

Os modelos de pedido de habilitação e a procuração foram elaborados por meu grande amigo Fernando da Costa Tourinho Filho na sua excelente obra *Prática de Processo Penal*. Afirma o mestre do processo penal: *Vejamos dois modelos de habilitação de assistente. No primeiro é a própria vítima por seu advogado, quem se habilita. No segundo, é o representante legal da vítima quem se habilita através de advogado. Embora o modelo da procuração seja para o segundo caso, fácil será a sua adaptação.*

Exmo. Sr. Dr. Juiz de Direito da 2ª Vara desta Comarca

Basílio da Costa, brasileiro, solteiro, comerciante, residente e domiciliado nessa cidade, na rua dos Afonsos nº 10-19, por sua procuradora infra-assinado, conforme documento anexo, vem, respeitosamente, perante V. Exa., nos autos do processo-crime que a Justiça Pública move, por essa Vara, contra Antônio dos Pirineus, por infração ao art. 121, § 2ª, inc. I do CP, e nos quais figura o Suplicante como vítima, requerer, nos termos do art. 268 do CPP, se digne de admiti-lo como assistente de acusação, ouvido o DD. Representante do Ministério Público.

Requer, outrossim, uma vez deferido o pedido, seja-lhe determinada a abertura de vista dos referidos autos.

Nestes termos,
Pede deferimento.
Bauru, 21 de julho de....
p.p. *Regina de Fátima Mazaro Santos*
Advogada

Exmo. Sr. Dr. Juiz de Direito da 1ª Vara desta Comarca

Antônio dos Santos, brasileiro, comerciante, residente e domiciliado nesta cidade, na rua Tiradentes nº 10-19, por sua procuradora infra-assinado (Doc. I), conforme documento anexo, vem, respeitosamente, na qualidade de pai da vítima Felisberto Costa dos Santos (Doc. II), perante V. Exa., nos autos do processo-crime que a Justiça Pública move, por essa Vara, contra Felisdeu Andrade, como incurso nas penas do art. 129, § 1º, do CP, requerer, nos termos do art. 268 do CPP, ouvido o DD. Representante do Ministério Público, se digne de admiti-lo como assistente de acusação.

Requer, outrossim:

a) uma vez deferido o pedido, lhe seja determinada a abertura de vista dos autos;

b) a juntada desta aos autos, com os documentos inclusos (procuração e certidão de nascimento da vítima menor).

Nestes termos,
Pede deferimento.
Bauru, 21 de julho de....
p.p. *Rosemary Terzian*
Advogada

5.36. Modelo de procuração

O renomado mestre ainda formula um modelo de procuração.

PROCURAÇÃO

Pelo presente instrumento particular de mandato, que faz datilografar e assina, Antônio dos Santos, brasileiro, casado, comerciante, residente e domiciliado nesta cidade, na rua Tiradentes nº 10-19, constitui e nomeia sua bastante procuradora, nesta cidade ou onde com este instrumento se apresentar, a Dra. Rosemary Terzian, brasileira, casada, residente e domiciliada nesta cidade, advogada regularmente inscrita na OAB, Secção de São Paulo, sob o nº 198.755, CIC nº 56.705.546, com escritório nesta cidade, na Praça da Matriz nº 9, a quem confere todos os poderes, inclusive os da cláusula *ad judicia*, nesta ou em quaisquer instâncias, para o fim especial de intervir, como assistente de acusação, nos autos do processo-crime que a Justiça Pública move, pela 1ª Vara desta Comarca, contra o réu Felisdeu Andrade, como incurso nas penas do art. 129, § 1º, do CP, figurando como vítima o menor Felisberto Costa dos Santos, filho do outorgante, podendo o referido procurador produzir provas, fazer alegações escritas ou orais, sustentação oral, receber intimações e notificações, interpor recursos e arrazoá-los, bem como os interpostos pelo Ministério Público, contra-arrazoar *os* eventualmente interpostos e, enfim, praticar todos os atos necessários ao fiel desempenho do presente mandato, inclusive substabelecer em quem convier, com ou sem reservas de iguais poderes, o que tudo dará por firme e valioso, como se presente estivesse.

Bauru,... de julho de.....
Antônio dos Santos

5.37. Modelo do termo de verificação de cédulas

No dia... de... de..(*ano*), às...h, no (*colocar locar*), o Dr. juiz-presidente (*colocar nome do juiz*) da 1ª Vara do Tribunal do Júri desta Comarca de (...) abriu a urna contendo as cédulas com os nomes dos 25 jurados e, verificando publicamente que ali todas elas se achavam, recolheu-as novamente à urna, fechando-a à chave. Do que faço este termo, que lido e achado conforme, vai assinado pelo doutor Juiz Presidente do Tribunal do Júri. Eu,_____(Iraci Moraes Gueiros), Secretária que o digitei e subscrevi.

JUNTADA
Na mesma data faço juntada a estes autos da certidão que se segue. Eu,_____ (Iraci Moraes Gueiros), Chefe de Secretaria, que o digitei e subscrevi.

....
(Assinatura do Juiz)
....
(Assinatura do Promotor de Justiça)
....
(Assinatura do defensor)

5.38. Modelo de certidão de incomunicabilidade dos jurados elaborado pelo oficial de justiça

Certifico em conformidade com o novo § 2º do art. 466 do Código de Processo Penal, que no dia... de... de..(*ano*), às...h, no (*colocar locar*), foi efetuado o julgamento do réu..... e que houve plena incomunicabilidade entre os senhores jurados. O referido é verdadeiro e dou fé.

....
(Assinatura do oficial de justiça)

5.39. Modelo do termo de compromisso de jurados

Aos.... do mês de.... do ano de......, na sala das audiências do Tribunal do Júri, da comarca de.........., foi constituído o Conselho de Sentença para julgamento dos presentes autos de Ação Penal que a Justiça Pública move contra o réu.........., depois de estarem de pé todos os jurados, pelo MM. Juiz-Presidente do Tribunal do Júri, Exmo. Sr. Dr..............., foi atribuído ao conselho de sentença e compromisso legal, fazendo aos jurados a seguinte exortação: *"Em nome da lei concito-vos a examinar com imparcialidade esta causa e a proferir a vossa decisão, de acordo com a vossa consciência e os ditames da justiça"*, respondendo, depois, cada um dos jurados, nominalmente chamados pelo juiz, o seguinte: *"Assim o prometo".*

Efetivado o compromisso por cada um dos senhores jurados, pelo MM. Juiz foi determinado que se lavrasse o presente termo que lido e achado conforme vai por todos assinado. Eu, Diretor de Secretaria,.........., digitei e subscrevo,

....- 1º jurado
....- 2º jurado
....- 3º jurado
....- 4º jurado
....- 5º jurado
....- 6º jurado
....- 7º jurado

5.40. Modelo do termo de votação

Aos..... do mês de.... de...., na sala secreta do Tribunal do Júri desta Comarca, onde presente se achava o MM. Juiz de Direito, Presidente do Tribunal do Júri Exmo. Sr. Dr.........., e os senhores jurados:

1..
2..
3..
4..
5..
6..
7..

Ocorreu o julgamento da ação penal que a justiça pública move contra o réu..............., incurso nas tenazes do art. 121, § 2º, incisos I e II do Código Penal.

Antes de se proceder à votação de cada um dos quesitos, pelo MM. Juiz foi determinado que se distribuísse a cada um dos jurados duas pequenas cédulas, em papel opaco e facilmente dobrável, contendo uma palavra "sim" e outra a palavra "não", a fim de que, munidos de tais cédulas pudessem votar os quesitos que lhes fossem formulados. Após a votação de cada quesito, através do MM. Juiz-Presidente foram verificados os votos e as cédulas não utilizadas, procedendo dessa maneira com redação a todos os demais quesitos postos em votação.

Terminada a votação dos quesitos e obedecidas todas as formalidades legais, verificou-se o seguinte resultado..

Nada mais havendo a tratar, mandou o MM. Juiz-Presidente lavrar o presente termo, que lido e achado conforme vai devidamente assinado. Eu,............, digitei e subscrevo o presente termo.

....
(Assinatura do Juiz)
....
(Assinatura do Promotor de Justiça)
....
(Assinatura do defensor)
Assinatura dos jurados:
1..............................
2..............................
3..............................
4..............................
5..............................
6..............................
7..............................

5.41. Modelo de relatório confeccionado pelo juiz presidente do júri

Processo Penal nº...
Réu:..........
Vítima:..........
Delito: art. 121, § 2º, incisos II e IV.

RELATÓRIO

O pronunciado....., conhecido como "........", qualificado às fls.02 e indiciado em Inquérito Policial, foi denunciado nesta Comarca de........ como incurso nas sanções do art. 121, § 2º, incisos II e IV, do Código Penal. Ou seja, pela prática de homicídio duplamente qualificado: motivo fútil e emprego de recurso que impossibilitou a defesa da vítima.

SÍNTESE DOS FATOS

* Fazer um breve relato sobre os fatos elencados na denúncia:

Aduziu a peça inicial que, no dia 17 de abril de 2008, por volta das 18:00 horas, na Rua.....

DESENVOLVIMENTO PROCEDIMENTAL

A Denúncia foi recebida no dia.../..../.... por despacho proferido às fls. 61.
Citação do Réu, fls. 62v.

Apresentou defesa as fls. 64.

Ouvidas as testemunhas arroladas pelo MINISTÉRIO PÚBLICO e DEFESA às fls. 65/72.

Interrogatório do réu, fls. 73.

Certidões de antecedentes do Réu às fls. 131/135.

O réu foi preso no dia../.../.... (prisão em flagrante delito).

Citação válida, consoante se vê nas fls. 93 e 102, verso.

Com vista dos autos para as alegações finais (art. 406, do CPP), o representante do Ministério Público pugnou pela pronúncia do incriminado nos termos da denúncia (fls. 219/220).

O advogado constituído limitou-se a pleitear a exclusão das duas qualificadoras e a concessão do benefício da liberdade provisória (fls. 227/230).

Adveio a decisão de pronúncia, pela qual encaminhei o réu a julgamento perante o Tribunal Popular do Júri, como incurso nas sanções do art. 121, § 2º, incisos II e IV do Código Penal (fls .231/237). Desta decisão foram intimados o Ministério Público, o defensor e o réu, pessoalmente (fls. 237 e 243).

A Secretaria certificou o trânsito em julgado da decisão de pronúncia (fls. 245v).

Determinei com fulcro no novo art. 422 do Código de Processo Penal a intimação do órgão do Ministério Público e do defensor para no prazo de 5 (cinco) dias apresentarem rol de testemunhas que irão depor em plenário, até o máximo de 5 (cinco), oportunidade em que poderão juntar documentos e requerer diligência.

Regularmente intimadas as partes nada requereram.

Afixou-se edital de convocação do Júri Popular e, por despacho, determinei:

a) a preparação do processo e a submissão do réu............ a julgamento, no dia vinte e nove de março de 2009, às 8:00 h, na sala do Tribunal do Júri do Fórum desta Comarca;

b) a notificação do réu, do advogado de defesa e do Ministério Público e;

c) a juntada aos autos de cópias da pauta da sessão do Júri, do termo do sorteio dos jurados, do edital de alistamento dos jurados e dos ofícios informando a convocação da sessão ao Conselho da Magistratura e à Corregedoria Geral de Justiça.

......, 29 de novembro de 2008.

Bel. Francisco Milton Araújo Júnior
Juiz-Presidente do Tribunal do Júri

5.42. Modelo de certidão do pregão
CERTIDÃO DO PREGÃO

CERTIFICO que, após o MM. Juiz declarar aberta a sessão, APREGOEI às partes tendo respondido ao mesmo o réu....., O Representante do Ministério Público na pessoa do Promotor de Justiça **Dr. FRANCISCO DIRCEU BARROS** e o Defensor do Réu **Dr.......... – OAB/PE nº...**, estes últimos foram convidados pelo MM. Juiz Presidente a assumirem suas Tribunas, Acusação e Defesa, respectivamente, o que foi feito. Também respondeu ao pregão as testemunhas arroladas em caráter de imprescindibilidade pela Acusação para serem ouvidas em plenário. Nada mais havendo a certificar dou por encerrada a presente certidão. O referido é verdade; dou fé. Correntes, 17 de junho de 2008.

Ivanildo Gonzaga e Silva
Oficial de Justiça e Porteiro dos Auditórios

5.43. Modelo de termo de julgamento

Termo de Julgamento do Processo nº 210/09-P
Réu:..........

TERMO DE JULGAMENTO

Aos 06 (seis) dias do mês de julho de 2009, na sala secreta das deliberações do Júri, a portas fechadas, em continuação aos trabalhos da presente sessão do Tribunal do Júri, estando presente o Excelentíssimo Senhor Doutor **Waldemiro de Araújo Lima Neto**, Meritíssimo Juiz de Direito e Presidente do aludido Tribunal, comigo secretária a seu cargo, ao final nomeada e assinada, presentes também os Jurados do Conselho de Sentença, senhores: 1) –....; 2) –..............; 3) –..............; 4) –..........; 5) –..............; 6) –.................... e 7) –.............., o ilustre Promotor de Justiça, Doutor Francisco Dirceu Barros, o digno Defensor do réu........, Doutor............., o Oficial de Justiça: **Uilson de Mello Costa** e, de acordo com os arts. 467, 468, 482, 483, 484, 485, 486, 487, 488, 490, 491, do Código de Processo Penal, o Meritíssimo Juiz Presidente procedeu a votação dos quesitos retro, relativos ao acusado..........., e com observância de todas as formalidades legais, depois de lido e explicada a significação legal de cada um, tendo sido apurados os seguintes resultados:

PRIMEIRA SÉRIE

Ao primeiro quesito: SIM, por quatro (04) votos contra dois (03);
ao segundo quesito: SIM, por quatro (04) votos contra dois (03);
ao terceiro quesito: SIM, por quatro (04) votos contra dois (03);
Demais quesitos: prejudicados.x.x.x.x.x.x.x.x.x.x.x.x.x.x.x.x

Diante desse resultado o Meritíssimo Juiz Presidente deu por encerrada a votação, durante a qual estiveram presentes o Doutor Promotor de Justiça e o Defensor do acusado, sem, contudo, na mesma intervirem. E tudo para constar, lavrei este termo que vai devidamente assinado. E,_____(Iraci Moraes Gueiros), Secretária que o digitei e subscrevi.

MM. Juiz:

Dr. Promotor:

Dr. Defensor:

Conselho de Sentença:
1............
2............
3............
4............
5............
6............
7............

5.44. Modelo de despacho de preparo do júri
Processo-crime nº
Réu:
Imputação: art. 121, §2º, II e IV, e art. 14, II, do CP.

DESPACHO

Não havendo diligências a realizar, ou defeitos a serem sanados, declaro preparado o processo para julgamento pelo Tribunal do Júri, designando o dia.....de..... de 2009, às 8:30 horas para se realizar a sessão.

Intime-se a representante do Ministério Público, bem como o defensor do acusado.

Expeça-se carta precatória para intimação do acusado.

Proceda à afixação em lugar público dos processos que serão levados à júri para conhecimento da população.

........., 19 de dezembro de 2008.

....
Juiz presidente do júri

5.45. Roteiro prático completo para o juiz seguir no dia do julgamento
- Modelo elaborado e gentilmente cedido por meu amigo Dr. José Carlos Vasconcelos Filho (Juiz de direito).

I. Abertura
Bom dia a todos!
INICIANDO, na data de hoje, a ____ ª Sessão do Tribunal do Júri desta Comarca, no ano de 20____, COMEÇO a primeira Sessão de Julgamento, dirigindo-me ao seleto e honrado Corpo de Jurados, para informar-lhe, que Vossas Excelências foram sorteadas de uma lista que relaciona pessoas diferenciadas da sociedade de...., diferenciadas não pela posição social, pelo destaque na sociedade, pela cultura acumulada, pela aparência física ou pelo número de bens acumulados, **mas apenas pela idoneidade**.

O serviço do júri é obrigatório. O alistamento compreenderá os cidadãos maiores de 18 (dezoito) anos de notória idoneidade moral, nos termos do Art. 436 do CPP.

Nenhum cidadão poderá ser excluído dos trabalhos do júri ou deixar de ser alistado em razão de cor ou etnia, raça, credo, sexo, profissão, classe social ou econômica, origem ou grau de instrução. A recusa injustificada, pelo jurado, ao serviço do júri, acarretará multa no valor de 1 (um) a 10 (dez) salários mínimos, a critério do juiz, de acordo com a condição econômica do jurado, conforme preceitua o Código de Processo Penal.

O Serviço do Júri outorga aos jurados uma série de benefícios legais. De fato, o exercício efetivo da função de jurado constituirá serviço público relevante, estabelecerá presunção de idoneidade moral e assegurará prisão especial, em caso de crime comum, até o julgamento definitivo (art. 439 do CPP).

Constitui também direito do jurado a **preferência**, em igualdade de condições, nas licitações públicas e no provimento, mediante concurso, de cargo ou função pública, bem como nos casos de promoção funcional ou remoção voluntária.

Nenhum desconto será feito nos vencimentos ou salário do jurado sorteado que comparecer à sessão do júri.

O Juiz somente poderá aceitar a escusa do Jurado se fundada em motivo relevante devidamente comprovado e apresentada, ressalvadas as hipóteses de força maior, até o momento da chamada dos jurados.

O jurado somente será dispensado por decisão motivada do juiz presidente, consignada na ata dos trabalhos.

No Brasil, a instituição do Tribunal do Júri remonta a uma Lei de 18 de julho de 1822, sendo assegurada também na Constituição Imperial de 1824.

A atual Constituição Federal, de 1988, manteve a instituição do júri, assegurando a plenitude da defesa, o sigilo das votações, a soberania dos veredictos e a competência para o julgamento dos crimes dolosos contra a vida.

Para o exercício deste mister, a lei concedeu a Vossas Excelências inúmeros poderes, dentre eles, o de interrogar o Réu, pedir a leitura de qualquer peça do processo, examinar os autos e pedir esclarecimentos ao Ministério Público, ao Advogado de Defesa ou à Presidência deste Tribunal.

Nada ou ninguém poderá violar as garantias constitucionalmente previstas, sem se sujeitar à aplicação das sanções legais. Oriento, portanto, Vossas Excelências a repelirem quaisquer comentários feitos à vossa atuação e, caso se sintam ameaçados ou coagidos por quem quer que seja, comuniquem, imediatamente, à Presidência deste Tribunal ou ao Ministério Público.

Vossas atribuições são de extrema responsabilidade, sendo necessário, portanto, que decidam com prudência e critério. Assim, somente devem decidir quando estiverem perfeitamente esclarecidos acerca dos fatos.

Rogo-lhes, finalmente, que julguem de acordo com o sentimento de justiça e que se mantenham sempre atentos à prova dos autos.

Dirijo-me também às pessoas aqui presentes, demais membros da comunidade de Garanhuns, para inicialmente agradecer-lhes o comparecimento e, por fim, informar-lhes de que devem se manter no mais absoluto silêncio, evitando qualquer manifestação a favor ou contrária ao que se passar nessa Sessão.

Finalmente, saúdo ao Excelentíssimo Senhor Promotor de Justiça desta 1ª Vara Criminal Dr. Domingos Sávio Pereira Agra.

Saúdo também ao Senhor Advogado de Defesa e a cada um dos Serventuários desta Casa Judiciária, na pessoa do Dr. Leonardo Queiroga, chefe de Secretaria desta Comarca.

II. Sessão do júri
1. Do início dos trabalhos
Dando início aos trabalhos, procederei na forma do art. 454 do CPP, os casos de isenção e dispensa dos jurados e eventuais pedidos de adiamento, de tudo constando em ata.

Art. 454. Até o momento de abertura dos trabalhos da sessão, o juiz presidente decidirá os casos de isenção e dispensa de jurados e o pedido de adiamento de julgamento, mandando consignar em ata as deliberações.(Redação dada pela Lei nº 11.689, de 2008)

Art. 437. Estão isentos do serviço do júri: (Redação dada pela Lei nº 11.689, de 2008)

I – o Presidente da República e os Ministros de Estado; (Incluído pela Lei nº 11.689, de 2008)

II – os Governadores e seus respectivos Secretários; (Incluído pela Lei nº 11.689, de 2008)

III – os membros do Congresso Nacional, das Assembléias Legislativas e das Câmaras Distrital e Municipais; (Incluído pela Lei nº 11.689, de 2008)

IV – os Prefeitos Municipais; (Incluído pela Lei nº 11.689, de 2008)

V – os Magistrados e membros do Ministério Público e da Defensoria Pública; (Incluído pela Lei nº 11.689, de 2008)

VI – os servidores do Poder Judiciário, do Ministério Público e da Defensoria Pública; (Incluído pela Lei nº 11.689, de 2008)

VII – as autoridades e os servidores da polícia e da segurança pública; (Incluído pela Lei nº 11.689, de 2008)

VIII – os militares em serviço ativo; (Incluído pela Lei nº 11.689, de 2008)

IX – os cidadãos maiores de 70 (setenta) anos que requeiram sua dispensa; (Incluído pela Lei nº 11.689, de 2008)

X – aqueles que o requererem, demonstrando justo impedimento. (Incluído pela Lei nº 11.689, de 2008)

Art. 438. A recusa ao serviço do júri fundada em convicção religiosa, filosófica ou política importará no dever de prestar serviço alternativo, sob pena de suspensão dos direitos políticos, enquanto não prestar o serviço imposto. (Redação dada pela Lei nº 11.689, de 2008)

§ 1º Entende-se por serviço alternativo o exercício de atividades de caráter administrativo, assistencial, filantrópico ou mesmo produtivo, no Poder Judiciário, na Defensoria Pública, no Ministério Público ou em entidade conveniada para esses fins. (Incluído pela Lei nº 11.689, de 2008)

§ 2º O juiz fixará o serviço alternativo atendendo aos princípios da proporcionalidade e da razoabilidade. (Incluído pela Lei nº 11.689, de 2008)

Art. 443. Somente será aceita escusa fundada em motivo relevante devidamente comprovado e apresentada, ressalvadas as hipóteses de força maior, até o momento da chamada dos jurados. (Redação dada pela Lei nº 11.689, de 2008)

Art. 444. O jurado somente será dispensado por decisão motivada do juiz presidente, consignada na ata dos trabalhos. (Redação dada pela Lei nº 11.689, de 2008)

2. Das presenças

2.1. Em caso de ausência do MP

( ) é o caso   ( ) não é o caso

Art. 455. Se o Ministério Público não comparecer, o juiz presidente adiará o julgamento para o primeiro dia desimpedido da mesma reunião, cientificadas as partes e as testemunhas. (Redação dada pela Lei nº 11.689, de 2008)

Parágrafo único. Se a ausência não for justificada, o fato será imediatamente comunicado ao Procurador-Geral de Justiça com a data designada para a nova sessão.

2.2. Em caso de ausência do advogado de defesa

( ) é o caso   ( ) não é o caso

Art. 456. Se a falta, sem escusa legítima, for do advogado do acusado, e se outro não for por este constituído, o fato será imediatamente comunicado ao presidente da seccional da Ordem dos Advogados do Brasil, com a data designada para a nova sessão. (Redação dada pela Lei nº 11.689, de 2008)

§ 1º Não havendo escusa legítima, o julgamento será adiado somente uma vez, devendo o acusado ser julgado quando chamado novamente. (Incluído pela Lei nº 11.689, de 2008)

§ 2º Na hipótese do § 1º deste artigo, o juiz intimará a Defensoria Pública para o novo julgamento, que será adiado para o primeiro dia desimpedido, observado o prazo mínimo de 10 (dez) dias. (Incluído pela Lei nº 11.689, de 2008)

2.3. Em caso de ausência do acusado solto devidamente intimado
( ) é o caso   ( ) não é o caso
Verifico a ausência do acusado que se encontra solto. E verifico que o mesmo foi regularmente intimado para comparecimento neste julgamento.

Indago ao nobre advogado de defesa se algum motivo de força maior que o impediu de estar presente, mediante comprovação ou justificação de sua ausência, ou o acusado quer fazer uso de seu direito de não comparecer ao julgamento?

Art. 457. O julgamento não será adiado pelo não comparecimento do **acusado solto**, do assistente ou do advogado do querelante, que tiver sido regularmente intimado. (Redação dada pela Lei nº 11.689, de 2008)

§ 1º Os pedidos de adiamento e as justificações de não comparecimento deverão ser, salvo comprovado motivo de força maior, previamente submetidos à apreciação do juiz presidente do Tribunal do Júri. (Incluído pela Lei nº 11.689, de 2008)

2.4. Em caso de ausência do acusado preso
( ) é o caso   ( ) não é o caso
Verifico a ausência do acusado que se encontra preso devidamente intimado, mas não conduzido.

Indago ao nobre advogado de defesa se há ou se fará pedido de dispensa do comparecimento do mesmo?

Art. 457. (....)
(...)

§ 2º Se o acusado preso não for conduzido, o julgamento será adiado para o primeiro dia desimpedido da mesma reunião, salvo se houver pedido de dispensa de comparecimento subscrito por ele e seu defensor. (Incluído pela Lei nº 11.689, de 2008)

( ) Em havendo pedido de dispensa, pelo advogado do réu determino que se continue o julgamento sem a presença do acusado.

( ) Em não havendo pedido de dispensa de comparecimento do acusado, nem pelo advogado do réu e nem por ele próprio, determino que se adie o julgamento para o primeiro dia desimpedido nesta mesma reunião ou, não havendo dia desimpedido, que se inclua na próxima pauta, com a observância do art. 429 do CPP.

2.4.1. Em caso de desídia do Estado em não conduzir o preso para julgamento
( ) é o caso   ( ) não é o caso
Verifico que a ausência do acusado que se encontra preso se deu porque não foi providenciada a sua condução pelo Estado, apesar de ter sido requisitado judicialmente.

Oficie-se o agente público responsável pela não condução do preso, para que justifique o motivo da não condução, por escrito no prazo de 5 (cinco) dias.

Oficie-se a SERES e a SDS –... comunicando que o preso não foi conduzido a seu julgamento por desídia do Estado, para que apure, inclusive disciplinarmente, as causas do não cumprimento da ordem judicial, requisitando resposta das providências adotadas no prazo de 30 (trinta) dias, sob pena de prevaricação e descumprimento de ordem judicial.

Após a justificação do agente público, comunique-se o Ministério Público do fato e da justificativa para que adote as providências institucionais cabíveis, se for o caso.

2.5. Em caso da ausência de testemunhas devidamente intimadas
( ) é o caso   ( ) não é o caso
Verifico que há ausência de testemunhas. Indago das partes se há pedido de dispensa das testemunhas faltosas.

Informo as partes que, nos termos do art. 461 do CPP, a regra é a de que o julgamento não será adiado pela ausência das testemunhas.

O julgamento só será adiado, no caso da testemunha que deixar de comparecer:
– se uma das partes (MP ou defesa) tiver requerido a sua intimação por mandado;
– se na oportunidade em que arrolada a testemunha (na oportunidade do art. 422 do CPP ou no libelo e/ou contrariedade do libelo para processos com trâmite na vigência lei anterior) houver a declaração expressa de uma das partes de não prescindir do depoimento dela em plenário e
– desde que indicada a localização da testemunha pela parte na ocasião em que arrolada.

Art. 461. O julgamento não será adiado se a testemunha deixar de comparecer, salvo se uma das partes tiver requerido a sua intimação por mandado, na oportunidade de que trata o art. 422 deste Código, declarando não prescindir do depoimento e indicando a sua localização. (Redação dada pela Lei nº 11.689, de 2008)

Verifico que há testemunha(s) intimada(s) que não compareceu(ram) e nem justificou(caram) a ausência. Sendo assim, determino que se remeta os seguintes do-

cumentos para a delegacia de polícia, para abertura de procedimento inquisitorial em desfavor da(s) testemunha(s) (nome(s) da(s) testemunha(s)) para apurar desobediência a ordem judicial, nos termos do art. 458 do CPP:
- cópia do mandado de intimação;
- cópia da certidão de intimação;
- cópia da ata dos trabalhos,
- certidão do Oficial de Justiça, que atua neste Júri, certificando o não comparecimento na data de hoje da testemunha.

Além disso, com base no art. 458 *in fine* e art. 436 do CPP, aplico a testemunha intimada e faltosa a multa de um salário mínimo, determinando de já a intimação da mesma para no prazo de 48 (quarenta e oito) horas realizar o pagamento ou apresentar justificativa idônea.

Art. 458. Se a testemunha, sem justa causa, deixar de comparecer, o juiz presidente, sem prejuízo da ação penal pela desobediência, aplicar-lhe-á a multa prevista no § 2º do art. 436 deste Código. (Redação dada pela Lei nº 11.689, de 2008)

Art. 436. (....)

§ 2º A recusa injustificada ao serviço do júri acarretará multa no valor de 1 (um) a 10 (dez) salários mínimos, a critério do juiz, de acordo com a condição econômica do jurado. (Incluído pela Lei nº 11.689, de 2008)

Em não estando presentes quaisquer das hipóteses da ressalva constante do art. 461, determino que se proceda o julgamento sem a ouvida da testemunha arrolada.

2.6. No caso de testemunha arrolada com cláusula de imprescindibilidade não encontrada pelo oficial de justiça no endereço indicado pela parte
( ) é o caso   ( ) não é o caso

Se a testemunha, mesmo arrolada com cláusula de imprescindibilidade, não foi localizada no endereço indicado pelas partes, fato certificado pelo oficial de justiça nas fls., o julgamento deve continuar nos termos do art. 461 §2º do CPP.

Art. 461. (....)

§ 2º O julgamento será realizado mesmo na hipótese de a testemunha não ser encontrada no local indicado, se assim for certificado por oficial de justiça. (Incluído pela Lei nº 11.689, de 2008)

Determino então o prosseguimento do julgamento.

2.7. Em caso de testemunhas arroladas para comparecer em plenário com cláusula de imprescindibilidade mas que residem em outra comarca
( ) é o caso   ( ) não é o caso

Art. 222. A testemunha que morar fora da jurisdição do juiz será inquirida pelo juiz do lugar de sua residência, expedindo-se, para esse fim, carta precatória, com prazo razoável, intimadas as partes.

§ 1º A expedição da precatória não suspenderá a instrução criminal.

§ 2º Findo o prazo marcado, poderá realizar-se o julgamento, mas, a todo tempo, a precatória, uma vez devolvida, será junta aos autos.

Segundo Júlio Fabbrini Mirabete, em sua *Obra Código de Processo Penal interpretado*, Atlas, 5 ed., p. 553, item 417.3:

"Não tem se admitido arrolamento de testemunha de fora da comarca, que não estão obrigadas a deslocarem-se de sua comarca para serem ouvidas. Nada impede, porém, que sejam elas arroladas com o compromisso de comparecerem ao julgamento." – É a regra do art. 222 do CPP. Acaso a testemunha more em outra comarca, competirá a parte que a arrolou traze-la em plenário.

Testemunha de outra comarca: TJSP: "É do sistema de nosso processo que a testemunha deverá ser ouvida no foro de seu domicílio. Regra alguma excepcional permite exigir-se dela se locomova a outra comarca para ser ouvida." RT 403/107. No mesmo sentido RJTERGS 149/223.

SUPREMO TRIBUNAL FEDERAL
HC 82281 / SP – SÃO PAULO
HABEAS CORPUS
Relator(a): Min. MAURÍCIO CORRÊA
Julgamento: 26/11/2002 Órgão Julgador: Segunda Turma
Publicação
DJ 01/08/2003 PP-00141 EMENT VOL-02117-42 PP-09163
Ementa
EMENTA: HABEAS-CORPUS SUBSTITUTIVO DE RECURSO ORDINÁRIO. JÚRI. TESTEMUNHA RESIDENTE FORA DA COMARCA. CLÁUSULA DE IMPRESCINDIBILIDADE. 1. A testemunha residente fora da Comarca, ainda que arrolada com cláusula de imprescindibilidade, não está obrigada a comparecer ao Tribunal do Júri para depor. É-lhe facultado apresentar-se espontaneamente em plenário ou ser ouvida por meio de carta precatória, caso requerida na fase processual própria. 2. O preceito contido no art. 455 do Código de Processo Penal não excepciona a regra estatuída no seu art. 222. Ordem denegada.

2.8. Em caso de testemunhas arroladas com cláusula de imprescindibilidade e que intimada não compareceu
( ) é o caso   ( ) não é o caso
Verifico que intimada, a(s) testemunha(s) <nome das testemunhas> não compareceu(ram), dessa forma suspendo os trabalhos e determino a **imediata condução da testemunha mediante força policial**, trazendo-a até este plenário. Logo que apresentada a testemunha os trabalhos prosseguirão.

Determinando que todos os presentes aguardem em plenário a condução ora determinada, que deverá ser acompanhado pelo oficial de justiça.

Art. 461. (...)

§ 1º Se, intimada, a testemunha não comparecer, o juiz presidente suspenderá os trabalhos e mandará conduzi-la ou adiará o julgamento para o primeiro dia desimpedido, ordenando a sua condução. (Incluído pela Lei nº 11.689, de 2008)

2.9. No caso de a força policial não encontrar a testemunha

( ) é o caso   ( ) não é o caso

Como a testemunha não foi localizada, no local indicado pela parte, pelo oficial de justiça, conforme certificado, de acordo o art. 461 §2º do CPP, determino que se prossiga com o julgamento.

Art. 461. (....)

§ 2º O julgamento será realizado mesmo na hipótese de a testemunha não ser encontrada no local indicado, se assim for certificado por oficial de justiça. (Incluído pela Lei nº 11.689, de 2008)

2.10. Em caso de testemunhas presentes

( ) é o caso   ( ) não é o caso

Determino que, antes de constituído o Conselho de Sentença, as testemunhas sejam recolhidas a lugar onde umas não possam ouvir os depoimentos das outras, conforme o art. 460 do CPP.

Art. 460. Antes de constituído o Conselho de Sentença, as testemunhas serão recolhidas a lugar onde umas não possam ouvir os depoimentos das outras. (Redação dada pela Lei nº 11.689, de 2008)

3. Da instalação dos trabalhos e da constituição do conselho de sentença

Da instalação dos trabalhos e da constituição do conselho de sentença à verificação das cédulas que contêm os nomes dos 25 (vinte e cinco) jurados sorteados (art. 462, Código de Processo Penal):

Art. 462. Realizadas as diligências referidas nos arts. 454 a 461 deste Código, o juiz presidente verificará se a urna contém as cédulas dos 25 (vinte e cinco) jurados sorteados, mandando que o escrivão proceda à chamada deles. (Redação dada pela Lei nº 11.689, de 2008)

O Sr. Serventuário da Justiça procede à chamada dos 25 Jurados sorteados (art. 462, Código de Processo Penal).

EM CASO DE FALTA: Arbitro multa de 1(um) salário mínimo em desfavor dos jurados faltosos. Determino que faça-se constar da ata desta Sessão a ausência verificada e, finda esta Reunião periódica, não havendo, no prazo de 48 horas, requerimento para relevação da multa ou sendo este indeferido, encaminhe-se a relação dos faltosos (inclusive testemunhas) à Fazenda Pública da União para a cobrança executiva das multas respectivas.

Art. 436. (....)

§ 2º A recusa injustificada ao serviço do júri acarretará multa no valor de 1 (um) a 10 (dez) salários mínimos, a critério do juiz, de acordo com a condição econômica do jurado. (Incluído pela Lei nº 11.689, de 2008)

A) Estão presentes pelo menos ou mais de quinze jurados (art. 463, Código de Processo Penal).

• Deixarei de proceder ao sorteio dos suplentes dos jurados, porque compareceram todos os sorteados.

• Procederei ao sorteio dos suplentes a fim de complementar o número legal.

Art. 463. Comparecendo pelo menos 15 (quinze) jurados, o juiz presidente declarará instalados os trabalhos, anunciando o processo que será submetido a julgamento. (Redação dada pela Lei nº 11.689, de 2008)

§ 1º O oficial de justiça fará o pregão, certificando a diligência nos autos. (Incluído pela Lei nº 11.689, de 2008)

§ 2º Os jurados excluídos por impedimento ou suspeição serão computados para a constituição do número legal. (Incluído pela Lei nº 11.689, de 2008)

Art. 464. Não havendo o número referido no art. 463 deste Código, proceder-se-á ao sorteio de tantos suplentes quantos necessários, e designar-se-á nova data para a sessão do júri. (Redação dada pela Lei nº 11.689, de 2008)

Art. 465. Os nomes dos suplentes serão consignados em ata, remetendo-se o expediente de convocação, com observância do disposto nos arts. 434 e 435 deste Código.

B) Deixo de instalar a Sessão do Tribunal do Júri em razão da ausência do número legal de jurados. Convoco nova sessão para o dia ___/___/____, às _____ horas (art. 442, Código de Processo Penal). Procederei ao sorteio dos suplentes dos jurados necessários à constituição do número legal.

3.1. Declaro instalada a Sessão do Tribunal do Júri. (art. 463, Código de Processo Penal).

Art. 463. Comparecendo pelo menos 15 (quinze) jurados, o juiz presidente declarará instalados os trabalhos, anunciando o processo que será submetido a julgamento. (Redação dada pela Lei nº 11.689, de 2008)

§ 1º O oficial de justiça fará o pregão, certificando a diligência nos autos. (Incluído pela Lei nº 11.689, de 2008)

§ 2º Os jurados excluídos por impedimento ou suspeição serão computados para a constituição do número legal. (Incluído pela Lei nº 11.689, de 2008)

Será submetido a julgamento o processo número....

Processo nº
AÇÃO PENAL

Acusado:

Vítima:

Apregoe o Sr. Oficial de Justiça as partes, certificando a diligência nos autos. (art. 463, § 1º do Código de Processo Penal)
Faça-se constar da ata desta Sessão que não foram apontadas quaisquer irregularidades na convocação e no sorteio dos Jurados, **operando-se, dessa forma e a partir desse momento, a sanação de faltas porventura existentes**.

3.2. Antes do sorteio dos membros do Conselho de Sentença e informando os nomes do(s) réu(s) e da(s) vítimas, esclarecerei sobre os impedimentos, a suspeição e as incompatibilidades que impedem o jurado de funcionar como membro do Conselho de Sentença neste julgamento, vejamos:
Art. 466. Antes do sorteio dos membros do Conselho de Sentença, o juiz presidente esclarecerá sobre os impedimentos, a suspeição e as incompatibilidades constantes dos arts. 448 e 449 deste Código.
São impedidos de servir no mesmo Conselho, ou seja não podem ser jurados juntos no mesmo julgamento (art. 448 do CPP):
I – marido e mulher;
II – ascendente e descendente;
III – sogro e genro ou nora;
IV – irmãos e cunhados, durante o cunhadio;
V – tio e sobrinho;
VI – padrasto, madrasta ou enteado.
O mesmo impedimento ocorrerá em relação às pessoas que mantenham união estável reconhecida como entidade familiar.
Também não poderá servir como jurado neste julgamento o jurado que: (Redação dada pela Lei nº 11.689, de 2008)
I – tiver funcionado em julgamento anterior do mesmo processo, independentemente da causa determinante do julgamento posterior;
II – no caso do concurso de pessoas, houver integrado o Conselho de Sentença que julgou o outro acusado;
III – tiver manifestado prévia disposição para condenar ou absolver o acusado.
IV- o ascendente, o descendente, o sogro, o genro, a nora, o irmão, o cunhado durante o cunhadio, o sobrinho, o primo-irmão do juiz, do promotor, do advogado de defesa, do assistente de acusação, do réu ou da vítima (art. 252 do CPP)

V – quem tiver exercido qualquer função neste processo ou nele foi testemunha;

VI – quem for por si ou por seu cônjuge, ou parente, parte neste processo ou nele diretamente interessado (art. 252, IV do CPP);

VII – quem for amigo íntimo ou inimigo capital do réu ou da vítima (art. 254, I do CPP);

VIII – quem por si ou seu cônjuge, ascendente ou descendente, estiver respondendo a processo por fato análogo (art. 254, II do CPP);

IX – quem por si ou seu cônjuge ou parente sustentar demanda com o réu ou com a vítima, ou a responder processo que será julgado por qualquer das partes (art. 254, III do CPP);

X – quem tiver aconselhado qualquer das partes (art. 254, IV do CPP);

XI – quem for credor ou devedor, tutor ou curador do réu ou da vítima (art. 254, VI do CPP).

3.3. Uma vez sorteados, os jurados não poderão comunicar-se com outras pessoas

Informo ao senhores jurados que, uma vez sorteados, não poderão comunicar-se com outras pessoas, nem manifestar sua opinião sobre o processo, sob pena de exclusão do conselho, nulidade de todo o trabalho do dia de hoje e multa de 1 (um) a 10 (dez) salários mínimos nos termos do art. 466, §1º e §2º do CPP. O oficial de justiça deverá certificar a incomunicabilidade.

Art. 466. Antes do sorteio dos membros do Conselho de Sentença, o juiz presidente esclarecerá sobre os impedimentos, a suspeição e as incompatibilidades constantes dos arts. 448 e 449 deste Código. (Redação dada pela Lei nº 11.689, de 2008)

§ 1º O juiz presidente também advertirá os jurados de que, uma vez sorteados, não poderão comunicar-se entre si e com outrem, nem manifestar sua opinião sobre o processo, sob pena de exclusão do Conselho e multa, na forma do § 2º do art. 436 deste Código. (Redação dada pela Lei nº 11.689, de 2008)

§ 2º A incomunicabilidade será certificada nos autos pelo oficial de justiça. (Redação dada pela Lei nº 11.689, de 2008)

SUPREMO TRIBUNAL FEDERAL
AO 1047 / RR – RORAIMA
AÇÃO ORIGINÁRIA
Relator(a): Min. JOAQUIM BARBOSA
Julgamento: 28/11/2007 Órgão Julgador: Tribunal Pleno
Publicação
DJe-065 DIVULG 10/04/2008 PUBLIC 11/04/2008
EMENT VOL-02314-01 PP-00186
Parte(s)
APTE.(S): LUIZ ANTÔNIO BATISTA

ADV.(A/S): LUIZ GONZAGA BATISTA RODRIGUES E OUTRO(A/S)
APDO.(A/S): MINISTÉRIO PÚBLICO DO ESTADO DE RORAIMA

EMENTA: HOMICÍDIO QUALIFICADO. DECISÃO PROFERIDA PELO CONSELHO DE SENTENÇA DO TRIBUNAL DO JÚRI. QUEBRA DE INCOMUNICABILIDADE DOS JURADOS. AUSÊNCIA. CERTIDÃO ATESTANDO A INCOMUNICABILIDADE. NULIDADE INEXISTENTE. (...) 3. Não se constitui em quebra da incomunicabilidade dos jurados o fato de que, logo após terem sido escolhidos para o Conselho de Sentença, eles puderam usar telefone celular, na presença de todos, para o fim de comunicar a terceiros que haviam sido sorteados, sem qualquer alusão a dados do processo. Certidão de incomunicabilidade de jurados firmada por oficial de justiça, que goza de presunção de veracidade. Desnecessidade da incomunicabilidade absoluta. Precedentes. Decisão Unânime.

SUPREMO TRIBUNAL FEDERAL
HC 72485 / PR – PARANÁ
HABEAS CORPUS
Relator(a): Min. MOREIRA ALVES
Julgamento: 24/10/1995 Órgão Julgador: PRIMEIRA TURMA

EMENTA: – Habeas corpus – Esta Corte, ao julgar o RE 97.513 (RTJ 104/1267 e segs.), sendo relator o eminente Ministro Alfredo Buzaid, decidiu que "não se pode exigir que essa incomunicabilidade absoluta se estenda até o momento em que os jurados não estão em sessão, mas sim em recesso ou mesmo para uma outra postura urgente, desde que a comunicação não se refira ao fato em julgamento". (...)

SUPREMO TRIBUNAL FEDERAL
RE 97513 / RS – RIO GRANDE DO SUL
RECURSO EXTRAORDINÁRIO
Relator(a): Min. ALFREDO BUZAID
Julgamento: 15/10/1982 Órgão Julgador: PRIMEIRA TURMA
Publicação
DJ 19/11/1982 PP-11787 EMENT VOL-01276-02 PP-00577
Ementa 1 – PROCESSO CRIMINAL. JULGAMENTO PELO JÚRI. A INCOMUNICABILIDADE DOS JURADOS TEM POR OBJETIVO ASSEGURAR A INDEPENDÊNCIA DOS JUÍZES POPULARES E A VERDADE DA DECISÃO. 2 – NÃO SE PODE EXIGIR, PORÉM, QUE A INCOMUNICABILIDADE ABSOLUTA SE ESTENDA ATÉ O MOMENTO EM QUE OS JURADOS NÃO ESTÃO EM SESSÃO, MAS EM RECURSO, DESDE QUE A COMUNICAÇÃO NÃO SE REFIRA AO FATO EM JULGAMENTO. 3 – RECURSO EXTRAORDINÁRIO NÃO CONHECIDO.

3.4. Verificação da urna, novamente. Procederei ao sorteio dos sete Jurados, dentre os presentes, para a formação do Conselho de Sentença (art. 467 do CPP).

Sorteio dos Jurados.

1. "Diga a Defesa"
2. "Diga a Acusação"

Art. 467. Verificando que se encontram na urna as cédulas relativas aos jurados presentes, o juiz presidente sorteará 7 (sete) dentre eles para a formação do Conselho de Sentença. (Redação dada pela Lei nº 11.689, de 2008)

Art. 468. À medida que as cédulas forem sendo retiradas da urna, o juiz presidente as lerá, e a defesa e, depois dela, o Ministério Público poderão recusar os jurados sorteados, até 3 (três) cada parte, sem motivar a recusa. (Redação dada pela Lei nº 11.689, de 2008)

Parágrafo único. O jurado recusado imotivadamente por qualquer das partes será excluído daquela sessão de instrução e julgamento, prosseguindo-se o sorteio para a composição do Conselho de Sentença com os jurados remanescentes. (Incluído pela Lei nº 11.689, de 2008)

Art. 469. Se forem 2 (dois) ou mais os acusados, as recusas poderão ser feitas por um só defensor. (Redação dada pela Lei nº 11.689, de 2008)

§ 1º A separação dos julgamentos somente ocorrerá se, em razão das recusas, não for obtido o número mínimo de 7 (sete) jurados para compor o Conselho de Sentença. (Incluído pela Lei nº 11.689, de 2008)

§ 2º Determinada a separação dos julgamentos, será julgado em primeiro lugar o acusado a quem foi atribuída a autoria do fato ou, em caso de co-autoria, aplicar-se-á o critério de preferência disposto no art. 429 deste Código. (Incluído pela Lei nº 11.689, de 2008)

3.5. Levantem-se todos, a fim de que os Senhores Jurados prestem o compromisso legal

Senhores Jurados, em nome da lei, concito-vos a examinar com imparcialidade esta causa e a proferir vossa decisão de acordo com a vossa consciência e os ditames da Justiça!

Ao ouvirem seus nomes, respondam **"Assim o prometo!"** (art. 472, Código de Processo Penal).

Tomem-se por termo o compromisso dos Jurados. (ASSINAR O TERMO DE COMPROMISSO).

Podem sentar-se, estão dispensados por hoje os demais membros do Corpo de Jurados. No entanto, caso desejem permanecer em Plenário, a presença de Vossas Excelências, constitui uma honra para todos nós.

Art. 472. Formado o Conselho de Sentença, o presidente, levantando-se, e, com ele, todos os presentes, fará aos jurados a seguinte exortação: (Redação dada pela Lei nº 11.689, de 2008)

Em nome da lei, concito-vos a examinar esta causa com imparcialidade e a proferir a vossa decisão de acordo com a vossa consciência e os ditames da justiça.

Os jurados, nominalmente chamados pelo presidente, responderão:

Assim o prometo.

3.6. Entregue-se as cópias da pronúncia e, se for o caso, das decisões posteriores que julgaram admissível a acusação e do relatório do processo a cada um dos membros do Conselho de Sentença nos termos do art. 472, § único, do CPP.

Art. 472, (...) parágrafo único: O jurado, em seguida, receberá cópias da pronúncia ou, se for o caso, das decisões posteriores que julgaram admissível a acusação e do relatório do processo.

4. Da instrução do processo

4.1. Declarações do ofendido

( ) é o caso   **( ) não é o caso**

4.2. Ouvida das testemunhas do MP

4.3. Ouvida das testemunhas de Defesa

Art. 473. Prestado o compromisso pelos jurados, será iniciada a instrução plenária quando o juiz presidente, o Ministério Público, o assistente, o querelante e o defensor do acusado tomarão, sucessiva e diretamente, as declarações do ofendido, se possível, e inquirirão as testemunhas arroladas pela acusação. (Redação dada pela Lei nº 11.689, de 2008)

§ 1º Para a inquirição das testemunhas arroladas pela defesa, o defensor do acusado formulará as perguntas antes do Ministério Público e do assistente, mantidos no mais a ordem e os critérios estabelecidos neste artigo. (Incluído pela Lei nº 11.689, de 2008)

§ 2º Os jurados poderão formular perguntas ao ofendido e às testemunhas, por intermédio do juiz presidente. (Incluído pela Lei nº 11.689, de 2008)

4.4. Dos outros requerimentos de provas e leitura de peças

Informo às partes que, consoante a redação do art. 473, §3º do CPP, as partes somente poderão requerer a leitura de peças que se refiram, exclusivamente, às provas colhidas por carta precatória, as provas cautelares antecipadas e as provas não repetíveis (como no caso de testemunha que prestou depoimento em juízo ou na fase do Inquérito e faleceu posteriormente, p.ex.).

O Exmo. Sr. Promotor de Justiça quer que se proceda à leitura de alguma peça do processo, que se enquadre na regra do art. 473 §3º do CPP?

PEÇAS	FOLHAS

O Nobre Advogado de Defesa quer que se proceda à leitura de alguma peça do processo, que se enquadre na regra do art. 473 §3º do CPP?

PEÇAS	FOLHAS

Os Senhores Jurados querem que se proceda à leitura de alguma peça do processo que se enquadre na regra do art. 473 §3º do CPP?

PEÇAS	FOLHAS

Leitura de eventuais peças

Art. 473 (...) § 3º As partes e os jurados poderão requerer acareações, reconhecimento de pessoas e coisas e esclarecimento dos peritos, bem como a leitura de peças que se refiram, exclusivamente, às provas colhidas por carta precatória e às provas cautelares, antecipadas ou não repetíveis. (Incluído pela Lei nº 11.689, de 2008)

4.5. Do interrogatório do acusado

( ) é o caso   ( ) não é o caso (réu ausente)

Aproxime-se o Réu para ser interrogado (art. 465, Código de Processo Penal). Informo ao RÉU que, nos termos do art. 5º, inciso LXIII, da Constituição Federal, poderá manter-se em silêncio, sem que isso possa significar prejuízo a sua defesa.

Art. 474. A seguir será o acusado interrogado, se estiver presente, na forma estabelecida no Capítulo III do Título VII do Livro I deste Código, com as alterações introduzidas nesta Seção. (Redação dada pela Lei nº 11.689, de 2008)

§ 1º O Ministério Público, o assistente, o querelante e o defensor, nessa ordem, poderão formular, diretamente, perguntas ao acusado. (Redação dada pela Lei nº 11.689, de 2008)

§ 2º Os jurados formularão perguntas por intermédio do juiz presidente. (Redação dada pela Lei nº 11.689, de 2008)

§ 3º Não se permitirá o uso de algemas no acusado durante o período em que permanecer no plenário do júri, salvo se absolutamente necessário à ordem dos trabalhos, à segurança das testemunhas ou à garantia da integridade física dos presentes. (Incluído pela Lei nº 11.689, de 2008)

Art. 475. O registro dos depoimentos e do interrogatório será feito pelos meios ou recursos de gravação magnética, eletrônica, estenotipia ou técnica similar, destinada a obter maior fidelidade e celeridade na colheita da prova. (Redação dada pela Lei nº 11.689, de 2008)

Parágrafo único. A transcrição do registro, após feita a degravação, constará dos autos.

5. Dos debates

Serão iniciados os debates.

Advirto o nobre Promotor de Justiça e ao(s) advogado(s) de defesa, que nos moldes do art. 478 do CPP as partes não poderão, sob pena de nulidade, fazer referências:

a) à decisão de pronúncia, às decisões posteriores (inclusive do Tribunal) que julgaram admissível a acusação ou à determinação do uso de algemas como argumento de autoridade que beneficiem ou prejudiquem o acusado;

b) ao silêncio do acusado ou à ausência de interrogatório por falta de requerimento, em seu prejuízo.

Informo também que durante o julgamento **não será permitida** a leitura de documento ou a exibição de objeto que não tiver sido juntado aos autos com a antecedência mínima de 3 (três) dias úteis, dando-se ciência à outra parte, inclusive é proibida a leitura de jornais ou qualquer outro escrito, bem como a exibição de vídeos, gravações, fotografias, laudos, quadros, croqui ou qualquer outro meio assemelhado, cujo conteúdo versar sobre a matéria de fato submetida à apreciação e julgamento dos jurados, nos moldes do art. 479 do CPP.

Art. 479. Durante o julgamento não será permitida a leitura de documento ou a exibição de objeto que não tiver sido juntado aos autos com a antecedência mínima de 3 (três) dias úteis, dando-se ciência à outra parte. (Redação dada pela Lei nº 11.689, de 2008)

Parágrafo único. Compreende-se na proibição deste artigo a leitura de jornais ou qualquer outro escrito, bem como a exibição de vídeos, gravações, fotografias, laudos, quadros, croqui ou qualquer outro meio assemelhado, cujo conteúdo versar sobre a matéria de fato submetida à apreciação e julgamento dos jurados. (Incluído pela Lei nº 11.689, de 2008)

Informo a **acusação, a defesa e os senhores jurados,** nos moldes do art. 480 *caput* do CPP, que **poderão, a qualquer momento e por intermédio do juiz presidente, pedir ao orador que indique a folha dos autos onde se encontra a peça por ele lida ou citada, facultando-se, ainda, aos jurados solicitar-lhe, pelo mesmo meio, o esclarecimento de fato por ele alegado.** (Redação dada pela Lei nº 11.689, de 2008)

Art. 480. A acusação, a defesa e os jurados poderão, a qualquer momento e por intermédio do juiz presidente, pedir ao orador que indique a folha dos autos onde se encontra a peça por ele lida ou citada, facultando-se, ainda, aos jurados solicitar-lhe, pelo mesmo meio, o esclarecimento de fato por ele alegado. (Redação dada pela Lei nº 11.689, de 2008)

Informo que conforme o art. 497 incisos III e XII, é atribuição deste Juiz Presidente, dentre outras, intervir em caso de abuso, excesso de linguagem ou ofensa pessoal e regulamentar os apartes.

Em caso de ofensa pessoal a qualquer dos operadores do direito será dada a palavra a parte ofendida pelo prazo de 3 minutos, que serão acrescidos ao tempo da parte contrária, nos moldes do inciso XII do art. referido.

Indago se as partes chegaram a acordo quanto aos apartes e se permitirão apartes. **Trata-se dos apartes que não os apartes legais já mencionados do art. 480 e inciso III do art. 497 do CPP.**

( ) As partes se comprometem que não farão apartes, desde que não haja ofensas pessoais;

( ) As partes farão apartes no prazo de 3 minutos que será acrescido no tempo da parte adversa nos moldes do art. XII do art. 497 do CPP.

5.1. Palavras do Ministério Público e da Defesa

Será concedida a palavra ao Ministério Público, para a acusação, nos limites da pronúncia ou decisões posteriores, sustentando, se assim entender eventuais circunstâncias agravantes, nos moldes do art. 476 do CPP.

Com a palavra o Órgão do Ministério Público. Vossa Excelência terá, para a Acusação:

( ) 1 (uma) hora e ½ (meia) (no caso de um único réu) ou
( ) 2 (duas) horas e ½ (meia) (no caso de dois ou mais réus)
Início: _____:_____ horas
Previsão para o término: _____:_____ horas
Término: _____:_____ horas
Assistente de acusação: ( ) é o caso ( ) não é o caso
Início: _____:_____ horas
Previsão para o término: _____:_____ horas
Término: _____:_____ horas

2. Com a palavra o Sr. Defensor. Vossa Excelência terá, para a Defesa:
( ) 1 (uma) hora e ½ (meia) (no caso de um único réu) ou
( ) 2 (duas) horas e ½ (meia) (no caso de dois ou mais réus)
Defensor 1: _____
Início: _____:_____ horas
Previsão para o término: _____:_____ horas
Término: _____:_____ horas

Defensor 2: _____
Início: _____:_____ horas
Previsão para o término: _____:_____ horas
Término: _____:_____ horas

Defensor 3: _____
Início: _____:_____ horas
Previsão para o término: _____:_____ horas
Término: _____:_____ horas

5.2. Réplica e tréplica
O Exmo. Dr. Promotor de Justiça fará uso da réplica? **() Sim () Não**
Vossa Excelência está com a palavra. Terá para a réplica:
( ) 1 (uma) hora (no caso de um único réu) ou
( ) 2 (duas) horas (no caso de dois ou mais réus)
Início: _____:_____ horas
Previsão para o término: _____:_____ horas
Término: _____:_____ horas

O(s) Exmo(s) Sr(s). Advogado(s) de Defesa fará uso da tréplica?
Vossa Excelência está com a palavra. Terá, para a tréplica:
( ) 1 (uma) hora (no caso de um único réu) ou
( ) 2 (duas) horas (no caso de dois ou mais réus)

Defensor 1: _____
Início: _____:_____ horas
Previsão para o término: _____:_____ horas
Término: _____:_____ horas

Defensor 2: _____
Início: _____:_____ horas
Previsão para o término: _____:_____ horas
Término: _____:_____ horas

Defensor 3: _____
Início: _____:_____ horas
Previsão para o término: _____:_____ horas
Término: _____:_____ horas

Art. 476. Encerrada a instrução, será concedida a palavra ao Ministério Público, que fará a acusação, nos limites da pronúncia ou das decisões posteriores que julgaram admissível a acusação, sustentando, se for o caso, a existência de circunstância agravante. (Redação dada pela Lei nº 11.689, de 2008)

§ 1º O assistente falará depois do Ministério Público. (Incluído pela Lei nº 11.689, de 2008)

§ 2º Tratando-se de ação penal de iniciativa privada, falará em primeiro lugar o querelante e, em seguida, o Ministério Público, salvo se este houver retomado a titularidade da ação, na forma do art. 29 deste Código. (Incluído pela Lei nº 11.689, de 2008)

§ 3º Finda a acusação, terá a palavra a defesa. (Incluído pela Lei nº 11.689, de 2008)

§ 4º A acusação poderá replicar e a defesa treplicar, sendo admitida a reinquirição de testemunha já ouvida em plenário. (Incluído pela Lei nº 11.689, de 2008)

Art. 477. O tempo destinado à acusação e à defesa será de uma hora e meia para cada, e de uma hora para a réplica e outro tanto para a tréplica. (Redação dada pela Lei nº 11.689, de 2008)

§ 1º Havendo mais de um acusador ou mais de um defensor, combinarão entre si a distribuição do tempo, que, na falta de acordo, será dividido pelo juiz presidente, de forma a não exceder o determinado neste artigo. (Incluído pela Lei nº 11.689, de 2008)

§ 2º Havendo mais de 1 (um) acusado, o tempo para a acusação e a defesa será acrescido de 1 (uma) hora e elevado ao dobro o da réplica e da tréplica, observado o disposto no § 1º deste artigo. (Incluído pela Lei nº 11.689, de 2008)

Art. 478. Durante os debates as partes não poderão, sob pena de nulidade, fazer referências: (Redação dada pela Lei nº 11.689, de 2008)

I – à decisão de pronúncia, às decisões posteriores que julgaram admissível a acusação ou à determinação do uso de algemas como argumento de autoridade que beneficiem ou prejudiquem o acusado; (Incluído pela Lei nº 11.689, de 2008)

II – ao silêncio do acusado ou à ausência de interrogatório por falta de requerimento, em seu prejuízo. (Incluído pela Lei nº 11.689, de 2008)

6. Dos esclarecimentos finais aos jurados

Informo aos Senhores Jurados que, findos os debates, terão os jurados acesso aos autos e aos instrumentos do crime se necessário a dirimir qualquer dúvida quanto ao fato. (§ 3º do art. 480 do CPP).

Informo também que nos moldes do art. 480, § 2º, do CPP, se houver alguma dúvida o presidente prestará esclarecimentos à vista dos autos.

Estão os Senhores Jurados habilitados a julgar ou precisam de mais esclarecimentos? (art. 480, § 1º, do Código de Processo Penal)

Art. 480. A acusação, a defesa e os jurados poderão, a qualquer momento e por intermédio do juiz presidente, pedir ao orador que indique a folha dos autos onde se encontra a peça por ele lida ou citada, facultando-se, ainda, aos jurados solicitar-lhe, pelo mesmo meio, o esclarecimento de fato por ele alegado. (Redação dada pela Lei nº 11.689, de 2008)

§ 1º Concluídos os debates, o presidente indagará dos jurados se estão habilitados a julgar ou se necessitam de outros esclarecimentos. (Incluído pela Lei nº 11.689, de 2008)

§ 2º Se houver dúvida sobre questão de fato, o presidente prestará esclarecimentos à vista dos autos. (Incluído pela Lei nº 11.689, de 2008)

§ 3º Os jurados, nesta fase do procedimento, terão acesso aos autos e aos instrumentos do crime se solicitarem ao juiz presidente. (Incluído pela Lei nº 11.689, de 2008)

Art. 481. Se a verificação de qualquer fato, reconhecida como essencial para o julgamento da causa, não puder ser realizada imediatamente, o juiz presidente dissolverá o Conselho, ordenando a realização das diligências entendidas necessárias. (Redação dada pela Lei nº 11.689, de 2008)

Parágrafo único. Se a diligência consistir na produção de prova pericial, o juiz presidente, desde logo, nomeará perito e formulará quesitos, facultando às partes também formulá-los e indicar assistentes técnicos, no prazo de 5 (cinco) dias. (Redação dada pela Lei nº 11.689, de 2008)

( ) Há esclarecimentos a prestar ( ) Não há

7. Da apresentação dos quesitos

Informo aos Senhores Jurados, ao Senhor Promotor e ao senhor advogado de defesa que os quesitos estão esboçados e o foram nos moldes do parágrafo único do art. 482 do CPP, ou seja, com base na pronúncia (ou decisões que admitiram este julgamento), no interrogatório do acusado (que disse...) e das alegações das partes.

Indago ao nobre promotor se há alguma agravante/atenuante que tenha levantado em plenário que já não conste no esboço dos quesitos.

Indago ao nobre defensor se há alguma atenuante que gostaria de já ver quesitada e que já não conste no esboço.

Art. 482. O Conselho de Sentença será questionado sobre matéria de fato e se o acusado deve ser absolvido. (Redação dada pela Lei nº 11.689, de 2008)

Parágrafo único. Os quesitos serão redigidos em proposições afirmativas, simples e distintas, de modo que cada um deles possa ser respondido com suficiente clareza e necessária precisão. Na sua elaboração, o presidente levará em conta os termos da pronúncia ou das decisões posteriores que julgaram admissível a acusação, do interrogatório e das alegações das partes. (Incluído pela Lei nº 11.689, de 2008)

7.1. Preparação dos quesitos definitivos
Quanto aos quesitos apresentados

O Sr. Promotor de Justiça tem algum requerimento ou alguma reclamação a fazer?

E o Sr. Advogado tem algum requerimento ou alguma reclamação a fazer?

Faça-se constar em ata as indagações deste magistrado às partes e que o MP e a defesa não apresentaram quaisquer reclamações (e/ou requerimentos) quanto aos quesitos apresentados.

Art. 484. A seguir, o presidente lerá os quesitos e indagará das partes se têm requerimento ou reclamação a fazer, devendo qualquer deles, bem como a decisão, constar da ata. (Redação dada pela Lei nº 11.689, de 2008)

Parágrafo único. Ainda em plenário, o juiz presidente explicará aos jurados o significado de cada quesito. (Redação dada pela Lei nº 11.689, de 2008)

7.2. Leitura e explicação dos quesitos

Passo à leitura dos quesitos que serão postos em votação na Sala Secreta e os explicarei em plenário.

Art. 483. Os quesitos serão formulados na seguinte ordem, indagando sobre: (Redação dada pela Lei nº 11.689, de 2008)

I – a materialidade do fato; (Incluído pela Lei nº 11.689, de 2008)

II – a autoria ou participação; (Incluído pela Lei nº 11.689, de 2008)

III – se o acusado deve ser absolvido; (Incluído pela Lei nº 11.689, de 2008)

IV – se existe causa de diminuição de pena alegada pela defesa; (Incluído pela Lei nº 11.689, de 2008)

V – se existe circunstância qualificadora ou causa de aumento de pena reconhecidas na pronúncia ou em decisões posteriores que julgaram admissível a acusação. (Incluído pela Lei nº 11.689, de 2008)

§ 1º A resposta negativa, de mais de 3 (três) jurados, a qualquer dos quesitos referidos nos incisos I e II do *caput* deste artigo encerra a votação e implica a absolvição do acusado. (Incluído pela Lei nº 11.689, de 2008)

§ 2º Respondidos afirmativamente por mais de 3 (três) jurados os quesitos relativos aos incisos I e II do *caput* deste artigo será formulado quesito com a seguinte redação: (Incluído pela Lei nº 11.689, de 2008)

O jurado absolve o acusado?

§ 3º Decidindo os jurados pela condenação, o julgamento prossegue, devendo ser formulados quesitos sobre: (Incluído pela Lei nº 11.689, de 2008)

I – causa de diminuição de pena alegada pela defesa; (Incluído pela Lei nº 11.689, de 2008)

II – circunstância qualificadora ou causa de aumento de pena, reconhecidas na pronúncia ou em decisões posteriores que julgaram admissível a acusação. (Incluído pela Lei nº 11.689, de 2008)

§ 4º Sustentada a desclassificação da infração para outra de competência do juiz singular, será formulado quesito a respeito, para ser respondido após o 2º (segundo) ou 3º (terceiro) quesito, conforme o caso. (Incluído pela Lei nº 11.689, de 2008)

§ 5º Sustentada a tese de ocorrência do crime na sua forma tentada ou havendo divergência sobre a tipificação do delito, sendo este da competência do Tribunal do Júri, o juiz formulará quesito acerca destas questões, para ser respondido após o segundo quesito. (Incluído pela Lei nº 11.689, de 2008)

§ 6º Havendo mais de um crime ou mais de um acusado, os quesitos serão formulados em séries distintas. (Incluído pela Lei nº 11.689, de 2008)

Os Senhores Jurados necessitam de mais esclarecimentos acerca da quesitação apresentada?

8. Do julgamento

Vai se proceder ao julgamento. Os Senhores Jurados, o Sr. Promotor de Justiça, o(s) Advogado(s) de Defesa, o(s) oficial(is) de justiça e o chefe de secretaria estão convidados a virem comigo para a sala secreta.

Art. 485. Não havendo dúvida a ser esclarecida, o juiz presidente, os jurados, o Ministério Público, o assistente, o querelante, o defensor do acusado, o escrivão e o oficial de justiça dirigir-se-ão à sala especial a fim de ser procedida a votação. (Redação dada pela Lei nº 11.689, de 2008)

§ 1º Na falta de sala especial, o juiz presidente determinará que o público se retire, permanecendo somente as pessoas mencionadas no *caput* deste artigo. (Incluído pela Lei nº 11.689, de 2008)

§ 2º O juiz presidente advertirá as partes de que não será permitida qualquer intervenção que possa perturbar a livre manifestação do Conselho e fará retirar da sala quem se portar inconvenientemente. (Incluído pela Lei nº 11.689, de 2008)

Art. 486. Antes de proceder-se à votação de cada quesito, o juiz presidente mandará distribuir aos jurados pequenas cédulas, feitas de papel opaco e facilmente dobráveis, contendo 7 (sete) delas a palavra sim, 7 (sete) a palavra não. (Redação dada pela Lei nº 11.689, de 2008)

Art. 487. Para assegurar o sigilo do voto, o oficial de justiça recolherá em urnas separadas as cédulas correspondentes aos votos e as não utilizadas. (Redação dada pela Lei nº 11.689, de 2008)

Art. 488. Após a resposta, verificados os votos e as cédulas não utilizadas, o presidente determinará que o escrivão registre no termo a votação de cada quesito, bem como o resultado do julgamento. (Redação dada pela Lei nº 11.689, de 2008)

Parágrafo único. Do termo também constará a conferência das cédulas não utilizadas. (Incluído pela Lei nº 11.689, de 2008)

Art. 489. As decisões do Tribunal do Júri serão tomadas por maioria de votos. (Redação dada pela Lei nº 11.689, de 2008)

Art. 490. Se a resposta a qualquer dos quesitos estiver em contradição com outra ou outras já dadas, o presidente, explicando aos jurados em que consiste a contradição, submeterá novamente à votação os quesitos a que se referirem tais respostas. (Redação dada pela Lei nº 11.689, de 2008)

Parágrafo único. Se, pela resposta dada a um dos quesitos, o presidente verificar que ficam prejudicados os seguintes, assim o declarará, dando por finda a votação. (Incluído pela Lei nº 11.689, de 2008)

Art. 491. Encerrada a votação, será o termo a que se refere o art. 488 deste Código assinado pelo presidente, pelos jurados e pelas partes. (Redação dada pela Lei nº 11.689, de 2008)

Em caso de contradição
Art. 490. Se a resposta a qualquer dos quesitos estiver em contradição com outra ou outras já dadas, o presidente, explicando aos jurados em que consiste a contradição, submeterá novamente à votação os quesitos a que se referirem tais respostas. (Redação dada pela Lei nº 11.689, de 2008)

Encerrada a votação detemino que se proceda ao termo de votação nos moldes do art. 488 do CPP.

9. Da leitura da sentença
Leitura da Sentença.
O Órgão do Ministério Público tem algum requerimento ou alguma reclamação a fazer?
O Sr. Advogado de Defesa tem algum requerimento ou alguma reclamação a fazer?
Declaro encerrada esta Sessão do Júri, parabenizando o Sr. Promotor de Justiça e o Advogado de Defesa por suas atuações nesta Sessão.
Agradeço a participação do povo de (......), dizendo-lhe que é extremamente gratificante para o Poder Judiciário a presença dos senhores nesta Sessão, pois esse comparecimento só revela o grau de maturidade dessa sociedade e a compreensão de todos vocês com a magnitude desse julgamento.

Dr. José Carlos Vasconcelos Filho
Juiz Presidente do Júri

5.46. Formulação dos quesitos
5.46.1. Explicação geral sobre a formulação prática dos quesitos
1. PRIMEIRO QUESITO: MATERIALIDADE DO FATO (*Novo art. 483, inciso I, do Código de Processo Penal*):
A materialidade deve ser dividida em dois sub-quesitos:

1.2. Conduta e resultado:

Sugestão prática de elaboração do quesito:

"No dia 16 de setembro de 2009, às 18 horas, na rua Quintino Bocaiuva, situada na Travessa do Meio, bairro Heliópolis, nesta Comarca, Mévio (*vítima*) recebeu tiros de arma de fogo, causando-lhe as lesões descritas no laudo necroscópico de fls.13.

Conseqüência da votação:
a) Resposta "não" por maioria:
Solução jurídica: réu foi absolvido por negativa de materialidade.
b) Resposta "sim" por maioria:
Solução jurídica: deve-se passar para o item seguinte, pois temos que saber se houve nexo de causalidade entre a conduta e o resultado.

1.3. Nexo de causalidade:

Sugestão prática de elaboração do quesito:
As lesões descritas no laudo necroscópico de fls.13 causaram a morte da vítima?

Conseqüência da votação:
a) Resposta "não" por maioria:
Solução jurídica: Nucci[12] defende que

> não há mais nexo de causalidade estabelecido entre a infração descrita no primeiro quesito (lesões corporais) e o delito doloso contra a vida, o que asseguraria a competência do júri para julgar o caso. Assim ocorrendo, a competência para julgar a infração desloca-se para o juiz presidente, que lhe poderá dar a configuração que bem entenda e até mesmo absolver o réu, por estar convencido de não ter havido crime. Existindo crime conexo, todos serão julgados pelo magistrado togado, presidente do júri.

Entendo de forma totalmente diferente, porque realmente haverá desclassificação, pois não poderemos atribuir o resultado morte ao autor das lesões, mas não é possível afirmar que com a desclassificação a competência será do juiz singular.

Contextualização prática:
Imagine que Tício efetuou três disparos em Mévio, tendo sido impedido por populares de consumar o delito. Mévio foi para o hospital e morreu em virtude de ter ocorrido uma causa relativamente independente heterogênea, por exemplo, a morte de Tício foi causada por queimaduras resultante de um incêndio. No julgamento, os jurados afirmaram que não nexo de causalidade entre a conduta (tiros) e a morte.

Solução jurídica: neste caso, não podemos aplicar a solução de Nucci, pois Tício responderá pelos atos anteriores, ou seja, pela tentativa de homicídio e os jurados continuam competentes para efetivar o julgamento.

---

12   Nucci, Guilherme de Souza, *Tribunal do Júri*, 1 ed, RT, p. 345.

Um aspecto prático importante: caso o juiz perceba que houve uma causa relativamente independente preexistente, concomitante ou superveniente heterogênea, sendo o resultado anterior um crime doloso contra a vida, deve continuar a votação formulando quesito sobre a autoria e tentativa de homicídio.

Fundamentação legal: podemos sustentar a nossa posição às § 5º do novo art. 483, que preconiza:

*Sustentada a tese de ocorrência do crime na sua forma **tentada ou havendo divergência sobre a tipificação do delito, sendo este da competência do Tribunal do Júri, o juiz formulará quesito acerca destas questões, para ser respondido após o segundo quesito**.*

Obs. Leia as matérias "Causa relativamente independente preexistente, concomitante ou superveniente heterogênea, no livro *Direito Penal Parte Geral*, Série Provas e Concursos, Editora Campus/Elsevier.

b) Resposta "sim" por maioria:
Solução jurídica: passa para o item seguinte, pois temos que saber se o réu foi o autor, co-autor ou partícipe das lesões causaram a morte da vítima.

2. SEGUNDO QUESITO: AUTORIA OU PARTICIPAÇÃO (*Novo art. 483, inciso II, do Código de Processo Penal*):

- Há, no contexto prático, três variações, caso o réu seja autor, co-autor ou partícipe.

1.4. O réu sendo autor:
Sugestão prática de elaboração do quesito:
O réu Tício José dos Santos, devidamente qualificado às fls. 24, concorreu para o crime, desferindo os disparos de arma de fogo contra Mévio (*vítima*)?

Conseqüência da votação:
a) Resposta "não" por maioria:
Solução jurídica: réu foi absolvido por negativa de autoria.
b) Resposta "sim" por maioria:
Solução jurídica: deve-se prosseguir a votação das teses defensivas; hoje, em regra, a votação deve ser feita em um único quesito.

1.5. O réu sendo co-autor:
Sugestão prática de elaboração do quesito:
O réu Tício José dos Santos, devidamente qualificado às fls. 24, concorreu para o crime, desferindo, juntamente com terceira *(s)* pessoa*(s)*, os disparos de arma de fogo contra Mévio *(vítima)*?

Conseqüência da votação:
Idem item anterior.

1.6. O réu sendo partícipe:
Sugestão prática de elaboração do quesito:
O réu Tício José dos Santos, devidamente qualificado às fls. 24, concorreu para o crime, (...... *descrever como foi a participação*....), por exemplo: "induzindo terceira pessoa para desferir os disparos contra Mévio (*vítima*)?"

Conseqüência da votação:
Idem item anterior.

3. TERCEIRO QUESITO: TESES DEFENSIVAS ÚNICAS (Novo art. 483, inciso III, do Código de Processo Penal):
Sugestão prática de elaboração do quesito:
O acusado deve ser absolvido?
Conseqüência da votação:
a) Resposta "sim" por maioria:
Solução jurídica: réu foi absolvido e a votação será encerrada.
b) Resposta "não" por maioria:
Solução jurídica: réu foi condenado, o julgamento prossegue, devendo ser formulados outros quesitos.
Obs. No contexto prático há uma hipótese em que não será possível elaborar o quesito "*O acusado deve ser absolvido*", é a hipótese de ser apresentada uma tese de absolvição própria cumulada com uma tese de absolvição imprópria.

EXEMPLO DIDÁTICO
A defesa de Tício alegou duas teses, legítima defesa e inimputabilidade.
Neste caso, se o juiz perguntar se "*o acusado deve ser absolvido*" e os jurados afirmarem que sim, como é que o juiz vai saber se a absolvição foi própria (*legítima defesa*) ou imprópria (*inimputabilidade*)?
Como as consequências são diferentes, ou seja, na absolvição imprópria há a imposição de medida de segurança, entendo que será imperiosamente necessário, o juiz cindir os quesitos, perguntando:
O acusado deve ser absolvido pela legítima defesa?

Conseqüência da votação:
a) Resposta "sim" por maioria:
Solução jurídica: réu foi absolvido e a votação será encerrada.
b) Resposta "não" por maioria:
Solução jurídica: o julgamento prossegue, devendo ser formulado o seguinte quesito:

O acusado deve ser absolvido pela inimputabilidade?

4. QUARTO QUESITO: CAUSA DE DIMINUIÇÃO DE PENA ALEGADA PELA DEFESA:

* Este quesito só será formulado caso a defesa tenha formulado alguma tese que seja causa de diminuição de pena.

Exemplo: homicídio privilegiado (art. 121, § 1º, do Código Penal).

Sugestão prática de elaboração do quesito:

Tício cometeu o crime de homicídio impelido por motivo de relevante valor moral, consistente em... (*descrever qual foi o relevante valor moral*)

5. QUINTO QUESITO: CIRCUNSTÂNCIA QUALIFICADORA OU CAUSA DE AUMENTO DE PENA, RECONHECIDAS NA PRONÚNCIA OU EM DECISÕES POSTERIORES QUE JULGARAM ADMISSÍVEL A ACUSAÇÃO.

* Este quesito só será formulado caso tenha sido reconhecido na pronúncia ou em decisões posteriores que julgaram admissível a acusação, alguma qualificadora ou causa de aumento de pena.

Exemplo de um quesito com qualificadora:

O réu agiu por motivo torpe, consistente em... (*descrever qual foi o motivo torpe alegado pela acusação*)

* Exemplo de um quesito com um aumento de pena:

O réu cometeu o homicídio doloso contra pessoa menor de 14 (quatorze) anos?

OBSERVAÇÕES GERAIS

a) Tese desclassificatória: sustentada a desclassificação da infração para outra de competência do juiz singular, será formulado quesito a respeito, para ser respondido após o 2º (*que é a autoria ou participação*) ou 3º (*se o acusado deve ser absolvido*) quesito, conforme o caso, ou seja, caso a defesa alegue duas teses, a saber:

Primeira: Legítima defesa.

Segunda: desclassificação para lesão corporal.

A tese desclassificatória deverá ser feita após o 3º quesito, pois o quesito "*se o acusado deve ser absolvido*" é mais benéfico.

b) Tese de ocorrência do crime na sua forma tentada ou havendo divergência sobre a tipificação do delito.

Sustentada a tese de ocorrência do crime na sua forma tentada ou havendo divergência sobre a tipificação do delito, sendo este da competência do Tribunal do Júri, o juiz formulará quesito acerca destas questões, para ser respondido após o segundo quesito (que é a autoria ou participação).

c) Quesitos para mais de um crime ou mais de um acusado.

Havendo mais de um crime ou mais de um acusado, os quesitos serão formulados em séries distintas.

d) Quesito sobre as atenuantes

Embora a reforma tenha abolido a atenuante genérica como quesito obrigatório, entendo que caso a defesa sustente em plenário alguma atenuante, o juiz deve formular quesito a respeito.

e) Quesito sobre as agravantes

Como na pronúncia não pode conter circunstâncias agravantes, caso a acusação sustente em plenário alguma agravante, o juiz também deve formular um quesito específico.

5.47. Quesitação prática específica

1. Modelo de quesito para homicídio simples
1. PRIMEIRO QUESITO: MATERIALIDADE DO FATO
1.2. Conduta e resultado. Sugestão prática de elaboração do quesito:

"No dia 16 de setembro de 2009, às 18 horas, na rua Quintino Bocaiuva, situada na Travessa do Meio, bairro Heliópolis, nesta Comarca, Mévio (*vítima*) recebeu tiros de arma de fogo, causando-lhe as lesões descritas no laudo necroscópico de fls.13.

- Leia no item "*Explicação geral sobre a formulação prática dos quesitos*" a conseqüência da votação.

1.3. Nexo de causalidade:
Sugestão prática de elaboração do quesito:
As lesões descritas no laudo necroscópico de fls.13 causaram a morte da vítima?
- Leia no item "*Explicação geral sobre a formulação prática dos quesitos*" a conseqüência da votação.

2. SEGUNDO QUESITO: AUTORIA OU PARTICIPAÇÃO (Novo art. 483, inciso II, do Código de Processo Penal):
- Há no contexto prático três variações, caso o réu seja autor, co-autor ou partícipe.

1.4. O réu sendo autor:
Sugestão prática de elaboração do quesito:
O réu Tício José dos Santos, devidamente qualificado às fls. 24, concorreu para o crime, desferindo os disparos de arma de fogo contra Mévio (*vítima*)?
- Leia no item "*Explicação geral sobre a formulação prática dos quesitos*" a conseqüência da votação.

1.5. O réu sendo co-autor:
Sugestão prática de elaboração do quesito:

O réu Tício José dos Santos, devidamente qualificado às fls. 24, concorreu para o crime, desferindo, juntamente com terceira *(s)* pessoa*(s)*, os disparos de arma de fogo contra Mévio *(vítima)*?
* Leia no item "*Explicação geral sobre a formulação prática dos quesitos*" a conseqüência da votação.

1.6. O réu sendo partícipe:
Sugestão prática de elaboração do quesito:
O réu Tício José dos Santos, devidamente qualificado às fls. 24, concorreu para o crime, (...... *descrever como foi a participação*....), por exemplo: "induzindo terceira pessoa para desferir os disparos contra Mévio (*vítima*)?
* Leia no item "*Explicação geral sobre a formulação prática dos quesitos*" a conseqüência da votação.

3. TERCEIRO QUESITO: TESES DEFENSIVAS ÚNICAS (Novo art. 483, inciso III, do Código de Processo Penal):
Sugestão prática de elaboração do quesito:
O acusado deve ser absolvido?

Conseqüência da votação:
a) Resposta "sim" por maioria:
Solução jurídica: réu foi absolvido e a votação será encerrada.
b) Resposta "não" por maioria:
Solução jurídica: réu foi condenado por homicídio simples, devendo apenas haver quesitação sobre atenuantes e agravantes surgidas no plenário.

4. QUARTO QUESITO: ATENUANTES
* Caso a defesa sustente em plenário e requeira a formulação do quesito atenuante.
Sugestão prática de elaboração do quesito:
O réu confessou espontaneamente, perante a autoridade, a autoria do crime?

5. QUINTO QUESITO: AGRAVANTES
* Caso a acusação sustente em plenário e requeira a formulação do quesito agravante.
Sugestão prática de elaboração do quesito:
O réu cometeu o crime em estado de embriaguez preordenada?

2. Modelo de quesito para homicídio privilegiado
1. PRIMEIRO QUESITO: MATERIALIDADE DO FATO

2.1. Conduta e resultado:
• Idem homicídio simples.

2.2. Nexo de causalidade:
• Idem homicídio simples.

2. SEGUNDO QUESITO: AUTORIA OU PARTICIPAÇÃO
• Idem homicídio simples.

3. TERCEIRO QUESITO: CAUSA DE DIMINUIÇÃO DE PENA ALEGADA PELA DEFESA:
* Este quesito só será formulado caso o patrono do réu tenha feito a chamada defesa indireta como é o caso do homicídio privilegiado.
Sugestão prática de elaboração do quesito:
Tício cometeu o crime de homicídio impelido por motivo de relevante valor moral, consistente em... (descrever qual foi o relevante valor moral)?

Tício cometeu o crime de homicídio impelido por motivo de relevante valor social, consistente em... (descrever qual foi o relevante valor social)?

Conseqüência da votação:
a) Resposta "sim" por maioria:
Solução jurídica: réu foi condenado por homicídio privilegiado.
b) Resposta "não" por maioria:
A conseqüência pode ser:

1.- Caso não haja qualificadoras reconhecida na pronúncia, o réu foi condenado por homicídio simples.
2.- Caso haja qualificadoras reconhecida na pronúncia, prossegue-se a votação de acordo com o próximo modelo.

3. Modelo de quesito para homicídio qualificado
1. PRIMEIRO QUESITO: MATERIALIDADE DO FATO

3.1. Conduta e resultado:
• Idem homicídio simples.

3.2. Nexo de causalidade:
• Idem homicídio simples.

1. SEGUNDO QUESITO: AUTORIA OU PARTICIPAÇÃO
• Idem homicídio simples.

3. TERCEIRO QUESITO: TESES DEFENSIVAS ÚNICAS
• Idem homicídio simples.

4. QUARTO QUESITO: CIRCUNSTÂNCIA QUALIFICADORA OU CAUSA DE AUMENTO DE PENA, RECONHECIDAS NA PRONÚNCIA OU EM DECISÕES POSTERIORES QUE JULGARAM ADMISSÍVEL A ACUSAÇÃO.
Sugestão prática de elaboração do quesito:

O réu cometeu o homicídio doloso contra pessoa menor de 14 (quatorze) anos?.

5. QUINTO QUESITO: ATENUANTES
• Idem homicídio simples.

6. SEXTO QUESITO: AGRAVANTES
• Idem homicídio simples.

4. Modelo de quesito para homicídio majorado
1. PRIMEIRO QUESITO: MATERIALIDADE DO FATO

4.1. Conduta e resultado:
• Idem homicídio simples.

4.2. Nexo de causalidade:
• Idem homicídio simples.

2. SEGUNDO QUESITO: AUTORIA OU PARTICIPAÇÃO
• Idem homicídio simples.

3. TERCEIRO QUESITO: TESES DEFENSIVAS ÚNICAS
• Idem homicídio simples.

4. QUARTO QUESITO: CAUSA DE AUMENTO DE PENA, RECONHECIDAS NA PRONÚNCIA OU EM DECISÕES POSTERIORES QUE JULGARAM ADMISSÍVEL A ACUSAÇÃO.
Sugestão prática de elaboração do quesito:
O réu cometeu o homicídio doloso contra pessoa menor de 14 (quatorze) anos?.

O réu cometeu o homicídio doloso contra pessoa maior de 60 (sessenta) anos?

5. QUINTO QUESITO: ATENUANTES
- Idem homicídio simples.

6. SEXTO QUESITO: AGRAVANTES
- Idem homicídio simples.

5. Modelo de quesito para homicídio culposo
1. PRIMEIRO QUESITO: MATERIALIDADE DO FATO

5.1. Conduta e resultado:
- Idem homicídio simples.

5.2. Nexo de causalidade:
- Idem homicídio simples.

2. SEGUNDO QUESITO: AUTORIA OU PARTICIPAÇÃO
- Idem homicídio simples.

3. TERCEIRO QUESITO: TESE DESCLASSIFICATÓRIA ÚNICA
Sugestão prática de elaboração do quesito:
Assim agindo o réu........(especificar) somente deu causa ao resultado da morte da vítima por imprudência (ou por imperícia ou por negligência?).

Conseqüência da votação:
a) Resposta "sim" por maioria:
Solução jurídica: houve desclassificação, devendo o juiz proferir a sentença.
b) Resposta "não" por maioria:
A conseqüência pode ser:
1- Caso não haja qualificadoras reconhecida na pronúncia, o réu foi condenado por homicídio simples.
2- Caso haja qualificadoras reconhecida na pronúncia, prossegue-se a votação de acordo com o modelo já exposto.

6. Modelo de quesito para tentativa de homicídio
1. PRIMEIRO QUESITO: MATERIALIDADE DO FATO

6.1. Conduta e resultado:
- Idem homicídio simples.

6.2. Nexo de causalidade:
- Não há votação do quesito nexo de causalidade porque não houve consumação.

2. SEGUNDO QUESITO: AUTORIA OU PARTICIPAÇÃO
• Idem homicídio simples.

3. TERCEIRO QUESITO: TENTATIVA
Sugestão prática de elaboração do quesito:
Assim agindo, Tício deu início à execução de um crime de homicídio, que somente não se consumou por circunstâncias alheias à sua vontade, consistente em... (descrever qual foi o fato que inibiu a conduta do agente)?
Conseqüência da votação:
a) Resposta "sim" por maioria:
Solução jurídica: confirma-se que o crime é doloso contra vida, devendo seguir a mesma seqüência do homicídio simples, qualificado, majorado, privilegiado, conforme indique o contexto prático.

b) Resposta "não" por maioria:
Leia o item procedimento da desclassificação.

7. Modelo de quesito para tentativa "branca"
1. PRIMEIRO QUESITO: MATERIALIDADE DO FATO
Em caso de tentativa branca, não há votação do quesito materialidade porque o objeto jurídico não é atingido; passamos diretamente para a autoria.

2. SEGUNDO QUESITO: AUTORIA DO FATO
Sugestão prática de elaboração do quesito:
Tício, no dia... por volta de... horas, no local..., desfechou dois tiros contra Mévio, sem contudo atingi-lo.

3. TERCEIRO QUESITO: TENTATIVA
Sugestão prática de elaboração do quesito:
Assim agindo, Tício deu início à execução de um crime de homicídio, que somente não se consumou por circunstâncias alheias à sua vontade, consistente em... (descrever qual foi o fato que inibiu a conduta do agente)
Conseqüência da votação:
a) Resposta "sim" por maioria:
Solução jurídica: confirma-se que o crime é doloso contra vida, devendo seguir a mesma seqüência do homicídio simples, qualificado, majorado, privilegiado, conforme indique o contexto prático.

b) Resposta "não" por maioria:
Leia o item procedimento da desclassificação.

Marrey[13] explica que *negado, porém, o quesito da tentativa, o crime estará desclassificado, deixando de competir ao Júri, pela inexistência de atentado à vida e até mesmo de resultado material (não se produziram lesões). A desclassificação operada transfere ao Juiz Presidente o encargo de julgar, com livre convencimento, o réu, para absolvê-lo ou condená-lo (ausentes lesões no ofendido) como incurso no art. 132 do CP ou no art. 28 da Lei das Contravenções Penais. (Hermínio Alberto Marques Porto, ob. cit., p. 163.)*

Entendo que o juiz deve analisar a existência do crime previsto no art. 14 da lei nº 10.826/2003 (porte ilegal de arma) que tem a pena maior (reclusão, de dois a quatro anos, e multa é delito mais grave do que os indicados pelo renomado autor supracitado.

Caso o autor dos disparos tenha porte de arma, pode subsistir o delito previsto no art. 15 da lei nº 10.826/2003 (Disparo de arma de fogo)

8. Modelo de quesito para infanticídio
1. PRIMEIRO QUESITO: MATERIALIDADE DO FATO

8.1. Conduta e resultado:
• Idem homicídio simples.

8.2. Nexo de causalidade:
• Idem homicídio simples.

2. SEGUNDO QUESITO: AUTORIA OU PARTICIPAÇÃO
Tícia, no dia..., por volta de... horas, no.... (local), deu à luz uma criança de sexo..... com vida, e (especificar se foi *durante o parto ou logo após*) a ré produziu no recém-nascido as lesões corporais descritas no exame de fls...

Caso seja participação ou co-autoria, adaptar com o modelo de homicídio simples.

3. TERCEIRO QUESITO: SOBRE O ESTADO PUERPERAL
Tícia agiu sob a influência do estado puerperal?

4. QUARTO QUESITO: TESES DEFENSIVAS ÚNICAS
Sugestão prática de elaboração do quesito:
A acusada deve ser absolvida?

Conseqüência da votação:
a) Resposta "sim" por maioria:
Solução jurídica: a ré foi absolvida e a votação será encerrada.

---

13   No mesmo sentido, Adriano Marrey, in *Teoria e prática do júri*, p. 386.

b) Resposta "não" por maioria:
Solução jurídica: a ré foi condenada.

5. QUINTO QUESITO: ATENUANTES
Caso a defesa sustente em plenário e requeira a formulação do quesito atenuante.

6. SEXTO QUESITO: AGRAVANTES
Caso a acusação sustente em plenário e requeira a formulação do quesito agravante.

9. Modelo de quesito para o induzimento, instigação ou auxílio ao suicídio
1. PRIMEIRO QUESITO: MATERIALIDADE DO FATO

9.1. Conduta e resultado:
Idem homicídio simples.

2. SEGUNDO QUESITO: PARTICIPAÇÃO:
Sugestão prática de elaboração do quesito:
Tício, no dia..., às... horas, no... (local)..., induziu (ou instigou, ou prestou auxílio, conforme o caso), Mévio (vítima, à prática de suicídio?

3. TERCEIRO QUESITO: NEXO DE CAUSALIDADE ENTRE A PARTICIPAÇÃO E O RESULTADO

9. 2. Nexo de causalidade: caso a vítima tenha morrido
Sugestão prática de elaboração do quesito:
Em conseqüência desse procedimento do réu, a vítima consumou o suicídio?

9.3. Nexo de causalidade: caso a vítima não tenha morrido
Sugestão prática de elaboração do quesito:

Em conseqüência desse procedimento do réu, resultou para a vítima lesão corporal de natureza grave?

4. QUARTO QUESITO: TESES DEFENSIVAS ÚNICAS (Novo art. 483, inciso III, do Código de Processo Penal):
Sugestão prática de elaboração do quesito:
O acusado deve ser absolvido?

Conseqüência da votação:
a) Resposta "sim" por maioria:
Solução jurídica: o réu foi absolvido e a votação será encerrada.

b) Resposta "não" por maioria:
Solução jurídica: o réu foi condenado pelo delito previsto na sua forma simples, segue a votação se o tipo é qualificado.

5. QUINTO QUESITO: QUALIFICADORAS

9.4. Qualificadora do motivo egoístico
Sugestão prática de elaboração do quesito:
O réu..., assim procedendo, foi impelido à prática do crime por motivo egoístico?

9.5. Qualificadora do motivo com relação a idade
Sugestão prática de elaboração do quesito:
Era a vítima menor de idade?

9.6. Qualificadora do motivo com relação a capacidade de resistência
Tinha a vítima, por qualquer causa, diminuída a sua capacidade de resistência?

6. SEXTO QUESITO: ATENUANTES
Caso a defesa sustente em plenário e requeira a formulação do quesito atenuante.

7. SÉTIMO QUESITO: AGRAVANTES
Caso a acusação sustente em plenário e requeira a formulação do quesito agravante.

10. Modelo de quesito para auto-aborto
1. PRIMEIRO QUESITO: MATERIALIDADE DO FATO
10.1. Conduta e resultado
Sugestão prática de elaboração do quesito:
No dia 16 de setembro de 2009, às 18 horas, na rua Quintino Bocaiuva, situada na Travessa do Meio, bairro Heliópolis, nesta Comarca, foram desferidos golpes no útero de Mévia, atingindo o feto em gestação, causando-lhe as lesões descritas no laudo de fls.13.

10.2. Nexo de causalidade:
Sugestão prática de elaboração do quesito:
As lesões descritas no laudo de fls.13 causaram o aborto?

2. SEGUNDO QUESITO: AUTORIA OU PARTICIPAÇÃO
Sugestão prática de elaboração do quesito:
Mévia desferiu os golpes contra seu próprio útero?
Caso seja participação ou co-autoria, adaptar com o modelo de homicídio simples.

3. TERCEIRO QUESITO: TESES DEFENSIVAS ÚNICAS:
Sugestão prática de elaboração do quesito:
O acusado deve ser absolvido?

4. QUARTO QUESITO: ATENUANTES
Caso a defesa sustente em plenário e requeira a formulação do quesito atenuante.

5. QUINTO QUESITO: AGRAVANTES
Caso a acusação sustente em plenário e requeira a formulação do quesito agravante.

Caso o aborto seja majorado ou qualificado (art. 127 do Código Penal), adaptar com o modelo de homicídio qualificado e majorado.

11. Sugestão de quesito de falso testemunho
Verificou-se, no curso do julgamento, que F... (nome e qualificação da testemunha), ouvida na fase de instrução (ou em Plenário), prestou falso testemunho, versando sobre fato juridicamente relevante e pertinente ao objeto do processo a que responde o réu...(nome do réu da ação penal por crime contra a vida).[14]

5.48. Modelos recursais:
1. Modelo de apelação formulado pela defesa contra decisão condenatória do Tribunal do Júri

Modelo gentilmente cedido por meu amigo Antônio Fernando Cardoso Cintra – Advogado Criminalista.

EXMO. SR. DR. JUIZ DE DIREITO DA COMARCA DE....

Processo n.º 19/01
......., devidamente qualificado nos autos do processo em epígrafe, que lhe move o Ministério Público, por conduto do defensor abaixo assinado, vem tempestivamente perante V. Exa., com espeque no art. 600 do Código de Processo Penal, apresentar as suas

RAZÕES DE RECURSO DE APELAÇÃO
Requerendo sejam as mesmas, após manifestação do Ministério Público encaminhadas ao Colendo Tribunal de Justiça do Estado, para que o presente recurso de apelo seja conhecido e finalmente provido, na forma da lei.

---

14 No mesmo sentido, Adriano Marrey, *in Teoria e prática do júri*, p. 368

P. deferimento.

........., 29 de agosto de 2007.

Antônio Fernando Cardoso Cintra
OAB/Nº....

Egrégio Tribunal!
Colenda Câmara Criminal!
Douta Procuradoria!

É injurídica e deve ser prontamente reformada por essa Augusta Casa de Justiça a decisão do Exmo. Sr. Dr. Juiz de Direito da Comarca de (....), eis que apesar de prolatada por Juiz de grande cultura e erudição, com destacada atuação na magistratura......., fere dispositivos legais expressos e princípios basilares de Direito, além do entendimento predominante na doutrina e na jurisprudência, *data venia*.

I – PRELIMINARMENTE
Do atendimento à regra do primeiro apelo

Necessário se faz declinar ser este o primeiro recurso de apelação a ser intentado, obedecendo-se assim o disposto no art. 593, § 3º, da lei Adjetiva Penal, *in verbis*:

> *Se a apelação se fundar no nº III, d, deste artigo, e o tribunal ad quem se convencer de que a decisão dos jurados é manifestamente contrária à prova dos autos, dar-lhe-á provimento para sujeitar o réu a novo julgamento; não se admite porém, pelo mesmo motivo, segunda apelação.*

Da nulidade da sentença por contradição nas respostas dos jurados

Trata-se de clara e induvidosa nulidade, a ensejar a anulação da sentença vergastada, haja vista a ocorrência de nulidade em virtude da contradição nas respostas dos jurados aos quesitos formulados, conforme estabelece o art. 564, parágrafo único do Diploma Processual Penal, *in litteris*:

> *Art. 564. A nulidade ocorrerá nos seguintes casos:*
> *Omissis*
> *Parágrafo único. Ocorrerá ainda a nulidade, por deficiência dos quesitos ou das suas respostas, e contradição entre estas.*

Dentre os quesitos apresentados aos jurados após a realização dos debates, encontra-se o **quinto quesito** apresentado pelo Ministério Público quando da apresentação do libelo crime acusatório:

QUINTO QUESITO: o réu.... agiu por motivo torpe, consistente em vingança? Os jurados responderam que SIM por 06 (seis) votos e NÃO por 01 (um) voto.

Já o **nono quesito** apresentado aos membros do Conselho de Sentença, indagava:

NONO QUESITO: o réu.... cometeu o crime sob a influência de violenta emoção provocada por ato injusto da vítima? Os jurados responderam que SIM por (06) votos e NÃO por 01 (um) voto.

É fato de saber corriqueiro que a contradição nas respostas dos jurados macula o ato, torna nula a decisão, já que não se pode perceber qual a verdadeira intenção dos jurados. Quando contraditórias as respostas à quesitação, nasce a dúvida, instala-se a incerteza, e o Direito Penal moderno não se compraz com decisões baseadas em dúvidas, ainda mais quando a qualificadora prevista no inciso I, última figura do § 2º, do art. 121 do CP possui natureza eminentemente subjetiva.

É claro que todas essas questões foram objeto de debates perante o Eg. Tribunal do Júri, entretanto verifica-se nas respostas aos quesitos acima transcritos grosseira contradição. **Ou o réu agiu por motivo torpe, ou agiu por influência de violenta emoção após injusta provocação da vítima.**

Sobre a nulidade aqui delatada, a jurisprudência é firme em reconhecê-la, *verbis*: CONTRADIÇÃO NAS RESPOSTAS DOS JURADOS – AFIRMAÇÃO DE MOTIVO FÚTIL E TAMBÉM TER O RÉU AGIDO SOB A INFLUÊNCIA DE VIOLENTA EMOÇÃO, PROVOCADA POR ATO INJUSTO DA VÍTIMA – INCONGUÊNCIA MANIFESTA – NOVO JULGAMENTO ORDENADO DA MINORANTE DE VIOLENTA EMOÇÃO. Nulo é o julgamento se os jurados admitiram, a um tempo, que o réu cometeu o crime por motivo fútil e sob a influência de violenta emoção, provocada por ato injusto da vítima. A incongruência é manifesta. TJSP-AP-Rel Humberto da Nova – RT 486/292.

Nestas condições, em virtude da falta de regramento do *decisum* vergastado, e, com amparo no entendimento doutrinário e jurisprudencial, roga-se pela decretação da nulidade da sentença recorrida, antes de analisar-se o mérito, por manifesta contradição nas respostas dos jurados.

II – DE MERITIS

Deve ser reformada a sentença recorrida, eis que impossível a condenação do recorrente *nas sanções do art. 121, § 2º, Incisos I e IV do Código penal, ou seja, homicídio duplamente qualificado, cometido por motivo torpe e mediante dissimulação que tornou impossível a defesa da vítima...*

Durante toda a instrução do feito só foram ouvidas testemunhas arroladas pela acusação, uma vez que, por ser pessoa pobre, de parcos recursos, o Recorrente durante toda fase de instrução só teve como defensor, advogados nomeados dativamente para acompanhar determinada audiência ou efetuar determinado ato de defesa. Tal deficiência na defesa do acusado revela-se cristalina, verificando-se a defesa prévia apresentada às fls. 89 – quando não se arrolou nenhuma testemunha e às fls. 130: *A defesa requer seja realizada audiência sem a presença do acusado e que após a oitiva seja concedido prazo para apresentar rol de testemunhas, o que foi deferido.* Destaque-se que apesar de concedido o prazo o rol de testemunhas jamais foi apresentado.

Nobre e digno Relator, é de bom alvitre salientar que das 05 (cinco) pessoas ouvidas na instrução criminal, três possuíam ligações afetivas e de parentesco com a vítima, quais sejam:

• .... (fls. 130) – ex-companheiro da vítima
• .... (fls. 103) – filha da vítima
• .... (fls. 83) – ex-cunhada da vítima, tia de sua filha Mª Vania.

Do não afastamento pelos jurados da qualificadora do art. 121, § 2º, IV (dissimulação)

As principais narrativas que especificamente contaminaram o julgamento no plenário do Júri foram proferidas pelas duas únicas testemunhas ouvidas em plenário:

.... (fls. 285):
• " que já presenciou pelo menos uma vez, a uma agressão física de Cosme contra a vítima..."
• ... que nas brigas a vítima também maltratava o réu..."

.... (fls. 287):
• "Que na hora em que o acusado chegou na porta da casa da depoente ouviu a seguinte frase: *Cuidado macaca preta, porque senão eu derrubo a porta e acaba sobrando para as duas...*"
• "...o acusado judiava muito da vítima..."
• "...que ouviu uma vez o acusado ameaçar a vítima de morte..."

Dos depoimento acima colhidos, constata-se que acusado e vítima mantinham um relacionamento conturbado não só com agressões verbais mútuas, mas também agressões físicas. Foi sustentado pela defesa em plenário a não ocorrência da qualificadora **mediante dissimulação que tornou impossível a defesa da vítima.**

Quando os senhores jurados responderam ao **sexto quesito**, por **5X2,** reconheceram que através da dissimulação o réu agiu de surpresa, o que tornou impossível a defesa da vítima.

Decidiu o venerável Conselho de Sentença manifestamente contrário à prova dos autos.

Por quê?

Todas as testemunhas ouvidas durante a fase judicial, inclusive aquelas tidas como informantes, foram unânimes em afirmar que *não viu... matar....* Partindo-se da prova induvidosa e cristalina que, só estava no local do crime acusado e vítima, nenhuma tesmunha pode afirmar *como* e *o que* ocorreu no **momento** do crime. Entretanto, por esta mesma prova testemunha apresentada, principalmente em plenário, restou provado que momentos antes do cometimento do crime, quando o Recorrente vai à casa da testemunha...., ele ameaça tanto a testemunha (Mª do Carmo) quanto a vítima dizendo (fls.15):

"Que Cosme saiu da casa da vítima, vindo até a porta da frente da casa da depoente, onde disse: CUIDADO MACACA PRETA, PORQUE SENÃO EU DERRUBO A PORTA E ACABA SOBRANDO PARA AS DUAS, *referindo-se à depoente (macaca preta) e também à vítima..."*

"Que cerca de cinco minutos depois de a vítima ter saído da casa da depoente, esta ouviu a irmã de Cosme gritar: CORRE QUE... MATOU....*".*

Ilustrados Desembargadores, a ofensa e a ameaça perpetrada pelo Recorrente, minutos antes do cometimento do delito, afasta a qualificadora da dissimulação, pois ninguém que é ameaçado antes do momento da deflagração do crime **pode ser pego de surpresa**. Os autos dão conta das diversas brigas e agressões mútuas entre vítima e réu, restou provado que antes do desfecho trágico o réu ameaçou derrubar a porta, o que comprova que o mesmo agiu com agressividade e não com dissimulação.

São atitudes totalmente antagônicas a dissimulação e a ameaça. São totalmente incongruentes a ofensa irrogada e o elemento supresa que impossibilite defesa da ofendida-ameaçada. Enfim, são comportamentos e atos que não se subssumem a um mesmo raciocínio lógico.

Em perfeita consonância com o entendimento doutrinário, a jurisprudência nos Tribunais, já pacificou o tema:

"Se existiam desavenças anteriores entre acusado e vítima, que discutiram antes do homicídio, não se pode falar em surpresa ou recurso que tornou impossível a defesa do ofendido." (TJSP-Rec – Rel. Diwaldo Sampaio – RT 587/296). (No mesmo sentido RT 576/343; RJTJSP 117/440)

"Nos casos indicados em o art. 121, § 2º, do CP, o que qualifica o homicídio não é o meio escolhido ou usado para a prática do crime, e, sim, o modo insidioso com que o agente o executa, empregando para isso recurso que dificulte ou torne impossível a defesa." (TJSP – Rec. Rel Humberto da Nova – RTTJSP 20/365)

"A qualificadora da surpresa só se caracteriza quando a agressão se dá de modo inesperado e repentino, colhendo a vítima descuidada, desprevenida, sem razões próximas ou remotas para esperá-la e nem mesmo dela suspeitar". (TJRS – Rel. Charles Edgard Tweedie – RT 561/386)

Restou, também, comprovado nos autos, que não ocorreu a suposta impossibilidade de defesa da vítima, **a uma** porque não é verdade que a vítima fora apanhada de inopino, ou seja, de surpresa. Não. Houve sim sérias discussões antes do fato, incluindo ameaças, além do que os antecedentes psicológicos dos fatos fariam com que a vítima de certo modo pudesse esperar uma agressão, e **a duas**, porque a vítima saiu de sua residência, de onde poderia ter vindo portando arma.

A interpretação, pois, que vêm dando as Cortes de Justiça Estaduais ao inciso IV, do § 2º, do art. 121 do Código Penal é no sentido de que, HAVENDO DISCUSSÕES ANTERIORES e MOTIVOS PARA ESPERAR-SE A AGRESSÃO, inexiste o motivo impossibilidade ou o meio que dificultou a defesa.

Requer-se, pois o *PREQUESTIONAMENTO (1º)* do possível dissídio jurisprudencial, a configurar-se na hipótese de ser mantida a qualificadora[15].

Do não afastamento pelos jurados da qualificadora do art. 121, § 2º, I (torpe)

É, destarte, clara e suficiente a orientação jurisprudencial dos Tribunais Pátrios a demonstrar que não agiu com o tradicional acerto o prolator do *decisum* impugnado, uma vez que, da mesma maneira que a decisão dos jurados foi contrária à prova dos autos frente à qualificadora da dissimulação, também errou o Conselho de Sentença quando não afastou a qualificadora do inciso I, § 2º, art. 121 do CP (motivo torpe).

É indiscutível e visceral, segundo as provas dos autos, que o apelante cometeu o crime movido por ciúme. Tal certeza se constata do depoimento unânime das testemunhas ouvidas na instrução do presente feito. Veja-se:

Certidão da Delegacia de Polícia (fls. 07):
"Segundo apurou-se no local do ocorrido o fato ocorreu por motivo de ciúmes."
(.....) (fls 287):
"Que.... era muito ciumento..."
" Que o motivo das brigas que a testemunha presenciou era ciúme..."
" Que é verdade que o acusado e vítima discutiram algumas vezes porque o acusado não gostava que a vítima saísse sozinha e vivesse de casa em casa..."
(....) (fls. 82):
"... o acusado retornou querendo fazer vida com a vítima, e ela não aceitou..."
"...que a depoente e sua vizinha de nome... deram conselho para a vítima viver com o acusado mas ela se recusava..."

A decisão do Conselho de Sentença que reconheceu que o crime foi cometido por motivo torpe (vingança) e não pelo **ciúme,** diametralmente oposta à prova dos autos, dá mostra, às escâncaras, de que a decisão foi manifestamente contrária ao conteúdo probante do feito.

Se não bastasse, além de contrária, a decisão também tem um profundo conteúdo contraditório. Constata-se tal aspecto, quando da resposta ao **nono quesito,** pelo escore de **6X1**, quesito que indagava se o réu cometeu o crime sob influência de violenta emoção, e os Senhores Jurados responderam afirmativamente.

Que motivo torpe é esse? Quando seis dos componentes do Conselho de Setença reconhecem que o acusado cometeu o crime **sob influência de violenta emoção após injusta provocação da vítima?**

---

15 Na forma do art. 105, III, *c* da Carta Política, para os fins das Súmulas n. 282 e 356 do STF, aplicáveis ao recuso especial.

Pacífica é a jurisprudência nos Tribunais a repeito da matéria, observe-se:
> O homicídio qualificado pelo motivo torpe deve ser descaracterizado se a motivação do delito foi a vingança, razão que não exprime a ignomínia e a abjeção que a lei especialmente incrimina." (TJSP-SER-Rel. David Haddad – RT -777/607)
> Não merece ser reconhecida a qualificadora por motivo torpe, quando a personalidade do réu vem retratada nos autos como elemento rude, habituado ao trabalho braçal e semi-analfabeto, sendo portanto, desprovido das reservas capazes de conter seu inconformismo ao se ver abandonado pela companheira e preterido por outro homem. (TJMT – AC – Rel. Oscar Travassos – RT 521/442)
> Não há como reconhecer a qualificadora do motivo torpe se o homicídio foi praticado em razão de ciúme, sentimento que influi de modo intenso e negativo no controle emocional do agente. (TJSP – SER – Rel Geraldo Xavier – RT 764/537)
> Se o homicídio teve como móvel o ciúme, não teríamos vingança identificável como motivo torpe. Ademais o ciúme influi de modo intenso e negativo no controle emocional de sua presa e as ações a que dá causa podem ser injustas, mas não comportam a qualificação de fúteis ou torpes." (TJSP – AC – Rel. Dante Busana – RT 715/448)

Fica também *PREQUESTIONADA (2ª)* a possível interpretação divergente que essa Augusta Casa possa dar em relação às decisões acima referidas do TJSP e do TJRS.

Como já dito e reiterado, o caso é de submeter o réu a novo julgamento, devendo esta C. Corte dar provimento ao presente recurso.

III – CONCLUSÕES

À vista de todo o exposto, requer-se, primeiramente, que seja atendida a preliminar a fim de declarar-se a nulidade da sentença por contradição nas respostas do Colendo Conselho de Sentença. Na hipótese absurda e improvável de ser rejeita a preliminar, pede-se o provimento do recurso para sujeitar o Apelante a novo julgamento perante o Tribunal do Júri, na conformidade do art. 593, § 3º do CPP.

Provido o presente apelo, roga-se que seja dado ao recorrente o direito de gozar do benefício da liberdade provisória, com a conseqüente **revogação da custódia preventiva** outrora decretada, tendo em vista ser tecnicamente primário, possuidor de bons antecedentes, endereço certo, além do que tem profissão definida e se comprometerá, mediante termo nos autos, a comparecer a todos os demais atos processuais.

São os termos em que
j. e. aos autos,
espera JUSTIÇA !!!

(....), 29 de agosto de 2007
Antônio Fernando Cardoso Cintra
OAB- Nº...

2. Modelo de apelação formulado pelo Promotor de Justiça contra decisão absolutória do Tribunal do Júri

Colenda Câmara Criminal do Egrégio Tribunal de Justiça do Estado de ....

EGRÉGIO TRIBUNAL:
COLENDA CÂMARA:

Razões em Apelação
Processo-Crime nº
Autor: Ministério Público
Sentenciados: Tício, Mévio, Petrus, Semprônio.
Infração: Art,121, § 2º, inciso, IV e V do Código Penal, c.c. art. 1º da lei nº 8.072/1990.

O Representante do Ministério Público que esta subscreve, no uso de suas atribuições legais, vem perante a **Colenda Câmara Criminal do Egrégio Tribunal de Justiça do Estado de ....**, apresentar as Razões do Recurso de Apelação, impetrado contra a sentença que INJUSTAMENTE absolveu os sentenciados **Tício, Petrus e Semprônio**, das infrações em epígrafe, aduzindo que:

REQUISITOS DO RECURSO

A apelação *sub examine* preenche os pressupostos recursais objetivos, a saber: A previsão legal está de acordo com a forma prevista em lei e fora interposta tempestivamente.

Satisfaz, outrossim, os pressupostos recursais subjetivos, a saber: Há *Legitimatio ad causam* e interesse de agir, vez que os réus foram injustamente absolvidos pelo Egrégio tribunal Popular do Júri.

Além disso a apelação é o recurso genérico e amplo que cabe contra as sentenças e decisões definitivas ou com força de definitivas, do juiz singular e contra as decisões do Tribunal do Júri.

MOTIVAÇÃO

Entretanto, não deve prosperar a R. sentença que absolveu os réus, haja vista ser a mesma *TOTALMENTE CONTRÁRIA AS PROVAS DOS AUTOS*, destarte, deve ser a mesma reformada para condenar os acusados nas tenazes dos *arts. 121, § 2º, incisos III e IV, c/c art. 29 todos do Código Penal, c/c. art. 1º da lei nº 8.072/1990.*

Existem nos fólios, provas suficientes para as condenações dos réus, não existindo nenhuma prova de que os acusados **Tício, Petrus, Semprônio,** NÃO participaram em nenhum momento da atividade delitiva.

Quanto ao acusado **Mévio,** o Ministério Público, por insuficiência de provas, requereu a absolvição em plenário.

SÍNTESE DOS FATOS

No dia 14 de abril de 1999, por volta das 18:00 h, no sítio Espingarda, localizado no município de (....), os denunciados, fazendo uso de arma de fogo, assassinaram a vítima com a produção das lesões corporais descritas no auto de exame cadavérico acostado às fls. 46.

O MOTIVO DO DANTESCO CRIME

O crime foi motivado porque um dia antes do delito *sub judice* morrera **Tício,** vulgo "Manoelzinho", irmão do quarto denunciado **Mévio** e primo dos demais, morte cuja a autoria os acusados atribuíram à vítima........

DESENVOLVIMENTO DA ATIVIDADE DELITIVA

Após o enterro de *"Manoelzinho"*, (repito: irmão do quarto denunciado **Mévio** e primo dos demais), os acusados, com unidade de desígnios, se reuniram e decidiram matar a vítima destes autos, encontrando-a na casa do Sr. Laércio Florentino de Amorim, onde a mesma morava.

Ato *incontinenti* os réus arrastaram a vítima do interior da referida residência e levaram-na para o Sítio Espingarda. Durante o percurso, o *de cujus* foi submetido a uma verdadeira sessão de tortura.

A sessão de horror com requintes de crueldades, sob o comando de....., vulgo *"Pedro Cotó"* primo de "Manoelzinho" e hoje, foragido da justiça, é assim descrita em síntese:

"A vítima teve as mãos amarradas com um arame, dentes quebrados, corpo arrastado sobre vidros estilhaçados, recebeu golpes de faca-peixeira e, por fim, foi executada com disparos de arma de fogo".

RESULTADO DA DEMANDA PROCESSUAL

Informo ainda que dos nove (09) denunciados:

Quatro (04) foram pronunciados e absolvidos pelo Egrégio Tribunal do Júri:

1. Tício *(4 X 3 absolvição).*
2. Petrus *(4 X 3 absolvição).*
3. Semprônio *(4 X 3 absolvição).*
4. Mévio *(6 X 1 absolvição requerida pelo Ministério Público).*

Três (03) foram impronunciados:
1. xxxx.
2. yyyy.
3. zzzzz.

Dois (02) se encontram foragidos, com a conseqüente suspensão do processo e prescrição:
1. ....
2. ....

ANÁLISE DE MÉRITO

Pelo que consta no caderno processual é inequívoca a existência dos pressupostos para a condenação dos acusados, **Tício, Petrus, Semprônio,** visto que existem prova suficientes da autoria e da materialidade, a saber:

DA MATERIALIDADE

A materialidade está por demais comprovada através do Auto de Exame Cadavérico fls. 34.

O ÁLIBI DOS ACUSADOS

Os acusados no procedimento inquisitorial, delatam um ao outro especificamente, em juízo modificaram suas alegações e criaram um inteligente álibi: "os autores são os réus foragidos".

Até os advogados na brilhante peça que ensejou a esdrúxula libertação dos denunciados, no *apagar das luzes do plantão*, também coloca a culpa nos ausentes, quando afirmam em letras vermelhas: *"......– Pedro Cotó e........ – Roberto", que fugiram após o fato, comprovando assim o dolo intenso e suas participações no ato criminoso*". (fls. 162)

DA AUTORIA
ANÁLISE DO DEPOIMENTO DOS ACUSADOS E O ÁLIBI MONTADO PARA ELIDIR A AUTORIA

Álibi não deve ser considerado e a *estória* da culpa ser atribuída a mortos ou vivos ausentes se reporta à gênese das lides penais.

Insta acentuar que, na fase judicial, os acusados montam o álibi e negam seus depoimentos extrajudiciais, **mas todos reconhecem os depoimentos prestados no procedimento inquisitorial, e nenhum afirma que foi torturado ou constrangido a prestarem tais depoimentos.**

Vejamos o depoimento de alguns acusados:

...., vulgo: "Tião":

Afirmou no procedimento inquisitorial: (fls. 19**)**

"soube posteriormente que o crime foi praticado por seu irmão **LOURIVAL,** conhecido por Lourinho, por seus primos **Manoel Mendes**, conhecido por Mané Preto, **Pedro Mendes** conhecido por Cotó e outros que não sabe declinar"

Afirmou na instrução probatória: (fls. 87**)**

*"Que não prestou depoimento na delegacia, **porém reconhece a assinatura de fls. 20 dos autos como sua....**"*

"Que não se recorda do seu depoimento prestado na delegacia em razão de estar muito nervoso"

Depoimento de MÉVIO, vulgo: "louro":
Afirmou no procedimento inquisitorial: (fls. 26)
"que jamais esteve na residência do Sr. Conhecido por Laércio, que fica às margens da BR 423, quando se deu a invasão por parte de **Luiz Roberto**, **Daniel** e **Pedro**, conhecido por 'Cotó' ou ter se juntado a esse grupo para assassinar o Sr. Jorge Antônio de Souza"
Afirmou na instrução probatória:
"que seu depoimento **na delegacia é verdadeiro** e não foi em momento algum ameaçado".

Depoimento de PETRUS:
Afirmou no procedimento inquisitorial: (fls. 33)
*"tomou conhecimento naquele sítio, foi que as pessoas que mataram a pessoa de Jorge, com requintes de perversidade foi o Srs. **Pedro Cotó, Roberto e Manoel de Zé Preto** e que ele interrogado nem participou do seqüestro e morte de Jorge"*
Afirmou na instrução probatória: (fls. 97)
"Que prestou depoimento da Delegacia de polícia e disse a verdade e em algum momento foi coagido".

Essa versão desesperada, tentando os réus de todas as formas ficarem impunes, demonstra cabalmente a fragilidade dos argumentos, que são todos refutados e elididos pelas provas testemunhais.

DAS PROVAS TESTEMUNHAIS
Infere-se dos depoimentos das testemunhas, o que toda a população sabe: foram os acusados que assassinaram a vítima.

Depoimento de....... (fls. 158)
"que ouviu dizer que Roberto, Daniel e Pedro Cotó foram os responsáveis pela morte da vítima e que teriam sido estes que teriam tirado a vítima da casa de Laércio".

Depoimento de...... (fls. 159)
*"que ouviu dizer, a vítima foi assassinada em razão da família do Sr. **Manoel** desconfiar que teria sido ele o autor da morte de seu parente".*

OS COMENTÁRIOS SÃO CONFIRMADOS PELO TESTEMUNHO DE *VIZU*

A testemunha......, a testemunha visual, dono da propriedade em que os algozes retiraram a vítima para assassiná-la. (fls. 154).

*"que por volta das 4 horas da tarde o depoente estava em sua casa, com sua mulher e a vítima, sendo que esta última assistia televisão no sofá da sala, quando invadiram sua casa os denunciados **Luiz Roberto, Pedro e Daniel** acompanhados de outras pessoas que o depoente não conhecia e levaram a vítima de sua casa..."*

*"... que **Manoel**, segundo denunciado, não invadiu sua casa, porém encontrava-se no caminho; que os demais denunciados, ao invadirem a sua residência, pegaram a arma de propriedade da vítima e a entregaram **a Manoel**".*

DEMONSTRAÇÃO DAS QUALIFICADORAS

A tortura (121, § 2º, inc. III) e o uso de recurso que tornou impossível a defesa do ofendido (121, § 2º, inc. IV) são demonstradas pelo auto cadavérico e pelas provas testemunhais, entre elas:

(fls. 165):
"que ouviu dizer que a vítima foi torturada"

(fls. 155)
"que a vítima estava muito machucada, com os dentes quebrados, uma queimadura no peito, vários tiros pelo corpo e cortado no tórax, na perna direita e nádegas".

(fls. 156)
"Que tinha várias perfurações de tiro pelo corpo, nas pernas, nos peitos, vários cortes de faca e os pulsos amarrados por arame".

DO JULGAMENTO DE FORMA CONTRÁRIA ÀS PROVAS EXISTENTES NOS AUTOS

Diante do exposto, Excelências, está patente, com clareza solar, que existem, sim, provas suficientes no processo e que **o seleto Conselho de Sentença do Egrégio Tribunal Popular do Júri julgou de FORMA CONTRÁRIA AS PROVAS EXISTENTES NOS AUTOS** e, *ipso facto*, **existentes no mundo jurídico**.

AD CONCLUSIO

EX POSITIS, tendo demonstrado os elementos essenciais à configuração do crime de homicídio qualificado, (*Art. 121, § 2º, incisos III e IV, c/c art. 29, todos do Código Penal, c/c. art. 1º da lei nº 8.072/1990.*) este Representante do Ministério Público pugna para que essa Ínclita Corte de Justiça decida pela reforma *in totum* da Sentença absolutória, remetendo os réus **Tício, Petrus e Semprônio** a outro julgamento no Egrégio Tribunal Popular do Júri desta Comarca, como medida da mais salutar justiça.

(....) – PE, 07 de abril de 2005.

3. Modelo de recurso em sentido estrito
Modelo de entrada que pode ser usado pelo Promotor de Justiça ou defesa.
Processo: Nº 357/08-P
Denunciado:.....
Vítima:.....
O MINISTÉRIO PÚBLICO DO ESTADO DE (.......), por seu Representante, abaixo assinado, inconformado *data maxima venia* com a R. sentença exarada nos autos, extinguindo a punibilidade de....., vem da mesma apresentar recurso em sentido estrito com fulcro no art. 581, inc. VIII, da Legislação Adjetiva Penal, com escopo da Egrégia Corte de Justiça reformar a decisão recorrida.

FUNDAMENTO LEGAL
Fundamenta-se o recurso no art. 581, inc. VIII, *in verbis:*
Caberá recurso, no sentido estrito, da decisão, despacho ou sentença:
VIII – que decretar a prescrição ou julgar, por outro modo, **extinta a punibilidade;**

REQUERIMENTOS:
a) Requer-se que no prazo legal, o diretor de secretaria abra vista para apresentação das razões e, em seguida, ao recorrido para apresentar as contra-razões (CPP, art. 588).

b) Caso V. Exa. venha a manter a respeitável decisão que ora se guerreia, requer seja o presente recurso, **depois de oferecidas as razões (art.588),** devidamente processado e encaminhado ao **EGRÉGIO TRIBUNAL *AD QUEM.***

Nestes Termos;
Pede deferimento.

....., 22 de julho 2008.

Modelo das razões que pode ser usado pelo Promotor de Justiça ou defesa
Colenda Câmara Criminal do Egrégio Tribunal de Justiça do Estado de Pernambuco
EGRÉGIO TRIBUNAL:
COLENDA CÂMARA:
DOUTA PROCURADORIA DE JUSTIÇA CRIMINAL
Razões do recurso em sentido estrito
Processo-Crime nº 357/2008.
Autor: Ministério Público
Denunciado:.......
Infração: 121, *caput* c.c. art.129, § 9º do Código Penal.
Nome *juris:* Homicídio e Lesão corporal grave com violência doméstica.

O MINISTÉRIO PÚBLICO DO ESTADO DE (.......), por seu Promotor de Justiça que abaixo subscreve, no uso de suas atribuições legais e constitucionais, com base no art. 581, inc. VIII do Código de Processo Penal, interpôs o presente RECURSO EM SENTIDO ESTRITO contra decisão do juízo de primeiro grau que **EXTINGUIU A PUNIBILIDADE POR CONSIDERAR QUE A LESÃO CORPORAL POR VIOLÊNCIA DOMÉSTICA É PÚBLICA CONDICIONADA A REPRESENTAÇÃO.**

Tal medida tem o fim de corrigir ato que, em nosso sentir, *data maxima venia*, não foi correto, pois a ação penal por lesão corporal com violência doméstica é **PÚBLICA INCONDICIONADA**, prescindindo da manifestação de vontade da vítima para que o Ministério Público apresente a denúncia.

Podemos resumir todo o recurso em 08 (oito) linhas, indicando a *ratio legis* com o fito de identificar a interpretação histórica:

O projeto de lei original (PL n.º 4.559/2004) que deu origem Lei nº 11.340/2007 (Lei Maria da Penha), em seu art. 30, previa, com todas as letras que, *nos casos de violência doméstica e familiar contra a mulher, a ação penal seria pública condicionada à representação.* Não foi isso, portanto, que prevaleceu, **POIS TAL ARTIGO FOI VETADO,** o que demonstra que a clara vontade do legislador em tornar a ação penal por lesão corporal com violência doméstica é PÚBLICA INCONDICIONADA, repito, não necessitando, *in casu,* da manifestação de vontade da vítima.

DO RELATÓRIO DO PROCESSO:

.... foi denunciado pelo fato de que no dia 19/02/2008, por volta das 07h40, na residência do casal, depois de uma mera discussão, ter espancado e, destarte, ofendido a integridade física de sua companheira, produzindo as lesões indicadas nas fls. 06/07.

Ato contínuo, o acusado efetuou dois disparos no Sr....., que tentou socorrer a companheira do denunciado.

O delito restou qualificado na inicial como sendo o de 121 *caput,* c.c. art. 14, inciso II c.c. art. 129, *caput,* e § 9º, do Código Penal (Lesão corporal com violência doméstica).

Denúncia foi recebida em 22/02/2008, fls. 02.

O réu foi citado, fls. 02.

Às fls. 50 há despacho designando audiência com escopo de "colher" a representação da vítima da violência doméstica.

Às fls. 52, o Magistrado teve por bem ouvir a vítima que exarou sua manifestação no sentido de *retirar a representação dada contra seu ex-companheiro.*

Vieram os autos, portanto, com vistas.

Às fls. 53, o Ministério Público ofertou parecer no sentido de que nenhum efeito jurídico teria a prefalada "retratação da representação", vez que a ação não é pública condicionada a representação.

Ato seguinte, o Douto Magistrado proferiu sentença declarando *"ex ofício"* a inconstitucionalidade do art. 41 da lei Maria da Penha e extinguiu a punibilidade do autor, ante a "retratação da representação".

In casu, considerou o valoroso Magistrado que a lesão corporal por violência doméstica pública condicionada à representação.

FUNDAMENTO LEGAL

Fundamenta-se o recurso no art. 581, inc. VIII, *in verbis:*
Caberá recurso, no sentido estrito, da decisão, despacho ou sentença:
VIII – que decretar a prescrição ou julgar, por outro modo, **extinta a punibilidade;**

DO DIREITO

Não nos parece acertada, *data venia*, a decisão que extinguiu a punibilidade do autor considerando ausente uma condição de procedibilidade da ação penal, qual seja, a representação da ofendida.

De início, vale dizer, nosso entendimento foi sempre no sentido de ser a **ação penal pública incondicionada**, no delito de violência doméstica capitulado no art. 129, § 9º, do Código Penal, como é o caso.

O argumento base fazemos da leitura do art. 100, do Código Penal que declina ser a ação penal no nosso ordenamento jurídico pública, **salvo quando a lei expressamente exigir a representação da vítima, a requisição do Ministro da Justiça ou a iniciativa do ofendido.** Outro não á o posicionamento do STF, quando informa que *os requisitos de procedibilidade não se presumem. Antes, devem resultar, de maneira expressa e inequívoca, do próprio texto legal.* (HC 77.711-9 RS, 30/07/1998).

CARACTERÍSTICAS DIFERENCIADORAS DA AÇÃO PENAL PÚBLICA INCONDICIONADA, AÇÃO PENAL PÚBLICA CONDICIONADA E AÇÃO PENAL PRIVADA

Se o Código, ao descrever o delito, silenciar no **título** em que está o tipo penal ou **na norma extravagante** qual o tipo de ação penal, **esta será pública incondicionada.**

Se definir o delito e fizer referência expressa à necessidade de representação, o crime é de **ação penal pública condicionada.**

Fazendo referência expressa que *somente se procede mediante queixa*, a **ação é privada.**

Alguns doutrinadores apontam uma solução, que entendo, *data maxima venia*, ser equivocada, veja a opinião do Prof. Damásio de Jesus:

> "Quando o CP, na Parte especial, após descrever o delito, silenciar a respeito da ação penal, será pública incondicionada. Ex.: no art. 155, que descreve o furto, não há qualquer referência à ação penal. Logo, é de natureza pública incondicionada. O seu titular pode exercê-la sem a necessidade de qualquer requisito". *(Direito Penal*, v. 1 – Parte Geral, p. 652, edição: 20, 1997)

Na realidade, para identificar a ação penal, devemos também, *em casos excepcionais*, observar as remissões que o artigo faz às **leis extravagantes**.

Da leitura do art. 129 *caput* do Código Penal, chegamos à conclusão de que não existe qualquer referência à ação penal, mas o art. 88 da Lei nº 9.099/1995 prevê que:

Além das hipóteses do Código Penal e da legislação especial, ***dependerá de representação*** *a ação penal relativa aos crimes de* ***lesões corporais leves*** *e lesões culposas.*

O art. 129, § 9º, com redação dada ao parágrafo pela Lei nº 11.340, de 07/08/2006, *DOU* 08/08/2006, com efeitos a partir de 45 dias após sua publicação, dispõe:

> *Se a lesão for praticada contra ascendente, descendente, irmão, cônjuge ou companheiro, ou com quem conviva ou tenha convivido, ou, ainda, prevalecendo-se o agente das relações domésticas, de coabitação ou de hospitalidade:*
> *Pena – detenção, de 3 (três) meses a 3 (três) anos.*

Da análise ainda que superficial do artigo supracitado, chegamos à simples ilação lógica de que não há nenhuma referência quando ao tipo de ação, tampouco no capítulo ou em lei esparsa a ele relativo, principalmente a Lei de Violência Doméstica, logo, a ação é **PÚBLICA INCONDICIONADA**.

Questiona Bitencourt[16]:

> Qual será, afinal, a natureza da ação penal no novel crime de "violência doméstica"? De que é crime de ação pública não resta a menor dúvida, mas será condicionada ou incondicionada? Essa questão pode assumir a dimensão de uma vexata quaestio, e isso afronta a história e a tradição do nosso Código Penal, que sempre identificou com clareza e precisou a espécie ou modalidade de ação penal de cada crime: a regra geral é que todos os crimes sejam de ação pública incondicionada; a exceção, quando houver, estará expressa no texto legal. Ora, com a "violência doméstica" não pode ser diferente: a ação penal deve ser facilmente identificável. No entanto, para que essa operação seja possível é indispensável que se supere uma preliminar: de que crime estamos tratando? Violência doméstica ou lesão corporal leve? Se admitirmos que se trata somente de um tipo especial de lesão corporal leve, evidentemente que a ação penal será pública condicionada, nos termos do art. 88 da Lei nº 9.099/1995. Contudo, se sustentarmos que a violência doméstica é um crime autônomo, distinto do crime de lesão corporal, inegavelmente a ação penal será pública incondicionada. Provavelmente, haverá essas duas correntes".

O surgimento de duas correntes previstas pelo renomado autor não tem mais sentido porque o que sustentava o dissenso era a possibilidade de o crime de lesão corporal doméstica ser um tipo especial de lesão corporal leve.

A divergência "tinha" fundamento porque a pena da lesão corporal dolosa leve é de detenção, de 3 (três) meses a 1 (um) ano e quando a lesão corporal com violência doméstica foi introduzida no nosso ordenamento jurídico pela Lei nº 10.886, de 17/06/2004,

---

16 Bitencourt. Cezar Roberto. *Tratado de Direito Penal*, parte especial, v. 2, 4 ed., São Paulo: Saraiva, p.207.

DOU 18/06/2004, a pena *era* de detenção, de 6 (seis) meses a 1 (um) ano, portanto, argumentava-se que a lesão corporal doméstica era um tipo especial de lesão corporal leve, *in casu*, a ação penal seria pública condicionada a representação.

A lei nº 11.340, de 7 de agosto de 2006, publicada em 08/08/2006 (Lei Maria da Penha), alterou a pena do delito de lesão corporal doméstica para detenção, de 3 (três) meses a 3 (três) anos.

Portanto, com a pena máxima de 3 anos, com a possibilidade de ser decretada a preventiva do infrator se a violência for contra mulher (Art. 20 c.c. art. 42 da lei nº 11.340, de 7 de agosto de 2006) e a proibição a aplicação, nos casos de violência doméstica e familiar contra a mulher, de penas de cesta básica ou outras de prestação pecuniária, bem como a substituição de pena que implique o pagamento isolado de multa (Art.17 da lei nº 11.340, de 7 de agosto de 2006), acho que a doutrina excessivamente garantista vai parar de dizer que a lesão corporal doméstica é um tipo especial de lesão corporal leve.

Conclui-se com todas as letras que a lei nº 11.340, de 07/08/2006, publicada em 08/08/2006 (Lei Maria da Penha), ao alterar e, destarte, aumentar, a pena do art. 129, § 9º, do Código Penal, criou um tipo penal totalmente diferenciado do 129 *caput*, ou seja, **houve o surgimento de uma lesão corporal qualificada pela convivência doméstica que não pode ser considerada delito de menor potencial ofensivo.**

Sem embargo da clareza da lei, a matéria já chegou ao STJ:

> A Lei nº 11.340/06 – Lei Maria da Penha – alterou a redação do art. 129, § 9º do CP – lesão corporal com violência doméstica – elevando a pena máxima para 3 anos. O delito não se insere, por isso, no âmbito das infrações de menor potencial ofensivo, que têm pena máxima de 2 anos. (*Habeas Corpus* nº 84.831 – RJ (2007/0135839-3)

Antes da lei nº 11.340, de 7 de agosto de 2006, Bitencourt e Nucci já defendiam que a ação é pública incondicionada.

É verdade que preconiza o art. 16 da lei nº 11.340, de 07/08/2006, publicada em 08/08/2006, *in verbis*:

> *"Nas ações penais públicas condicionadas à representação da ofendida de que trata esta Lei, só será admitida a renúncia à representação perante o juiz, em audiência especialmente designada com tal finalidade, antes do recebimento da denúncia e ouvido o Ministério Público".*

O artigo supracitado faz referência apenas *"ações penais públicas condicionadas à representação da ofendida"*, tais como:

a) A ameaça.

b) O estupro no caso da vítima ser pobre e o autor não ter o poder familiar.

c) Na contravenção penal de vias de fato.

d) Outros casos em que a lei expressamente prever ser a necessidade de representação da vítima ou de seu representante legal.

Outro argumento que desponta é no sentido de que o art. 6º, da Lei nº 11.340/2007 considera a violência contra mulher uma forma de violação dos direitos humanos e, se fosse exigida a representação como condição de procedibilidade, tal crime, no contexto prático, dificilmente seria punido, pois estaríamos fornecendo uma ferramenta poderosa ao agressor para elidir a punibilidade, qual seja, ameaçar a mulher para fazer a "retratação da representação", com isso, estaríamos também criando uma nova forma de opressão consistente em constranger a mulher ao lídimo direito de pleitear a efetivação da justiça.

Ademais, a Lei Maria da Penha tratou expressamente de afastar os institutos da Lei nº 9.099/1995 do âmbito de sua incidência, em clara demonstração de tratamento mais rígido contra os autores de violência doméstica, mormente quanto ao crime de lesão corporal.

DA JURISPRUDÊNCIA:

Outros Tribunais também já se posicionaram sobre o tema, entre os quais, podemos citar:

LESÃO CORPORAL LEVE. VIOLÊNCIA DOMESTICA E FAMILIAR CONTRA A MULHER. LEI Nº11.340/2006. NÃO RECEBIMENTO DA DENÚNCIA. RETRATAÇÃO DA REPRESENTAÇÃO. AÇÃO PENAL PÚBLICA INCONDICIONADA.

O escopo da chamada lei Maria da Penha é alcançar a melhor proteção possível à mulher vítima da violência doméstica ou familiar, configurando violência qualquer ação ou omissão que lhe cause morte, lesão, sofrimento físico, sexual ou psicológico e dano moral ou patrimonial, cuidando a citada legislação do enfrentamento de questões que há muito tempo melindrava a sociedade brasileira, uma vez que era grande o número de casos de violência contra a mulher no seio familiar ou doméstico, por não ter a Lei nº 9.099/1995 conseguido dar uma resposta efetiva a tais condutas ilícitas.
2. Desnecessária a representação da ofendida para o recebimento da denúncia com relação ao art. 129, § 9º, do CP, eis que este passou a ser um delito a ser apurado mediante ação penal pública incondicionada, por força do art. 41 da Lei Maria da Penha, que afastou a incidência da lei nº 9.099/1995 e, por conseguinte, afastou a exigibilidade de representação da vítima para tal forma delitiva, sendo irrelevante a retratação procedida pela vítima. A Lei nº 11.340/2006 fixou em 3 (três) anos de detenção a pena máxima para o crime de lesão corporal, afastando, sobremaneira, a incidência da lei dos juizados especiais em relação a este delito. **Com relação ao crime de lesão corporal praticado contra mulher no âmbito familiar ou doméstico, o legislador adotou a opção política de não exigir a representação da vítima para a intervenção estatal, com vista a evitar que ameaças e pressões de parentes e do próprio agressor leve-a a desistir de procurar os meios legais para a propositura de uma ação penal, prepon-**

derando o interesse coletivo sobre o individual. 3. A audiência preliminar prevista no art. 16 da novel legislação somente é aplicável para os crimes em que o interesse privado da vítima vincule a atuação do órgão ministerial, ou seja, as ações penais condicionadas à representação. 4. O crime de injúria simples somente se procede mediante representação do ofendido, e tendo em vista haver operada a retratação in oportune tempore, impossível o recebimento da denúncia para o início da persecução criminal em desfavor do réu. (TJES; RSE49070005183; 2ª C. Crim.; Rel. Des. José Luiz Barreto Vivas; DJES 19/06/2008; p. 36)

LESÕES CORPORAIS COM VIOLÊNCIA DOMÉSTICA. RETRATAÇÃO DA VÍTIMA. REJEIÇÃO DA DENÚNCIA. IMPOSSIBILIDADE. AÇÃO PENAL PÚBLICA INCONDICIONADA.

Não é absolutamente necessária a designação de audiência especial para os fins do art. 16 da Lei nº 11.340/2006, **no caso das lesões corporais a que se refere o art. 129, § 9º, do Código Penal, porque a ação, nestes casos, é pública incondicionada, sendo inexigível tanto a representação, como impossível à vítima retratar-se ou obstar o procedimento, de modo que não se justifica a rejeição da denúncia oferecida em face da inexigível retratação.** (TJMG; RSE 1.0024.07.671642-2/001; 1ª C.Crim.; Rel. p/o Ac. Des. Judimar Biber; DJEMG 01/07/2008

A POSIÇÃO DO STJ SOBRE O TEMA

Em recente julgamento a Sexta Turma do Superior Tribunal de Justiça (STJ) ao julgar o HC Nº 96.922, concluiu que a violência doméstica contra a mulher constitui delito de ação penal pública incondicionada.

Reproduzo abaixo uma síntese do julgamento:

A relatora do processo, desembargadora convocada Jane Silva, destacou em seu voto que o Ministério Público tem o dever de mover ação em casos de lesões corporais leves e culposas praticadas no âmbito familiar contra a mulher. Segundo a desembargadora, **com a Lei Maria da Penha, o legislador quis propor mudanças que pudessem contribuir para fazer cessar, ou ao menos reduzir drasticamente, a triste violência que assola muitos lares brasileiros.**

O voto-vista que definiu o resultado do julgamento, do ministro Paulo Gallotti, reconheceu que o tema é controvertido e conta com respeitáveis fundamentos em ambos os sentidos, mas ressaltou que, com a Lei Maria da Penha, **o crime de lesão corporal qualificado deixou de ser considerado infração penal de menor potencial ofensivo, ficando sujeito ao acionamento incondicional.**

Para ele, **a figura da ação incondicional é a que melhor contribui para a preservação da integridade física da mulher, historicamente vítima de violência doméstica.** Ao acompanhar o voto da relatora, Paulo Gallotti também ressaltou **que o agressor tem** que estar consciente que responderá a um processo criminal e será punido se reconhecida sua culpabilidade.

Segundo o ministro Paulo Gallotti **"não se pode admitir que a Lei Maria da Penha, criada para coibir a violência doméstica e familiar contra a mulher, seja interpretada de forma benéfica ao agressor ou que se torne letra morta"**.

AD CONCLUSIO

EX POSITIS, o Representante do Ministério Público pugna para que essa Ínclita Corte de Justiça decida pelo conhecimento do recurso, posto que tempestivo e, depois seja dado **PROVIMENTO** reformando *in totum* da Sentença que declarou extinta a punibilidade de..... em virtude da ausência da representação da vítima, **devendo ser determinada a continuidade do procedimento, como medida da mais salutar justiça.**

.... 14 de agosto de 2008.

Francisco Dirceu Barros
(Promotor de Justiça)

4. Modelo de revisão criminal formulado pela defesa

Modelo gentilmente cedido por meu amigo Antônio Fernando Cardoso Cintra – Advogado Criminalista.

EXCELENTÍSSIMO SENHOR DESEMBARGADOR PRESIDENTE DO TRIBUNAL DE JUSTIÇA DO ESTADO DE.....

A atividade jurisdicional, como outra de qualquer setor da atividade humana, está sujeita a erros. Quantas decisões não evertem, invertem e subvertem o bom Direito. A justiça é feita pelos homens, simples criaturas humanas, sem o dom da infalibilidade. As provas que devem servir como "espelhos da verdade", representativas que são do *thema probandum,* por causa diversas fornecem imagens deformadas e destorcidas.

........, brasileiro, casado, servidor da Empresa Brasileira de Correios e Telégrafos, residente na Rua Castelo Novo, nº 90, Santo André-SP, por conduto do seu defensor, adiante firmado, consoante documento procuratório anexo (Doc. I), com escritório profissional constante do rodapé de página, não se conformado com a respeitável sentença, já transitada em julgado, em 11 de julho de 2006, do Juízo de Direito da Comarca de.... (processo nº 99/2003 – apelação criminal nº 0104190-7) que o condenou à pena de 16 anos de reclusão, a ser inicialmente cumprida em regime fechado, como incurso nas sanções do art. nº 121, § 2º, II do Código Penal Brasileiro (homicídio qualificado), vem, respeitosamente, perante V.Exa., interpor a presente

REVISÃO CRIMINAL

O que faz com supedâneo no art. 5º, incisos XXXIV, alínea *a* e XL, da Magna Carta, nos arts. 621 e seguintes do Código de Processo Penal, c/c art. 26, inciso I, letra b, do Regimento Interno do Tribunal de Justiça do Estado de Pernambuco (Resolução nº 84, de 24/01/1996), nas **razões recursais em apenso** e no teor dos documentos que ora apresenta, requerendo que, cumpridas as formalidades legais, sejam remetidas as presentes razões à Colenda Seção Criminal desta Egrégia Corte.

P. deferimento.

.... 25 de setembro de 2006.

Antônio Fernando Cardoso Cintra
OAB/Nº....

EGRÉGIO TRIBUNAL DE JUSTIÇA DO ESTADO DE PERNAMBUCO
COLENDA SEÇÃO CRIMINAL
RAZÕES DO RECORRENTE
Eméritos Desembargadores:
Doutos Julgadores integrantes da Seção Criminal.
Emérito Relator.

ESCLARECIMENTO INICIAL

processo criminal com sentença transitada em julgado

Como é de trivial sabença jurídica, é pressuposto primordial da revisão a existência de um processo criminal com a sentença condenatória trânsita em julgado.

É o caso do presente pleito.

O recorrente, respondendo a processo crime, foi submetido a julgamento pelo Tribunal do Júri da Comarca de Palmerina, em 13/11/2003, sendo condenado a 16 (dezesseis) anos de reclusão. Não se conformando com o *decisum*, interpôs recurso de apelação, ao fundamento de que a decisão do Conselho de Sentença foi contrária às provas dos autos.

Foi negado provimento ao recurso de apelação interposto, o qual foi enfrentado por aclaratórios, com pedido de efeito infringente. Julgados, os embargos declaratórios foram conhecidos, mas se lhes negou provimento.

Assim, conforme as certidões constantes das fls. 49 e 53 (processo 0104190-7/01), exaradas pela Diretoria Criminal deste Tribunal, a decisão transitou em julgado para recorrente em 11/07/2006, e para o Ministério Público em 10/08/2006.

Formou-se assim a *res judicata*.

II – DA COMPETÊNCIA

A princípio, quando surgiu entre nós o instituto da revisão, sua competência era exclusiva da Suprema Corte, nos termos do Decreto nº 848, de 11/10/1890. Hoje o art. 624 do Código de Ritos estabelece:

> Art. 624. As revisões criminais serão processadas e julgadas:
> § 2º Nos tribunais de Justiça ou de Alçada, o julgamento será efetuado pelas câmaras ou turmas criminais, reunidas em seção conjunta, quando houver mais de uma, e, no caso contrário pelo tribunal pleno.

Já o art. 26, inciso I, letra *b*, do Regimento Interno do Tribunal de Justiça do Estado de Pernambuco (Resolução nº 84, de 24/01/1996), dispõe:

> Art. 26 – Compete à Seção Criminal:
> I – Processar e julgar:
> b) as revisões criminais e os recursos dos despachos que as indeferirem in limine, quanto às condenações por ela impostas e as proferidas pelas câmaras criminais isoladas e pelos juízes e tribunais de primeiro grau, nos feitos de competência recursal do Tribunal de Justiça;

Desta forma, provada a competência desta Seção Criminal para exame e julgamento do presente recurso de revisão, interpõe-se o presente remédio, para garantia do *status libertatis* do recorrente.

III – DOS FATOS

O recorrente foi acusado de no dia 10/04/1988, juntamente com (....), ter cometido o crime de homicídio contra (....).

Foi interrogado perante a autoridade policial em 10/12/1993 (fls. 11 – processo 99/2003) e, só em 08/05/2000 foi denunciado (fls. 02/03). Submetido a julgamento pelo Tribunal do Júri em 13/11/2003, o revisionando foi condenado a 16 anos de reclusão, conforme sentença de fls. 296/299.

Não se conformando com a decisão que o condenou, foi interposta apelação, a qual foi conhecida e julgada improcedente pela Colenda 1ª Câmara Criminal deste Egrégio Sodalício (fls. 386/390). Ressentindo-se de ter ocorrido contradição no venerável acórdão proferido no julgamento do apelo, foram manejados embargos declaratórios contra o *decisum*, os quais foram conhecidos e rejeitados perante aquele órgão fracionário da Corte de Justiça (fls. 40/43 – processo 0104190-7/01).

O fato Ilustrado Desembargador Relator, é que na instrução do feito, desde as alegações finais apresentadas pelo defensor que à época patrocinava a defesa do paciente, foi denunciada a ocorrência de nulidade que feria de morte o processo como um todo.

Assim, pugnava a defesa do paciente/acusado:

"Ressalte-se que não há Perícia Tanatoscópica, existe apenas uma Certidão de Óbito, a qual se reporta que a morte foi em decorrência de homicídio."

Não existe nos autos do processo – Ação crime nº 99/2003, exame de corpo de delito direto, ou qualquer outra prova, seja ela testemunhal, documental ou pericial que comprove que a morte da vítima foi causada pelos tiros desferidos pelo recorrente.

IV – DA RELAÇÃO DE CAUSALIDADE
DA IMPOSSIBILIDADE DE SE ATRIBUIR AOS DISPAROS EFETUADOS PELO PACIENTE O RESULTADO MORTE

Segundo Damásio Evangelista de Jesus[17], "**resultado** é a modificação do mundo exterior provocada pelo comportamento humano voluntário".

No sistema jurídico-penal pátrio, é cediço que a própria conduta já constitui modificação do mundo exterior. Todavia, o **resultado** é a transformação operada por ela – a conduta, é o seu efeito, e dela se distinguindo. No caso de homicídio, tem-se o comportamento (p. ex. ação de disparar tiros) e a modificação do mundo exterior, que constitui o resultado (morte da vítima). Inexistindo esse nexo (os disparos causaram a morte) não existe o cometimento de delito.

Para que se atribua um crime a um agente é necessário que exista o nexo de causalidade entre o comportamento humano e a modificação do mundo exterior. Cuida-se de se estabelecer quando o resultado é imputável ao sujeito.

No presente caso, repita-se, não restou comprovada a causa da morte da vítima.

Dito isto, sem que se saiba a causa do falecimento de (....), impossível é se aferir o nexo de causalidade entre o comportamento do recorrente e o resultado morte da vítima.

V – DA NULIDADE DA SENTENÇA E DO ACÓRDÃO
SENTENÇA CONDENATÓRIA QUE NEGA VIGÊNCIA AO 386, IV E VI

São injurídicas e devem ser prontamente anuladas por esta Colenda Seção Criminal a decisão do Exmo. Sr. Dr. Juiz de Direito da Comarca de Palmerina, bem assim o *decisum* que a confirmou, eis que fere dispositivos legais expressos e princípios basilares de Direito, além do entendimento predominante na doutrina e na jurisprudência, *data venia*.

Decorre de lei expressa (art. 386, IV e VI), assim como dos ensinamentos de doutrinadores de escol, que o juiz absolverá o acusado quando não existir prova suficiente para condenação ou não existir prova de ter o réu concorrido para a infração penal.

Com maestria ensina Júlio Fabbrini Mirabete[18]:

"Por último, deve ser absolvido o réu se 'não existir prova suficiente para condenação'. Refere-se a lei genericamente aos casos em que, excluídas todas as hipóteses anteriores, não pode ser a ação julgada procedente por falta de provas indispensáveis à condenação. O princípio *in dubio pro reo* aplica-se, também, aos incisos II e IV do art. 386."

---

17 Jesus, Damásio E de. *Direito Penal* – Parte Geral, v. 1, p. 213.
18 Mirabete, Júlio F. *CPP interpretado*.

A jurisprudência, vem pacificando esse entendimento nos tribunais[19]:

"*Se o fato existiu, mas a prova não pode precisar o que realmente ocorreu, o réu deve ser absolvido com fundamento no art. 386, VI, do CPP, e não no inciso I, do mesmo dispositivo.*"

Como se vê, portanto, não poderia o recorrente ser condenado em um processo onde a prova colhida não pôde precisar o que realmente ocorreu.

Não é só a ausência de exame de corpo de delito direto que dá ensanchas à revisão pretendida, mas sobretudo a prova testemunhal colhida que se revela assustadoramente contraditória. Vejamos:

Fls. 02 (denúncia)

"..... deflagrou mais tiros, – dois dos quais **atingiram a "caixa torácica"** da vítima". (destaquei)

Fls. 31 (relatório delegado):

"........, que disse ser cunhado da vítima e que no dia 11/04/1988 a vítima foi encontrada morta nas terras do Sr........, **com tiros de arma de fogo, na cabeça.**" (destaquei).

"........, que disse ser cunhada da vítima, e que viu o corpo caído em "decúbito ventral, com **dois tiros na cabeça**..." (destaquei).

Fls. 147 (depoimento do Policial Militar Antônio Tenório Cavalcante, que retirou o corpo da vítima do local do crime):

"Que ao ser informado da morte da vítima, o depoente compareceu ao local do crime, no Sítio Barros, acompanhado de um colega seu militar, não recordando o nome e ainda um agente de polícia civil também não recordando o seu nome. Que encontrou a vítima em posição com o peito voltado para o chão, ou seja, em decúbito dorsal. **Não recorda-se se nas costas da vítima existia alguma perfuração provenientes de balas. Que não recorda as sedes dos ferimentos da vítima**... Que o corpo foi entregue a um agente de polícia e a partir daí o depoente não mais viu o corpo da vítima."

Revelam-se, portanto, totalmente contraditórios, os depoimentos acima transcritos, mormente quando utilizados **equivocadamente**, como fundamento pelo Douto Magistrado de primeiro grau, na sentença de pronúncia:

"Entretanto, em situação que tal, o art. 167 do CPP prevê que a prova testemu**nhal poderá suprir a falta de exame cadavérico. No caso dos autos, pelos depoimentos prestados em Juízo, a materialidade restou totalmente evidenciada...**"

Não há o que se olvidar que, quando não for possível o **exame de corpo de delito direto**, por haverem desaparecido os vestígios da infração penal, a prova testemunhal – que materializa o **exame de corpo de delito indireto** – supre a ausência do exame direto.

A Corte Suprema tem proclamado a dispensabilidade do exame pericial nos delitos que deixem vestígios, desde que a materialidade do ilícito penal esteja comprovada, por outros meios, inclusive de natureza documental. O que não ocorre no presente caso, uma vez que, a prova testemunhal não supriu a ausência da perícia. **Não**

---

19 TJSP (RT 637/267)

existe nos autos qualquer prova (testemunhal, documental ou pericial) que assegure que a morte da vítima foi em decorrência dos disparos desferidos pelo Recorrente.

VI – DA INEXISTÊNCIA DE EXAME DE CORPO DELITO DIRETO
DA AUSÊNCIA DE EXAME CADAVÉRICO EM CRIME QUE DEIXA VESTÍGIO

Deixando o crime vestígios materiais (cadáver) é indispensável o exame de corpo de delito direto, elaborados por peritos para se comprovar a materialidade do crime, **sob pena de nulidade.** O exame destina-se à comprovação, por perícia, dos elementos objetivos do tipo, que diz respeito, principalmente, ao evento produzido pela conduta delituosa, ou seja, do resultado, de que depende a existência do crime. Deve, portanto, registrar, a própria existência do delito.

Dispõe a lei substantiva penal[20]:

"O resultado, de que depende a existência do crime, somente é imputável a quem lhe deu causa. Considera-se causa a ação ou omissão sem a qual o resultado não teria ocorrido.

É de curial sabença que a perícia deve ser determinada pela autoridade policial logo que tiver conhecimento da prática da infração penal que deixa vestígios.

É o que diz a legislação adjetiva[21]:

"Art. 6º. Logo que tiver conhecimento da prática de infração penal, a autoridade policial deverá:

VI – determinar, se for o caso, que se proceda a exame de corpo de delito e a quaisquer outras perícias."

Na contramão do quanto estabelece o Diploma Adjetivo Penal, o Inquérito Policial que serviu de base para denúncia, está infectado de erros primários que maculam todo o desenrolar do processo. Observe-se:

Fls. 30 – Relatório da autoridade policial: **"na época do fato, por motivos desconhecidos desta Autoridade Policial, não foi procedido ao Exame Tanatoscópico, necessário nestes crimes. Contudo, com base no Atestado de Óbito e nos depoimentos testemunhais, constata-se a materialidade do fato criminoso."**

É necessário esclarecer Insigne Relator, que o atestado de óbito (fls. 10) que se refere a autoridade policial estabelece como causa da morte: **homicídio.**

No caso dos autos, tanto a autoridade policial quanto a nobre representante do Ministério Público, bem assim o douto magistrado de primeiro grau fizeram "letra morta" a referida disposição legal. E o que é mais grave, repita-se, ainda que tal nulidade – ausência de materialidade do delito – tenha sido levantada pela defesa do revisionando no momento das alegações finais.

---

20 Art. 13 do Código penal.
21 Art. 6º CPP.

Diga-se por oportuno, que o art. 167 do CPP, contemporizando o rigor do art. 158 do mesmo *Codex*, dispõe que não sendo possível o exame de corpo delito direto por terem desaparecido os vestígios dispensa-se a realização de perícia. É que a jurisprudência tem firmado entendimento, que a dispensa do exame de corpo de delito direto só se admite quando desaparecidos ou inexistentes os vestígios deixados pela infração.

"Não impede o oferecimento de recebimento da denúncia por homicídio o fato de não conterem os autos a necropsia da vítima, desde que a materialidade esteja evidenciada por outros meios e **até por atestado de óbito**."[22] (grifo nosso).

"A inexistência de exame pericial quando se cuida de delito que deixa vestígio, como o falso, não leva somente a reconhecer a nulidade processual, mas **implica ter-se como não provada a materialidade da infração**"[23] (destaque nosso)

" A não realização de exame de corpo de delito direto, que dá maior credibilidade e confiança ao julgador, por incúria da autoridade policial, que, por mero comodismo, realiza o exame indireto, sem especificação de suas fontes, **implica comprometimento da prova da materialidade do delito, impondo-se a absolvição**."[24] (destaque nosso)

Assim, ante a ausência de exame de corpo de delito direto, que comprove a materialidade do delito, o deferimento da presente revisão é medida que se impõe para anular o processo movido pelo *Parquet* estadual contra o ora Recorrente.

Ainda sobre a matéria, são inúmeras as decisões que asseguram que é indispensável o exame de corpo de delito direto, nos crimes que deixam vestígios:

"Sendo possível o exame pericial direto, não se há de optar pelo indireto, e, se o último irrompe irrealizável, jamais se permite escolher a prova testemunhal, mero suprimento de prova pericial infatível.[25]

"Na apuração de infrações penais que deixam vestígios é **obrigatória** a juntada do exame de corpo de delito direto, quando possível a sua realização, sendo certo que o indireto está reservado, **exclusivamente**, às hipóteses excepcionais relacionadas com o desaparecimento da coisa, dos vestígios etc., que determinam a absoluta impossibilidade da realização do laudo direto."[26] (grifei).

"No crime que deixa vestígios o exame de corpo de delito **direto é indispensável** (art. 158 do CPP), salvo se impossível a constatação direta (art. 167 do CPP). E, ainda que em tese admissível a elaboração do laudo indireto, a partir de ficha clínica, deve estar nos autos para que se possa comprovar a materialidade do delito."[27] (grifei).

"A realização do exame de corpo de delito é indispensável no processo relativo a crime que deixou vestígios, 'sem a possibilidade de ter-se consumado sem que os vestígios sensíveis ficassem' (Espínola Filho, Código de processo penal brasileiro anotado. 3 ed.

---

22 TJSP-(RT544/307)
23 TJSP (RT 580/316)
24 TJSP(RT 637/267)
25 TACRIM –SP-RJD 22/335
26 TACRIM-SP-RJTACRIM 29/438
27 TACRIM-SP-RJD 06/85

Vol 2, n 353). Sua falta acarreta nulidade, nos termos dos dispositivos legais já referidos (arts. 158 e 564, III, b, do CPP) e, em conseqüência, a inviabilidade da ação penal."[28]

"O exame pericial, quando se trata de infração que deixa vestígios, é indispensável, constituindo cerceamento a não realização dessa prova requerida pela defesa."[29]

Este também é o entendimento do Supremo Tribunal Federal, consubstanciado na decisão a seguir:

Acarreta nulidade a ausência de exame de corpo de delito, quando possível, nos crimes que deixam vestígio.[30]

Basta um mínimo de esforço para perceber a incoerência e inconsistência lógica da decisão de primeiro grau que condenou o paciente a 16 (dezesseis) anos de reclusão, bem assim do Acórdão que a confirmou. É que ditas decisões, ao contrário do que consta nos autos, **inclusive certidão da Sra. Chefe de Secretaria, dando conta da inexistência de laudo cadavérico (fls. 78),** fundamentaram a condenação do paciente não em uma prova pericial, e sim em uma **certidão de óbito** que testifica **apenas** que a *causa mortis* da vítima foi homicídio.

Por todo o exposto, forçoso é concluir que a materialidade do delito não está comprovada, mormente quando a única prova documental nos autos não informa qual foi a causa da morte de (....), a vítima.

A certidão de óbito de acostada aos autos, não esclarece qual foi a causa da morte da vítima. Não atesta que foi por disparos de arma de fogo, falência múltipla de órgãos, hemorragia interna, ou mesmo um ataque cardíaco fulminante. Nada. Limita-se a informar que foi homicídio.

Ilustrado Julgador, é lição cediça que no processo penal não se admite conjecturas nem ilações, apenas certezas. No caso dos presentes autos ninguém pode afirmar com certeza que a causa da morte da vítima foram os disparos sofridos. Nem a autoridade policial que conduziu o inquérito pode, nem o digno Magistrado de primeiro grau, prolator da sentença, nem a Douta representante do Ministério Público, nem os senhores jurados que participaram da sessão plenária, nem este Defensor, nem mesmo Vossa Excelência. É impossível fazer tal afirmação.

Apesar da reconhecida cultura jurídica e erudição de que são dotados os doutos Julgadores deste Sodalício, com toda a experiência e cabedal jurídico que carregam, nenhum dos membros desta Corte de Justiça pode afirmar, com certeza, que a causa da morte de (....) foram os tiros deflagrados pelo ora paciente.

Se assim é Exa., e assim é, caracterizada está a falta de comprovação da materialidade do delito.

Por essa razão, deve ser conhecido e julgado procedente o presente remédio.

---

28 TJSP-HC-RJJSP 39/238
29 TJSP-HC-RT 436/316
30 ST – RE 96.915-2 – Rel. Rafael Mayer – DJU 13.08.82, p. 7590

Do Pedido

Cumprido o pressuposto lógico da revisão, que nada mais é que sua condição fundamental, isto é, a sentença penal condenatória transita em julgado, passa-se agora aos fundamentos do pedido ou legítimo interesse para propositura da ação revisional.

Dispõe o Código de Processo Penal:

"Art. 621. A revisão dos processos findos será admitida:

I – quando a sentença condenatória for contrária ao texto expresso da lei penal ou à evidência dos autos;" (grifei).

Não há o que se olvidar, que a sentença vergastada padece do vício de ter sido proferida em total confronto com a evidência dos autos, uma vez que não se ampara em nenhuma prova firme. Repetindo-se: a inexistência de prova documental e as **contradições dos depoimentos testemunhais não supriram a ausência do exame de corpo de delito direto.**

Assim pretendendo o revisionando preservar o seu *status libertatis*, pede e espera o julgamento favorável do presente pedido, para anular as decisões que condenaram o paciente sem a prova cabal da materialidade do delito e impedir qualquer ato restritivo do direito constitucional de ir, vir e permanecer do paciente.

De observar-se que ao revisionando não resta outro caminho senão a via revisional para corrigir tal situação.

Termos em que, cumpridas as necessárias formalidades legais, pede e espera conhecimento, processamento e acolhimento, como medida de inteira justiça.

.... 25 de setembro de 2006.

Antônio Fernando Cardoso Cintra
OAB/Nº...

Rol de documentos anexos:
Procuração
Cópia integral:
processo crime nº 081/2000
apelação criminal n.º 0104190-7
embargos de declaração n.º 0104190-7

Modelo de desaforamento

Excelentíssimo Senhor Doutor Desembargador Presidente a do Egrégio Tribunal de Justiça do Estado de..........

O representante do Ministério Público, nos autos da *actio u*t supramencionada, movida pela JUSTIÇA PÚBLICA contra: SEMPRÔNIO vem com a devida vênia perante V. Exa., impetrar, abroquelado no art. 424 da legislação Adjetiva Penal, o presente PEDIDO DE DESAFORAMENTO pelos motivos fáticos e jurídicos a seguir expostos:

DOS FATOS:

a) O acusado foi denunciado e pronunciado pela prática de infrações aos arts. Infração: 121, § 2º, inciso I, (motivo torpe), III (asfixia), IV (dificultou a defesa do ofendido), c.c. art. 61 inc. II, alínea "e", todos do Código Penal Brasileiro, c.c. Art. 1º, inciso I, última parte, da Lei nº 8.072 (crime hediondo).

b) Com o término da instrução criminal, ficou demonstrado de forma clarividente que o acusado supramencionado, planejou e executou com resíduos de crueldade uns dos crimes mais aterrorizantes consumado nesta comarca;

c) O réu, como ficou fartamente comprovado, esganou sua esposa e tentou simular um acidente com fulcro de receber um seguro no valor de 600.000,00 (seiscentos mil reais);

d) Dessume-se do sumário da culpa:

(1) A motivação dantesca *ut supra*, o denunciado ainda devia mais de duzentos mil reais a bancos e agiotas.

(2) O pronunciado casou por imposição do pai da vítima (à força), e que o mesmo tinha um relacionamento complicado com sua esposa, chegando a passar todos os seus bens para seu irmão de nome "......";

3) O perverso crime foi praticado por motivo torpe, tendo o sujeito passivo sido asfixiado, destarte o agente usou meios que dificultou a defesa da vítima;

4) A materialidade delitiva ficou perfeitamente provada através do Auto de Exame de Corpo de Delito, inserto nos autos, que comprova categoricamente que a vítima faleceu por asfixia mecânica através de instrumento constritor (enganador), bem como pela reprodução simulada dos fatos e demais provas testemunhais.

O DANTESCO CRIME E SUA REPERCUSSÃO SOCIAL

O modus como ocorreu o delito revela extrema insensibilidade moral do acusado. O acusado esganou sua própria esposa com o fito de resolver dois problemas que atormentavam sua vida:

1 – Acabar com um casamento desgastado.

2 – Receber um seguro, cujo único beneficiário era ele mesmo, para pagar suas dívidas.

O crime causou muita repulsa nos citadinos, que sentiram a paz da comarca ser despedaçada pelo instinto sibilino do réu.

Ocorre, Excelência, que tem chegado muitas informações – incontestáveis e certeiras – perante esta Promotoria de Justiça, dando conta de que jurados têm sido constantemente procurados, com indigna insistência, por familiares do acusado, sofrendo pressões e promessas de receberem grandes quantias pecuniárias para absolver o réu.

O pronunciado é pessoa que goza de intraduzível prestígio para com determinados setores local. É pessoa de influência na cidade de Exu e possui laços de amizade com políticos locais.

O acusado encontra-se preso por prisão preventiva decretada pelo Juízo *a quo* e mantida por decisão desta honrada corte de justiça; desesperado pretende jogar todas as suas cartas no julgamento do júri, com o escopo de ser injustamente absolvido e auferir os lucros do seu nefasto empreendimento (o seguro).

Para constatação das graves afirmações *ut supra*, basta a breve leitura do termo de declarações em anexo, em que vários cidadãos apresentaram declarações ao promotor de justiça que esta subscreve, em que todos são uníssonos em afirmar que:

"Há evidente dúvida quanto à imparcialidade do júri, haja vista tratar-se o réu membro de família influente perante a comunidade exuense".

Pelo exposto, entende o Representante do Ministério Público que esta subscreve que, se o julgamento for realizado nesta comarca, está o mesmo fadado a desvelar rodunda injustiça, incompatível com os baluartes de um Estado Democrático de Direito. A Sessão seria transformada num grande circo.

Neste sentido, a jurisprudência:

> Júri – Desaforamento – Ocorrência – Evidência inequívoca e circunstancias sérias que podem influenciar o julgamento em face da amizade que desfruta o acusado na cidade. **Dúvida quanto à imparcialidade do júri, o que por cautela basta a respeito.** (TJSP – Júri – Desaforamento – Rec. Nº 99619/3) Demonstrada a influência exercida sobre o Corpo de Jurados da comarca por pessoas ligadas ao réu naquela unidade judiciária, ameaçando a imparcialidade do Júri, é imperativo que se defira o pedido de desaforamento formulado pelo Ministério Público, cuja pretensão atende aos interesses da ordem pública e garante o privilégio da instituição do Júri. (TJMG – Desaforamento 53.358/8 – 2ª C)

Insta acentuar, que não existe, concessa vênia, a menor possibilidade de o julgamento ser realizado nesta cidade, tendo em vista a plena **parcialidade dos juízes de fato**, movidos pelo pânico. A maioria quer absolvê-lo, movidos pela paixão, medo, amizade e recebimento de propinas. A minoria quer condená-lo, conduzidos pelo ódio e pela sanha de vingança.

Chegam notícias a esta promotoria de que no dia do julgamento serão feitas grandes manifestações no sentido de **condenar** e também **absolver** o réu, fato plenamente possível porque no caso em espécie haverá um grande confronto entre a COMOÇÃO SOCIAL PROVOCADA PELA BARBARIDADE DO CRIME *versus* A GRANDE INFLUÊNCIA QUE O ACUSADO EXERCE EM ALGUNS SETORES DESTA CIDADE.

A jurisprudência tem decidido, com acerto, em casos análogos pelo desaforamento;

> Júri – desaforamento – Crime que provocou comoção social e de larga repercussão na comunidade – Falta de condição para um julgamento imparcial, ante a comprovada inaptidão dos jurados, que manifestam expressa falta de isenção para julgar um amigo de tantos anos, ou contrariamente,

julgar alguém que foi responsável pela morte de pessoa tão estimada – Aplicação do art. 424 do Código de processo Penal, Deslocamento concedido. (TJSP – Desaforamento – Rec. nº 147631)

Outro grave motivo que enseja o desaforamento do julgamento é que a vítima pertence à família......, uma das famílias envolvidas na histórica e cruel guerra de.....

Os comentários da cidade são de que **"o acusado só está vivo porque está preso"**, podendo ser executado no próprio julgamento.

Entende o Ministério Público que, mesmo não tendo sido possível alguém assinar uma declaração constando às informações supramencionadas, devem as mesmas, considerando o contexto histórico, ser levadas a sério; *in casu*, concluímos que **o julgamento nesta comarca, compromete seriamente a segurança pessoal do réu**.

Hipótese em que se tem por caracterizada dúvida sobre a imparcialidade do júri e a segurança pessoal do acusado. Desaforamento do julgamento para comarca próxima, onde já se encontra preso na cadeia local o réu. (STF – HC 76.983-5 – MG – 2ª T)

DA PREVISÃO LEGAL:

O pedido tem seu fundamento corporificado no novo art. 427, do Código de Processo Penal, que estabelece:

Se o interesse da ordem pública o reclamar ou houver dúvida sobre a imparcialidade do júri ou a segurança pessoal do acusado, o Tribunal, a requerimento do Ministério Público, do assistente, do querelante ou do acusado ou mediante representação do juiz competente, poderá determinar o desaforamento do julgamento para outra comarca da mesma região, onde não existam aqueles motivos, preferindo-se as mais próximas.

§ 1º O pedido de desaforamento será distribuído imediatamente e terá preferência de julgamento na Câmara ou Turma competente.

§ 2º Sendo relevantes os motivos alegados, o relator poderá determinar, fundamentadamente, a suspensão do julgamento pelo júri.

§ 3º Será ouvido o juiz presidente, quando a medida não tiver sido por ele solicitada.

§ 4º Na pendência de recurso contra a decisão de pronúncia ou quando efetivado o julgamento, não se admitirá o pedido de desaforamento, salvo, nesta última hipótese, quanto a fato ocorrido durante ou após a realização de julgamento anulado. (NR)

Da análise do dispositivo supramencionado, chegamos à ilação lógica de que basta ocorrer alguma das hipóteses ali previstas, quais sejam: interesse da ordem pública, dúvida sobre a parcialidade do júri ou sobre a segurança pessoal do réu. Pressupostos, data vênia, amplamente demonstrados.

DO ENTENDIMENTO DOUTRINÁRIO

Júlio Fabbrine Mirabete, ao discorrer com maestria sobre o tema, preleciona: "É possível também o desaforamento quando houver dúvida sobre a imparcialidade do Júri, sendo esta opinião fundamental para o julgamento". (in *Código de Processo Penal Interpretado*, 3 ed., São Paulo: Atlas).

Urge salientar que o réu é pessoa influente também em comarcas circunvizinhas, por isso entende o Ministério Público, se o julgamento for realizado em uma comarca próxima a cidade de Exu – PE, continuarão prevalecendo as mesmas razões que determinaram o desaforamento ora leiteado, assim, **para que o julgamento seja justo e imparcial, deve ser realizado na Capital do Estado de Pernambuco.**

Neste sentido a jurisprudência:

"Como a influência dos réus se estende por quase todo o Norte de Minas, **não pode o julgamento ser transferido para comarca vizinha, sob pena de continuarem prevalecendo as mesmas razões que determinaram o desaforamento, impondo-se, assim, a deslocação para a Comarca da Capital.**" (TJMG – Desaforamento 108.850/9 – 1ª C.Cív. – Rel. Des. Sérgio Resende – J. 03/02/1998) (05.143/316)"

Do exposto, entendemos que são vários os motivos que convergem incisivamente para o desaforamento pleiteado, a ser adotado como medida da mais salutar justiça. Todos motivos fundados e sérios, e que podem redundar na mais absoluta parcialidade do Conselho de Sentença, sendo o desaforamento a única solução viabilizadora de um julgamento justo e imparcial.

Ex positis, com fulcro no art. 427 do Código de Processo Penal, contando com os eruditos suplementos culturais da procuradoria Geral de Justiça e do Douto Juiz *a quo*, requer o Ministério Público a V. Exa. que seja deferido o pedido de DESAFORAMENTO do julgamento o réu SEMPRÔNIO para a comarca da capital do Estado de Pernambuco.

Enfim, em virtude dos relevantes motivos alegados e com fulcro no art. 427, § 2º, do Código de Processo Penal, requer o Ministério Público a suspensão do julgamento pelo júri.

Ita Eperatur.

....., 04 de maio 2009.

Bibliografia

ACOSTA, Walter P. *O processo penal*. 2 ed. Rio de Janeiro: Coleção jurídica da Editora do Autor, 1957.

ALBUQUERQUE, Francisco Manoel Xavier de. *Aspectos da conexão*. Manaus: [s.n.], 1956. Tese de concurso à cadeira de Direito Judiciário Penal da Faculdade de Direito do Amazonas.

AMERICANO, Jorge. *Comentários ao Código do Processo Civil do Brasil*, v. 1. São Paulo: Saraiva, 1941.

BADARÓ, Gustavo H. R. I. *Correlação entre acusação e sentença*. São Paulo: RT, 2000.

BARAUNA, José Roberto. *Lições de processo penal*. São Paulo: José Bushatsky, 1978.

BARBOSA, Marcelo Fortes. *A acusação no plenário do júri*. São Paulo: RT, 1999.

BARBOSA, Ruy. *O júri sob todos os aspectos*. Rio de Janeiro: Ed. Nacional, 1950.

BITENCOURT. Cezar Roberto. *Tratado de Direito Penal* – Parte especial, v. 2, 4 ed. São Paulo: Saraiva, 2007.

BITTENCOURT, Edgard de Moura. *A instituição do júri*. São Paulo: Saraiva, 1939.

BORGES DA ROSA, Inocêncio. *Comentários ao Código de Processo Penal*, v. I e II. São Paulo: Editora e distribuidora Campus, 1980.

_____. *Nulidades do Processo*. São Paulo: Editora e distribuidora Campus, 1935.

_____. *Processo Penal Brasileiro*. São Paulo: Editora e distribuidora Campus, 1942.

BORSANI, Giuseppe; CASORATI, Luigi. *Códice di Procedura italiano commentato*, v. V, 1883.

BUENO, José Antônio Pimenta. *Apontamentos sobre o processo criminal brasileiro*. Edição anotada, atualizada e complementada por José Frederico Marques. São Paulo: RT, 1959.

CABRAL NETTO, Joaquim. *Instituições de processo penal*. Belo Horizonte: Del Rey, 1997.

CALMON DE PASSOS, José Joaquim. *Enciclopédia Saraiva de Direito*, v. 26. São Paulo: Saraiva, 1977.

CÂMARA LEAL, António Luís da. *Comentários ao Código de Processo Penal Brasileiro*. São Paulo: Editora Freitas Bastos, 1942, v. III.

CAPEZ, Fernando. *Curso de Direito Penal*. Parte Geral, v. 1. São Paulo: Saraiva, 2008.

_____. *Curso de Processo Penal*. 9 ed. São Paulo: Saraiva, 2005.

CARVALHAL, Tomás. *O Tribunal do Júri*. São Paulo: Empreza Graphica da "Revista dos Tribunaes", 1935.

CARVALHO FILHO, Aloísio. *Comentários ao Código Penal*. 5 ed. Rio de Janeiro: Forense, 1958.

CASTANHO, Carvalho de; GRANDINETTI, Luiz Gustavo. *O processo penal em face da constituição*. Rio de Janeiro: Forense: 1998.

DEMERCIAN, Pedro Henrique; e MALULY, Jorge Assaf. *Curso de processo penal*. 3 ed. Rio de Janeiro: Forense, 2005.

ESPÍNOLA FILHO, Eduardo. *Código de Processo Penal Brasileiro Anotado*, v. I. Campinhas: Bookseller, 2000.

_____. *Código de Processo Penal brasileiro anotado*, v. V, 1 ed. Campinas: Bookseller, 2000.

FARIA, Bento de. *Código de Processo Penal*, v. 1. Rio de Janeiro: J. Ribeiro dos Santos, 1942.

FREITAS, Hildebrando Dantas de; ALMEIDA, José Rangel de. *Repertório de jurisprudência do Código de Processo Penal*, v. u. 1960.

GARCIA, Basileu. *Comentários ao Código de Processo Penal*. São Paulo: Max Limonad, 1945.

_____. *Instituições de Direito Penal*. São Paulo: Max Limonad, 1954.

GOMES FILHO, Antonio Magalhães. *Direito à prova no processo penal*. São Paulo: RT, 1991.

GRECO, Vicente Filho. *Manual de processo penal*. São Paulo: Saraiva, 1991.

JESUS, Damásio Evangelista de. *Código de Processo Penal Anotado*. São Paulo: Saraiva, 2000.

_____. *Crimes de porte de arma de fogo e assemelhados*. São Paulo: Saraiva, 1999.

_____.*Direito Penal* – Parte Geral. 3 ed. São Paulo: Saraiva, 2000.

JIMÉNEZ, Hermando Londoño. *Derecho Procesal Penal*. Bogotá: Têmis, 1982.

LISZT, Franz Von. *Tratado de Derecho Penal*. Trad. Luis Jiménez de Asúa. v. 3. Madrid: Editorial Réus, 1929.

MANZINI, Vincenzo. *Trattato di Diritto Processuale*, v. I. Buenos Aires: Pietro Castor, 1932.

MARICONDE, Vélez. "La situación jurídica del imputado". In *Revista del Derecho Procesal*, 1943.

MARQUES, José Frederico. *A instituição do júri*. Campinas: Millennium, 1997.

_____. *Elementos de direito processual*, v. 1 e 2. Campinas: Bookseller, 1997.

_____. *Elementos de direito processual penal*, v. 3. Rio de Janeiro: Forense, 1962.

_____. *O júri no direito brasileiro*. São Paulo: Forense, 1980.

_____. *Tratado de Direito Penal*. 7 ed. v. I. Campinas: Millenium, 2002.

MARREY, Adriano; FRANCO, Alberto Silva; CAMARGO, Antonio Luiz Chaves; STOCO, Ruy. *Teoria e prática do júri*. São Paulo: RT, 1993.

MASSARI, Eduardo. *Il processo penale nella nuova legislazione italiana*. Nápole: Jovane, 1934.

MAZZILLI, Hugo Nigro. *Questões criminais controvertidas*. São Paulo: Saraiva, 1999.
MENDONÇA, Andrey Borges de. *Nova reforma do Código de Processo Penal*. 1 ed. São Paulo: Método, 2008.
MIRABETE, Júlio Fabbrini. *Código de Processo Penal Interpretado*. 10 ed. São Paulo: Atlas, 2003.
_____. *Juizado Especial Criminal*. 2 ed. São Paulo: Atlas, 1997.
_____. *Manual de Direito Penal*, v. I, 8 ed. São Paulo: Atlas, 2001.
_____. *Processo Penal*. 12 ed. São Paulo: Atlas, 2001.
MOSSIM, Heráclito Antônio. *Júri*: crimes e processo. 1 ed. São Paulo: Atlas, 1999.
MUÑOZ CONDE, Francisco. *El desistimiento voluntario de consumar el delito*. Bosch, Barcelona: Casa Editorial, 1972.
NORONHA, E. Magalhães. *Direito Penal*. São Paulo: Saraiva, 1986.
_____. "Crimes contra o patrimônio". In. *Código Penal Brasileiro Comentado*. São Paulo: Saraiva, 1981.
_____. "Crimes contra os costumes". In. *Código Penal Brasileiro Comentado*. São Paulo: Saraiva, 1980.
_____. *Curso de Direito Processual Penal*. 20 ed. São Paulo: Saraiva, 1990.
NUCCI, Guilherme de Souza. *Código de Processo Penal Comentado*. São Paulo: RT, 2002.
_____. *Júri*. Princípios constitucionais. São Paulo: Juarez de Oliveira, 1999.
_____. *Tribunal do júri*. São Paulo: RT, 2008.
OLIVEIRA, Eugênio Pacelli de. *Curso de Processo Penal*. Belo Horizonte: Del Rey, 2002.
PARADA NETO, José. *A defesa no plenário do júri*. São Paulo: RT, 1999.
PORTO, Hermínio Alberto Marques. *Júri*. 2 ed. São Paulo: RT, 1980.
_____. *Júri*. 5 ed. São Paulo: RT, 1987.
_____. *Júri*. Procedimento e aspectos do julgamento. Questionários. 7 ed. São Paulo: Malheiros, 1994.
PRADO, Amauri Reno do; BONILHA, José Carlos Mascari. *Manual de Processo Penal* (conhecimento e execução penal). 2 ed. São Paulo: Juarez de Oliveira, 2003.
RANGEL, Paulo. *Direito Processual Penal*. 15 ed. Rio de Janeiro: Lumen Juris, 2008.
REIS, José Alberto dos. Comentários ao Código de Processo Civil, v. III. Coimbra: Coimbra Editora, 1946.
SECO VILLALBA, José Armando. *El derecho de defensa*: la garantia constitucional de la defensa en juicio. Buenos Aires: Depalma, 1947.
SILVA, Antonio José da Costa e. *Código Penal Brasileiro*. 1943.
SIQUEIRA, Galdino. *Curso de Processo Criminal*. 2 ed. São Paulo: Livraria e *Officinas* Magalhães, 1977.
TORNAGHI, Hélio. *Comentários ao Código de Processo Penal*, v. I. São Paulo: Saraiva, 1956.
TOURINHO FILHO, Fernando da Costa. *Código de Processo Penal Comentado*. São Paulo: Saraiva, 2000.

_____. *Curso de Processo Penal*, v. II, 9 ed. São Paulo: Saraiva, 1995.

_____. *Manual de Processo Penal*. 10 ed. São Paulo: Saraiva, 2008.

_____. *Processo Penal*. 11 ed. São Paulo: Saraiva, 1989.

_____. *Processo penal*. 30 ed. Comemorativa. São Paulo: Saraiva, 2008.

_____. *Prática do processo penal*. São Paulo: Saraiva, 1999.

_____. *Prática do processo penal*. 3 ed. São Paulo: Saraiva, 2006.

TORRES, Magarinos. *Processo Penal do Júri no Brasil*. São Paulo: Quorum Editora, 1939.

TUBENCHLAK, James. *Tribunal do júri, contradições e soluções*. 2 ed. Rio de Janeiro: Forense, 1990.

TUCCI, Rogério Lauria. *Persecução penal, prisão e liberdade*. São Paulo: Saraiva, 1980.

_____. "Tribunal do júri: origem, evolução, características e perspectivas". In *Tribunal do júri* – estudo sobre a mais democrática instituição jurídica brasileira. São Paulo: RT, 1999.

VIANA, Godofredo. *Prática do processo criminal*. 1918.

WESSELS, Johannes. *Direito Penal*. Porto Alegre: Antonio Fabris Editor, 1976.

WHITAKER, Firmino. *Jury*. 6 ed. São Paulo: Saraiva, 1930.

Cadastre-se e receba informações sobre nossos lançamentos, novidades e promoções.

Para obter informações sobre lançamentos e novidades da Campus/Elsevier, dentro dos assuntos do seu interesse, basta cadastrar-se no nosso site. É rápido e fácil. Além do catálogo completo on-line, nosso site possui avançado sistema de buscas para consultas, por autor, título ou assunto. Você vai ter acesso às mais importantes publicações sobre Profissional Negócios, Profissional Tecnologia, Universitários, Educação/Referência e Desenvolvimento Pessoal.

Nosso site conta com módulo de segurança de última geração para suas compras.
Tudo ao seu alcance, 24 horas por dia.
Clique www.campus.com.br e fique sempre bem informado.

www.campus.com.br
É rápido e fácil. Cadastre-se agora.

Outras maneiras fáceis de receber informações sobre nossos lançamentos e ficar atualizado.

- ligue grátis: **0800-265340** (2ª a 6ª feira, das 8:00 h às 18:30 h)
- preencha o cupom e envie pelos correios (o selo será pago pela editora)
- ou mande um e-mail para: **info@elsevier.com.br**

ELSEVIER

Nome: _____
Escolaridade: _____ ❑ Masc ❑ Fem Nasc: __/__/__
Endereço residencial: _____
Bairro: _____ Cidade: _____ Estado: _____
CEP: _____ Tel.: _____ Fax: _____
Empresa: _____
CPF/CNPJ: _____ e-mail: _____
Costuma comprar livros através de: ❑ Livrarias ❑ Feiras e eventos ❑ Mala direta ❑ Internet

Sua área de interesse é:

❑ UNIVERSITÁRIOS
❑ Administração
❑ Computação
❑ Economia
❑ Comunicação
❑ Engenharia
❑ Estatística
❑ Física
❑ Turismo
❑ Psicologia

❑ EDUCAÇÃO/ REFERÊNCIA
❑ Idiomas
❑ Dicionários
❑ Gramáticas
❑ Soc. e Política
❑ Div. Científica

❑ PROFISSIONAL
❑ Tecnologia
❑ Negócios

❑ DESENVOLVIMENTO PESSOAL
❑ Educação Familiar
❑ Finanças Pessoais
❑ Qualidade de Vida
❑ Comportamento
❑ Motivação

20299-999 - Rio de Janeiro - RJ

O SELO SERÁ PAGO POR
Elsevier Editora Ltda

CARTÃO RESPOSTA
Não é necessário selar

Cartão Resposta
0501200048-7/2003-DR/RJ
Elsevier Editora Ltda
CORREIOS

GRÁFICA Universal
Impressão e acabamento
Rio de Janeiro - Brasil
(21) 3296-9302/3296-9308
atendimento@graficauniversal.com
www.graficauniversal.com